刑法公开课

刑法公开课

第 2 卷

刑法公开课

周光权 著

OPEN COURSE OF CRIMINAL LAW

图书在版编目（CIP）数据

刑法公开课. 第 2 卷/周光权著. —北京：北京大学出版社，2020.12
ISBN 978-7-301-31817-1

Ⅰ. ①刑… Ⅱ. ①周… Ⅲ. ①刑法—研究—中国 Ⅳ. ①D924.04

中国版本图书馆 CIP 数据核字（2020）第 219502 号

书　　名	刑法公开课（第 2 卷） XINGFA GONGKAIKE（DI-ER JUAN）
著作责任者	周光权　著
责任编辑	杨玉洁　王欣彤
标准书号	ISBN 978-7-301-31817-1
出版发行	北京大学出版社
地　　址	北京市海淀区成府路 205 号　100871
网　　址	http://www.pup.cn　http://www.yandayuanzhao.com
电子信箱	yandayuanzhao@163.com
新浪微博	@北京大学出版社　@北大出版社燕大元照法律图书
电　　话	邮购部 010-62752015　发行部 010-62750672 编辑部 010-62117788
印 刷 者	大厂回族自治县彩虹印刷有限公司
经 销 者	新华书店 650 毫米×980 毫米　16 开本　28.25 印张　408 千字 2020 年 12 月第 1 版　2023 年 7 月第 3 次印刷
定　　价	69.00 元

未经许可，不得以任何方式复制或抄袭本书之部分或全部内容。
版权所有，侵权必究
举报电话：010-62752024　电子信箱：fd@pup.pku.edu.cn
图书如有印装质量问题，请与出版部联系，电话：010-62756370

总 序

自1999年8月进入清华大学法学院工作以来,在本单位、实践部门及其他高校前前后后讲授的刑法学课程数以千节计,其中有很多思考陆续整理、扩充成现在的文字呈献给大家。由于本书的主体内容来自教学活动(尤其是刑法学硕士生、博士生课程)或与教学紧密关联的科研活动,在正式出版时,遂将之命名为《刑法公开课》。

主讲人一直认为,学术研究以及教学活动都不能停留在抽象的、一般性的讨论中,必须言之有物,因此,本公开课紧紧结合案例讨论刑法学说,以增强研究的实践价值。

对于案例分析的重要性,我国刑事法学界过去一直重视不够,人们习惯性地认为大量案件都是简单案件,可以轻而易举地加以处理;各个案件都是相互独立的,讨论个案对于理论体系的建构意义有限。由此出现了理论和实务各说各话、各行其是、"实践反对理论"的局面,二者的良性互动、共同发展很难真正实现。

在刑法学发展到一定阶段,其理论体系蔚为大观的今天,到了必须深入思考案例研讨方法,注重建立刑法学说和案件处理之间的紧密关联性的时候。其一,实务中其实有很多难题,只不过在很多时候被大而化之地简单处理了。在德日刑法学中成为讨论对象的那些"难办案件"在我国司法实务中也大量存在,研讨这些复杂案件,对于准确定罪量刑、切实保障人权具有重要意义。其二,对于绝大多数刑事案件的处理,仅仅凭感觉也可能得出一个大致不差的结论,但是,"法律人的技艺,就是论证"①。通过何种方法论,按照何种逻辑,通过何种论证得出这一结论,也至关重要。其三,回过头去看,司法上过往之所以会形成某些错案,与处理案件过程中对刑法学说和方法论的运用不当有关,随着法治的逐步发展,对刑事案件简单处理的做法难以为继,刑法学说以及方法论的运用决定案件质量,"法律学者应更积极地从事判决研究之工作,对于有商榷余地之判决,固应详予讨论,提出自己的意见,用供实务参考"②。反过来,结合案件处理过程分析实务上的刑法运用状况,也可以检验刑法解释学以及思考方法的正确与否。其四,实务案件处理的背后存在一定的司法逻辑,对疑难案件进行探究可以管窥实务人员的刑法基本立场,反映出刑法学说对于实务的影响力,同时针对理论和实务有分歧的情形,学者可以就刑法相关理论可能存在的不足反躬自问,从而适时对理论进行修正。

《刑法公开课》正是立足于此,试图在推动刑法学说和司法实务的互动方面做一些努力。《刑法公开课》运用现代刑法学思维与方法,对我国司法机关实际处理的大量案件进行反思和评价,熔前沿刑法理论与司法实务于一炉,深入分析将刑法理论运用到司法实务的可行性及其路径,竭力缩小理论和实务之间的差距。本公开课各讲的难易程度,大致与主讲人在清华大学法学院为刑法学研究生讲课的水准相当,绝大多数的内容可以说是主讲人在清华大学讲课的"原版再现"。

从宏观方面讲,《刑法公开课》有以下特点:

首先,始终关注通过前沿刑法理论处理司法难题这一问题。刑法学以解决各种司法难题为己任,必须面向实践建构合理的理论体系。刑法学必须进行体系性思考。如果不进行体系性处理,就如同在打扫房间卫生时缺乏计划性,结果是有的地方被打扫了很多遍,但有的地方始终很脏乱。我国每年处理上百万件案件,其中涉及大量疑难复杂案件。对这些案件如何

---

① 〔德〕英格博格·普珀:《法学思维小学堂:法律人的6堂思维训练课》,蔡圣伟译,北京大学出版社2011年版,第1页。

② 王泽鉴:《民法学说与判例研究》(重排合订本),北京大学出版社2015年版,第235页。

准确处理,往往涉及犯罪论体系、未遂犯论、共同犯罪等问题,而这些问题在理论上有很大的争议。对这些问题的思考,《刑法公开课》并未回避最近十多年来刑事法学界的主要争论,且对相关问题采用了主讲人认为相对有力的学说或相对合理的结论。例如,在讨论犯罪论体系时,一开始就提到如果将三阶层犯罪论运用到我国司法实务中,其相对于犯罪构成四要件来说有哪些优越性;同时,主讲人结合大量司法案例进一步揭示出在实务上分析案件时,应当采取何种可能的进路,才符合阶层理论的要求。通过类似研究,就能够把过去人们视为畏途的"阶层犯罪论的中国化"问题大大向前推进,加速理论和实务的沟通进程。此外,很多实务上的"难办"案件集中在未遂犯、不能犯、共同犯罪领域,《刑法公开课》也计划进行深入浅出的分析,其中大量涉及前沿刑法理论。个别坚持"社科法学"的学者认为,"刑法教义学只能有效解决大量常规案件,对于像许霆案这样的难办案件或者其他疑难案件,脱离了政治性判断和政策考量或者脱离了整个中国政治制度运行模式的刑法教义学分析就基本失效,分析结论也显得武断"①。但是,这个说法完全不能成立。理由在于:类似于许霆案的案件,按照现在的刑法教义学完全可以解释得很清楚(ATM 机内的财产权归属、改变占有的窃取行为的确定都没有疑问,至于量刑合理化的问题,按照《刑法》第 63 条第 2 款"特殊减轻"的规定完全可以妥善解决);"社科法学"所批评的刑法教义学"靶子"并不存在,现代刑法教义学注重体系思考和问题思考的结合,将目的性思考、政策性判断、价值选择融入刑法解释和刑法理论体系中②,重视裁判结论与"国民规范意识"的接近,注重刑法学说的实践面向。③ "法教义学的任务,就是通过对一个个疑难案件的研究,创造出足以应对此类案件的理论观点,为司法者提供一般性规则。简言之,不断地变

---

① 苏力:《法条主义、民意与难办案件》,载《中外法学》2009 年第 1 期。
② 参见〔德〕克劳斯·罗克辛:《刑事政策与刑法体系》(第 2 版),蔡桂生译,中国人民大学出版社 2011 年版,第 15 页以下。
③ 参见〔日〕前田雅英:《刑法总论讲义》(第 6 版),曾文科译,北京大学出版社 2017 年版,第 4 页。

疑难案件为常规案件,这本来就是法教义学的'初心'。"①《刑法公开课》所引用的现代刑法教义学涉及价值判断、重视实践运用可能性,这样的理论顾及方法论的合理性,充分考虑了司法逻辑,有助于解决某些司法难题,尽可能实现刑法学说和案件处理的"无缝衔接",强调对具体问题的解决必须在刑法学体系性理论中找到位置,平衡好对问题的思考和对体系的思考之间的关系,以最终实现保障人权目标。

其次,始终坚守罪刑法定原则。对于何种行为构成犯罪,实务上不能将判断结论建立在某种相对模糊的行为人"很坏"的感觉之上,而必须在罪刑法定原则的指导下,按照分则各罪客观构成要件的要求,通过合理的解释方法得出定性结论,并进行充分说理。《刑法公开课》对具体犯罪的探讨,始终将坚持罪刑法定原则作为不可动摇的"铁则"来把握。

再次,注重刑法方法论的运用。在处理案件时,司法人员的有力论证总是与对刑法原理的掌握,对法律解释方法的合理运用,以及对刑事政策的准确把握紧密相关,要对行为准确定性,不能绕开的问题就是方法论。唯有方法论正确,才能确保相关司法裁判经得起历史的考验。就刑法方法论的运用而言,客观性思考、体系性思考、实质性思考等都非常重要。刑法上的客观判断,不仅仅是如何看待行为、结果以及因果关系的问题,也与法益概念、刑法价值判断等问题有关,甚至涉及如何协调刑法基本立场、刑法方法论和司法逻辑三者关系的问题,我国刑法学应当坚持和发展刑法客观主义,确立客观要素在犯罪论体系中的核心地位,确保客观判断优先,对行为进行分层次的、价值上的判断。刑法学上的思考,还必须是体系的思考,确定犯罪成立与否的理论必须与未遂犯论、共犯论一体地加以考虑。实务上分析案件时,也要顾及这种体系性和问题的关联性,如果坚持犯罪四个要件同时具备才成立犯罪,就会发现在共犯问题的处理上会有矛盾之处,因此,实务上也必须充分认识犯罪构成四要件说的缺陷。

最后,展示个人的刑法基本立场。主讲人主张打造具有建设性、尽可能接近和理解司法实务的"行为导向刑法观"(行为无价值二元论),并积极

---

① 车浩:《刑法教义的本土形塑》,法律出版社2017年版,第33页。

与"结果本位刑法观"(结果无价值论)对话,强调发挥刑法的积极一般预防功能。如何使"行为导向刑法观"指导司法实务,是主讲人需要进一步思考的问题。不过,也有必要指出,对大量案件的处理结果,主讲人的观点和"结果本位刑法观"之间并无差别,因为"行为导向刑法观"原本就重视法益侵害,只是在理论逻辑上强调造成法益侵害的过程(即行为违反规范进而造成法益侵害,从而在法益侵害之外还重视行为样态以及行为实施时的主观违法要素)。因此,"行为导向刑法观"和"结果本位刑法观"之间原本就不是对立关系,而是交叉、竞合关系,在很多时候二者是高度重合的,只不过在分析问题的出发点、进路上有细微差异。并且,这种差异在很多时候是无关紧要或可以忽略的。即便您主张或喜欢"结果本位刑法观",阅读《刑法公开课》也不太会有"违和感",反而有可能促使您反思建构"结果本位刑法观"这种绝对化理论的可疑之处。

在写作进路上,《刑法公开课》各讲均开门见山地列出研讨案例,然后结合刑法学说与思考方法进行深度研习,尽可能展示解释和说理过程。《刑法公开课》的目标是:协调刑法理论的体系性、一贯性与对具体案件处理的妥当性之间的关系,通过对若干具体问题的思考来点滴推进我国刑法学的纵深发展。

主讲人目前的计划是,在最近十年内,如果时间和精力允许的话,争取将《刑法公开课》出版到四部以上。但愿这一写作计划能够实现。

最后,需要交代的是,《刑法公开课》中所采用的案例大多是经法院判决的真实案件(只有极少数是教学案例),并对案件事实进行了提炼,为了使讨论更为深入,对个别案件的事实进行了一些改造(但会对此做相应交代);凡是能够查到裁判文书编号的案件,主讲人都尽可能注明;极个别案件可能会在不同章节中被多次提到,但侧重点有所不同,基本不会出现内容重复的现象;对司法机关在各个案件中的认定及处理结论,《刑法公开课》总体上尽可能给予"同情式的理解",并对裁判结论的合理性作进一步阐述,但也从刑法学说的角度出发对少数案件进行了一定程度的质疑。这些分析完全是一家之言,如有不当,主讲人愿意诚恳地接受各方批评!

《刑法公开课》源起于主讲人和蒋浩先生于2015年秋在德国维尔茨堡

开会间隙的一次长谈,他以一个出版家的敏锐眼光一再催促主讲人要写作一些与实务关联度极强的作品,这正契合主讲人当时的想法;后续的写作亦得益于他的诸多启发和催促,因此,主讲人要对蒋浩先生表示最诚挚的敬意和谢意。

愿《刑法公开课》带给您阅读和思考上的愉悦。教学相长,您的倾听和肯定是这个课能够继续讲下去的理由和动力!

目　录

第一讲　我国刑法教义学的现状与问题 …………………… 001
第二讲　我国刑法教义学的理想图景 …………………… 024
第三讲　现代刑法的理念、方法与防止错案 …………………… 046
第四讲　刑法软性解释与罪刑法定原则 …………………… 071
第五讲　面向司法改革的刑法学 …………………… 094
第六讲　疫情防控与刑法适用 …………………… 112
第七讲　裁判中的因果关系论及其射程 …………………… 134
第八讲　客观归责论与刑法规范判断 …………………… 166
第九讲　中性业务活动与帮助犯的限定 …………………… 188
第十讲　法条竞合"重法优先"之否定 …………………… 214
第十一讲　违法性认识与定罪 …………………… 236
第十二讲　量刑何以更精准 …………………… 262
第十三讲　"刑民交叉"案件的分析思路 …………………… 286
第十四讲　经济犯罪认定的共性问题 …………………… 313
第十五讲　危险驾驶罪的认定 …………………… 332
第十六讲　过失致人死亡罪的关键问题 …………………… 358
第十七讲　黑社会性质组织的非法控制特征 …………………… 385
第十八讲　受贿罪的情节 …………………… 406
参考文献 …………………… 433
关键词索引 …………………… 439

第一讲
我国刑法教义学的现状与问题

【案例 1-1 轮奸案】

被告人李某伙同未成年人申某（当时 13 周岁）将幼女王某（11 周岁）骗到玉米地里，先后对王某轮流实施奸淫。后因被害人亲属报案，李某被抓获。李某与未满刑事责任年龄的人轮流奸淫同一幼女是否成立轮奸？按照三阶层论和四要件说分析本案，是否会得出不同的结论？

【案例 1-2 开赌气车案】

1997 年 6 月 30 日上午，上诉人杨政锋驾驶解放牌 "151" 型大卡车到礼泉县城缴纳养路费并购买汽车配件，因钱未带够，于中午 12 时左右从县城返回。在返回途中，为逃避交纳过路费，便绕县城西环路行驶，至北环路十字路口时，遇见县交通局路政大队执勤人员示意停车，杨政锋驾车强行冲过。执勤人员陈浩明、刘惊雷、刘劲松、邹兵建遂乘一辆三轮摩托车追赶。上诉人杨政锋便沿路曲线行驶，阻挡摩托车超越其驾驶的卡车，至泔河丁字路口时，摩托车从卡车左侧超车，杨政锋向左打方向盘，占道逼车，至摩托车翻下路基熄火，杨政锋继续驾车逃跑。此时，适逢礼泉县交警大队干警韩瑞勇驾驶一辆北方牌小汽车路过，见状随即停车。刘惊雷、刘劲松说明情况后，即乘坐韩瑞勇驾驶的小汽车继续追赶。追至礼泉县赵镇李村路段时，韩瑞勇连续鸣笛并打左转向灯，示意超车，当韩瑞勇所驾小车行至大卡车左侧与大卡车车厢前部齐平时，被告人杨政锋又向左打方向盘占道逼车，致韩瑞勇所驾驶的汽车与路旁树木相撞，韩瑞勇当场死亡，刘惊雷、刘劲松受轻伤,北方牌小汽车严重损坏。案发后,被告人杨政锋潜逃,后被抓获归案。如何对被告人的行为进行定性?

【案例1-3 以毒攻毒案】
甲女和丈夫乙长期感情不和、誓不两立,其发现丈夫患重病后,意图趁机将其杀害。经咨询中医大夫丙,甲得知,像乙这样的病情,如果在其现在服用的药材中,每次添加一味有毒的药材,不出3个月乙就会死亡。甲便按照丙的建议行事,不料乙多次服用该有毒药材3个月之后,反而疾病痊愈。如何认定甲的行为性质?

《刑法公开课》的基本特色是讨论与刑事实务紧密关联的问题,第1卷中的内容就坚持了这一点。在本卷中,后续各讲的内容也和实践紧密相关。

但是,考虑到读者的多元性,也考虑到我国刑法学发展方向这一问题的重要性,本着理论和实践相联系的原则,在本卷开篇的第一讲中,我要谈一下我所期待的刑法教义学的发展前景问题。

我的核心观点是:未来的我国刑法学必须重视犯罪认定的教义学方法,保持犯罪论与刑罚论之间的协调;将法官的问题思考和学者的体系思考结合起来,提炼疑难刑事案件的裁判规则,形成有助于解决中国问题、融入更多"中国元素"的教义学原理,并在此基础上逐步建构具有中国特色、更加本土化的刑法学,而不是一味地用中国实务案件去印证德日刑法理论的妥当与否,从而实现中国刑法教义学的自主创新。

先交代一下我的问题意识:推动刑法学发展是刑法学者的共同事业。刑法学研究有不同层面,不同研究者的学术兴趣、切入点、思考方法不同,所重视的问题就不同,所提出的解决方案也有差异。有的研究者致力于规范思考;有的研究者则擅长于事实判断或者总是能够对司法给予"同情式理解",进而从事接近实务的研究。纯理论的研究对于保持刑法学发展方向、建构体系性的理论非常重要;针对具体问题解决的实践性思考则能够持续凸显理论的不足。不同层面的刑法研究并行不悖、相互补充,各有其存在价值。无论是侧重于理论层面的研究,还是从实务问题出发所进行的思考,其实都不能离开对刑法教义学(包括教义学知识和教义学方法)的运用。

最近十五六年来,中国刑法学逐步向教义学的方向发展,这是中国刑法学知识转型成功的重大标志。例如,陈兴良教授对刑法教义学的意义进行了深入阐发,并为推动教义学的发展做出了卓越贡献①;冯军、张明楷教授对教义学的核心范畴、关键命题,以及刑法立法与教义学的关系等也进行了深入研究。② 这些成果都为刑法教义学在中国的发展奠定了良好基础。我国未来的刑法学研究,需要沿着这条道路继续前行。

不过,也必须承认,我国当下的刑法教义学研究在对某些问题的思考上,还明显存在将中国的案例、问题与德日刑法理论框架生硬"对接",简单进行"同一认定"的不足。

因此,今后如何明确刑法教义学的发展方向,大幅度提升刑法教义学研究的自主性,展示刑法学研究的中国特色,就是不可回避的问题。

一、当下刑法教义学研究的主要进展

迄今为止的中国刑法教义学研究,在以下方面取得了重大进展。

(一)关于刑法学派的研究

对刑法学的研究,应该从学派的对立和论争开始。近年来,我国刑法学对于学派对立的研究取得了令人瞩目的成果,在这方面,既有关于刑法客观主义和主观主义关系的研究③,也有关于行为无价值论和结果无价值

---

① 参见陈兴良:《刑法教义学方法论》,载《法学研究》2005年第2期;陈兴良:《刑法知识的教义学化》,载《法学研究》2011年第6期;陈兴良:《注释刑法学经由刑法哲学抵达教义刑法学》,载《中外法学》2019年第3期。

② 参见冯军:《刑法教义学的立场和方法》,载《中外法学》2014年第1期;张明楷:《也论刑法教义学的立场:与冯军教授商榷》,载《中外法学》2014年第2期。

③ 参见周光权:《法治视野中的刑法客观主义》,清华大学出版社2002年版,第5页以下。

论之间关系的梳理①,这些研究都成为刑法教义学知识体系的重要组成部分。对此,陈兴良教授也认为,学术史的梳理和学派的竞争,恰恰是我国刑法学走向成熟的标志。②

当然,也有一些人会觉得这些研究看起来与案件处理无关,所以价值有限。但是,刑法思想史的知识储备决定了未来刑法教义学的总体思维底色,会对推动刑法学发展产生重大影响:(1)透过"学派之争",研究者会逐步清楚刑法思想、刑法制度的来龙去脉,教义学知识才会"有根"。研究者和一线司法人员不同,后者只需要将案子办好就可以了,但是,作为深入研习刑法的学者需要对刑法思想史及其当代走向了解更多。(2)"学派之争"中旧派的理论,奠定了当前刑法学的基础:前期旧派是结果无价值论的理论来源;后期旧派则为行为无价值论提供了支撑。我们当前逐步展开的许多重要理论,如客观归责论、犯罪事实支配说、责任主义等,都以"学派之争"中被反复讨论的问题(如自由意志论)为前提。很多我们冥思苦想的问题,先行者们要么反复讨论过,要么已有定论,站在"巨人的肩膀"上思考问题,既可以节省我们的资源,也可以保证我们思考的深度。(3)透过"学派之争",我们才能明白当前的许多刑事政策(宽严相济、监狱改革等)、案件处理(客观性思考)都与学派之争有关。也正是在这个意义上,张明楷教授才正确地指出:"学派之争驱使我寻思他人学说的实质,追问自己观点的根基……学派之争促使我发现了刑法解释的奥妙,初懂了刑法解释的方法。随处可以看到的现象是,对于同样的条文、同样的用语,不同学派的学者可能有理有据地作出完全不同的解释。"③可以说,没有对"学派之争"的深入研究,当今的中国刑法教义学基础就不会那么雄厚。

(二)在对犯罪构成四要件说进行质疑的基础上进行体系思考

虽然迄今为止还有不少人认为犯罪构成四要件说应该得到维持,但

---

① 关于这方面的主要成果,参见张明楷:《行为无价值论与结果无价值论》,北京大学出版社2012年版,第12页以下;周光权:《行为无价值论的中国展开》,法律出版社2015年版,第5页以下。
② 参见陈兴良:《走向学派之争的刑法学》,载《法学研究》2010年第1期。
③ 张明楷:《刑法的基本立场》(修订版),商务印书馆2019年版,第4页。

是,犯罪论体系上的阶层论逐渐被更多的人尤其是年轻一代学者所认同。其实,三阶层论未必和我们的"本土资源"相抵触。"构成要件该当性"和中国古代清官审案时首先追问的"该当何罪"大体相同。更重要的是,所谓的阶层论只是将不法和责任清晰分开,和一个理性人通常的思考逻辑相吻合,我国一线司法人员内心里大抵也是按照这个逻辑思考问题的。罗克辛教授认为:"如果将不法和罪责融合到一起,会抹平取消本质上的事实区别。某个举止是否是一种受刑罚禁止的法益侵害,这是一个问题;在所有案件中,违反这种禁止规范是否必须要动用刑罚加以处罚,这是另一个问题。这两个问题是不同的。"①

四要件说由于不能准确区分违法和责任,因此,对很多刑法问题的处理会得出不合理的结论。

在【案例 1-1 轮奸案】中,与不满 14 周岁的人轮流奸淫同一幼女的,是否应认定为轮奸,在实践中存在一定争议,这与犯罪论体系的不同紧密关联。

按照四要件说的逻辑就应该认为,李某的行为不属于"轮奸",不能适用《刑法》第 236 条第 3 款第(四)项的规定进行处罚。理由是:"轮奸"属于共同犯罪中的共同实行犯。既然是共同犯罪,那么,按照犯罪构成四要件说,就必须符合两个以上犯罪主体基于共同犯罪故意实施了共同犯罪行为这一要件。由于本案的另一行为人不满 14 周岁被排除在犯罪主体之外,故不能将本案认定为共同犯罪,因而也就不能认定为轮奸。②

肯定违法与责任是犯罪论的支柱,就应该承认李某的行为属于"轮奸"。理由是:刑法规定的"轮奸"只是强奸罪的一个具体的量刑情节。认定轮奸,只要看行为人具有伙同他人在同一段时间内,对同一妇女或幼女先后连续、轮流地实施了奸淫行为即可,并不要求各行为人之间必须构成

---

① 〔德〕克劳斯·罗克辛:《刑事政策与刑法体系》(第二版),蔡桂生译,中国人民大学出版社 2011 年版,第 91 页。

② 参见最高人民法院刑事审判第一、二、三、四、五庭主办:《中国刑事审判指导案例 2:危害国家安全罪·危害公共安全罪·侵犯公民人身权利、民主权利罪》(增订第 3 版),法律出版社 2017 年版,第 598 页。

强奸共同犯罪。换言之,认定是否属于"轮奸",不应以二人以上的行为是否构成共同强奸犯罪为必要,而是看是否具有共同的奸淫行为。

按照违法和责任分开的阶层论,共同犯罪是一种违法事态,是不同的人共同去实施一件对社会有害的"坏事"。因此,所谓的"共同犯罪"指的是违法的共同,行为符合客观违法要件、具有法益侵害性的,就是共同犯罪中的"犯罪";行为符合客观违法要件,行为人又具有责任的,才是最终需要承担刑事责任意义上的、完整的"犯罪"概念。共同犯罪中的"犯罪"概念仅对共同违法有要求,而不苛求所有共犯人都达到刑事责任年龄、具有刑事责任能力。在这个意义上可以说,犯罪概念是具有相对性的。

按照阶层犯罪论的逻辑,共同犯罪主要解决的是共犯人违法事实上的连带性,违法是连带的,责任是个别的。由于责任年龄、责任能力属于责任要素,因此不需要每个共犯人都达到责任年龄、具有责任能力。如果要求共犯人必须达到责任年龄、具有责任能力,则难以妥当处理一些实务案件。例如,甲(精神病患者)与乙共同用刀砍杀丙,致丙死亡,但无法查明是谁的行为导致丙死亡。如果认为甲、乙不构成共同犯罪,只能单独定罪,则由于无法认定乙的行为与丙的死亡存在因果关系,根据罪疑从无的原则,对乙只能认定为故意杀人罪未遂。这显然是不合适的。只有认为甲、乙构成客观违法意义上的共同"犯罪",才能根据"部分实行、全部责任"的原则,对乙认定为故意杀人罪既遂。

具体到本案,如果认为李某与申某不构成共同犯罪,则李某不属于轮奸,对李某的强奸罪便不能适用关于轮奸的升格法定刑。这显然是不合理的,因为对被害女性而言,事实上的确遭受了轮奸侵害。只有认为李某与申某构成客观违法意义上的共同"犯罪",才能认为李某构成强奸罪,适用轮奸的升格法定刑。而申某由于未达刑事责任年龄,最终不负刑事责任。

传统犯罪构成四要件理论只有要素的理论,不能区分不法(行为性质)和责任(个人值得谴责)。固执地坚持四要件说,很难与国外学者进行交流,也很难将分析者检验犯罪的过程讲清楚,是"无声"的。在西原春夫教授的著作《我的刑法研究》中,我的前述判断也可以得到证实。西原春夫教授认为,长期以来,中国的犯罪构成要件理论不区分违法和责任,相互之间要进行实质性讨论是很困难的。但是,这一状况在20世纪90年代中期以后有了改观。"到了(20世纪——引者注)90年代中期,中国学者之间开始展开讨论了。比如,'你所说的是不对的'。在报告中也是,'对于这个问题有A、B、C三种学说,我基于怎样的理由采取B说',会这样进行说明。此前从没有过的情况在90年代中期之后开始出现了,这是很了不起的。"①我认为,一方面,这可以理解为是日本老一代刑法学者对中国刑法学者的激励;另一方面,这主要是因为阶层的犯罪论从那个时候起被中国学者渐渐认同,使得大陆法系不同国家刑法学者之间的对话有了可能。

我认为,刑法教义学在中国发展的最大成果其实就是:运用比较眼光思考犯罪论,并对三阶层论的话语体系进行适度转换,形成了有一定中国特色的阶层犯罪论体系。

(三)对规范判断的刑法教义学方法的接纳

我国刑法学最近十年来逐步认同客观归责论,这是教义学研究的另一重大成果。传统的刑法理论在因果关系问题上通常采用条件说。但是,条件说的判断是事实判断、经验判断。根据条件说,因果关系的成立范围过宽。为限制条件说的不足,相当因果关系说应运而生。但其仍然存在规范判断程度不高的弊端,为此在理论上不得不承认客观归责论。

客观归责论主张,当行为制造了法所不允许的风险,符合构成要件的结果被实现,且该结果在构成要件效力范围之内的,由一定行为所造成的结果才能在客观上进行归责。客观归责论是实质的规范判断,与传统因果关系理论明显不同。因果关系是一个事实之有无问题,它所要解决的是行为与结果之间的客观联系,因而因果关系是一种形式的、事实的评价。客观归责是在因果关系得以证成前提下的归责判断,是一种实质的、规范的判断。用客观归责论进行价值判断,可以有效限制处罚范围,即在确定了某一行为是造成某一结果的原因后,进一步按照规范的观点来检验结果是否要归责于此一行为。因此,它是有关结果发生这笔"账"能否算到被告人

---

① 〔日〕西原春夫:《我的刑法研究》,曹菲译,北京大学出版社2016年版,第229页。

头上的判断。

实践中有大量案件从事实判断的角度看,对行为性质似乎很好认定,条件关系也都是存在的。定罪如果仅仅从事实角度思考问题,显得相对比较容易,但其结论是否真的妥当,案件事实的构成要件符合性判断如何进行,以及事实判断之外是否还需要做规范判断,都很值得探究。

对于【案例 1-2 开赌气车案】,一审法院认为,被告人驾车强行冲过执勤工作人员的拦挡,后又曲线占道行驶,逼挡乘车追赶的执勤交警超车,致使摩托车翻下路基,北方牌小汽车与路边树木相撞,一人死亡,二人轻伤,车辆严重损坏,情节恶劣,后果严重。但起诉书指控被告人杨政锋犯故意杀人罪不当。被告人杨政锋虽有逼挡超车的行为,但并未直接碰撞车辆。其致车辆损毁的行为,构成破坏交通工具罪,判处其无期徒刑。

陕西省高级人民法院二审认为,上诉人作为经过正规培训取得驾驶执照的正式司机,明知自己所从事的是高度危险性作业,在驾车高速曲线行驶时占道逼车可能对追赶他的车辆产生危害后果的情况下,却先后两次故意向左打方向盘,限制追赶车辆的前进路线,致摩托车翻下路基,小车撞树,车毁人亡,上诉人显然对危害结果的发生持放任态度,故其行为已构成故意杀人罪,判处其无期徒刑,剥夺政治权利终身。①

不过,无论是一审所认定的破坏交通工具罪,还是二审所认定的故意杀人罪,我认为都值得商榷。在本案中,从客观上看,被告人只是将被害人的车辆逼向路边,使之与树木相撞,而不是两车接触和相撞。如果对被告人要定故意杀人罪,杀害的客观行为在哪里,很值得探究,因为被告人对被害人的人身没有暴力行为。如果被告人一下把他人的车辆撞到树上,定故意杀人罪没有问题,但本案不属于这种情形。从主观上看,在这种开赌气车的场合,被害人和被告人各自驾驶一辆汽车,仅因赌气而不停车,双方客观上都明显带有危险驾驶("追逐竞驶")的意味,如果要认定被告人希望或者放任被害人死亡是存在一定难度的,因为被告人自己驾驶的车辆虽然是

---

① 参见陈兴良、张军、胡云腾主编:《人民法院刑事指导案例裁判要旨通纂(上卷)》(第二版),北京大学出版社 2018 年版,第 609 页。

大货车,抗撞击的能力可能强一些,但是,大货车的操控性、制动性都比较差,掌控不好撞向路边导致自己死亡的危险性也是存在的。因此,在相互赌气后驾车行驶的场合,论证被告人存在杀人故意(无论是直接故意还是间接故意)都存在很大难度,除非在足以证明被告人自己也不想活的场合,才可以推论他"此时"也希望或者放任对方死亡,所以"拼死"与对方较劲。但是,在本案中,无法证实被告人杨政锋有不想活的意思,要推导出其希望或者放任被害人死亡就存在一定障碍。

更为复杂的是,从规范判断的角度看,结果究竟归属于谁,也需要仔细讨论。如果说卡车司机知道行为人的危险性,那么,开车追赶并试图去逼停杨政锋的韩瑞勇不知道相关行为的危险性?如果认为被告人把被害人逼到路边最后致使其撞树,也需要先承认被告人没有针对被害人的人身有身体接触意义上的暴力杀害行为,最多算是"以暴力相威胁"。但被害人因为被威胁就死了,明显就介入了一个被害人试图主动去逼停被告人的行为,这就是客观归责论上的"被害人的危险接受"问题。被害人执法原本有很多更为温和的方式,比如,把车牌记下来,通知前方拦截;或保持合理车距再跟一会儿。执法者对自己实施的高度危险行为,有关注风险的义务,当然就有危险接受的问题。

被害人对于结果的发生有多大的支配作用,要负多大的责任,进行这样的思考就是在做规范判断、政策考量。如果单纯从事实判断角度进行形式审查,可能就会认为,既然刑法中规定了故意杀人罪,这个案件死了人,死亡与被告人的行为存在一定关联,因此其理应成立故意杀人。法官很可能就是这个思考方式。在故意杀人罪的认定中,"死者为大"的观念深入办案人员内心,但是,规范判断首先要求司法人员分清是非曲直,确定杀害的实行行为性,以及谁应该对结果负责。按照我的理解,鲁莽的、明显不当的执法方式,在很大程度上需要对结果负责。一个人参与一个特别危险的行为时,是否要对自己可能造成的危险负责,谁应该"背锅",这些都是绕不开的问题,与客观归责论之下的被害人自我答责、危险接受紧密相关,这些原理背后就涉及刑事政策的考量。

我认为,如果考虑到被告人的行为发生在交通运输过程中,其因为违反交通运输管理法规而造成损害,应当构成交通肇事罪。同时,考虑到被害人试图主动去逼停杨政锋的车辆,其对结果的发生也有一定程度的"贡献"。因此,本案被告人杨政锋最多成立应负主要责任的交通肇事罪,而非不法性更大的破坏交通工具罪或故意杀人罪。

其实,类似于杨政锋的行为,在《日本刑法典》中属于危险驾驶致死伤罪的范畴。《日本刑法典》第208条之2第2款规定,以妨害人或者车的通行为目的,进入行驶中的汽车的近距离前,明显接近其他通行中的人或者车,致人负伤的,处15年以下惩役,致人死亡的,处1年以上有期徒刑。"作为本条第2款所规定的妨害驾驶的典型例子,往路边挤靠行驶中的汽车的行为,左右摇摆行驶的行为等,只要行为人没有物理接触的目的,即便相当于胁迫,也并非暴力(暴行)"①,按照这种逻辑,被告人杨政锋的行为符合危险驾驶致人死亡的客观要件,其实质是交通参与过程中的胁迫致人死亡,而不可能该当故意杀人罪的杀害行为,由于我国《刑法》中并无危险驾驶致死伤罪,对其以交通肇事罪处理是合理的。

前述对【案例1-2 开赌气车案】的分析充分表明,从规范判断的角度看,如果难以将结果归属于被告人,就不能肯定故意杀人罪客观构成要件的符合性。

与此相关的情形是,在实践中,对于造成一定后果,但行为明显降低法益风险的场合,无论从条件说还是从相当因果关系说出发,都能够得出因果关系存在的结论。但是,从客观归责的角度看,该行为并未制造法和社会所不允许的风险,即便有结果发生,从规范判断的角度看,也不能归责于行为人,构成要件该当性不具备。这样说来,客观归责论的规范判断色彩是非常浓厚的。对刑法思维方法上必须进行实质的规范判断这一点,德国和日本一流学者几乎无人反对。

目前,越来越多的中国学者已经认识到,认为因果关联性的判断仅仅是一个事实问题的说法是不准确的。在所有案件中,对因果关系的事实判

---

① 〔日〕西田典之:《日本刑法各论》(第6版),王昭武、刘明祥译,法律出版社2013年版,第49页。

断背后同时有一个规范判断。规范的思考就是法的思考,客观归责论所思考的其实就是"法律因果关系"。"法律家一般来说掌握了法的思考方法,人们平时所说的'法律头脑'就是指这个。"①这样说来,法律人不能仅仅认同"眼见为实",还要进行规范思考,其与法律"门外汉"的差别才能显现出来。规范维度是刑法学上规范思考和规范解释的核心内容。通过规范思考,划定个人自由的范围;规范思考与行为规范和制裁规范有关,无论是行为无价值论还是结果无价值论都必须承认规范思考。

放到中国语境下需要明确的是:客观归责论对于案件处理确有实益。这大致体现在:(1)在有的案件中,从形式上看行为导致了危害结果,但实际上将"账"算到被告人头上,让其"背锅"很不合理,这个时候运用客观归责论来判断结果归属,就是必要的。比如,2016年发生在福建省漳州市的"追小偷致死案"就很能够说明问题。当年3月21日,蓝如童发现陈顺园正在偷鸡,在追赶过程中,陈顺园摔倒后头部撞击水泥地致颅脑损伤,经抢救无效死亡。同年3月22日,福建省漳州市漳浦县公安局对蓝如童依法刑事拘留,后取保候审。检察机关审查起诉时认为本案指控被告人有罪的证据不足(被告人否认与陈顺园之间有拉扯行为,并未伸手抓扯死者衣袖、无身体接触),后警方对本案予以撤案。② 本案的撤案理由是无法确定被告人是否与被害人之间有抓扯行为,因而定罪证据不足。但是,即便能够证实二人之间存在相互抓扯行为,甚至能够确定就是因为被告人的抓扯行为才导致被害人倒地的,也不能认定蓝如童构成过失致人死亡罪,因为抓捕和扭送正在实施违法、犯罪的人是公民的合法权利,而不是制造法益风险的行为。在该抓捕、扭送行为实施过程中,如果因为下雨地滑、被害人自己没有站稳等因素导致违法、犯罪人自己死伤的,该结果显然不应该归属于抓捕者,否则就会与行为制造法所不允许的风险这一判断逻辑相悖。(2)最

---

① 〔日〕西原春夫:《刑法的根基与哲学》(增补版),顾肖荣等译,中国法制出版社2017年版,第191页。
② 参见《福建漳浦"追小偷致死"案:补侦后仍证据不足,警方已撤案》,载搜狐网(https://www.sohu.com/a/126541199_260616),访问日期:2020年4月27日。

高人民法院关于交通肇事罪司法解释中有关肇事者必须负主要责任或同等责任才能构成犯罪的规定,实际上也承认了客观归责论的内在逻辑。(3)客观归责论在过失犯论中有其特殊价值,这主要是因为过失犯没有类型化的行为,这个类型化行为也就是团藤重光教授讲的"定型化的构成要件行为",其仅仅在故意犯中存在,在过失犯中恰恰缺少这个东西。因此,在过失犯论中借用客观归责论可以有效限定处罚范围。

客观归责论在我国司法实务中现在已经逐步得到认可。在我国司法实务中,在事实的因果关系之外,进行结果归属判断的方法论或者潜意识是存在的,即便司法判决没有使用通常所说的制造法所不允许的风险、实现法所不允许的风险、构成要件的效力范围等用语。在很多情况下,我国司法实务的特色是将归责的规范判断和条件关系的事实判断融合在一起考虑,而不是像德国法院那样相对明确地在对结果原因进行经验判断之后,再进行结果归属的规范判断。尤其是最近一两年来,我国个别基层法院明确采用客观归责论来进行说理的判决也开始出现。①

所以,未来的中国刑法教义学在对客观归责论进行研究时,可以对其下位规则、适用范围等有不同看法,但是,一定要看到其所指明的刑法规范判断方向是完全没有问题的,至于是否非得使用"客观归责"这一术语倒是无关紧要的。现代刑法教义学注重体系思考和问题思考的结合,将目的性思考、政策性判断、价值选择融入刑法解释和刑法理论体系中②,所以,我国刑法教义学在未来的发展进程中不应当排斥客观归责论的规范判断方法论。

(四)使用包容性较强的刑法教义学概念

刑法教义学要实现客观性思考、规范思考、实质判断以及规范判断,就

---

① 参见北京市海淀区人民法院(2018)京0108刑初1789号刑事判决书。对此判决的进一步解读,参见孙运梁:《客观归责论在我国的本土化:立场选择与规则适用》,载《法学》2019年第5期。

② 参见〔德〕克劳斯·罗克辛:《刑事政策与刑法体系》(第二版),蔡桂生译,中国人民大学出版社2015年版,第15页以下。

必须建构和使用一些包容性相对较强且具备实质内容的概念,尽可能告别类似于"社会危害性"这样的"大词"。关于这一点,我国近年来的刑法学研究也有所关注。例如,我国当下的刑法教义学总体上承认法益概念,从而为认定犯罪提供了观念形象和底限共识。

当然,也有学者对使用这些包容性很强的概念提出质疑。例如,我国有学者结合自己在德国弗莱堡参加学术会议所取得的收获,得出"中国学者主体意识不够,存在着对域外知识的盲目推崇甚至误读"的结论。其论据之一是:在会议讨论环节,帕夫利克教授问中国通过什么来限制犯罪化,我方学者介绍,中国过去主要通过"社会危害性"这个概念来限制犯罪化,即只有具备较大的社会危害性的行为才可能构成犯罪,反之,没有社会危害性或社会危害性显著轻微的行为就不构成犯罪;但近年来越来越多的中国学者主张用"法益"概念来取代"社会危害性",认为它更能起到限制犯罪化的作用。此时,帕夫利克教授插话说,"法益"概念在德国并未起到限制犯罪化的作用,法益理论的实际效力被高估了,因为"法益"在内容上是空洞的。在 2008 年一起著名的兄妹乱伦案中,宪法法院指出:禁止兄妹间发生性关系完全是考虑了《基本法》(即德国宪法)的规定,而不需要考虑法益的概念。这不但宣布了法益理论的局限性,也说明从宪法的角度来审视某种行为是否应该给予刑事处罚更具可操作性。①

我认为,上述结论反映出我国少数学者在进行比较和借鉴时,对德国刑法教义学存在着一定程度的误解。要建构教义学体系,我们就不能过于依赖内容相对比较含糊的"社会危害性"概念,也不能否定法益理论在限制犯罪化方面的作用。当然,我也承认,法益边界不太清晰,有些犯罪的法益高度抽象或精神化,用法益理论限制犯罪范围在个别情形下确实存在一定难度。但是,法益理论仅仅是在某些极端情况下难以约束立法、司法,通过法益概念来阐释刑事可罚的基本界限是可行的,不能否定法益理论的犯罪化限定功能。我们现在的问题是对法益理论的复杂性估计不足、研究不透彻,而不是法益概念自身存在什么

---

① 参见刘仁文:《再返弗莱堡》,载《法制日报》2017 年 12 月 27 日,第 9 版。

根本性问题。在论述法益理论在德国面临的局限性时,前述学者引用了德国宪法法院对兄妹乱伦案的宪法诉讼判例,其认为,宪法法院的判决只考虑了《基本法》(即德国宪法)的规定,而没有采用法益概念,因此,法益理论无用。但是,这一分析存在明显疏漏,德国宪法法院不是联邦普通法院,无权对刑事案件适用刑法与否进行裁判,其只能在宪法诉讼中审查其他法院是否在相关判决中限制或剥夺了个人的宪法基本权利。因此,在其判决中当然不可能引用法益理论,相关论据无法成立。

二、我国刑法教义学研究的不足

(一)对德日刑法教义学知识存在一定程度的"路径依赖"

我国刑法教义学在上述方面所取得的进展,在很大程度上借鉴了德日刑法教义学知识:关于刑法学派的论争,明显受日本近现代以来刑法学派之争的影响;关于阶层论的争论,虽然是从尽可能使刑法判断符合事理的角度展开的,但也借用了三阶层论的诸多范畴;关于客观归责论的思考,明显借用了以罗克辛为首的德国学者的研究;至于对法益概念的运用,也是在结合德日理论批评我国通说的"社会危害性"概念的基础上展开的。

对于我国刑法教义学在很大程度上依赖于欧陆教义学知识这一点,在其他学者的相关研究中也能够得到印证。在陈兴良教授对我国刑法教义学发展轨迹的梳理中,认为三阶层和四要件的争论、形式刑法观和实质刑法观的争论、行为无价值论和结果无价值论的争论表明我国的刑法理论发展到了一个新的阶段。[①] 但是,不难看出,在这三个论争中,只有形式刑法观和实质刑法观的论争具有明显的"中国特色",因为二者争论的核心是当某种行为并不处于刑法用语的核心含义之内时,如果基于处罚必要性的考

---

① 参见陈兴良:《刑法教义学的发展脉络——纪念1997年刑法颁布二十周年》,载《政治与法律》2017年第3期。

虑,对刑法用语作出不利于被告人的解释时,其究竟属于扩张解释还是类推解释,是否还符合罪刑法定原则的要求? 形式解释论认为这样的解释结论是将刑法没有规定的行为通过实质解释入罪,因而应当禁止;但实质解释论认为这是为了实现处罚的妥当性而进行的扩张解释,并不违反罪刑法定原则。① 这样的论争,是紧密结合我国《刑法》分则的规定进行的,受德日影响相对较小。

但必须承认,类似形式刑法观和实质刑法观的争论这种完全出于中国问题意识、立足于中国立法并能够形成一定规模的教义学知识的研究还为数较少。本文一开始提到的冯军教授、张明楷教授等关于教义学的研究,在一定程度上是在德日的分析框架内展开的,冯军教授展示了以规范论为背景的刑法教义学,其中处处闪现雅科布斯刑法理论的影子;张明楷教授更多地借用事实论进行分析,论证了立足于法益侵害说的刑法教义学的应有面貌。这些都充分说明我国刑法教义学的自主性还存在很大不足。我国刑法学在这方面的不足,和日本刑法学在起步阶段学习德国刑法学时的实际状况大致相同,这也可能是刑法教义学"后发国家"必须要走的一段道路。

我这样讲,并不是要拒斥对德日刑法教义学的比较研究,只是强调要在比较研究中提升我国刑法学的自主性。最近二十多年来,我国刑法学者和德国、日本、法国等国的同行进行了大量交流,在诸多专题上取得了共识。这其实并不是因为不同国家的实定刑法有多少共同之处,而是面对特定问题时,不同法域解决此问题的方法有共通性或者能够相互借鉴,再通过发展规范的刑法教义学,使得不同国家的学者有大量共同语言。借助于比较方法建构和逐步发展起来的刑法教义学,为中国刑法学的发展和走向科学化开辟了一条道路,中国刑法学的学术生态从理论构造到法学方法论都在发生巨大变化。可以说,没有比较眼光,就没有当前中国刑法教义学蓬勃发展、欣欣向荣的良好局面。讨论外国刑法理论的真正目的是为了思

---

① 参见陈兴良:《形式解释论的再宣示》,载《中国法学》2010 年第 4 期;张明楷:《实质解释论的再提倡》,载《中国法学》2010 年第 4 期。

考和检讨中国刑法学理论、为了解决中国难题,问题的关键在于在比较和借鉴中如何克服"路径依赖"。因此,通过继续放眼世界来提升中国刑法教义学的自主性是非常重要的。

(二)存在某些绝对化的主张

我国刑法教义学因为大量借用德日教义学的知识系统,因此,有时为了学术立场的一贯性,固执地追求体系化,而不得不面临将理论立场绝对化的窘境。这方面的例子很多,这里仅举两例。

1. 违法判断是纯客观的?

我国有学者认为违法是纯客观的,故意杀人罪和过失致人死亡罪的违法性相同,只是责任不同,从而将违法性的判断绝对化。

但是,在判断违法性时,不可能离开主观要素:(1)没有故意、非法占有的目的等,就无法判断盗窃、诈骗等行为。(2)故意显示行为人逾越规范的程度较高,与过失相比,应给予更重的违法性评价。如果行为人已然意识到了被包含的法益并故意加以侵害,显然比过失伤害法益的行为更为严重地违反了刑法保护的规范。因此,故意是受刑罚威胁的行为的要素之一,这些要素决定了违法程度,也就是说,故意是不法的组成部分。(3)对很多具体违法性关联问题的考察,无法离开主观要素。例如,相当因果关系说要对异常的因果介入排除归责,就必须借助于对主观要件的审查,尤其是"预见可能性概念"(如甲致人轻伤,但医生治疗存在重大失误的,甲不对死亡结果负责。此时,主观和客观要素纠缠在一起)。(4)从思考方法上看,一方面,如果否定构成要件故意,构成要件事实不需要认识的话,那么,构成要件错误从何而来?构成要件错误只不过是构成要件故意的对称而已;另一方面,构成要件故意是责任故意的"引子",在很大程度上具有对应关系。

此外,还必须看到,即便是赞成结果无价值论的学者,也有很多人不再坚持违法性必须是纯客观的主张,转而支持缓和说:(1)在枪口指向对方以及开枪未打中的场合,如果不考虑故意,就无法判断是杀人未遂还是伤害未遂。因此,在未遂的场合,之所以认为故意(对结果对认识)属于主观的违法要素,是因为必须将故意纳入考虑范围以判断行为的客观危险性。(2)关于实质的作为义务的判断,赞成所谓的排他性支配说的学者可能认为,基于自己的意思而获得排他性支配,是保证人义务的核心内容。(3)按照佐伯仁志教授新近的观点,否定主观违法要素,可能与正当防卫论存在体系性抵触。例如,向被害人举起子弹上膛的手枪,手指扣在了扳机上,在这种情况下,是否有杀人的危险性应当取决于行为人主观上是否要扣动扳机。如果否定主观的违法要素,认为无论是否具有这种故意行为都危险,未遂危险的认定范围会扩大。当然,"否定说会通过责任要件对认定范围进行限定,但是,例如,判断能否进行正当防卫时,根据上述否定说,即使没有扣动扳机的意图,也得允许对行为人进行正当防卫"①。

2. 违法性判断的时点只能是事后的?

对于未遂犯中"危险"的判断,有的学者就很坚定地认为,这是一个依据裁判规范所进行的事后判断。【案例1-3 以毒攻毒案】是金德霍伊泽尔教授在他的一篇论文里提到的一个例子②,如果对甲行为的危险性在事前进行判断,或在事后作出判断,那么会不会在处理结论上有差异呢?

对于【案例1-3 以毒攻毒案】,如果立足于事前判断,无论是对专业医生、行为人甲还是一般人来说,投放毒药的行为都是危险的,这种危险虽然因极为偶然(如药与药之间的混合作用或被害人的特殊体质等)的情况没有现实化为结果,但这种危险在规范评价及禁止民众模仿类似行为的意义上,依然是一种客观的危险,甲就应该成立故意杀人罪未遂。如果不肯定这一行为的危险性,可能会造成其他人的模仿和侥幸心理。

结果无价值论从事后查明的事实出发思考问题。既然事后查明了这味毒药加入之后其实是能够治愈被害人的,投放行为实际上就是一个没有危险,反而对法益有益的行为。

---

① 〔日〕佐伯仁志:《刑法总论的思之道·乐之道》,于佳佳译,中国政法大学出版社2017年版,第90页。

② 参见〔德〕乌尔斯·金德霍伊泽尔:《论犯罪构造的逻辑》,徐凌波、蔡桂生译,载《中外法学》2014年第1期。

由此可见,行为无价值注重的是判断方法的客观性,也就是从一般人的视角来看,行为的危险性大小,实施类似行为会造成何种结果。而结果无价值强调的是判断资料、判断对象的客观性,也就是客观上有哪些要素存在,产生了何种结果。而对判断方法和判断资料的重视程度不同,决定了判断时点的差异:行为无价值论重视事前判断,结果无价值论重视事后判断。

但是,事后判断会带来很多问题,彻底的事后视角将使得对未遂犯的处罚难以找到根据。为此,结果无价值论又对其思考方法进行了一定程度的修正:站在事前,根据科学法则分析行为的客观危险性,同时一并考虑事后查明的事实。例如,对人开枪这一行为造成他人死伤的概率大,行为的危险性不会因为事后偶然没有打中而被否定。但在【案例1-3 以毒攻毒案】中,行为人投毒的行为在科学法则意义上造成特定被害人乙死亡的可能性并不存在,概率为零,即使存在所谓的"危险"也只是人们主观上的认知局限,因此,客观上行为的危险被否定。

很显然,行为无价值论对危险的判断进行了一定程度的抽象,而结果无价值论将思考具体化、特定化了。对于开枪行为,行为无价值论会肯定危险性,结果无价值论会进一步限定:枪支是不是有发射可能性,枪里有无子弹等。对于【案例1-3 以毒攻毒案】中被告人的投毒行为,行为无价值论是把事实抽象到投放毒物(行为人要做的只是下药,不下这种药也会下其他的药,这种行为当然危险);结果无价值论是将行为的危险性具体到甲选定了这种反而会使丈夫乙痊愈的药(只要是这种药,不管试多少次都没有危险),因此,最终的结论会有不小差别。不可否认的是,由于所谓的科学法则或者概率论并不明确,概率会根据事实的抽象程度不同而发生变化,判断行为危险性的结论就会不同,因此,结果无价值论结合事后查明的事实,以概率进行预测性判断的方法就存在不确定性。可以认为,关于违法性一定要进行事后判断的立场是绝对化的主张。

而这一主张存在以下缺陷:(1)与结果无价值论的逻辑存在内在矛盾。在结果无价值论那里,动物对人进行侵害都是不法,为什么行为人对他人的投毒行为(碰巧没有致人死亡的)却并非不法?未遂犯本来就不是在侵害结果是不是具体发生这个基础上讨论的,而应该在结果没有发生的前提下去推测行为向前发展有没有危险性。(2)仅仅因被害人事后没有死亡,就反过来论证被告人的行为不危险,与一般的社会正义以及刑法的行为指引功能不符。必须承认,无论哪一种刑罚理论中都包含着一般预防的刑罚目的论。如果说在未遂犯中这样彻底地坚持结果无价值,不需要去考虑一般预防的所有因素,那就会与刑罚论抵触,这是将危险性判断理论绝对客观化所带来的最大问题。一般预防的理念其实也要在犯罪论里得到贯彻,惩罚一个危险的行为,让一般人避免再次重演这样的行为,这就要求通过处罚未遂犯来树立一个榜样,来达到一般预防的效果。因此,未遂犯的认定既是一个犯罪论的问题,也与刑罚论紧密关联,如果将未遂犯和不能犯的判断具体化为结果有没有偶然避免,危险与具体人的行为没有关系,刑法的一般预防效果就达不到。(3)没有顾及司法实践的态度。如果按照结果无价值论得出甲不仅没有杀人而且救了丈夫一命,其行为不是犯罪、没有危险性的结论,不仅与民众的一般感受相悖,也不可能被司法实务所接受。(4)将危险性判断过于具体化会在不同场合得出矛盾的结论。例如,现在很多人出门不带现金、只带手机,因为可以运用手机中的第三方支付购物。但是,扒手甲只愿意偷现金,因为偷来手机没有用处(被害人很可能设置了开机密码,偷来的手机无法开机)。如果具体化、绝对化地考虑被害人的财物没有损失,即便被告人甲在被害人口袋里如何摸来摸去,都只成立不能犯,这样一来,社会秩序会陷入混乱。如果结果无价值论认为即便当时身上一文不名的被害人也有带现金的可能性,这个时候就等于将侵害对象又予以抽象化,不考虑被害人身上有钱无钱的事实,只重视窃取行为自身的危险性。而在【案例1-3 以毒攻毒案】中,结果无价值论对侵害对象的判断却是特别具体化的(死亡结果确实没有发生,而不是被害人有死亡可能性),投放毒物行为的危险性被忽略。对于偶然防卫,有的结果无价值论者赞成无罪说[①],这恰恰就是将死亡结果具体化的例证。而在受扒窃的被害人完全没有携带除手机外其他财物的场合,恐怕所有赞成结果无价值论的学者都会得出有罪结论,此

[①] 参见张明楷:《论偶然防卫》,载《清华法学》2012年第1期。

时却是将侵害对象抽象化,与【案例 1-3 以毒攻毒案】中的分析逻辑不同,由此一定会带来判断方法上的不一致。

所以,我认为,即使从结果无价值论出发,也没有必要否定刑法是行为规范。结果无价值论也得承认违法性评价是事前的判断,没有必要将判断时点绝对化为事后。

应当说,在刑法学中,如果固执地将某些问题的思考方法绝对化,会带来很多弊端。任何一种刑法主张,都只是处理某项实务难题的"相对合理"方案。龙宗智教授曾经提出"相对合理主义"的主张①,我赞同他关于刑事诉讼理论建构的很多想法,而且这种相对合理主义的取向在刑法学领域也是相同的。在刑法学中,存在大量的学派对立,对各种学派的合理性进行判断时都要充分看到:对大量存在的罪与非罪、此罪与彼罪界限模糊的情况,究竟如何处理不应绝对化。换言之,在刑法学中,不存在"非黑即白"的现象,也不存在只有一种分析进路、处理结论且比其他方案更为合理、"更说得通"的问题。

(三)从司法实践中发现理论创新契机的能力存在不足

对犯罪认定上很多问题的思考和处理,实务部门有时候走在理论前面,而且其处理结论在很多时候具有合理性(只是有时可能说理不太透彻),反过来导致理论有点"跟不上趟"。此时,刑法教义学如何从实务中汲取营养就显得很重要。

例如,对于保险诈骗等犯罪的着手,以及盗窃、受贿等罪既遂的认定,必须结合实务中个案展示出来的主客观事实具体地、个别地判断,如果脱离对具体犯罪的讨论则很难进行判断,仅仅在刑法总论中进行体系性、一般性说明的意义很有限,刑法教义学必须从实践中发现和提炼问题,然后实现理论创新。

就教义学从实践中汲取养分而言,值得研究的问题很多,这里仅举出两例进行说明。

---

① 参见龙宗智:《论司法改革中的相对合理主义》,载《中国社会科学》1999 年第 2 期。

1. 刑法教义学应当结合实务上展示的共同犯罪难题来发展共犯论

欧陆等国的刑法教义学发展历程表明,关于共同犯罪的刑法教义学研究基本是由实践所引领的。比如,共谋共同正犯概念就是在日本的审判实务中先提出来的,法官审理了很多与此相关的案子。对此,学界一开始持批评态度,认为实务上这样做不合适,但学者们后来发现法官遇到同样情形还是这样判决,学者持续批评也没用,而且司法上一直秉持这种立场还多少有点道理,所以,才会有日本刑法教义学的进一步研究,从而发展出不同于德国犯罪事实支配(意思支配)的、具有日本特点的共谋共同正犯理论。再比如,承继的共犯对先行者的行为是没有参与的,后来才参与,其要不要对参与之前他人先行实施的犯罪及其后果负责?这也是在实践中首先提出来的,理论上的研究结论似乎沦为对裁判合理性的论证。这都是在实务上将复杂问题充分展示出来之后,逼迫学术界去思考、去深入研讨的生动例子。

我国审判实践也就共犯的认定问题提出了很多新问题,很值得教义学仔细思考:(1)实践中被认定的承继的共犯,按照德日刑法教义学的因果共犯论、共犯从属性说,未必能够得出后续参与者成立承继的共同正犯的结论,因此,对裁判结论的合理性进行研讨就是学者的使命。(2)在我国刑法中,只有关于主犯的规定,没有使用正犯概念,从正犯/共犯关系的处理出发分析共同犯罪的刑法教义学的意义究竟在哪里?假如确有必要使用正犯概念,正犯和主犯的关系如何处理,就很值得深入研究。对此,学者指出,德日刑法关于共同犯罪的规定表明,共犯的定罪与量刑均取决于正犯,因而决定了其共犯理论必须采取实质客观说以区分正犯与共犯。而中国刑法关于共同犯罪的规定表明,共同犯罪的定罪与量刑是截然可分的不同层次,因而在正犯与共犯的区分上采取形式客观说就足以解决问题。① 这也是思考正犯与共犯关系的一种路径。(3)针对有组织犯罪的裁判文书对从犯认定范围比较广,例如,在传销组织、电信诈骗组织犯罪中,从犯定得太多、处罚范围太广,理论上对此如何进行制约?(4)由于在

---

① 参见丁胜明:《刑法教义学研究的中国主体性》,载《法学研究》2015 年第 2 期。

实践中对组织者往往以主犯论处,将组织行为视作正犯行为,教唆犯的存在空间被压缩。受此思维定势的影响,大量教唆犯在非组织犯罪中也被作为具有正犯或主犯特点的对象论处,从而使得我国刑法中的教唆犯概念被架空,理论上对此如何看待,也很值得研究。

2. 对于一罪与数罪的判断,刑法教义学对实务立场的关注明显不够

关于罪数问题,理论上提出了各种方案,而且通说认为只要是行为人有数个故意和数个行为的,就符合数个构成要件,原则上就要数罪并罚;在思考犯罪竞合问题时,应当专门讨论一行为、数行为,先确定自然的一行为怎么去判断,然后分析犯罪竞合(法条竞合、想象竞合)如何判断。从学理上讲,对于罪数问题,第一步是构成要件的符合性判断。构成要件的定型性对罪数的判断是非常重要的,需要仔细看构成要件对犯罪是怎么描述的。第二步是看行为究竟是一行为还是数行为,判断的时候看它们之间重合的部分有多大:如果基本上是重合的,即一个行为碰巧符合数个构成要件,只能认定为一行为,评价为想象竞合犯;如果两个行为之间自然上的联系很稀薄,那么不能认定为一个行为。实践中,在一罪、数罪的区分成为问题的场合,两个行为相互独立地符合不同构成要件的情形是多数。因此,我们大致可以得出这样的结论:对于罪数关系而言,理论上是以肯定数罪而且要并罚为原则的。

但是,实践中法官经常基于"判不下去"的实际考虑,对被告人原本有多个犯罪的情形按一罪处理,对使用虚假身份证件骗租汽车,然后用该车辆抵押借款这种"两头骗"的行为,实践中通常只定(合同)诈骗罪一罪(多数判决认可第一个被害人即租车行被骗)就很能够说明问题;对于在强迫交易过程中使用暴力取得财物的,以及在绑架过程中使用暴力取得财物的,大多不数罪并罚,也是这种司法逻辑的体现。对于理论和实务上在罪数问题上的差异,我认为应当进行深入研究。一罪和数罪与法官的规范感觉以及一个国家的司法习惯有关,我国刑法对数罪并罚持比较保守的态度,很多时候出于政策考量作有利于被告人的判决,不认定为数罪,不判太重的刑,这样的实务习惯也基本上是可以接受的。

不仅实务上是如此,我国立法上在数罪并罚时采用的限制加重原则也

是"手下留情"的产物,这种立法实际上会对法官认定一罪和数罪产生影响。法官会觉得数罪并罚后刑期会上去,而且立法者在立法时也不想累加。因此,法官感觉到一罪和数罪存在争议时,尽量会朝着一罪的方向判断,给被告人更多"出路",实践中很多"两头骗"的案子,大多最终只以一罪处理。数罪并罚的情形在实务中其实比理论上所预想的要少很多。

对于罪数问题,英美法系国家一般按照自然行为判断,在我国刑法实务中有争议的案例在英美法系国家一般都没有争议,它的目的就是要很直观地告诉民众被告人有哪些行为,来达到一般预防的效果,同时使这个判决无限接近民众的感觉,这与英美法系国家的实用主义哲学有关联,法官因此也就懒得再作更多的罪数关系判断。另外,英美法系国家的诉讼制度是大量运用陪审团审判,法官有义务指导陪审员被告人的行为是什么,在作这种指引的时候,按照自然行为的单复数直接去告诉陪审员也容易说清楚。如果刑法教义学上将涉及一罪、数罪的理论建构得过于复杂,对陪审员就不容易讲清楚。

所以,一罪、数罪的司法判断朝着尽可能简单化、轻缓化处理的路径思考问题,这是和我们的具体国情、立法规定、法官的一贯立场都紧密关联的,其与法条竞合、想象竞合的刑法教义学理论之间存在一定差距,我们不能一味地去指责司法中的做法,需要反躬自问的可能是刑法教义学理论。因此,未来如何将罪数理论建构得比较合理,且确保其在实务上尽可能简单易行,减少理论和实践之间的抵牾,是我国刑法教义学需要考虑的。

第二讲
我国刑法教义学的理想图景

【案例 2-1　抢劫取财案】

被告人侯某曾在甲市本案被害人家的个体卖肉摊（摊主周敏某）上打过工。2005 年 5 月，侯某碰到被告人匡某等人，在谈到如何出去搞钱时，侯某提出其在甲市打工时的老板有钱，可以带他们去。5 月下旬到甲市后，经商议决定由侯某带匡某一起到周敏某家的卖肉摊上打工，以便利用打工期间与被害人一家同住一套房子的条件伺机动手。5 月底，经摊主周敏某同意，侯、匡二人住进了被害人租住的套房，并与和其二人同住一室，早于侯、匡二人二十多天到周敏某卖肉摊上打工的被告人何某相识。其后，在侯、匡二人商议抢劫老板时，认为何某与其同住，最好拉何某入伙。后侯、匡二人分别对何某讲，老板对伙计很抠，每天有 1 万多元的营业额，平时流动资金有三四万元，不如把老板绑起来把钱抢走，每人能分到 1 万多元，要何某一起参加。何某说："如果每人能分到 10 万、8 万的，还可以搏一搏，你们这样不值得。"后侯、匡二人继续做何某的工作，何某表示："你们干的事与我无关，最多我不去报警。"

2005 年 6 月 8 日，三被告人中午下班回到住处后，侯、匡二人认为老板这几日回安徽省的老家办事，时机已到，商量马上要对老板娘动手，何某听后即离开，直到晚上 8 点左右才回住处。侯、匡二人因老板娘当日下午出去有事而在当日未及下手。次日中午，二被告人下班回到住处后，侯、匡二人认为再不动手，待老板回来就来不及了。午饭后，匡某在其住的房间内从床铺下抽出预先从打工摊位上拿回的剔骨刀,准备马上动手。侯、匡二人随即走入三人住的房间,侯某在卫生间以窗帘拉不下为由,诱使老板娘(俞彩某)走到卫生间门口,匡某乘机从身后持刀架在老板娘的脖子上,并说:"不要动,把钱拿出来。"被害人见状大声呼救、反抗,侯某为阻止其呼救,捂住被害人的嘴,并将被害人扑翻在地,而后坐在被害人身上继续捂嘴并卡住被害人的喉咙,匡某在冲进其住的房间拿出胶带纸捆绑被害人双腿被挣脱,被害人仍在大声呼救反抗的情况下,即持剔骨刀对被害人胸腹部、背部等处刺戳数刀,同时侯某用被子捂住被害人的头部,致被害人俞彩某当场死亡。

何某在房间内听到客厅中的打斗声渐小后走出房门,见状问侯、匡二人:"你们把老板娘搞死了?"匡某随即叫何某一起到老板娘房间去找钱。三人在被害人家中共找出 1 000 余元。后匡某叫何某和其一起将躺在卫生间门口的被害人的尸体拖拽了一下,三被告人分别将身上沾有血迹的衣服换掉后,携带赃款潜逃。

经法医鉴定:被害人俞彩某面部、胸腹部、背部有多处创口,胸主动脉断裂,胸腹腔大量积血,系由于遭锐器刺戳致失血性休克而死亡。

被告人何某与被告人侯某、匡某事先无通谋,但明知后者在实施抢劫的情况下,于后者暴力致被害人死亡后参与共同搜寻被害人财物,其构成抢劫罪的共犯,还是仅成立盗窃罪?

【案例 2-2 "摸狗"案】

被告人杨建伟系被告人杨建平胞弟,二人住处相邻。2016 年 2 月 28 日中午 1 时许,杨建伟、杨建平坐在杨建平家门前聊天,因杨建平摸了经过其身边的一条狼狗而遭到狗的主人彭芳明(殁年 45 岁)的指责,兄弟二人与彭芳明发生口角。彭芳明扬言要找人报复,杨建伟即回应"那你来打啊",后彭芳明离开。杨建伟返回住所将一把单刃尖刀、一把折叠刀藏于身上。10 分钟后,彭芳明返回上述地点,其邀约的黄陆、熊亚强、王成(真实身份不详)持洋镐把跟在其身后 10 余米处。彭芳明手指坐在自家门口的杨建平,杨建平未予理睬。彭芳明接着走向杨建伟家门口,击打杨建伟面部一拳，杨建伟即持单刃尖刀刺向彭芳明的胸、腹部，黄陆、熊亚强、王成见状持洋镐把冲过去对杨建伟进行围殴，彭芳明从熊亚强处夺过洋镐把对杨建伟进行殴打，双方打斗至杨建伟家门外的马路边。熊亚强拳击，彭芳明、黄陆、王成持洋镐把，四人继续围殴杨建伟，致其头部流血倒地。彭芳明持洋镐把殴打杨建伟，洋镐把被打断，彭芳明失去平衡倒地。杨建平见杨建伟被打倒在地，便从家中取来一把双刃尖刀，冲向刚从地上站起来的彭芳明，朝其胸部捅刺。杨建平刺第二刀时，彭芳明用左臂抵挡。后彭芳明受伤逃离，杨建平持刀追撵并将刀扔向彭芳明未中，该刀掉落在地。黄陆、熊亚强、王成持洋镐把追打杨建平，杨建平捡起该刀边退边还击，杨建伟亦持随身携带的一把折叠刀参与还击。随后黄陆、熊亚强、王成逃离现场。经法医鉴定，被害人彭芳明身上有七处刀伤，且其系被他人以单刃锐器刺伤胸、腹部造成胃破裂、肝破裂、血气胸致急性失血性休克死亡。另杨建伟、黄陆、熊亚强均受轻微伤。按照阶层犯罪论，如何确定杨建伟、杨建平的行为性质？

【案例2-3 散弹杀人案】

甲想杀死仇人张三，对准张三开枪，但因为其所使用的枪弹均存在重大质量问题，形成散弹后打死了站在张三旁边50米远处的李四。对于甲的行为如何定罪，尤其是如何量刑才合理？

【案例2-4 绑架案】

甲在国家机关门口绑架市民乙，逼着负责外事工作的国家工作人员丙出面承认某项外交政策存在重大错误并致歉，否则就要"撕票"。如果绑架罪犯甲的不法要求被拒绝，在发现其绝对不能达到目的时，一怒之下杀害被绑架人的，从刑法教义学的角度看，拒绝甲的不法要求的国家工作人员丙是否构成绑架罪的帮助犯？

前一讲对我国刑法教义学的现状、问题进行了讨论。接下来，我想继续讲讲如何进一步提升我国刑法教义学的自主性，促进我国刑法学良性发展，也就是刑法教义学的理想图景问题。

对于犯罪及其惩罚问题的研究,可以从不同侧面切入,所以,社科法学、纯粹从案件处理角度出发的案例分析方法等都是可能的路径,且各有其优势。但是,如果想在面对几乎所有的疑难刑事案件时都能够提供更为合理的处理方法,就最好还是承认刑法教义学,或者至少要采用刑法教义学的方法论。不过,如何在推进刑法教义学发展的过程中提升刑法教义学的自主性,逐步形成和发展出系统的、具有中国特色的刑法教义学,还需要做极其细致的分析。

一、教义学化是我国刑法学未来发展的唯一方向

"法律教义学不仅扮演着一种实践智慧渊源的角色,同时还具有其他两个功能。首先,它建立起一种关于文本、概念和分类的共同框架,没有它甚至不可能存在辩论……其次,一套教义体系可以增强法律的融贯性和清晰度。"① 更务实地说,刑法教义学的基本原理是在每一个案件的妥善处理中都需要被使用的;实务上关于案例的分析和研究实际上也不可能离开刑法教义学及其方法论的指引。

针对疑难案件,如果想处理得更"顺手"或分析得很透彻,就随时都要用到教义刑法知识或教义学方法(无论案件处理者、分析者是否对此有意识)。比如,如何处理【案例2-1 抢劫取财案】,就很考验一个人的刑法教义学功底。

说实话,这个案件的案情是比较简单的,但是,处理起来并不那么容易。如果缺乏刑法教义学知识,分析者就如同面对一团乱麻。要解决这样的难题,就应当从刑法教义学的知识网格中迅速地将问题点定位出来,梳理出本案可能涉及的具体问题。此时,对刑法教义学知识以及体系思考方法的运用就显得很重要。

第一步,分析者要能够想到本案所涉及的主要问题:实行行为、共同犯

---

① 〔荷〕扬·斯密茨:《法学的观念与方法》,魏磊杰、吴雅婷译,法律出版社2017年版,第162页。

罪的认定、抢劫罪与盗窃罪的区分等问题。如果对这些问题点罗列不准，在处理本案时，所思考和检验的问题就会有重大遗漏。

第二步，分析者要依据前面对问题点的"搜寻"，形成对本案处理的预判。【案例2-1 抢劫取财案】的争论焦点是承继的共同正犯。先行为人着手实行犯罪之后，后行为人知情参与的，后行为人是否对包括自己参与之前就已由先行为人所引起的事实在内的所有犯罪事实，承担共犯（共同正犯或者帮助犯）的罪责，属于是否成立承继的共犯的问题。

在承继的共犯中，如何确定后参与人的责任，一直是理论上争论不休的问题，实务上的处理也不统一。例如，甲基于抢劫的意思深夜在某偏僻处将被害人乙打成重伤，妻子田某应丈夫甲的要求持手电筒照明，甲顺利将乙掉落在地的钱包取走的，田某构成抢劫（致人重伤）罪还是盗窃罪？甲将被害妇女乙打伤，甲的朋友于某路过时将无力反抗的乙强奸。事后发现乙受重伤，但该后果是甲还是于某造成的难以查明，于某是否对重伤结果负责？在甲的抢劫暴力行为已经实施一段时间之后，赵某赶到并从被害人乙身上取走1万元的，对赵某应如何处理？

对于承继的共同正犯如何处理，目前理论上有三种立场：(1)完全肯定说。该说主张后参加者在前一行为人的行为尚未结束之际参加犯罪的，均应当与前一行为人一起构成共同正犯，即便是前一行为人造成的后果，也需要后续的共同正犯负责。因此，上述案例中的田某构成抢劫（致人重伤）罪，于某构成强奸（致人重伤）罪，赵某构成抢劫罪。因为后一行为人认识到前一行为人所实施的行为并有利用的意思，与共谋行为具有相当性，值得重罚。但是，仅仅因为对前一行为人的行为有认识就在处罚上溯及他人之前的行为，失之过严，似乎不妥当。(2)全面否定说。该说认为，应当彻底贯彻因果共犯论的立场，全面否定承继的共犯，那么，后参加者就只对其参与的犯罪负责。在其参与之前，他人所造成的后果，即便其对此有认识也不需要负责。全面否定说的问题意识在于，就共犯而言，也应当以与所有构成要件该当事实之间存在因果性为必要。因此，有必要对于后行为人施加了因果性影响的行为、结果进行独立评价，在该行为、结果符合特定构成要件的限度之内，才有可能成立共犯。因此，上述案例中的田某构成盗窃罪,于某构成强奸罪,赵某构成盗窃罪。因为按照因果共犯论,在共犯人与参与行为没有因果联系的情形下,共犯人无须承担责任。但是,按照完全否定说,在前一行为人所实施的犯罪较轻时,后参与人的行为可能无罪,由此带来不合理的结论。例如,前一行为人恐吓他人,被害人被迫交付财物,后一行为人接受该财物的,由于既不是盗窃也不是敲诈勒索,根据完全否定说只能作无罪处理。(3)部分肯定说(中间说)。在后行者部分参与,从先行者的角度看,后行者的行为重要的场合,可以肯定后行者对最终结果负责。但是,部分肯定说也有两个限制条件:先行者的行为效果延续至后行者并被后行者利用;后行者利用先行者的效果并扩大结果。按照这一观点,上述案例中的田某构成抢劫(致人重伤)罪,于某构成强奸(致人重伤)罪,赵某构成盗窃罪。

  对于承继的共犯如何处罚,必须受到共犯处罚根据的因果共犯论的约束,即行为人仅就与自己的行为之间存在因果关系的事实承担共犯罪责。如果承认因果共犯论,全面肯定说就是无法被采纳的。由此一来,主要的争论就集中在部分肯定承继的中间说与全面否定承继的消极说之间的对立。为保持承继的共犯论与共犯处罚根据的因果共犯论之间的一致性,山口厚教授主张,目前,中间说的理论根据并不充分,因此,应当采取的理论结构是,以肯定先行为人存在作为义务为前提,认定通过共谋参与先行为人行为的后行为人与先行为人共有这种作为义务。为此,后行为人成立抢劫罪、敲诈勒索罪或者诈骗罪的不作为犯,并与属于作为犯的先行为人之间成立这些犯罪的共同正犯。这一结论是以后行为人仅就共谋参与之后的事实承担罪责为前提,不仅是妥当的,而且也与因果共犯论之间具有整合性。① 桥爪隆教授则提出,为了既坚持因果共犯论,同时弥补处罚上的漏洞,合理的做法是缓和共犯因果性的内容,不要求后行为人的行为与所有构成要件该当事实之间均存在因果关系,而只要与构成要件结果的引起之间存在因果关系即可。这种对因果性的缓和,既适于狭义的共犯也适于共

---

① 参见〔日〕山口厚:《承继的共犯理论之新发展》,王昭武译,载《法学》2017年第3期。

同正犯。①

应当说,无论部分肯定说赞成者的具体理由是什么,该学说与因果共犯论的实质基本上相一致这一点是无法否认的,即后行者参与时,与先行者试图实现的结果相一致,且存在因果性(接近于桥爪隆教授的主张)。因此,在他人盗窃之后,为窝藏赃物而逃跑时,行为人帮助盗窃犯逃跑,对追赶的失主使用暴力的是抢劫罪正犯。而在他人使用暴力导致被害人重伤的场合,后行者仅参与取得财物的,应当构成盗窃罪。对于【案例2-1 抢劫取财案】,就可以考虑按照部分肯定说进行分析、处理。第三步,再结合刑法教义学知识对案件进行有深度的具体分析。

对于【案例2-1 抢劫取财案】,某市中级人民法院一审认定侯某、匡某多次与何某就抢劫进行过预谋,在匡某、侯某将俞彩某当场杀死后,何某随后拖拽尸体,并和侯某、匡某一起在俞彩某衣裤内及室内劫取1 000余元等财物后逃离现场。被告人侯某、匡某、何某以非法占有为目的,共同抢劫他人财物,并致一人死亡,其行为均已构成抢劫罪,依法应予严惩。

某省高级人民法院经公开审理认为,根据现有证据,侯某、匡某二人为抢劫而以打工为名,到被害人家与何某同住一室而相识后,曾多次拉拢何共同实施抢劫,何某一直未明确允诺,且有躲避侯、匡二人的行为;本案抢劫行为实施前,何某并未在侯、匡二人商量马上动手时有表态应允、接受分工的行为;在侯、匡二人以暴力行为致被害人死亡后,何某应匡某的要求参与了在被害人家翻找财物的行为。据此,原判认定作案前何某与侯、匡二人就抢劫多次进行预谋,并与侯、匡二人共同致被害人死亡的事实证据不足。原审被告人何某在二审庭审中的辩解意见与事实基本相符,予以采纳。上诉人侯某、原审被告人匡某以非法占有为目的,共同预谋、携带凶器,当场实施暴力抢劫他人财物,并致一人死亡,已构成抢劫罪,且系共同犯罪,在犯罪过程中侯、匡二人均起主要作用,故均系主犯。其行为严重侵犯了公民的人身权利和财产权利,危及了社会公共秩序和公民的安全

---

① 参见〔日〕桥爪隆:《论承继的共犯》,王昭武译,载《法律科学(西北政法大学学报)》2018年第2期。

感,手段残忍,后果极其严重,主观恶性、人身危险性、社会危害性极大,应依法严惩。上诉人侯某在共同犯罪中提起犯意,提供作案对象,积极预谋,在抢劫过程中积极实施对被害人的暴力行为,对被害人死亡的后果负有重要责任。但鉴于其在抢劫犯罪中实施的暴力行为并非被害人死亡的直接原因,案发后有自首行为,具有部分酌定从轻情节,案发后有认罪、悔罪表现等,故对其判处死刑可不立即执行。故侯某的辩护人对侯某量刑情节及其量刑问题提出的意见成立,予以采纳。原审被告人匡某积极参与预谋,在抢劫犯罪过程中持剔骨刀对被害人捅刺多刀,致被害人死亡。其对本案被害人死亡的犯罪后果负有直接责任。其虽有犯罪后自首、检举同案犯共同犯罪事实的行为等从轻情节,但不足以对其从轻处罚。原判对其量刑并无不当。故匡某辩护人就匡某量刑情节提出的意见与事实相符,但就量刑问题提出的意见不予采纳。

原审被告人何某在明知侯、匡二人为抢劫而实施暴力并已致被害人死亡的情况下,应匡某的要求参与侯、匡二人共同非法占有被害人财物的行为,系在抢劫犯罪过程中的帮助行为,亦构成抢劫罪的共同犯罪,在共同犯罪中起辅助作用,系从犯。其行为亦侵犯了公民的人身权利和财产权利,应依法惩处。因其在被害人死亡前并无与侯、匡二人共同抢劫的主观故意和客观行为,故对其应适用《刑法》第263条一般抢劫罪的规定予以处罚。鉴于原审被告人何某在本案抢劫犯罪中的从犯作用、被动参与犯罪且未实施抢劫犯罪中的暴力行为,主观恶性、人身危险性、社会危害性相对较轻等情节,对其应在法定量刑幅度内从轻处罚。

据此,终审判决如下:被告人匡某犯抢劫罪,判处死刑,剥夺政治权利终身,并处没收个人全部财产;侯某犯抢劫罪,判处死刑,缓期2年执行,剥夺政治权利终身,并处没收个人全部财产;被告人何某犯抢劫罪,判处有期徒刑4年,并处罚金1 000元。①

在【案例2-1 抢劫取财案】中,被告人侯某、匡某共同预谋并实施抢劫

---

① 参见最高人民法院刑事审判第一、二、三、四、五庭主办:《中国刑事审判指导案例1:刑法总则》(增订第3版),法律出版社2017年版,第139页及以下。

行为构成抢劫罪的共犯没有争议,但对于事中参与犯罪的被告人何某如何定罪存在一定分歧。有意见认为,抢劫罪侵犯的是复杂客体,表现为对他人人身权利和财产权利的侵犯。在他人以非法占有为目的,对被害人先施以暴力,使被害人失去反抗能力后,再取得被害人财物的情况下,行为人于侵犯他人人身权利行为实施完毕后,参与他人实施侵犯被害人财产权利行为的,其对被害人的伤亡事实并无主观故意和客观行为,故对该行为人的行为性质应与参与全部抢劫犯罪行为的他人作出不同的评价。本案中,何某在侯某、匡某拉其入伙,要其参与抢劫犯罪时,并未表示同意。侯、匡二人为非法占有财物而对被害人实施暴力至被害人死亡前,何某亦无任何帮助的行为。在被害人死亡后,何某应侯、匡二人的要求参与了在被害人家中搜取财物的行为。由于何某事前无抢劫的主观故意,事中亦未参与侯、匡二人在抢劫过程中的暴力行为,其犯罪的主观故意内容及行为特征与侯某、匡某不同,因此时被害人已死亡,故其行为属秘密窃取之盗窃性质,应以盗窃罪定罪。

不过,这种意见并不妥当。何某的行为应构成抢劫罪的共同正犯,这在理论上称为承继的共同正犯,即先行为人已实施一部分实行行为,后行为人以共同犯罪的意思参与实行的情形。对于承继共犯中的后续参与人,应当按照前述的部分肯定说确定其刑事责任。

按照部分肯定说,就抢劫罪而言,后行为人明知先行为人实施了抢劫的暴力行为后,参与进来实施取得财物的行为,应构成抢劫罪的承继的共同犯罪。首先,抢劫罪在我国是一个独立的犯罪类型,由暴力、胁迫等强制行为与取财行为组成,这两种行为都是抢劫罪的实行行为。后行为人在了解先行为人抢劫的暴力行为后,基于利用的意图参与其中,利用暴力行为的持续效果实施取财行为,就属于抢劫罪的"强取"行为。就此而言,后行为人的取财行为不是孤立的、单纯的取财行为,与通常发生的盗窃行为有所不同。其次,如果将后行为人的取财行为认定为盗窃罪,由于我国盗窃罪有数额较大的要求,很有可能导致该行为无罪。这显然是不合适的。最后,即使将后行为人的取财行为认定为抢劫罪,并不意味着处罚会很重。因为这种行为在作用上属于从犯,会根据从犯的规定从宽处罚。

【案例 2-1 抢劫取财案】的复杂性在于,被告人侯某、匡某以抢劫的故意杀死俞彩某后,被告人何某在侯某、匡某的拉拢下才参与取财行为。但是,即使是在这种情形下,何某仍然构成抢劫罪的承继的共同正犯。虽然抢劫罪的一般情形是以非法占有的目的实施暴力,压制被害人的反抗,然后取走财物,但是,也包括以非法占有的目的杀死被害人,然后取走财物。此时的取走财物依然属于抢劫罪的实行行为的一部分。在本案中,何某参与进来实施的取财行为与侯某、匡某的暴力行为紧密相连,没有明显的时空间隔,此时何某的行为仍然属于侯某、匡某暴力行为的效果的延续。当然,由于何某在共同犯罪中的作用较小,应当以从犯来处罚。如果侯某、匡某开始只有杀人的故意,而没有抢劫的故意,何某在侯某、匡某杀死被害人后,三人临时起意从被害人处取财的,则何某只能对盗窃罪成立共犯,对前面的故意杀人罪不成立共犯。

上述分析说明:案例分析或实务上对刑法问题的研究,从案件切入,但背后是对教义学知识及其方法论的运用,不存在脱离教义学的案件处理和案例分析研究。"法教义学的任务,就是通过对一个个疑难案件的研究,创造出足以应对此类案件的理论观点,为司法者提供一般性规则。简言之,不断地变疑难案件为常规案件,这本来就是法教义学的'初心'。"[1]

二、进一步强化体系性思考

刑法教义学上的体系性思考很重要。限于篇幅,这里主要讨论阶层犯罪论的体系性思考以及保持犯罪论与刑罚论的一体化的重要性。

(一)只有承认阶层的犯罪论体系,刑法教义学才能有长远发展

有些学者不愿意承认阶层犯罪论是因为其内部关系确实比较复杂。"相较于四要件模型,三阶层模型较为复杂……复杂意味着精确,有助于保

---

[1] 车浩:《刑法教义的本土形塑》,法律出版社 2017 年版,第 33 页。

障人权。"①但是,要长期接受四要件说的司法人员去严格按照三阶层论的话语系统去处理案件,可能存在现实困难。我认为,在我国可以采用阶层论,但未必一定要使用三阶层论的术语。教科书上的犯罪论体系没有必要严格按照三阶层论去写,实务上也未必绝对按照三阶层论的进路去分析案件。肯定阶层的犯罪论体系,坚持违法与责任分开、确保客观优先、事实判断和价值评价适度分离,一个合理的、能够沟通理论和实务的犯罪构成理论体系就可以形成。

这样说来,合理的犯罪论体系的重要性并不体现在形式和技术意义上,也根本不需要苛求在刑事判决书中出现构成要件该当性、违法性和有责性的概念。在认定犯罪时,先判断客观构成要件,再讨论主观构成要件,在有的案件中如果存在特殊的违法阻却事由、责任阻却事由的,须再行检验,这其实就是阶层的理论。这样的思考也在很大程度上吸纳了四要件说中的合理内容,因为四要件说所看重的那些主客观要素在阶层论中得到重视,只不过阶层论在分析这些要素时,一定要确保哪些要素先判断、哪些后判断。

换言之,对于犯罪论的体系性思考,不必太纠结于三阶层还是二阶层,重要的不是哪一种阶层论,而是体系性思考与阶层性思考——必须先违法后责任、先客观后主观,必须利用阶层犯罪论训练司法工作人员的思维,形成正确的刑法适用方法论,实现刑法客观主义。

因此,未来的刑法教义学应当深入研究阶层论的司法运用问题,此处有必要提示以下内容:

第一,不需要照搬国外的三阶层论。按照我所理解的犯罪论体系,可以秉持客观要件优先原则,依照"客观构成要件——主观构成要件——违法排除事由——责任阻却事由"的判断逻辑。客观要件可以推导出行为的违法性,主观要件可以推导出有责性。

第二,采用改革成本较小的阶层论,即分为犯罪客观要件、犯罪主观要

---

① 李立众:《刑法学修习大法》,载桑磊主编:《法学第一课》,中国政法大学出版社 2017 年版,第 99 页。

件、犯罪排除要件(违法排除要件、责任排除要件)三个阶层,有着对阶层的思考、对原则和例外的思考之双重特色。

第三,立足于关键点:无论犯罪论体系如何建构,都必须将违法和责任清楚地分开,并确保对违法的判断在前,对责任的判断在后。

这样说来,阶层犯罪论体系的关键是把握好不法与责任这两大犯罪论体系的支柱。① 在【案例2-2 "摸狗"案】中,从阶层论的角度看,杨建平刺伤彭芳明的行为符合故意伤害罪的客观构成要件和主观构成要件。但是,从违法阻却事由的角度看,彭芳明返回现场用手指向杨建平,面对挑衅,杨建平未予理会。彭芳明与杨建伟发生打斗时,杨建平仍未参与。彭芳明等四人持洋镐把围殴杨建伟并将其打倒在地,致其头部流血,双方力量明显悬殊,此时杨建平才持刀刺向彭芳明。杨建平的行为是为了制止杨建伟正在遭受的严重不法侵害,符合正当防卫的意图条件。彭芳明被刺后逃离,黄陆等人对杨建伟的攻击并未停止,杨建平继续追赶彭芳明的行为应认定为正当防卫,不负刑事责任。

就杨建伟的行为而言,其符合故意伤害罪的构成要件也是不可否认的,问题是其是否能够成立正当防卫,这也是需要在阶层论的第二个层面进行检验的。在本案中,比较重要的问题有两个方面。一方面,需要妥当界分准备工具防卫与准备工具斗殴。实践中,防卫行为在客观上也可能表现为双方相互打斗,具有互殴的形式与外观,区分的关键就在于行为人是具有防卫意图还是斗殴意图。彭芳明与杨建伟兄弟二人并不相识,突发口角,彭芳明扬言要找人报复时,杨建伟回应"那你来打啊",该回应不能认定杨建伟系与彭芳明相约打斗。行为人为防卫可能发生的不法侵害,准备防卫工具的,不必然影响正当防卫的认定。杨建伟在彭芳明出言挑衅,并扬言报复后,准备刀具系出于防卫目的。彭芳明带人持械返回现场,冲至杨建伟家门口拳击其面部,杨建伟才持刀刺向彭芳明胸、腹部,该行为是为了制止正在进行的不法侵害,应当认定为防卫行为。另一方面,把握正当防卫的限度条件以准确认定防卫过当。根据《刑法》第20条第2款的规

---

① 参见周光权:《阶层犯罪论及其实践展开》,载《清华法学》2017年第5期。

定,防卫过当应当同时具备"明显超过必要限度"和"造成重大损害"两个条件,缺一不可。彭芳明空手击打杨建伟面部,杨建伟此时并非面临严重的不法侵害,却持刀捅刺彭芳明胸、腹部等要害部位,杨建伟的防卫行为明显超过必要限度。杨建伟的防卫行为并非制止彭芳明空手击打的不法侵害所必需,从损害后果看,彭芳明要害部位的多处致命刀伤系杨建伟所致,是其死亡的主要原因,杨建伟的防卫行为明显超过必要限度造成重大损害,属于防卫过当,构成故意伤害罪。

湖北省武汉市中级人民法院二审判决认为,被告人杨建伟持刀捅刺彭芳明等人,属于制止正在进行的不法侵害,其行为具有防卫性质;其防卫行为是造成一人死亡、二人轻微伤的主要原因,明显超过必要限度造成重大损害,依法应负刑事责任,构成故意伤害罪。被告人杨建平为了使他人的人身权利免受正在进行的不法侵害,而采取制止不法侵害的行为,对不法侵害人造成损害,属于正当防卫,不负刑事责任。杨建伟的行为系防卫过当,具有自首情节,依法应当减轻处罚。据此,以故意伤害罪判处被告人杨建伟有期徒刑4年,并宣告被告人杨建平无罪。① 我认为,这个判决结论是可以接受的,按照阶层论的不法判断理论也应该得出大致相同的结论。

有人会觉得,将不法和责任区分清楚意义上的阶层论是向四要件妥协,或者与四要件没有实质差别。对此,我的回答是,即便采用阶层论,也要考虑一个国家的"语境"问题,因此,对阶层论进行变通是合适的。我主张犯罪论体系要使用四要件说也能够接受的客观要件、主观要件等概念,提倡"客观构成要件——主观构成要件——违法排除事由——责任阻却事由"的判断逻辑,不等于我的主张和四要件之间没有差别。其实,只要是对犯罪的判断是从不法到责任进行思考,其和平面的四要件说相比就是翻天覆地的变化,是对四要件说的实质性重构,是考虑了阶层论的中国式改造、不同于四要件说的全新理论体系。

---

① 参见湖北省武汉市中级人民法院(2018)鄂01刑终698号刑事判决书。

（二）犯罪论与刑罚论的一体思考

在长期以来的刑法学研究中，犯罪论和刑罚论似乎是没有交集的"两张皮"。但是，这样的理解是不对的，是缺乏教义学体系性思考的表现。

与刑罚有关的观念首先是报应。报应论与社会正义的观念联系特别紧，所以它是最早的刑罚的基本理念。让被告人对自己所做的错事负责，确实会实现重罪重判、轻罪轻判，但是还是有一些缺陷。有时候被告人犯的罪重，但是，其事后万般悔恨，而且得到被害人谅解，赔偿了被害人损失，量刑时还绝对地和犯罪轻重相对应判重刑，其实又有一些不合适。所以，立足于结果无价值论的报应论很难被贯彻到底。与刑罚论联系最为紧密的教义学理论是规范违反说、行为无价值二元论，它与积极的一般预防论紧密关联。积极的一般预防论主张，犯罪是违反规范进而造成法益侵害的行为。对被告人判刑有很重要的一个目的：证实规范是有效的，动摇规范、冲击规范是错的。这样讲，可以充分论证处罚的正当性。司法机关宣告被告人有罪后对他判刑，判刑的轻重能够让其他人一眼就看出来被告人违反规范的程度。因此，如何在犯罪论与刑罚论之间实现体系性贯通，很值得在刑法教义学上作出思考。此外，实务中有的量刑问题的处理，也涉及刑法教义学中的体系性思考问题。换言之，必须将刑罚的具体运用和犯罪论的相关问题联系起来，才能确保案件处理结论的妥当性。

三、结合实务难题推动刑法教义学发展

（一）充分关注可能提炼新的裁判规则的罕见案件

司法活动中的某些罕见案件虽然发案率低，但可能据此建构新的裁判规则，从而为教义学发展提供机会，对此，教义学不能熟视无睹。确实，有时候司法大数据不如"小样本"有意义。从罕见案例中深入思考刑法学理论问题并进行创新的例子很多，例如，"大阪南港事件"促使日本刑法学界开始思考相当因果关系理论的"危机"，从而提出了"实行行为的危险现实

化"理论。① 因此,在研究刑法教义学时,中国学者需要随时关注刑事裁判文书,了解实务立场,理解实践理性。实务上,对同一类案件进行不同处理的情形比比皆是,只要认真查阅"盗回自己所有但他人占有财物""两头骗"或者"一房二卖"等案件的判决书,就既能够了解司法立场的差异,又能够反思合理的刑法教义学理论的建构问题。其实,在德国、日本刑法学者那里反复讨论的疑难案件,在中国照样有,只要研究者留心就一定能够发现。因此,与实务结合对于全面推进刑法教义学发展非常重要。

(二)确保刑法教义学理论不过于偏离生活经验

关注实务难题的刑法教义学必须重视裁判结论与生活经验、民众规范意识的接近,注重刑法学说的实践面向②,从而在建构中国刑法教义学时能够增强理论的实践理性。所谓的生活经验,其实就是常识,它是一个社会中普通民众对事物的普遍看法。常识一定是经过很长时期才逐步形成的,民众通过常识所展示、认同的经验、道理、是非观念通常具有合理性,很多时候与我们通常所说的自然法的内在理念一致,比如:偷别人的东西是不对的;你去打别人,别人就可能反击;一个相对轻微的违法行为,不能处罚太重,凡此种种,不一而足。刑法是从生活常识主义、经验判断出发所作的一种理性的价值判断。在这个过程中,起点是生活经验,而且判断所得出的结论也不能过于偏离生活经验。

刑法教义学之思考要考虑公众的生活经验、规范感觉的情形很多。例如,在认识错误尤其是打击错误的判断方面,应当符合生活经验。对于【案例 2-3 散弹杀人案】,赞成具体符合说的人会得出甲对于张三成立故意杀人未遂,对于李四成立过失致人死亡的结论;主张法定符合说的学者则认为甲对张三成立故意杀人未遂,对李四应当成立故意杀人既遂。因此,就李四的死亡而言,甲所成立的犯罪在具体符合说和法定符合说那里会有很

---

① 参见〔日〕山口厚:《刑法总论》(第3版),有斐阁2016年版,第60页。
② 参见〔日〕前田雅英:《刑法总论讲义》(第6版),曾文科译,北京大学出版社2017年版,第4页。

大的争议。应当说,具体符合说和法定符合说各自都有难以自圆其说之处,都谈不上是没有缺陷的理论,所以,才出现德国的通说是具体符合说,日本的多数说是法定符合说的局面。

佐伯仁志教授认为,对于打击错误之所以承认法定符合说,是为了符合常识或生活经验,因为在甲为了杀害乙而对其开枪,但因枪法不准打中第三人丙并导致其死亡的场合,如果按照具体符合说就会认定甲成立(对乙)故意杀人罪未遂和(对丙)过失致人死亡罪的想象竞合犯,最终按照重罪故意杀人罪未遂处理。问题是:在明明有人死亡的场合,对被告人定以故意杀人罪未遂,可能违背民众的常识。为避免裁判结论偏离常识,对于打击错误就应该坚持法定符合说,从而认定前例中的甲构成(对乙)故意杀人罪未遂和(对丙)故意杀人罪既遂的想象竞合犯,最终对其按照故意杀人罪既遂处理。①

我认为,法定符合说在处理打击错误时能够着眼于回应民众常识这一点,表明其有很好的问题意识。当然,法定符合说能否真正回应常识,本身也存在一定的疑问。法定符合说在涉及防卫行为与打击错误时的认定会有矛盾,其结论与常识不符。例如,甲对不法侵害者乙(有轻伤意图者)防卫过当,致乙重伤,同时使在旁边站立的甲的哥哥(其本来想帮助甲)丙死亡的,按照法定符合说,甲对其哥哥也成立故意杀人罪既遂,这一结论是不合适的,可能偏离民众常识。

此外,在日本,通说对打击错误在定罪时赞成法定符合说,但是,在案件处理上,却按照具体符合说量刑。因此,在【案例2-3 散弹杀人案】中,虽然认为甲对李四成立故意杀人罪,但是,对其处刑却按照过失致人死亡罪的责任刑量定,判刑会很轻。对于定罪采用法定符合说,量刑按照具体符合说的过失犯原理处理的结论,我认为是一种"见招拆招"的权宜之计,在方法论上并不是没有疑问。如果仅考虑回应生活常识的需要,我所主张的"修正的具体危险说"(在对打击错误的判断上,比传统的具体符合

---

① 参见〔日〕佐伯仁志:《刑法总论的思之道·乐之道》,于佳佳译,中国政法大学出版社2017年版,第226页。

说略为抽象,但比法定符合说稍微具体一些)的案件处理结论很接近于法定符合说,也就可以满足这一点。换言之,并不是要回应民众常识就必须采纳法定符合说。

　　刑法必须回应生活经验,这是没有异议的。但是,如何让刑法通过教义学解释很好地进行回应,又是一个难题。单纯以"定罪结论违反常识、常理、常情"为由而主张出罪,这样的讨论是没有多少实际意义的。刑法要准确回应生活经验,还是要回到教义学那里,也就是说,要准确回应常识就必须建构刑法教义学。这样的教义学不是要简单地去迁就常识,而是要有所回应:公众面对具体案件所表现出来的常识明显有道理的,从刑法教义学的角度进行论证,然后予以正面肯定,此时,教义学是去完成民众无法完成的论证;有的常识已经过时,或者与处罚情感、直觉的关系理不清楚的,从教义学的角度进行思考,再用平易化的语言予以反驳。换言之,应当在不偏离、不违背常识的基础上发展教义学,这样才能防止刑法学停留在浅层次阶段,才能从片段性的问题思考过渡到一体的思考。

　　可以说,刑法教义学理论构造越精巧,对问题的研讨越深入,说理越透彻,刑法和公众的生活常识之间就越能够进行沟通和良性互动,刑法学对实务难题的解决和回应就能够越圆满。尤其是在某些特殊情形下,根据当下的通说理论似乎可以得出有罪结论,但按照公众的常识和规范感觉,得出有罪结论明显不妥当时,如何进行教义学上的论证以回应民意,就无法离开具有中国特色的刑法教义学。

　　对于【案例2-4　绑架案】,如果仅仅一般性地考虑帮助犯的概念,可能真的会得出拒绝绑架罪犯要求的人可能构成帮助犯的结论。因为帮助犯是为正犯提供物质或心理帮助,强化他人的犯意,使正犯的犯罪行为更容易实施,可以成立心理帮助。丙基于其身份、地位拒绝绑架罪犯的不法要求,其行为可能使得原来还抱有幻想的绑架罪犯陷入绝望,从而将其杀人计划提前。在这个意义上,似乎可以说拒绝绑架罪犯的要求就是为其造成杀人这一法益侵害结果提供了心理帮助,这样的结论也和一般所思考的帮助犯概念相一致,那么,得出其成立帮助犯的结论好像也就是符合(纯粹结果无价值论的)法理的。但是,从生活常识的角度看,将这里的丙认定为绑架罪的帮助犯无论如何是民众接受不了的,该结论有悖于民众的规范意识或常识。于是,我们就不得不进一步从规范判断的角度思考:将人质死亡的结果归属于拒绝不法请求的丙是否合适的问题,这就涉及从客观归责论的角度切入帮助犯的因果关系这一问题。正犯制造和实现了法所不允许的风险,共犯通过正犯制造和实现了法所不允许的风险。但是,国家工作人员丙拒绝绑架罪犯的要求完全是合理的,否则,就是正义向邪恶屈服,其行为是法所允许的,不能认为丙通过正犯(绑架罪犯甲)的行为制造和实现了法所不允许的风险,因此,将人质死亡的后果归属于丙是不合适的(这是行为无价值二元论的当然结论)。就此而言,将传统上形式地理解的帮助犯概念在客观归责论的框架内予以深化,从规范角度分析帮助犯因果关系和结果归属的主张,将共犯问题和客观归责论勾连起来进行一体化思考,其最终结论就和民众的生活经验和常识相一致。

四、竭力追求刑法教义学的自主化、本土化

众所周知,日本刑法学在很长时期内是"唯(德国的)马首是瞻"的。但是,在日本学习和借鉴德国刑法学的过程中,形成了自己的特色,走出来一条自己的道路,实现了学术的自主化,从而出现了日本刑法学基于结果本位之法益保护,排斥客观归责论,侧重于事实判断,而德国重视行为导向,看重对规范的效力维护,强调立足于客观归责论的规范判断的局面。"假如有人认为,战后的日本刑法学在本质上具有和德国一样的面貌和特性,那就是一种误解。一个众所周知的事实是,与德国相比,日本的刑法教义学展现出一种更为强烈的客观主义趋势。"[①]因此,当今的日本刑法学已经摆脱了对于德国理论的过度依赖。这给予我们的启发是:我国刑法教义学要形成自己的特色,就不能不加批判地将国外的理论移植进来,不能充当"理论进口国"或"学术代理人",更不能无限地迷恋德国、日本的教义学

---

① 〔日〕井田良:《走向自主与本土化:日本刑法与刑法学的现状》,陈璇译,载陈兴良主编:《刑事法评论:教义学的犯罪论》(第40卷),北京大学出版社2017年版,第375页。

理论。

要实现中国刑法教义学的自主化和本土化,除前面已经提到的要关注中国社会现实和司法实务之外,还需要特别明确以下三点:

其一,要建构本土化的中国刑法教义学,并不意味着要排斥国外合理的刑法学研究成果。欧陆刑法学有近二百年的规范发展历史,其教义学理论大多经过无数学者"前赴后继"的反复争辩、打磨,对很多问题也能够给予妥善处理。因此,作为刑法教义学研究的"后发国家",我们应当充分认识到自身理论的"先天不足",必须承认实质问题的共通性或相似性,进而接受跨越国别的刑法教义学理论共识和一般方法论,借鉴、引入国外理论并不意味着我国刑法教义学自主性、主体性的丧失。对此,车浩教授正确地指出,要仔细甄别域外教义学知识与中国刑法语境的兼容性,积极引入没有语境障碍的教义学知识,并运用教义学的一般方法创造立足本土的新教义。①

其二,要避免将学术观点做绝对化、图式化对立。刑法学者应该保持更为从容、缓和、成熟的心态,要能够兼容并包,避免凭直觉"选边站队",特别要注意防止学术观点的绝对化、简单化和图表式对立。对此,松宫孝明教授就曾指出,将刑法学中的思考单纯地归纳为"结果无价值论"与"行为无价值论"之间对立的做法过于简单,并非是建设性的。② 其实,刑法中有很多修正理论都是为了防止问题绝对化而提出来的。例如,关于主观要素的定位,行为无价值论承认主观违法要素,用以揭示行为所具有的客观危险,而部分结果无价值论者为了处理特殊问题的便利,也例外地承认主观违法要素,还有的学者明显认为违法并非纯客观的,"只根据客观方面就能够判断法益侵害的危险性也是不可能的……如果说作为主观违法要素会有认定上的困难,但在责任阶段考虑主观要素也同样困难。内心事实的认

---

① 参见车浩:《理解当代中国刑法教义学》,载《中外法学》2017年第6期。
② 参见〔日〕松宫孝明:《"结果无价值论"与"行为无价值论"的意义对比》,张晓宁译,载《法律科学(西北政法大学学报)》2012年第3期。

定如果作为违法要素就困难,如果作为责任要素就容易,这是不可能的"①。这揭示出两种理论在相关问题上的对立已经部分消解。因此,对于刑法教义学的长远发展而言,要紧的不是理论上的程式化对立,而应站在相对超然的立场上,通过着眼于现实个案的妥当解决来形成体系性思考,至于给这种解决难题的方法论贴上何种学术标签倒是不太重要的。②

其三,不能仅满足于在德日既有理论中融入中国元素,而应当大幅度提升教义学研究的本土化和自主性。

应当说,我国近年来关于刑法教义学的研究已经比较注重融入"中国元素",展现了刑法教义学的中国特色,从而实现了一定程度的创新,这也是我国刑法教义学研究在最近十多年的实质性进展。这至少体现在以下方面:(1)学派研究中的"中国元素"。陈兴良教授就曾经指出:"虽然行为无价值论和结果无价值论本是日本的一个学术话题,但其被引入我国刑法学界以后,我国学者并没有停留在对此的介绍上,也没有完全重复日本学者的争论,而是结合我国刑法中的理论问题与实务问题,进行了具有相当深度与广度的研究,对于促进我国刑法理论的发展起到了积极的作用。"③(2)在反思中国审判实践中,对建构合理的防卫过当判断规则的研究。④(3)根据《刑法》分则中的具体犯罪,如受贿罪、介绍贿赂罪的关系思考正犯与共犯问题。⑤(4)结合分则中对恶意透支型信用卡诈骗罪、逃税罪、侵占罪的规定,思考客观处罚条件问题。⑥(5)结合《刑法》分则在诈骗

---

① 〔日〕佐伯仁志:《刑法总论的思之道·乐之道》,于佳佳译,中国政法大学出版社2017年版,第90页。

② 参见周光权:《过渡型刑法学的主要贡献与发展前景》,载《法学家》2018年第6期。

③ 陈兴良:《刑法教义学的发展脉络——纪念1997年刑法颁布二十周年》,载《政治与法律》2017年第3期。

④ 参见劳东燕:《防卫过当的认定与结果无价值论的不足》,载《中外法学》2015年第5期;周光权:《正当防卫的司法异化与纠偏思路》,载《法学评论》2017年第5期。

⑤ 参见张明楷:《受贿罪的共犯》,载《法学研究》2002年第1期。

⑥ 参见张明楷:《恶意透支型信用卡诈骗罪的客观处罚条件——〈刑法〉第196条第2款的理解与适用》,载《现代法学》2019年第2期;周光权:《论内在的客观处罚条件》,载《法学研究》2010年第6期。

罪之外大量规定特殊的金融诈骗等罪的具体情形,深入思考法条竞合、想象竞合犯的关系问题。① 如此等等,不一而足。这些在德日教义学理论中融入"中国元素"的思考,为未来的中国刑法教义学提升自主性,进而形成中国的刑法教义学奠定了良好基础。

结合中国实务问题去论证德日理论的合理,以及接受德日刑法理论,并不是中国刑法教义学的落脚点。未来的中国刑法教义学要全面思考的一定是与实践紧密关联的自成体系的"中国刑法教义学"。因此,不能将中国刑法问题与外国的问题同质化,特别是不能用外国刑法的理论以及立法规定来生硬地解决中国的现实难题,无视现实问题的背景和制约因素,这一点在共犯论、未遂论中表现得特别充分。此外,有的现实难题确实难以从外国的理论中寻找到答案,这一点在信息网络犯罪中表现得特别充分;解决有的难题不能超越中国发展的历史阶段,例如,完全按照国外的不作为犯理论来解决中国实务难题,或者简单地主张借鉴外国某项现成的刑罚制度,不顾及我国的法律制度体系,显然是不可行的思考方法。"中国刑法学完全有可能在对大陆法系不法论发展历程中的正反经验加以甄别和总结的基础上,以本国的刑法规范和司法实践为土壤,构建起符合自身时代需要的不法理论乃至犯罪论体系。"② 从犯罪论扩展开来,逐步形成有别于德日的刑法教义学知识体系当然是可以期许的。

我国刑法教义学研究者必须清醒地认识到,"刑法教义学知识具有根深蒂固的国界性和地方性,这是中国刑法学者必须认真对待的问题"③,因此,教义学要以中国刑法的规定为研究的逻辑起点并受其严格约束;要真正构建中国的刑法教义学,就必须唤起研究者的主体意识。"讨论者关心

---

① 参见张明楷:《法条竞合中特别关系的确定与处理》,载《法学家》2011 年第 1 期;周光权:《法条竞合的特别关系研究——兼与张明楷教授商榷》,载《中国法学》2010 年第 3 期;付立庆:《交叉式法条竞合关系下的职务侵占罪与盗窃罪——基于刑事实体法与程序法一体化视角的思考》,载《政治与法律》2016 年第 2 期。

② 陈璇:《结果无价值论与二元论之争的共识、误区与发展方向》,载《中外法学》2016 年第 3 期。

③ 丁胜明:《刑法教义学研究的中国主体性》,载《法学研究》2015 年第 2 期。

的问题应该是立法者对法律争点已经给出了什么样的答案,而不是立法者应该给出什么答案。"①因此,在建构刑法教义学时要特别注重思考哪些问题是中国立法、司法上特有的问题,或者该问题在外国虽然也存在,但在中国表现得更为特殊;哪些问题是中国的真问题而非伪问题。在发现问题的基础上,未来的刑法教义学不能仅满足于在既有理论中融入"中国元素",而应当实现更大规模的、更有深度的、与中国司法现实更为贴近的创新。井田良教授曾经指出:"事实上,首先学习德国的教义学研讨,然后再回到日本去寻找与之相对应的问题点或者法院判决,最后就这些问题或者判决将德国的解决方案付诸运用,这样的方法总令人感到有些奇怪。"②他的这一说法虽然针对日本刑法学适用,但也很值得我们警醒。因此,我们必须致力于建构具有中国特色、更加本土化的刑法学,寻找能够更好地与中国的立法、社会现实、法律文化相对接和匹配的,更加具有说服力的问题解决途径,而不是一味地用中国实务上发生的案件去印证德日刑法理论的妥当与否,从而逐步实现刑法教义学研究的自主创新。

---

① 黄卉:《法学通说与法学方法:基于法条主义的立场》,中国法制出版社2015年版,第30页。
② 〔日〕井田良:《走向自主与本土化:日本刑法与刑法学的现状》,陈璇译,载陈兴良主编:《刑事法评论:教义学的犯罪论》(第40卷),北京大学出版社2017年版,第373页。

第三讲
现代刑法的理念、方法与防止错案*

【案例 3-1 涉口罩诈骗案】

在 2020 年年初的新冠疫情爆发期间,防护物资成为紧缺商品。被害人刘某急需购买口罩,于是在网络上发了一条求购信息。被告人覃某看到以后,与对方联系说"我有口罩"。但覃某既不生产口罩,也联系不到货源,最终诈骗被害人 3.9 万元。法院以被告人的行为属于电信诈骗为由从重处罚,以诈骗罪判处其有期徒刑 3 年 6 个月。从犯罪客观要件看,法院认定本案属于诈骗犯罪中的电信诈骗是否合适?

【案例 3-2 房产过户案】

甲向乙借了 50 万元以后,自己跑到外地躲债去了。由于无法找到债务人,债权人乙束手无策。乙打听到甲外债很多,害怕通过诉讼无法保障自己的债权,就拿出 300 万元,把甲在银行的房贷还了,然后把甲的这套房子过户到自己名下。乙出借给甲的只有 50 万元,这是债权债务关系的总额,但乙偿还甲的 300 万元房贷后得到了一套房子。过了几年,甲返回后报案称被乙"套路贷"。能否对乙以诈骗罪起诉?

---

* 本讲是应中南财经政法大学、华东政法大学、西南政法大学和"教授加"平台的邀请,于 2020 年 3 月 5 日晚在"法学名家大讲堂"的演讲稿。这里对讲座记录稿进行了适度修改,并增加了个别注释,特此说明。

【案例3-3　伤害致死案】
　　甲实施故意伤害行为致乙重伤。他人将被害人送医,后来被害人又两次转院,其间多次想放弃治疗,后乙在医院死亡。对于本案,如果法院的判决完全按照客观归责论的逻辑进行,先后判断:(1)甲的行为是不是制造了危险？对于死亡结果被害人要不要自我答责？(2)由于除行为人的伤害行为之外,还有被害人的多次转院或者其有时候想放弃治疗的行为,这个结果究竟应归责于谁？如果法院从行为制造危险、行为实现危险的角度认定甲构成故意伤害(致人死亡)罪,如此下判有何优劣得失,你是否认同这样的判决？

　　刑法涉及对人的生杀予夺,所以刑法领域的公正就特别重要。司法公正就像食物和水一样,我们每一天、每一刻都离不开。冤假错案落到哪一个被告人身上,落到哪一个家庭里,都是"灭顶之灾"。我们经常有一句话,不怕一万就怕万一,但是,即便是万分之一的错案,发生到每一个人身上都是毁灭性的,所以如何防范至关重要。
　　要防范错案,就应当树立现代刑法的理念和方法。所以,我讲的题目,看起来是一个小的切入点"怎么防范错案",但是,我所关注的范围实际上更广,就是实务上怎么才能把案子办对,只有这样才能防止错案发生。要想把案子办对,刑法的理念和方法论就特别重要。所以,我讲的错案的防范和现代法治理念、方法论存在紧密关联。
　　接下来,我想讨论三个方面的问题:第一,防止错案,实体法不能缺位;第二,现代刑法如果要想对防止错案有所贡献的话,那么,其理念必须是比较合理的;第三,现代刑法的方法论必须做出一定程度的改变。核心的观点是,要防范错案,需要从实体上的观念和方法论这两个角度来切入。

一、刑法观的转变对于公正司法的意义

　　如何确保司法公正、尽可能不出现错案？传统的思考方法是从程序法的角度切入。我们的讨论也一直是这样,大致是说怎么防止刑讯逼供？怎

么合法取证？怎么让司法人员对错案担责？从而建立司法责任制，谁办理、谁审理，就由谁负责。过去的切入点都是这个，都觉得把这个做好了，冤假错案就减少了。但是事实上，最近这一二十年司法一直在改革，而且改革一直在路上，但是，实践中发生的错案数量是不是比以前有显著下降？我觉得，这可能始终是一个相对稳定的数字。对这一点，从每年宣告无罪的这些案子中可以看出来。

我国每年有 120 万件以上的案件，无罪的公诉案件只有五六百件，无罪率仅为万分之四左右，基本上就是稳定在这个数字上面。这也说明单靠程序角度来切入错案防范，有的问题是解决不了的。如果观念的问题不解决，司法机关中有的人会在无意中办错案，虽然是在认认真真地办案子，但是，"认认真真地"办成了错案。个别司法人员不知道正确的实体法的观念和方法论，所以，观念和方法论的重塑特别重要。

冤假错案是司法不公的极端体现。错案有很多种，显性的错案就是摆在明面上的，错了就是错了；另外，有一些隐性的错案。显性的错案，基本上都是后面纠正了的。显性的错案当中，最多的就是命案。命案当中，最后发现错了的，又有两种，一种是"亡者归来"的案件，即"死"了的被害人回来了，或者真凶被发现了，这都属于同一类，铁板钉钉地错了。这一类有不少案子，如赵作海案、佘祥林案等。另一种是，没有发现真凶，但是，后来也纠错的案件，聂树斌案等即属于此类。在这些错案里，足以支撑、足以证明被告人的客观行为和危害后果的那一部分在案证据是没有的，由此使得司法上对犯罪客观要件的判断变得很困难。

显性的错案，除命案以外还有经济犯罪，张文忠案、顾雏军案等。最近几年的"两高"工作报告里面都有一句话："纠正一批涉产权的冤假错案。"既然是一批，那就说明冤假错案在经济犯罪领域里也不是单个存在的，经济犯罪、财产犯罪的显性错案为数不少。

近年来，随着 DNA 技术等的发展，发现故意杀人、强奸案的真凶或者纠正冤错案件都变得相对容易。但是，也有学者指出，靠精液、血液等生物证据定罪或翻案的案件毕竟是少数，更何况许多陈年旧案的证据已经毁损，所以，无论人们如何努力，还有大量错案没有进入人们的视野。这里面就有隐性错案的问题。隐性的错案,就是有些案子办得有疑问,而且可能会有特别重大的疑问,但是,不容易被发现,或者没有被纠错。

最近,在防控新冠肺炎疫情期间,出现了大量涉及口罩等紧俏物资的诈骗,很多被告人手上没有口罩,但是,在网上大量地发信息,说自己有口罩,然后骗了人家很多钱。而在【案例3-1 涉口罩诈骗案】中,并不是被告人自己事先在网上发送虚假信息诈骗,因此,本案实际上并不是电信诈骗。按照最高人民法院、最高人民检察院、公安部《关于办理电信网络诈骗等刑事案件适用法律若干问题的意见》的精神,所谓的电信诈骗必须具备技术性特征;从被害人的角度看,行为还必须具备公众性,也就是说被害人是不特定的或者多数人。换言之,必须是犯罪人广泛地撒网,针对不特定多数人实施诈骗。但是,这个案子是"反向"的,被害人是特定个人,其主动在网络上发布信息求助,被告人"盯住"这个特定的被害人实施诈骗,因此,在本案中,所谓的电信诈骗被害人的公众性并不具备,难以认定被告人的行为构成电信诈骗。如果不能认定被告人的行为构成电信诈骗,因诈骗3.9万元被判处有期徒刑3年6个月这样的量刑结论明显存在偏重的问题。

所以,实践中有很多显性和隐性的错案。对于发生错案的原因,诉讼法学界的归纳是:有罪供述+非法取证=错案,这是学者的共识。从诉讼法学的角度讲有道理。所以,诉讼法学者就提出要从程序的角度防止错案,比如说推进非法证据排除,推进司法改革,准确地运用刑事诉讼法。可以说,程序法的切入路径固然很重要。但实体法上也需要有刑法观念的转变,没有这样的观念转变的话,司法改革的很多设想会落空,防止错案的长效机制就很难建立,刑事一体化的观念也不能够有效地确立。

二、现代刑法的理念

汪丁丁教授说:"学问的开端,最好是这一学问的思想史。"① 为此,我要讲讲刑法学的基本观念,就是思想史上的刑法客观主义。刑法客观主义认

---

① 汪丁丁:《思想史基本问题》,东方出版社2019年版,第5页。

为,犯罪是对社会有害的行为,不能将主观的恶意作为处罚的根据。客观主义的立场说起来特别简单,但是,在实践中很难做到。刑法主观主义是从个人危险性出发思考定罪和处罚,行为仅仅是佐证犯罪意识的工具,行为的重要性下降。

目前现代各国刑法受到影响比较大的刑法观念还是客观主义的立场。但是,实务当中,特别是很多法官、检察官讨论刑事案件,感到某一个被告人特别狡猾、可恶,觉得他特别麻烦时,可能就会说:"这个人太可恶了,一定要判他三年五载才解恨"。当法官、检察官这样讲的时候,他的出发点基本上是刑法主观主义的。这种观念比较危险。

刑法客观主义的合理性是:对客观的东西总是有一个相对容易的判断的标准。另外,行为、后果这些客观的要素不容易变化,但是,被告人的口供、主观的想法,包括故意、过失、动机,都可能会变化,他可能会翻供。所以,办案时先把客观的要件查清楚,这是非常必要的。另外,从客观的要件出发来判断被告人的行为究竟对社会有什么害处。基于这样的一个想法来办案子,才能办对。这样讲不是说对被告人不处罚,而是说要处罚他的时候,必须要证明其客观的危害。①

如果从刑法客观主义出发,对下述案件的处理就有疑问:在这次新冠疫情防控期间,行为人甲去医院看病,可能因为接诊的医生忙不过来,或者对他不怎么管,然后,他就喊了一声:"我是从武汉回来的"。他这么一喊,就医的人全部跑光了。将被告人逮捕之后一查,其不是从武汉市回来的,司法机关最后以"传播虚假恐怖信息罪"给他判了刑。这个判决合理吗?传播虚假恐怖信息罪,客观上被告人传播的是虚假的恐怖信息,但是,说一个人从疫区回来,这不属于恐怖信息,而是属于"疫情"的信息。但是,被告人传播虚假的疫情信息,不是在互联网上,所以,他又不构成涉及疫情的传播虚假信息罪。对被告人定不了甲罪,再考虑定乙罪,有时候是对的,想象竞合犯就是这样的情况。但是,在本案中,要说被告人传播虚假

---

① 参见周光权:《法治视野中的刑法客观主义》(第二版),法律出版社2013年版,第57页以下。

恐怖信息，逻辑上很难讲得通，行为的客观危害性很小。为什么呢？如果被告人不是从武汉市回来的，他说成是从武汉市回来的，司法机关认定他传播了"虚假的"恐怖信息。那么，如果一个人说"我是从武汉回来的"，后来一查，他真的是从武汉市回来的，那岂不是要把他认定为"真实的"恐怖分子？所以，我认为法院的这个逻辑或者这样的判断，没有考虑刑法客观主义。被告人客观上的行为对社会管理秩序造成了什么样的损害？符不符合构成要件？这些都需要具体判断。很多时候，遇到让人内心冲动的案子，司法人员很难保持理性。所以，我认为对这个被告人，处以治安拘留基本上也就够了。

定罪时要坚持刑法客观主义的立场，这在我国《刑法》《法官法》《检察官法》中都有所体现。《法官法》（2019年4月修订）第6条规定："法官审判案件，应当以事实为根据，以法律为准绳，秉持客观公正的立场。"《检察官法》（2019年4月修订）第5条规定："检察官履行职责，应当以事实为根据，以法律为准绳，秉持客观公正的立场。检察官办理刑事案件，应当严格遵守罪刑法定原则，尊重和保障人权，既要追诉犯罪，也要保障无罪的人不受刑事追究。"这些内容都与刑法客观主义相契合。但是，在司法实践中，有一些主观主义色彩很浓厚的做法。比如在讨论案件时，先切入主观构成要件。

我曾看过一份判决书：A公司认为被B公司侵权，侵权信息都发在网上，因此，A公司委托法律顾问甲向涉嫌侵权的B公司发律师函，B公司由此删除了网上大量对A公司不利的言论，法律顾问甲由此获得A公司报酬。法院对甲定了非法经营罪，认定其非法从事删帖的行为。法院的逻辑是，甲通过向B公司发出律师函这种指令，让B公司删帖，按照2013年最高人民法院、最高人民检察院《关于办理利用信息网络实施诽谤等刑事案件适用法律若干问题的解释》，构成非法经营罪。我认为这一判决不符合非法经营罪的客观构成要件，是先从主观切入，感觉被告人好像不该拿这个钱，由此认定甲内心邪恶，基于此来定罪。另外，在有的地方的个别案件中，残疾人成为黑社会性质组织犯罪的主犯，对于黑社会性质组织的非法控制性的特征，在很多案件中没有客观仔细地去把握，这都是主观主义色彩比较浓厚的表现。

另外,现在检察机关的起诉书一开始就列举被告人的前科事实,我认为这受主观主义的影响很深,等于是公诉机关认为这个被告人是可恶的,他以前犯过罪,虽然不是累犯,但是,他有前科。目前,一般起诉书的第一段就是被告人的姓名和他的一些自然情况,里面有一句话会特别交代被告人的前科、累犯这样一些事实。我认为这是不合适的,这样容易使法官形成偏见,特别是在有陪审员参审的时候。勿庸置疑,主观恶性、累犯、前科对量刑的影响很大。

例如,张某因盗窃受过刑事处罚,一天晚上,张某带李某去某企业盗窃电缆线,并安排李某在外望风,张某进入企业盗窃。案发后,经评估二人盗窃的电缆线价值为1 288元。当地盗窃罪的立案标准为2 000元,根据最高人民法院、最高人民检察院《关于办理盗窃刑事案件适用法律若干问题的解释》(2013年4月2日发布)第2条第(一)项的规定,曾因盗窃受过刑事处罚后盗窃公私财物的,"数额较大"的标准可以按照第1条规定标准(1 000元至3 000元以上)的50%确定。问题是对李某应如何处理?根据上述司法解释的规定,曾因盗窃受过刑事处罚,然后又盗窃的数额较大的,定罪标准可以"减半",如果"减半"的话张某就符合定罪起点了。现在的问题是,李某是在外望风的,对他能否定罪?

我的观点是对李某定不了罪。有的人可能会说,既然讲共犯从属性,在一个案件里对从犯的定罪依赖于进去偷东西的正犯或主犯。但是,在这个案件里,对主犯张某勉强可以定罪,不是因为他的这次犯罪行为,而是根据司法解释关于前科影响定罪的规定。司法解释把影响预防刑的情节,也就是定了罪后要判刑时考虑的情节,提升为定罪情节了。其实,前科只是判刑的时候要考虑的事实,是不能用来冲抵定罪数额的;刑法关于累犯的规定,也只是说对累犯从重处罚,而不是说因为被告人是累犯,对他的定罪标准就可以降低。立法从来没有这个精神。所以,我认为这个司法解释有问题。

当然,如果说办案要按司法解释来,对张某的定罪虽然不合理也只能这样了。但是,李某作为共犯要从属于正犯张某的话,也只能从属于张某这次犯罪行为所造成的客观危害,因为共犯的从属性主要是指从属于正犯的实行行为,即具有实行从属性。① 而张某这次犯罪行为所造成的客观危害,只是盗窃取得了1 288元的财物,李某从属于张某的客观危害行为,单纯看这次犯罪对张某就定不了盗窃罪,所以李某从属于张某的话,对李某一定也定不了罪。而张某的前科和李某完全没有关系。所以,刑法客观主义会对定罪产生影响。这个案件如果认定李某有罪,就是适用了刑法主观主义,觉得李某太坏了,去帮别人偷东西,所以好像不定罪不行。但是,李某帮别人所干的这件坏事,坏到什么程度? 这是需要客观判断的。

那么,要贯彻刑法客观主义,就必须考虑以下内容。

第一,客观要件绝对重要。一方面,客观的构成要件行为绝对重要。在每一个案子里,对构成要件行为需要在实务上仔细去判断。另一方面,客观的构成要件结果、危害或危险,也需要仔细判断,而这个结果在每个案件里是不一样的。比如财产罪,取得被害人多少财物,这是结果。但是,有的犯罪如妨害社会管理秩序罪不是财产罪,被告人取得多少财物就不重要。

对结果的判断在实践中很容易发生偏差。比如说,有人欠钱不还,债权人就找了被告人甲去冒充警察,把债务人骂了一通,债务人将债务偿还。甲替别人讨债,讨回来的债没有超出实际的债权。现在问,对冒充国家工作人员的甲要不要定招摇撞骗罪? 我认为是可以的。

为什么可以? 你不能单纯说甲只有行为,不能说他只是行为犯。甲的行为有损害,损害的是国家机关的公信力、国家机关工作人员的形象。被告人实施冒充行为的同时,损害就造成了。所以,不要认为损害在每一个案件里都是一样的,损害需要根据个案来具体判断。

必须承认,有的条文的客观构成要件就限定了解释的方向、解释的余地。那么客观的构成要件绝对重要,等于是特别要求司法人员关注危害结果的判断问题。那么很多案件有没有结果? 结果大小? 究竟谁被害了? 这些都需要仔细判断。所以,实务当中对有些虚开增值税专用发票的行为

---

① 参见〔日〕西田典之:《日本刑法总论》(第2版),王昭武、刘明祥译,法律出版社2013年版,第348页。

是不宜定罪的。不要认为该罪是行为犯,刑法中几乎没有纯粹的行为犯,一个犯罪行为实施了以后,一定有客观的损害结果,或者有危险性,这种危险性也可以视为广义的结果。如果连危险性都没有,那么对这个行为是不能定罪的。有些虚开增值税专用发票的行为,比如说有交易行为,买了东西把钱付出去了,但是交易的对方开不出发票来,被告人财务上就有缺口,他就去别的地方找来发票,堵的就是他自己之前付出款项所造成的缺口,他有交易,但是要说起来,他也有问题,财务制度上、税法上肯定都有问题:跟谁交易,就得找谁开发票。但是,被告人跟张三交易,最后开出发票来的是李四,而发票的金额和他之前交易的数额对得上,这样的案件,最好不要定罪。因为行为对国家税收征管客观上是没有损害的。另外,为了显示自己公司业务量大而虚开一些增值税专用发票,但是也不进行抵扣,被告人只是要做业务流水,这样也会有一些假发票,这个时候也可以考虑不定罪,因为最主要的是对危害结果的判断。

  结果加重犯中对危害结果的判断也很重要。例如,王某持刀伤害李某。李某被捅伤以后,仍驾车离开现场,回家途中连续3次撞车:先将停在路边的一辆红色轿车撞坏;倒车时又与一辆黑色轿车相撞;之后,又驾车逆行将路边停放的另外一辆黑色轿车撞坏。李某被送医后不治身亡。鉴定结论是死者李某生前被单刃锐器刺击腹部致小肠及肠系膜破裂、胰腺破裂、脾动脉断离,"失血死亡"。问题:能否认为李某的死亡不应由王某负责?

  对于鉴定结论,律师提出,失血死亡有可能是因被害人自己撞车,导致之前的伤口扩大了,流血更多,属于"运动性失血"过多死亡。对于鉴定死因是流血过多死亡,律师主张李某流血过多不是因之前被被告人捅伤,而是他自己受伤以后开车撞的,所以死亡结果要由李某自己负责。律师的辩护有没有道理呢?在这个案件里,未必有道理。主要的问题是当被告人之前捅了李某一刀以后,伤口如果达到足够的深度,那么,即使被害人一开始能开车走,但是走到途中,如果他受伤太重的话,会陷入不清醒状态,撞车的可能性就极大;如果他是因受伤以后陷入这种不能正常驾驶的状态而撞车,最后导致伤口扩大或者流血量增加,哪怕确实导致了律师所讲的运动性失血,这个运动性失血的后果也要由最开始的行为人承担责任,即被告人应承担故意伤害致人死亡的刑事责任。所以像这样的一些结果,在很多案件里确实就需要仔细去判断。审慎判断构成要件结果或者结果加重犯中的结果,是刑法客观主义的内在要求。

第二,在判断上一定要先客观后主观,先判断违法后判断责任。这个逻辑顺序一定不能颠倒,如果颠倒了,可能就会陷入刑法主观主义。如果先去想被告人主观恶性大不大,再讨论问题的话,确实是和刑法客观主义相背离的。① 所以,无论被告人多么可恶,都必须先判断行为:行为有没有;行为是否符合构成要件;有些犯罪要求非法占有目的,这个行为本身是不是伴随这样的目的;不作为的行为;过失犯的实行行为;等等。

目前有些案件的处理是先主观后客观(甚至不重视客观)的。在所谓的"反向刷单案"中,竞争对手之间对他人网店里的商品"反向刷单",通过网上刷单降低他人的商业信誉,使他们的东西卖不出去,使自己的产品销售情况很好的,基本都被判定为破坏生产经营罪。但是我认为这样的定罪是有疑问的,不符合刑法客观主义的立场。

有的人会说破坏生产经营罪是传统罪名,但是,在现代信息社会要把这个罪激活,要让它发挥功能。我也承认有些罪在现代信息社会能被激活,但有些罪的解释空间很小。《刑法》第276条规定,"由于泄愤报复或者其他个人目的,毁坏机器设备、残害耕畜或者以其他方法破坏生产经营的",构成破坏生产经营罪。这个罪的解释难度很大,解释空间很有限。最主要原因就是条文里把破坏方法列举成物理性的破坏,要有一个实实在在的发生于现实空间的物理性破坏,即毁坏机器设备、残害耕畜。有人会提出来,后面有一个以"其他方法"破坏生产经营的规定。但是其他方法按照同类解释的原则或者体系思考的精神,它必须和前面的方法相当。与此条文类似的还有《刑法》第114条以危险方法危害公共安全罪,前面列举的是放火、决水、爆炸、投放危险物质,这里的"其他危险方法"也必须跟前面的方法相

---

① 参见张明楷:《刑法的基本立场》(修订版),商务印书馆2019年版,第111页。

当。这样说的话,将反向刷单的行为判定为破坏生产经营罪就有疑问。① 那么有没有出路呢?其实是不是可以考虑定损害商业信誉、商品声誉罪。如果定该罪都不行,被告人就是无罪的。所以,司法实践中可能一贯都这样做,但是,如果用刑法客观主义的立场去检验,未必经得起检验。

刑法客观主义要求先判断客观的违法,再判断主观的责任。所以,我们讨论案子的时候,不能一开始就说行为人有故意或者过失,该不该负刑事责任。有时候律师讨论案子也习惯于一开始就讲被告人没有故意和过失,这是不太妥当的"套路"。必须得先探讨被告人在这个案子里有什么行为,造成了什么后果,这一点确定了之后再讲他有无故意、过失,因为一上来说故意和过失是没有意义的。

例如,被告人甲为骗某公司的车辆,去应聘大货车司机,被聘用以后把车开走卖了。对被告人甲是定职务侵占罪还是诈骗罪?有人会说他构成诈骗,因为他主观上一开始就想去骗。但是,他实施危害行为的时候,其公司企业人员的身份客观上是存在的。所以,如果考虑客观判断、违法判断优先,对这个案子就只能定职务侵占罪。换句话说,无论被告人一开始怎么想,他都拿不到车,他必须要取得公司企业人员身份以后,才能接触到车辆并开走卖掉,所以不是诈骗。再比如说,被告人一刀捅在被害人的屁股上,最后刺中了腿部动脉,导致被害人死亡,说被告人没有伤害的故意或者没有杀人的故意,那是没有意义的。实务中必须得结合一系列的因素去判断客观上的东西,然后才能说在这个案子里,被告人是伤害故意还是杀人故意。伤害的部位是什么?心脏。如果客观上刺中的是心脏,说被告人没有杀人的故意,那很难。所以,在分析案子的时候,不能直接就断定行为人有故意或者过失,必须先判断客观的结果归属,如果这个结果算不到被告人头上,就根本不需要讨论他的故意、过失。

对于客观主义的现代刑法基本理念,有的人可能会说,这也未免太简单了。但是,实际上真正的理论比这个复杂,因为坚持刑法客观主义还是主观主义,它背后有一些哲学或者社会学的思考。比如说,如果刑法学者

---

① 参见周光权:《刑法软性解释的限制与增设妨害业务罪》,载《中外法学》2019年第4期。

思考问题时特别重视吸纳自然科学的成就,重视对犯罪原因的探究,甚至重视解剖学的研究成果,认为罪犯都是天生的或者隔代遗传的,这样的话他的刑法理念可能更接近刑法主观主义。既然罪犯去犯罪是不可避免的,社会当中有的人就是天生特别可恶,那么,刑事对策只要瞄准这些个体就行。而瞄准这些人就要看到他犯罪的危险性或者主观恶性。如果你从这个逻辑出发,再结合大量的社会学、自然科学知识来判断,来建构犯罪学理论或者刑法学理论的话,当然就可能偏向于主观主义的理论构造。但是,如果认为人都是有理性的,犯罪是经过周密的算计,认定犯罪时就要判断罪犯是不是理性的,其犯罪结果是怎么造成的这样一些因素,整体的一系列判断标准都应该建立在理性主义基础之上,这样的话,行为及其后果等因素就特别重要。基于这样一些考量,就会有另外的一系列问题,对整个刑法理论体系的建构也都会有影响。因此,刑法客观主义还有很多未竟的问题很值得我们深究。

三、现代刑法的思考方法

"任何一个学科如欲取得和运用某种多多少少具有真理性的认识,就不能仅仅停留于理论上的论证和思想上的体验,而要遵从一种严格的准则、方法,否则,就不可避免要重走过去的老路。"[①]刑法上的阶层思考方法、体系思考方法、规范判断方法和常识性思考,对于刑法学的长远发展以及实务上有效防范错案都至关重要。

(一)阶层思考

要进行阶层思考就需要反思犯罪构成四要件说,建立区分违法责任的阶层犯罪论,这是刑法客观主义的当然逻辑。

阶层思考(先违法后责任)的意义表现在:(1)阶层犯罪论将违法(行为不好)和责任(行为人值得谴责)清晰分开的思考方法更符合事理;其植

[①] 〔法〕E.迪尔凯姆:《社会学方法的准则》,狄玉明译,商务印书馆1995年版,第51页。

根于传统法制文化,不是舶来品;也有实定法上的依据。(2)违法和责任的侧重点不同,承担的使命不同,二者之间在司法判断上具有递进性,否定违法性的,即不需要责任判断。这一司法逻辑不能违反。(3)阶层犯罪论能够体系性地解决共犯、正当防卫、刑罚论的相关问题。(4)阶层犯罪论能够训练司法官员的思维,形成正确的刑法适用方法论,实现刑法客观主义。①

阶层论看起来比较复杂,构成要件该当性、违法性、有责性的三阶层论中有很多下位判断规则;两阶层是把构成要件该当性和违法性结合起来,然后成立不法,最后有一个责任,看起来也很复杂。但是,也可以概括得比较简单,阶层的理论是讲一种判断事物的逻辑,而且是一种判断事物的正确的逻辑。

在司法上,法官、检察官处理案件就是去解决一个个社会问题。当司法人员遇到问题去判断的时候,要先确定一点:待处理的这个人所干的这件事本身,是不是一件坏事?是不是干坏了、干砸了?所以这是一个违法的判断。此时,你不需要先去考虑是谁干的。确定了这件事干坏了以后,你再来判断这个人值不值得谴责?

例如,2013年5月的某一天,一个初中学生在埃及神殿的浮雕上刻下了"到此一游"四个字。对于孩子在价值连城的财物上刻了字一事,你怎么看?如果没有受过阶层训练,不知道从客观到主观,判断者可能一上来就说这是小孩子干的,大人何必跟他较真。如果这样思考,基本上可以说是刑法主观主义的思考,也可以说是采用了犯罪构成四要件说:反正主体未达到刑事责任年龄,所以拿他没办法。但是,如果按照阶层的理念,就会先问:"这件事,究竟有没有干坏?是不是干砸了?"在他人的财物上刻字,不管是谁干的,这肯定是不对的。被告人是不是干坏事了,是不是违法了,阶层的理论要把这几点先确定下来,然后接下来再考虑,我们拿眼前的被告人有什么办法。因为他是小孩子,故意毁坏财物罪追究刑事责任年龄的起点是16周岁,他当时还不满16周岁,所以,刑法最后拿他没办法。但是,被

---

① 参见张明楷:《以违法与责任为支柱建构犯罪论体系》,载《现代法学》2009年第6期。

告人这个事情是干坏了的,只是因为他年龄小,才能"逃过一劫",这才是正常的刑法思维应当具备的方法论。这是刑法和民法等别的法律不一样的地方。民法上这个孩子的侵权造成他人损害,应进行赔偿,他赔不起时监护人要赔。但是,刑法上会说,他这个行为虽然干坏了,但没有责任,因为未达刑事责任年龄。这就是阶层论,如果掌握了这一点,阶层的犯罪论就掌握了,就是这么简单。但是,如果你一上来就说,这是小孩子你别跟他较真,这样的判断就是是非不分。

如果不进行这样的阶层思考,有些关联问题就不能体系性地解决。如果父亲在旁边,儿子在刻字时,父亲说:"孩子,你这次干得不错,把爹的名字也刻上去。"这个时候,对他父亲是可以追究教唆犯的责任的,这当然是以孩子的行为违法为前提的。如果不是小孩子把这件事干坏了这一点能够确定下来的话,他父亲在教唆的时候,要追究他父亲的责任就很难。那么,他人参与的,只要参与者的刑事责任年龄够了,就一定要被追究刑事责任。

这样说来,阶层论并没有我们想象中那么复杂。另外,不需要过多纠结应该采纳三阶层还是两阶层。有一点是很重要的,在分析案件的时候,首先应确定客观上这是不是一件坏事,然后再来说行为人的主观责任等因素,这就是阶层论。

阶层论对实务的影响是显而易见的。有些案子办得不够妥当,和阶层论没有深入司法人员的内心有关。在"调包诈骗案"中,行为人走在路上故意掉个东西,被走在后面的被害人看到,行为人的同伙捡了之后说跟他平分,这个时候行为人来了,问被害人"你捡到我钱包了吗?"被害人回答:"没捡到"。行为人让被害人把他钱包拿出来看看,如果确实钱包里没有他的钱就放被害人走。被害人把钱包拿出来以后,行为人与其团伙成员互相掩护,其中一个人飞速把被害人钱包里的钱拿走,然后,把冥币或废纸塞进去,被害人当时发现不了,回家后才发现财物被调包。这样的案子,我看了好多判决书,都判被告人诈骗罪。

这样的处理结论在我看来是有疑问的。几乎所有的调包诈骗案件,对被告人都应该定盗窃罪。为什么会定诈骗罪呢?这还是因为没有阶层的理念,认为被告人实施调包的行为,就是想去骗人,一开始就想骗,所以称其为调包的诈骗。但实际上调包诈骗是窃取行为,单凭犯罪人自己的想象,凭他主观故意这些意思,是得不到财物的。被告人真正想要得到被害人财物必须眼疾手快,趁被害人不注意的时候把东西偷走,所以,犯罪得逞是利用了被害人的无知或者短时期的被蒙蔽。对于这样的行为,如果从客观的构成要件切入,到最后再考虑主观的话,就得说,犯罪人取得财物的那一刻,他的行为在客观上是窃取行为。这个时候的主观故意是盗窃,其前面的诈骗意思,可以说是一个盗窃的预备行为。如果非要成立诈骗的话,最多成立一个诈骗罪预备。但是,最后要定罪,必须要说他在取得财物的这一刻客观上有什么行为。这样看的话,如果坚持刑法客观主义,坚持阶层论的思考,对调包诈骗最终认定为诈骗罪而不认定为盗窃罪的案件,几乎都属于定性错误。

有的人认为"该当性"这个词不符合中文习惯。但是,对该当何罪的追问,小说《孽海花》第2回当中讲:"你还想引诱良家子弟,该当何罪?"包青天审理案件,总是问堂上跪着的人"该当何罪"。所以,对于构成要件该当性这个词甚至该当性的判断,都不要觉得是外来的。

阶层论把违法和责任分得很清楚,这样的话更符合判断事物的逻辑。如果不承认阶层论,对共犯的理论、正当防卫的理论以及其他违法性的问题,就很难一并合理地解决。我的《刑法学习定律》一书专门有一章建议学生们在学习刑法时,要尝试学习阶层论,而不要去排斥,要去理解别人为什么这样想。

那么,对阶层论究竟该怎么用?当然是要先判断构成要件该当性。关于构成要件该当性的判断,我觉得当下的实务中有一个需要特别注意的问题:"套路贷"和诈骗罪、敲诈勒索罪构成要件的关系。

"套路贷"这个词在《刑法》中是从来没有过的,无论是总则还是分则的条文中都没有出现过,它不是一个具体的罪名,也不是一个具体的构成要件。它只是大概地描述了一类现象:有的人设计套路,或者设计一些圈套,让别人来"钻",然后贷款给别人骗取财物。对这些行为,究竟在刑法上怎么处理?办案人员需要去看诈骗罪或者敲诈勒索罪的构成要件,看其是否符合构成要件,以及符合哪一个构成要件。一定要注意,诈骗罪和敲诈勒索罪的构成要件是非常特殊的,这两罪的构成要件被称为"定式构成要件",是框死了的。诈骗罪的构造必须是:(1)行为人欺骗被害人;(2)被害人陷入错误;(3)被害人交付和处分财物;(4)犯罪人取得财物;(5)被害人由此造成损失。敲诈勒索罪的构成大致差不多,只不过其行为不是欺骗而是恐吓而已。

在诈骗罪的构造里,五个环节,一环扣一环。但是,现在有很多案子一旦给被告人用了"套路贷"这个框以后,定罪标准就降低了。我对"套路贷"这个词不看好,因为我个人认为即使要用的话,它也不过是犯罪学上的一个词,只能揭示有这么一类犯罪现象,类似于我们说街头犯罪,也就是一类犯罪现象。对于街头犯罪这个概念放到定罪上有什么意义,还需要推敲。在定罪时,对街头犯罪最终定故意伤害、寻衅滋事、抢劫、强奸、杀人都有可能。所以,街头犯罪或者"套路贷"这样的词,在犯罪学上或许多少有点意义,用来指称一类犯罪现象,但是,最后要对其定性时,构成要件该当性的审查才是最重要的。

比如,实践中,有的被告人放贷的年利率为30%,但是,他事前明确告诉了被害人利率怎么算,高到何种程度,如果承受不了,可以回去再考虑一下。被害人觉得能承受,被害人是不是受骗了?是不是因为受骗而处分财物?按照诈骗罪的构成要件来衡量,明显有问题。对【案例3-2 房产过户案】,我认为认定乙构成诈骗犯罪是否合适,还值得研究。能不能认定"套路贷",不能只听被害人讲。被害人讲他是否被"套路"了,这个说法的意义有限。需要认真审查的是被告人的行为是否符合犯罪构成的客观要件。在这个案件里,权利义务关系很清晰,乙借给甲50万元,甲不还钱;乙为了主张自己的权利才把甲的房贷还了,把房子过户到自己名下。虽然乙得到的财物价值大,但是,其付出了300万元才能得到对应财物。即便认为乙的付出和获取的对价这两者不相当,甲通过民事途径也完全可以行使返还请求权。

必须要明确的是:最高人民法院、最高人民检察院关于打击"套路贷"以及"扫黑除恶"的一些司法解释也从来没有说过,在"套路贷"的情形中定诈骗罪的构成要件标准可以降低，因为有刑法规定摆在那里。与此类似的是，认定组织领导参加黑社会组织罪的构成要件标准是刑法条文明确规定的，只要刑法中的构成要件标准没有改，构成要件符合性的判断标准就不能降低，打击扩大化或者降低黑社会性质组织罪的认定标准都与罪刑法定原则相悖。

构成要件该当性的判断很重要，在很多案件中，构成要件该当性一开始就不存在，定罪自始就很困难。在该当性判断完成以后，需要进行违法性审查。符合构成要件的行为通常具有违法性，只有在少数案件当中，需要判断违法阻却事由是否存在。

行为符合构成要件，又不能主张正当防卫、紧急避险，这个时候要确定被告人有没有责任，是不是可以谴责他。此时，刑事责任年龄、故意过失、期待可能性，这些都是很重要的。

期待可能性的问题，只有在三阶层理论里才有存在空间。现在处理很多案子实际上已经采用了期待可能性理论，比如说，已结婚的人逃荒到外地以后又和他人结婚的，司法解释就说这种情况不应定罪。但不定罪的理由必须从阶层论的角度分析，单纯按构成要件该当性去判断的话，重婚罪的构成要件是该当的。但是，为什么不能定罪呢？还是期待可能性欠缺。因为在当时的情况下，被告人只能这样做，而法律不能强人所难。

关于阶层的思考，我有一个初步的结论：即便要采纳、认可阶层犯罪论，也未必非得按照构成要件该当性、违法性、有责性的标准去判断。只要在思考顺序上能够先确定行为人是不是把事情干砸了，再来说行为人的责任(刑事责任年龄、心理状况、期待可能性)。先违法后责任、先客观后主观的方法论在司法实务中逐步养成，阶层论就被"活学活用"了。

（二）体系思考

体系思考的问题很复杂，切入点很多。这里主要讨论处理刑民交叉案件的体系性思考问题。这主要是因为很多案件是财产犯罪、经济犯罪，这类案件在我们实践中占比很高，特别是盗窃罪，财产犯罪里面有很多刑民交叉的问题，特别是合同诈骗罪和民事欺诈之间的这种关系，有时候判断起来就很难;我们讲的纠正涉产权的冤假错案,实际上很多都是刑民交叉的问题。

处理刑民交叉的案件需要体系性的思考:第一,被害人有没有损失?在很多案件里是很容易判断的,因为被害人有损失以后才会报案。第二,民商法、行政法的立场是什么?这一点很重要。所谓的体系性思考,就是说在刑法上要定罪的行为,在民商法上、行政法上一定是违法的,这是前提。如果民法、商法、行政法等法律认为该行为是合法的,或者是需要保护的,刑法上定成犯罪了,那就有问题。比如,被告人对某部作品本来就享有著作权,这个时候刑法上定出一个侵犯著作权罪来就有问题。第三,权利义务关系是不是清晰的?被告人的行为虽有瑕疵,也让被害人产生了损害,但是二人之间的法律关系仍然是很清晰的,定罪就有障碍。第四,是否存在被害人承诺,行为人是否能够有效主张权利?如果被害人对财产的转移予以认可或者有承诺的,对被告人定不了罪;被害人也能够在提起民事诉讼以后相对容易地主张权利。

实践中有好多骗取贷款的案件,行为人提供的担保物真实,或者银行工作人员放贷的时候,也知道贷款资料里可能有些信息是假的,比如说企业上一年度的利润数据是假的,但是因为贷款人有担保,银行工作人员为了完成考核任务又愿意放贷出去。后来贷款还不上,银行去报案的,为什么非得要定罪?对类似案件,民商法是不是能够妥善地处理纠纷?对这些问题都要考虑。

此外,在有些涉及交易惯例、权利义务关系很清晰的案件中,认定被告人构成诈骗罪确实违背体系性思考的原理。例如,赵明利二十多年前被法院认定构成诈骗罪,判处有期徒刑 5 年,后来他在服刑过程中死在监狱里。他家属一直申诉,直到不久前最高人民法院才再审改判被告人无罪。仔细对照最高人民法院的判决和之前的判决,就会发现原来的判决确实"错得离谱"。原审生效判决认定被告人从被害单位把货拿走了,没有付货款,后来又有逃匿及其他一系列行为,所以应该认定为诈骗罪。但是,再审判决里确认:被告人和被害单位之间长期有供货的关系,其交易惯例并不是每拿一次货就付一笔钱,拿走货物和付款之间不逐一对应,这是二者之间的交易惯例,对于被告人拿走货物没有付款的行为不能简单认定为诈骗罪。①

　　当然,有的案件比前面这个诈骗犯罪要复杂。比如,"托盘"融资业务是不是构成诈骗罪?这就有争议。"托盘"融资业务,其实就是很多有空闲资金的企业,特别是国有企业违规对外放贷。由于国家规定国有企业的资金不能拆借,所以,就出现了所谓的"托盘贸易案",甲国有企业可能和 A 私营企业签一份假的购销合同,约定国有企业购买 A 公司价值 5 亿元的钢材,买完以后,国有企业倒手卖给 B 公司,这样国有企业赚一笔,赚的钱恰好就是这笔货款的利息。而卖货给国有企业的公司和最后接盘的公司是关联公司或者同一个企业。这样的话,国有企业一手托两家,有一个假的贸易关系,但是,背后是个融资业务,因为三方都知道是要做假的,是要把借贷关系做成一个假的购销合同。但是,有的用款企业最后还不了钱,国有企业就去报案说对方签订假的合同实施诈骗,因为销售合同中作为标的物的那批钢材不存在,标的物不存在当然是诈骗犯罪。在这些案件里,很多司法机关真的认为用款方成立诈骗罪。但是,我认为定罪存在困难:在这些案件里,其实并没有真正的购销合同,大家对作为合同标的物的货物根本就是不在意的,用款企业要是真的把钢材拉到国有企业,后者可能还没有地方堆放这批货物。所以,在名为买卖实为融资借贷的纠纷中,不宜认定用款方构成诈骗犯罪。②

　　另外,现在各地有很多非法吸收公众存款案。多数案件办得可能没问题,但其中有一类案件我觉得有疑问:行为人四处借款吸收公众资金,后来将吸收来的资金全部或主要用于自己企业的生产经营的,是不是非得定非法吸收公众存款罪?最高人民检察院发布过一个指导性案例,认为对这种情况可以不起诉或者判刑轻一点。但是,实际上我觉得把吸收来的资金确实用于企业经营,要不要定罪都是个疑问。如果考虑商法的立场,就会发现,商法上的非法吸收公众存款是指行为人要成为取代银行地位的角色。吸收公众存款后把吸纳来的资金再放贷,才能取代银行的地位。但是,如

---

① 参见最高人民法院(2018)最高法刑再 6 号刑事判决书。
② 参见周光权:《刑法公开课》(第 1 卷),北京大学出版社 2019 年版,第 313 页。

果单纯把吸收来的资金用于自己企业的生产经营,其并没有处于银行的地位,所以很难构成非法吸收公众存款罪,否则就和商法的立场相悖。

所以,刑法上对犯罪的认定要考虑民法、商法等法律所确定的权利关系。刑法独立性这样的一个说法,本身可能存在疑问。刑法是第二次法,需要动用刑法来处理的,一定是其他法律无法有效处理的情形。如果某种行为本身不违反民事行政法律法规,就不可能构成犯罪。这一点是特别重要的:违反其他法律是前提。要在这个前提下,再来讨论财产犯罪、经济犯罪的问题。

(三)规范判断

规范判断是从法规范或者法律人的角度去看问题。很多案件的处理要靠司法人员的"眼见为实",但是,有时候眼见未必为实,还需要用法律人的眼光去做规范判断。

对于行为,从法的角度、规范的角度,究竟应该怎么去看,怎么去评价?需要做这样的思考的情形很多。比如,事实因果关系和法律因果关系的问题,就与此有关。事实的因果关系是条件说;法律的因果关系就是规范的因果关系,是客观归责论。

客观归责论实际上考虑的是"谁来背锅"的问题。某个侵害结果是发生了,但这个"账"算在谁头上合适?这不是一个事实的判断,不是眼见为实的判断。

例如,甲轻伤乙,医生丙在治疗时严重失误,导致乙死亡,甲构成何罪?我们当然可以说如果甲不伤害乙,被害人不会去就医。从这个角度来讲,被害人最后死了,和甲的行为有关联,但是,死亡结果究竟应归责于甲,还是归责于医生丙?在这个案件里,结果可能要归责于医生丙,因为医生有治疗的严重失误这个介入因素。这个时候让医生来对被害人的死亡结果负责,就是客观的结果归属,也就是讨论客观后果要归责于谁,因为是客观的、关于结果的归属问题,所以叫客观归责。

因果关系的规范判断也就是客观归责论,它的检验步骤有三:行为是否制造风险;是否实现风险;另外要考虑构成要件的效力范围。例如,张某因女朋友被程某强制猥亵而欲找程某理论,其见程某进入公园后,便向程某靠近,在靠近程某的过程中,被程某发现,程某撒腿就跑。张某即开始追赶程某。当张某将程某追至该公园人工湖的西北岸边时,程某跑上结冰湖面逃向对岸,途中落入冰窟窿溺死,如何处理张某?

实际上就要回归到前面讲到的:首先,张某的行为有没有制造风险?其次,程某死亡的结果究竟应归责于谁?按我的理解,对于最后的死亡结果,应该由程某作为被害人"自我负责"。被害人自我负责,是客观归责的一个下位的判断规则,就是说这个"锅"由他自己"背",因为张某和程某之间完全没有身体接触,而后者自己做贼心虚而乱跑,相应的死亡后果应由他自行负责。但这样的判断和传统的因果关系理论就不一样了。客观归责论(规范地判断因果关系)的重要性是:客观归责理论克服了传统因果关系理论(条件说、相当因果关系说)处罚范围过大、标准模糊的弊端,缩小了归责范围,使大部分案件都能够根据比较清晰的标准得出清楚明了的结论,以确保刑法判断尽量不出错。

客观归责论在司法解释中是有所体现的。最高人民法院《关于审理交通肇事刑事案件具体应用法律若干问题的解释》第2条第1款规定,交通肇事具有下列情形之一的,处3年以下有期徒刑或者拘役:(1)死亡1人或者重伤3人以上,负事故全部或者主要责任的;(2)死亡3人以上,负事故同等责任的。这一规定说明,要认定交通肇事罪,先要看死伤多少人,再进一步判断行为人对事故的责任大小,死亡1人不能直接定交通肇事罪,还需要去判断行为人是否负事故全部责任或者主要责任。死亡3人以上,负事故同等责任的,这个时候就要分析行为人对这个事究竟"背"多大的"锅",被害人要负多大的责任?这个时候要"算账",而"算账"的过程中,客观归责论的判断得以运用,规范的因果关系的判断,而不是传统的事实的因果关系判断在这里是具有决定性的。

客观归责论运用到实务中完全是可能的。在【案例3-3 伤害致死案】中,法院的判决完全可以按照客观归责论的逻辑进行:甲的重伤行为自身有造成死亡的危险性,行为制造了危险,对于死亡结果被害人不能自我答责,即便存在被害人的多次转院行为,死亡结果也应该归责于甲。如此进行思考的优点是逻辑清晰、层层递进,从正反两方面对犯罪客观要素,尤其是对行为要素、结果归属等没有遗漏地进行检验,能够确保规范判断的完成。对于这样的判决,我觉得应该予以接受,由此一来,对因果关系的判断以及客观归责论的运用都能够被激活。当然,做出这样的判决对于法官要求很高,判决说理略显烦琐;如何将所讲的道理让被告人和公众顺利接受,也是值得研究的问题。

客观归责论和正当防卫也能够结合起来。因为客观归责论要讲将结果算到谁头上,结果让谁"背锅",在判断正当防卫的时候,当然也涉及防卫结果的归属问题。例如,防卫人甲的一个防卫行为导致多人死伤,也有成立正当防卫的余地:只要甲实施反击的那一刻,不是一种主动攻击的姿势,而是一种被动防御的姿势,且对方(不法侵害人)只要不主动靠近攻击就不会被伤害到,肯定正当防卫就符合法理。很明显,在这里有一个规范判断、价值判断:防卫人是导致了很多人死伤,但是,有的被捅刺到的人属于飞蛾扑火,只要其不主动靠近,就不会被捅刺到。所以,现在他被捅刺到了,就是因为其自己主动靠近所导致的,这个结果要算到往上扑的人自己头上,他自己"背锅",而不能把这个"账"算到防卫人头上。在类似案件中,从眼见为实的事实判断角度看,防卫人甲确实捅刺到了多人,如果单纯做事实判断的话,其应该成立防卫过当。但是,对这种防卫致多人死伤的场合,尤其应该基于规范判断,审查其行为是否成立正当防卫。

犯罪中止的认定也需要做规范判断。例如,犯罪人李某抢劫被害人之后,千方百计想杀被害人灭口,但是,被害人实在"命大",被告人发现无法杀死被害人,才把他送到医院。辩护人认为这是犯罪中止,但是,法院判定被告人犯罪未遂。法院判决隐含的理由之一是:被告人把这些手段都试完了,发现杀不死被害人,才送其到医院去,被告人对规范没有认同,将这样的行为认定为中止予以奖励不能实现一般预防的目的,因此,不能成立犯罪中止。① 这样的结论,是从规范判断而不是事实判断中推导出来的。如果重视规范判断,就应该认同法院的判决结论。

---

① 参见福建省龙岩市上杭县人民法院(2008)杭刑初字第238号刑事判决书。

（四）常识判断

常识判断就是尊重和回应民意。民意、常识影响裁判的现象客观存在，可能有的民意有不合理的成分，所以，未必都要去迁就。但是，一旦民意反应很强烈的时候，司法机关要仔细审视、反躬自问：司法人员的专业判断是不是失之于傲慢，是不是不妥当？按照专业司法人员的固有逻辑处理案件，如果得出的结论明显偏离常识和民意，可能真值得反思。

这其中特别突出的一点就是最近二十来年，关于正当防卫的认定，我认为这一问题就需要反思。很多案件最后就是因为民意很强烈，司法机关仔细去审查和判断后，发现民意有道理。很多涉及正当防卫、防卫过当的案子，其实都是民意判断得更准确。所以，有必要促进刑法适用和常识民意之间的有益互动。

刑法必须回应民意的情形有很多：

第一个例子，区分类推解释和扩张解释。这个时候要考虑民众的预测可能性。某一种对法条文义的解释，如果结论让民众感到很意外的话，大家就会觉得还有这么说话的？还有这么解释词语的？如果都觉得很意外，那么，解释方法很可能就有问题。比如，把醉酒后开飞机的行为认定为醉酒后驾驶机动车，适用危险驾驶罪，可能就会违背民众的常识。

第二个例子，在客观归责论或因果关系的相当性判断中都会提到：介入因素如果在一般民众看来是很异常的，由介入因素对结果负责，最开始的行为人不需要对结果负责，对他不能归责。

第三个例子，共犯处罚范围中，对犯罪没有独特"贡献"或者促进关系的不能归责。例如，被告人甲成立一个公司专门从事推荐股票的活动，对外宣称公司雄厚的实力可以拉动股票价格，这是一个诈骗行为；还说自己公司有水平很高的专业推荐师。根据这两个虚假事实，被告人以收取会员费的名义骗取了他人财物近 400 万元。这个案件中，检察院起诉了 50 个人，法院对其中 23 个人判无罪，还有 6 个人被定罪免刑。[①] 从这个案件来

[①] 参见江西省高级人民法院（2014）赣刑二抗字第 4 号刑事裁定书。

看,检察机关的起诉质量是不高的。仔细看判决,不难发现法院判 23 个人无罪很有道理。那就是有些被诉的共犯人对犯罪没有独特贡献或者没有促进关系。为什么一定要讲独特贡献?公司员工中有只负责复印、打印的人,公司文件太多,拿来以后他就只管复印,内容都来不及看。检察官可能说他应该看,如果发现是诈骗的材料就不应该复印。这样讲是不符合生活逻辑的。本案判无罪的 23 个人中,很多人大学毕业或者高中毕业后就去打工,挣的钱很少,干的就是一般的中性行为。如果按这个案子的起诉逻辑,对那些在赌场里负责打扫卫生的人,也应该定罪。但是,这个逻辑是讲不通的。如果按这个逻辑推下去的话,送快餐的人,有不少会成为罪犯。因为他们有可能给有些犯罪分子送快餐,犯罪分子吃了以后才"有劲儿"去犯罪。但是,去定那些送快餐的人是共犯合适吗?看起来送快餐的人、扫地的人对他人的犯罪好像有点儿贡献,但是,没有足以作为犯罪来认定的独特贡献。所以,在起诉、认定犯罪特别是共同犯罪的时候,有些中性的人或者比较边缘的人,实施的仅仅是中性的或者很边缘的行为的时候,不应作为帮助犯来认定。有的"扫黑除恶"案件里面,把"套路贷"公司的法律顾问都起诉成诈骗罪的帮助犯了,这也不合适。法律顾问只要在律师法规定的范围内进行民事诉讼,就是合法的。所以,共犯的处罚范围如果太广了,就和民意有差异。

第四个例子,打击错误的处理。关于打击错误,法定符合说是很多人赞成的。法定符合说有一个很重要的出发点:它的结论和常识与民意很接近。因此,如果认为法定符合说不合理,要坚持具体符合说,也需要考虑其解释方法、案件处理结论如何更好地回应民意的问题。①

第五个例子,量刑与尊重民意。实践中,有些案子的量刑太重,明显和民意有差别。许霆案、于欢案、天津赵某持有枪支案等,都是如此。再比如,矿主甲将开采 A 矿(有合法手续)的炸药 880 千克串用到 B 矿(无手续,等待验收),以排除 B 矿的危险的,构成非法运输爆炸物罪,检察机关的

---

① 参见〔日〕佐伯仁志:《刑法总论的思之道·乐之道》,于佳佳译,中国政法大学出版社 2017 年版,第 224 页。

量刑建议是8年是否合适？为了开矿而非法运输爆炸物的,现在大多判刑很重。可是被告人为了合法开矿,为了从事经营活动而未经批准运输爆炸物的,量刑一定要轻。最高人民法院对此有从轻处罚的司法解释,这个解释也符合期待可能性的原理,但是,其在实践中的落实情况不尽如人意。

为什么常识判断会成为现代刑法方法论的内容？法官裁判时如果太偏离常识,太偏离生活经验,和公众的判断偏差太远,确实要反过来检讨我们那些理念和思考方法。刑法学停留在书斋里的那种自足没有太大的意义,对于社会的贡献也很有限。

结 语

1. 实务当中确实提出了很多司法难题。只有关注实践中的判决,关注实践中的那些疑难案例,把这些问题都作为司法人员、学者还有律师们共同面对的难题来处理的时候,刑法上的很多问题才能解决好。在此过程中,树立正确的理念、掌握正确的方法论是至关重要的。

2. 在实务上,需要接受先客观后主观的阶层论,才能建立防止错案的长效机制,对于犯罪构成要件行为、后果这样一些东西先进行判断,再去审视行为人的故意、过失,最后再去审视行为人之前干了什么(前科、累犯),这样案子才能办得准;在刑法适用方法上,必须重视体系性思考、规范判断,同时尊重生活经验,考虑民众的规范感觉。

3. 当下的理论和实践之间存在鸿沟,有一些相互不理解的地方,两者之间的相互尊重、相互理解很重要。对一些司法难题,确实需要在学理上仔细讨论;如何把刑法学上的很多研究或者思考转换成司法人员能够理解、认同的那套话语系统,对刑法学来讲,是一个重要的、紧迫的任务,唯有如此,才能找到理论和实务的最佳结合点,才能通过刑法理念和方法论的转变来达到防范冤假错案、妥当实现社会治理的目标。

第四讲
刑法软性解释与罪刑法定原则

【案例 4-1 恶意刷单案】

董某在网上经营论文相似度检测业务,为了打击竞争对手,雇用并指使谢某多次用同一账号在竞争对手的网店恶意刷单 1 500 笔,使对手被电商平台经营者做出"商品搜索降权"的处罚,其订单交易额损失 10 余万元。能否认定董某、谢某构成破坏生产经营罪?

【案例 4-2 删除、下载源代码案】

被告人蒋某因为对 K 公司法定代表人不满,而擅自删除、下载 K 公司正用于软件产品开发的计算机源代码等文件,导致该公司产品开发进程受阻,遭受相当数额的经济损失。能否认定蒋某的行为构成破坏生产经营罪?

【案例 4-3 干扰环保采样案】

被告人李森、何利民、张锋勃等人多次进入环境监测站内,用棉纱堵塞采样器的方法,干扰站内环境空气质量自动监测系统的数据采集功能。被告人何利民明知李森等人的行为而没有阻止,只是要求李森把空气污染数值降下来。被告人李森还多次指使被告人张楠、张肖采用上述方法对子站自动监测系统进行干扰,造成该站自动监测数据多次出现异常,多个时间段内监测数据严重失真。对被告人李森等人的行为应如何定性?

【案例 4-4　关系户摇号购房案】

某省会城市推行商品房预售摇号购房政策,以有效控制新房价格。甲房地产公司工作人员张某等人受单位领导指派,在商品房预售的前一天晚上和受甲公司委托开发软件的乙公司员工凌某当面沟通摇号具体细节,询问乙公司能否保证关系客户最先摇中。此后乙公司自行确定操作方案,最后使得名单上的 106 人摇号中签并购房。此事曝光后,引起普通购房者的强烈不满。如何处理本案?

【案例 4-5　刷单炒信案】

被告人李某通过创建电商联盟网站,利用语音聊天工具建立刷单炒信平台,吸纳网店卖家注册账户成为会员,并收取一定数额的保证金、平台管理维护费等。李某在网站平台上通过制定刷单炒信规则与流程,组织会员通过该平台发布或接受刷单炒信任务。会员通过缴纳会费承接任务后,通过与发布任务的会员在某电商平台进行虚假交易并给予虚假好评的方式赚取"任务点"。后查明李某共收取平台管理维护费、体验费等 30 万元,另收取保证金 50 余万元。能否认定李某构成非法经营罪?

由于实践中总是存在动用刑法进行社会治理的呼吁,因此,作为刑法中的"铁则"的罪刑法定原则也时刻面临各种冲击,这一点在现代信息社会中表现得更为突出。对此,佐伯仁志教授认为,在出现值得处罚的某种新行为时,司法上总是倾向于通过"软性地"解释刑罚法规来应对,这是出于刑事司法政策的考虑,即在刑事立法难以推进的情况下,进行必要的软性解释是在所难免的。①

但是,软性解释和类推解释的界限何在,其对罪法定刑原则是否存在冲击,都是很值得深究的问题。

---

① 参见〔日〕佐伯仁志:《刑法总论的思之道·乐之道》,于佳佳译,中国政法大学出版社 2017 年版,第 23 页。

一、刑法软性解释状况的类型分析

在我国刑法适用过程中,大量存在软性地解释刑法的现象。在这里,以利用信息技术所实施的妨害业务行为的定罪问题为切入点,进行类型性分析,以"解剖麻雀"。

业务,是指自然人、法人或其他组织基于职业或者其他社会生活上的地位而继续、反复从事的事务或工作。妨害业务的行为会侵害权利人在经济活动、社会活动中的自由权,使之遭受财产损失,破坏公平竞争的市场经济环境,具有相当程度的社会危害性。在我国司法实务中,破坏生产经营罪、破坏计算机信息系统罪甚至非法经营罪、损害商业信誉、商品声誉罪等都对一部分妨害业务行为进行惩罚,可以适用的罪名似乎为数不少。但是,由于缺乏包容性较强的妨害业务罪,刑法适用经常面临一些瓶颈性难题,罪刑法定原则面临不少冲击。

(一)定罪的现状

1. 以破坏生产经营罪定罪的情形

在对利用计算机信息系统妨害业务行为进行惩罚方面,实务上首选的罪名是破坏生产经营罪。在实践中,对所谓反向刷单行为就大多以破坏生产经营罪定罪处罚。在【案例4-1 恶意刷单案】中,董某、谢某被判破坏生产经营罪。① 与此类似的案件还有很多,例如,被告人钟某为打压竞争对手经营的"浪莎薇拉菲"网店,通过QQ与梁某联系,谎称该店铺为其本人所有,雇用梁某召集刷单人员恶意在被害人经营的网店刷单1998单,造成被害人经营的网店直接经济损失4万余元,并使该店铺面临违规处罚、搜索降权、被封店的可能,给该店造成了较大的损失。据此,法院以破坏生产经营罪判处被告人

---

① 参见江苏省南京市雨花台区人民法院(2015)雨刑二初字第29号刑事一审判决书;江苏省南京市中级人民法院(2016)苏01刑终33号刑事判决书。

钟某有期徒刑2年3个月。① 在【案例4-2 删除、下载源代码案】中,法院经审理后认定,虽然蒋某进入计算机信息系统不属于非法侵入,但由于蒋某对公司核心机密的删除、下载行为,导致了公司多次停工以排除隐患,项目进展迟滞,不得不重新评估以安排项目进展,为赶进度而被迫加班,有关产品的推出时间也大为延后,以上种种均是公司生产经营秩序被破坏的体现,据此认定被告人蒋某构成破坏生产经营罪,判处其有期徒刑2年。②

2. 以破坏计算机信息系统罪定罪的情形

对于非法进入计算机信息系统进行破坏的,行为人构成破坏计算机信息系统罪当无异议。但是,对于并未非法侵入他人计算机信息系统,仅仅在系统外进行一定程度的"扰乱",妨害他人正常业务的,实务中也有大量案件以破坏计算机信息系统罪定罪。在【案例4-3 干扰环保采样案】中,法院判决认定各被告人的行为影响了国家环境空气质量自动监测系统正常运行。对于本案,法院根据最高人民法院、最高人民检察院《关于办理环境污染刑事案件适用法律若干问题的解释》第10条第1款的规定("违反国家规定,针对环境质量监测系统……干扰采样,致使监测数据严重失真的",以破坏计算机信息系统罪论处),判定被告人李森等5人破坏计算机信息系统罪。③

此外,行为人依法进入自己参与开发的计算机信息系统,但对商品房摇号销售等业务有妨害的,实务上也有以破坏计算机信息系统罪定罪的例子。在【案例4-4 关系户摇号购房案】中,检察机关以涉嫌破坏计算机信息系统罪对甲公司员工张某等人提起公诉。

3. 以非法经营罪定罪的情形

在实务上,对所谓的"正向刷单"行为则大多以非法经营罪进行处理。在【案例4-5 刷单炒信案】中,检察机关认为被告人李某违反国家规定,以营利为目的,明知是虚假的信息仍通过网络有偿提供发布信息等服务,扰

---

① 参见浙江省金华市中级人民法院(2018)浙07刑终602号刑事裁定书。
② 参见北京市海淀区人民法院(2015)海刑初字第434号刑事判决书。
③ 参见最高人民法院指导案例104号:"李森、何利民、张锋勃等人破坏计算机信息系统案"。

乱市场秩序,情节特别严重,其行为已构成非法经营罪。① 法院经审理采纳起诉意见,以非法经营罪判处李某有期徒刑 5 年 6 个月,以侵犯公民个人信息罪判处其有期徒刑 9 个月,数罪并罚决定执行有期徒刑 5 年 9 个月,并处罚金 92 万元。②

(二)所提出的主要问题

在上述五个案件中,都一定程度存在危害行为使他人的正常业务受到妨害的情形(但是,在【案例 4-4 关系户摇号购房案】中,行为是否对他人的业务有所妨害还是一个疑问),单纯从法益侵害性、值得处罚性的角度看,对被告人定罪处刑似乎无可非议。但是,上述几个案件的处理都从不同角度提出了刑法解释论上的复杂问题。【案例 4-1 恶意刷单案】【案例 4-2 删除、下载源代码案】所提出的问题是在没有对机器设备或生产资料进行破坏时,是否还能够构成破坏生产经营罪?而【案例 4-3 干扰环保采样案】【案例 4-4 关系户摇号购房案】则提出了在计算机信息系统之外实施干扰、破坏行为的,能否以破坏计算机信息系统罪定罪?【案例 4-5 刷单炒信案】所涉及的问题则是对原本就不可能取得行政许可的妨害行为,能否以行为人事实上没有获得行政许可论以犯罪?归结起来讲,上述案件的定性都可能存在与罪刑法定原则相抵触的地方,即便不认为这些案件的处理是类推适用刑法,也至少可以认为其属于软性解释的情形。而刑法的软性解释是否有限度,对前述案件仅仅在解释论上解决是否捉襟见肘,都是很值得研究的问题。

二、刑法软性解释的疑问

上述分析表明,我国司法上对利用信息网络技术实施危害行为的案件,在处理上采用了软性解释方法。如果从罪刑法定原则所要求的严格解

---

① 具体案情,参见浙江省杭州市余杭区检察院杭余检未检刑诉(2016)392 号起诉书。
② 参见浙江省杭州市余杭区人民法院(2016)浙 0110 刑初 726 号刑事判决书。

释角度看,前述 5 个涉及信息技术利用的案例都是在对刑法进行软性解释,个别案件甚至有类推适用刑法的嫌疑。

(一)以破坏生产经营罪定罪的疑问

破坏生产经营罪的客观行为是毁坏机器设备、残害耕畜或者"其他方法"。这里的其他方法,应当是与毁坏机器设备、残害耕畜相类似的行为,而不是泛指任何行为。应当认为,破坏生产经营罪与故意毁坏财物罪之间存在法条竞合关系,本罪是特别规定,即采用故意毁坏机器设备、残害耕畜等方法破坏生产经营。具体而言,在司法实务中,这里的"其他方法",主要表现为破坏电源、水源,制造停电、停水事故,破坏种子、秧苗,毁坏庄稼、果树,制造质量事故或者责任事故等。① 而这些方法都是对生产资料物理性的破坏、毁坏。

特别需要强调的是,在解释破坏生产经营罪的客观构成要件时,明显有一个"同类解释规则"的运用问题。所谓同类解释规则,是指对于兜底条款的解释应当和并列的条款具有大体相当性。② 从构成要件符合性的角度看,当《刑法》分则条文在某些明确列举的行为之后规定了"等"或者"其他"行为的,对"等"或者"其他"的解释就必须遵循同类解释规则,将其与之前明确列举的行为进行对照,使之在行为方式和侵害对象上保持一致:一方面,行为必须表现为毁坏、残害等毁损行为;另一方面,毁损的对象必须是机器设备、耕畜等生产工具、生产资料。③ 对于这种同类解释规则的运用,在刑法解释上应该存在共识。例如,对《日本刑法典》第 125 条往来危险罪中规定的"毁坏铁路或其标识,或者通过其他手段实施",学者认为,法官只能根据列举或"例示"的"毁坏"手段进行有限的解释,从而判断出什么行为才属于这里的"其他手段"。④ 如果法官对其他手段的理解和立法者明

---

① 参见周光权:《刑法各论》(第三版),中国人民大学出版社 2016 年版,第 148 页。
② 参见张明楷:《注重体系解释 实现刑法正义》,载《法律适用》2005 年第 2 期。
③ 参见张明楷:《刑法学(下)》(第五版),法律出版社 2016 年版,第 1027 页。
④ 参见〔日〕前田雅英:《刑法各论讲义》(第 6 版),东京大学出版会 2015 年版,第 341 页。

确列举、例示的方式不一致,等于违背了立法者的指示,可能与罪刑法定原则相抵触。我国少数学者主张,在现代信息社会,破坏生产经营罪是妨害业务的犯罪,为了满足保护法益的需要,对破坏生产经营罪中"破坏"一词的解释不能停留在农耕时代或机器工业时代,不能将其限定为对生产资料的物理破坏,只要造成他人的业务无法开展并由此导致整体财产损失即可。① 这一理解抽象地看似乎没有问题,但是,一方面,从法益出发柔性解释构成要件的思考方法存在一定疑问。对此,松宫孝明教授指出,法益不过是解释构成要件时发现的立法理由而已,利用法益定义个别构成要件要素的情形,应当限于"因法条术语过于宽泛而需要进行'目的论缩小解释'时"②。为了法益保护的需要而不顾及构成要件行为的定型性的解释存在可疑之处。另一方面,只要结合《刑法》第 276 条的规定进行判断,就会发现将破坏行为几乎无限地进行扩大这一说法的穿透力有限:对毁坏概念的理解如果不考虑行为人对物自身的作用,将对于所有权人确定的用途目的的任何挫败都视作"毁坏"或损坏,势必超越法条文义对扩张解释所划定的界限。③ 一旦立法上将"其他方法"与"毁坏"机器设备、残害耕畜并列,解释上就只能根据列举的手段展开,解释者对"其他方法"的理解就必须与立法者在同一语句中所明确列举的方式保持内在一致,否则就与立法者的指引相悖。因此,在现行立法之下,很难得出破坏生产经营罪的手段行为不受限制,可以是导致他人无法正常开展业务的一切行为的结论。由此出发,认为本罪的行为方式包括威力和诡计的主张可能也还值得商榷。④

按照上述分析逻辑,无论是在【案例 4-1 恶意刷单案】还是【案例 4-2

---

① 参见李世阳:《互联网时代破坏生产经营罪的新解释——以南京"反向炒信案"为素材》,载《华东政法大学学报》2018 年第 1 期。

② 〔日〕松宫孝明:《结果反(无)价值论》,张小宁译,载《法学》2013 年第 7 期。

③ 也正是在这个意义上,德国刑法学的多数说一直认为将他人饲养的鸟儿放飞的行为,仅构成一个不受刑罚处罚的(纯粹的)使财物"脱离权利人占有"的行为,认为该行为构成故意毁坏财物的主张属于少数说。参见〔德〕约翰内斯·韦塞尔斯:《德国刑法总论》,李昌珂译,法律出版社 2008 年版,第 27 页。

④ 参见柏浪涛:《破坏生产经营罪问题辨析》,载《中国刑事法杂志》2010 年第 3 期。

删除、下载源代码案】中,被告人都并未实施破坏生产资料、生产工具、机器设备的经营行为,不属于"以其他方法破坏生产经营"。应当承认,反向刷单行为具有一定的社会危害性,但是,被告人的行为手段无法解释在破坏生产经营罪的现有客观构成要件规定之内,这是无法否认的客观事实。如果要认定前述两个案件构成破坏生产经营罪,就只能进行软性解释或类推解释,即将利用计算机信息系统妨害他人正常业务的行为类推为以有形力毁坏生产资料的破坏行为。对此,我国有学者指出:将刷单炒信行为定罪,是将立法没有犯罪化的行为通过个案处理的方式予以刑罚制裁,因而是一种司法犯罪化。然而,基于法条主义的视角,反向刷单炒信的行为并不构成破坏生产经营罪。刑法谦抑原则要求,在充分运用非刑法手段之前不得率先动用刑法,能以特定罪名评价的行为不得任意选择其他罪名。①

对于这种软性解释或类推解释,我国有学者持肯定态度。例如,高艳东教授就对网上恶意注册账号等违法行为应当构成破坏生产经营罪进行了论证,进而主张:"在信息时代,应当对破坏生产经营罪进行客观和扩张解释:破坏不等于毁坏,妨害也是一种破坏;生产经营不仅包括生产活动,还包括组织管理活动,生产经营可以包括业务。因此,破坏生产经营罪可以包容妨害业务罪。"②按照这种分析进路,对【案例4-1 恶意刷单案】,当然可以被认定为破坏生产经营罪。

但是,从文义解释的角度看,对破坏生产经营罪的构成要件做这种软性解释是存在疑问的。如果不考虑刑法客观解释的限度,破坏生产经营罪势必会沦为"口袋罪"。③ 反向刷单客观上会造成竞争对手的损失,但被告人的行为手段是损害他人的商业信誉和商品声誉,而不是故意毁坏他人的生产资料,换言之,反向刷单的手段行为并不符合毁坏生产经营罪的客观构成要件,对其行为在《刑法》增设妨害业务罪这一新罪之前,按照《网络交

---

① 参见叶良芳:《刷单炒信行为的规范分析及其治理路径》,载《法学》2018年第3期。
② 高艳东:《破坏生产经营罪包括妨碍业务行为——批量恶意注册账号的处理》,载《预防青少年犯罪研究》2016年第2期。
③ 参见刘艳红:《网络时代刑法客观解释新塑造:"主观的客观解释论"》,载《法律科学(西北政法大学学报)》2017年第3期。

易管理办法》(2014年1月26日由原国家工商行政管理总局发布)第19条第(四)项的规定(网络商品经营者、有关服务经营者销售商品或者服务,不得利用网络技术手段或者载体等方式,以虚构交易、删除不利评价等形式,为自己或他人提升商业信誉)进行行政处罚可能更为合适。

如果对破坏生产经营罪的行为手段和行为对象不进行限制,就会带来刑法解释方法上坚守的同类解释规则等底线瓦解,从而带来解释结论上的不确定性。例如,《刑法》第114条规定,放火、决水、爆炸、投放危险物质或者以其他危险方法危害公共安全的,应当定罪处罚。对于这里的"其他危险方法",学界的一致共识是不能过度扩大解释。因为以其他危险方法危害公共安全仅仅是《刑法》第114条、第115条的"兜底"条款或堵截性规定,而不是整个危害公共安全罪或者整个《刑法》中惩治公共危险行为的兜底条款,否则就与罪刑法定原则相悖。因此,对"其他危险方法"就必须理解为与放火、决水、爆炸、投放危险物质的行为方式及社会危害性相当,且《刑法》第114条、第115条没有明确列举的危险方法,在实践中常见的情形有:在繁华地段故意驾车任意冲撞,私设电网,破坏矿井通风设备,行为人醉酒后驾车在发生第一次肇事后果后继续驾车冲撞造成重大伤亡的,等等。① 如果说不要求"其他危险方法"与放火、决水、爆炸、投放危险物质的行为方式相当,仅考虑危害后果,在实践中难免出现极端案件,例如,对甲编造乙在外地的父亲出车祸的虚假事实,故意刺激长期患有抑郁症的乙,导致后者情绪激动冲向车水马龙的街道上,由此引发多车追尾甚至死伤事故的,如果不考虑"以危险方法危害公共安全"的行为定型性,不要求"其他危险方法"与放火、决水、爆炸、投放危险物质的同类性,软性地解释"其他危险方法",就完全可以得出甲构成以危险方法危害公共安全罪的结论。这样的思考方式,和不注重同类解释在破坏生产经营罪中的运用,将物理性破坏手段虚化是相同的逻辑,显然是不可取的。如果说在《刑法》第114条中同类解释原则必须坚持,那么,为什么这一解释原则到了破坏生产

---

① 参见高铭暄、马克昌主编:《刑法学》(第五版),北京大学出版社、高等教育出版社2011年版,第343页。

经营罪这里就可以抛弃?

(二)适用破坏计算机信息系统罪的难题

对【案例4-3 干扰环保采样案】中李森等人行为的定性,在一定程度上也可以说是软性解释的结果。毫无疑问的是,被告人的行为违反了国家规定,因为《环境保护法》第68条规定禁止篡改、伪造或者指使篡改、伪造监测数据;《大气污染防治法》第126条规定禁止对大气环境保护监督管理工作弄虚作假;《计算机信息系统安全保护条例》第7条规定不得危害计算机信息系统的安全。但难题是,被告人采取堵塞采样器的方法伪造或者指使伪造监测数据,弄虚作假的行为是否属于破坏了计算机信息系统。

根据《刑法》第286条破坏计算机信息系统罪的规定,三款条文的内容分别对应三种行为方式:(1)违反国家规定,对计算机信息系统功能进行删除、修改、增加、干扰,造成计算机信息系统不能正常运行,后果严重;(2)违反国家规定,对计算机信息系统中存储、处理或者传输的数据和应用程序进行删除、修改、增加的操作,后果严重;(3)故意制作、传播计算机病毒等破坏性程序,影响计算机系统正常运行,后果严重。要认定李森等人的行为成立破坏计算机信息系统罪,唯一可能符合的只能是前两种行为类型,但被告人的行为并不符合上述破坏计算机信息系统罪的行为方式和构成要件。显而易见的是,被告人的行为不符合《刑法》第286条第2款规定的破坏计算机信息系统数据和应用程序的构成要件。本款规定的是破坏"计算机信息系统中"的数据和应用程序的行为,行为人必须是针对计算机信息系统中已经存在的数据和应用程序进行删除、修改或增加。但是,被告人的行为仅仅改变了环境监测设备采样的外部物理环境条件,其并未通过相应的技术手段侵入环境监测设备系统内部进行数据和应用程序的删除或修改,不属于"对计算机信息系统中"的数据和应用程序进行非法操作。

接下来需要分析的是,能否将被告人的行为解释为"干扰"计算机信息系统功能?在本案中,至关重要的问题是:在计算机信息系统外所实施的扰乱行为,算不算《刑法》第286条所规定的"干扰"?如果对本罪中的"干扰"一词不作严格解释,仅根据最高人民法院、最高人民检察院《关于办理环境污染刑事案件适用法律若干问题的解释》第 10 条第 1 款第(二)项所规定的"干扰采样,致使监测数据严重失真"的行为,以破坏计算机信息系统罪论处,就可以认为:李森等 5 名被告人用棉纱堵塞采样器的采样孔或拆卸采样器的行为,必然造成采样器内部气流场的改变,造成监测数据失真,影响对环境空气质量的正确评估,按司法解释的字面含义,上述被告人的行为属于对计算机信息系统功能进行干扰,造成计算机信息系统不能正常运行的行为。

但是,如果按照罪刑法定原则的要求对刑法进行严格解释①,也可以认为李森等人的行为并不符合《刑法》第 286 条第 1 款规定的破坏计算机信息系统功能的构成要件:本款规定的是破坏计算机信息系统功能的行为,是指行为人在不法侵入计算机信息系统内部后,再对系统的功能本身所进行的破坏,从而使得计算机信息系统不能运行或者不能按原先的设计要求运行。最高人民法院、最高人民检察院《关于办理危害计算机信息系统安全刑事案件应用法律若干问题的解释》第 11 条第 1 款规定,计算机信息系统和计算机系统,是指具备自动处理数据功能的系统,包括计算机、网络设备、通信设备、自动化控制设备等。但是,本案中李森等人的行为仅在计算机外实施,其从来就没有侵入计算机系统内部实施,而仅仅是改变了大气监测设备取样的外部物理环境。对于从未通过技术手段侵入环境监测计算机系统的内部,并未通过改变或干扰监测系统内部应用程序的功能来改变监测结果的情形,难以认定为对系统自身的功能有干扰。同时,被告人的行为也没有造成大气监测设备及计算机系统不能正常运行。尽管被告人改变监测设备外部环境的行为可能会影响监测结果,但无论如何,可以肯定的是,监测设备预先设定的系统运行程序和功能没有受到任何的影响和破坏,样本在进入监测设备内部后,监测设备仍能按预定的程序和规则分析出采样结果,并将采样结果自动传输给相关监管部门。

不可否认,在实务中,出于处罚必要性的考虑,很容易望文生义将被告

---

① 《法国刑法典》第 1 条规定:"刑法应严格解释之。"

人的行为认定为"干扰"计算机信息系统功能。但是,本罪中的"干扰"应该有特殊含义,仅指造成计算机信息系统不能按照既定的应用目标和规则进行采集、加工、存储、传输、检索信息等处理活动,亦即不能正常运行。同时,由于这里的"干扰"与"删除、修改、增加"并列,按照同类解释的要求,就应该认为,干扰应该是与删除、修改和增加行为相当的破坏计算机信息系统功能的行为,因而,干扰也是对计算机信息系统运行功能造成的破坏。如果某种扰乱行为没有导致计算机信息系统发生重大变化的,就不能认为是刑法所规定的"干扰"。干扰的方式是多种多样的,包括外挂程序、拦截信号、干扰信息传输等,但很难包括在系统外部采用物理方法的扰乱。

对于【案例4-3 干扰环保采样案】的处理,一线办案人员可能认为有司法解释的规定作为依据就万事大吉。但是,毋庸置疑的是,在罪刑法定原则面前,司法解释一旦可能与该原则相抵触,其正当性就应当受到质疑。司法解释是司法机关在适用法律过程中对法律文本的解释,当然也必须遵循罪刑法定原则的要求。因此,其不能突破刑法文本用语所可能具有的含义范围,否则最高司法机关就属于不当行使了立法权,从而与《立法法》的相关精神相悖。也就是说,对司法解释的理解也必须在刑法文本的框架下进行。最高人民法院、最高人民检察院颁布并于2017年1月1日起施行的《关于办理环境污染刑事案件适用法律若干问题的解释》第10条确实规定干扰采样,致使监测数据严重失真的,应以破坏计算机信息系统罪论处,但基于罪刑法定原则的考虑,对于这一司法解释内容的理解与适用,仍然必须以《刑法》第286条"破坏计算机信息系统罪"的文本规定为基本前提,与刑法上的相关规定保持一致,不能突破法条的文义,即若要对干扰环境质量监测系统采样的行为论以破坏计算机信息系统罪,同样必须要求行为人以技术手段侵入环境质量监测系统的内部,通过对系统本身的功能进行干扰、删除等方式影响检测结果,并且同时还要造成环境质量监测系统不能正常运行,从而对犯罪成立范围进行限定。然而,本案中李森等人的行为并没有侵入环境质量监测系统的内部,其改变监测系统取样外部物理环境的行为根本没有对监测系统本身的功能造成任何破坏,并未造成环境质量监测系统不能正常运行。

可以认为,将【案例4-3 干扰环保采样案】中李森等人的行为认定为破坏计算机信息系统罪,突破了文本可能的含义范围,与罪刑法定原则之间存在冲突,有类推解释之嫌。

对于扩大解释还是类推适用的区分,必须以是否超出了文字所可能有的最大含义为界限。如果超出一般人对于文字字面含义的理解,则应视为是类推适用,而不属于扩大解释。因为一旦超出一般人对文字字面含义的理解,意味着超出了民众的预测可能性,违背了罪刑法定原则保障公民行动自由的宗旨。行为人通过改变环境质量监测系统采样的外部物理环境以干扰采样的行为,尽管字面上符合上述司法解释规定的"干扰采样,致使监测数据严重失真",但是,由于《刑法》文本本身规定"对计算机信息系统功能进行删除、修改、增加、干扰,造成计算机信息系统不能正常运行",很清楚的是,一般人对于本款刑法规定的理解也会是行为人的干扰采样行为侵入了环境监测系统的内部,对监测系统的功能本身进行干扰,并且要造成监测系统不能正常运行。假如不以《刑法》第286条的文本规定为前提理解司法解释规定的"干扰采样,致使监测数据严重失真",将有违反罪刑法定原则之嫌。因此,对于最高人民法院、最高人民检察院《关于办理环境污染刑事案件适用法律若干问题的解释》第10条第1款规定的"干扰采样,致使监测数据严重失真的"行为论以破坏计算机信息系统罪的,如果从严格解释的角度去"较真",就应该理解为:行为人进入计算机信息系统后"干扰采样,致使监测数据严重失真的",才有构成本罪的余地。李森等人的行为只是改变了环境监测系统采样的外部物理环境,但其行为并没有侵入环境监测系统的内部,更没有造成监测系统不能正常运行,将被告人的行为论以破坏计算机信息系统罪,有类推适用刑法的疑问。

与本案类似的情形是:在有的地方开展环境监测时,个别环境保护行政机关工作人员为了让数字"好看",对监测设备喷洒自来水、吹清风,让监测设备周围的环境得到改善,最后获取一些不真实、不准确的监测数据的,行为人都没有进入计算机信息系统,对其行为都难以定性为破坏计算机信息系统罪,在《刑法》增设妨害业务罪之前,都难以定妨害业务类犯罪(但被告人可能构成滥用职权罪)。这也说明我国目前的相关罪名在适用中确实捉襟见肘。

对【案例4-4 关系户摇号购房案】中行为人的定罪,就更成问题。首先,被告人并未违反国家规定对计算机信息系统功能进行删除、修改、增加、干扰,造成计算机信息系统不能正常运行。因为整个计算机信息系统的功能并没有受到破坏,系统能够正常运行。同时,被告人也没有对计算机信息系统中存储、处理或者传输的数据和应用程序进行删除、修改、增加的操作,影响计算机系统正常运行。主要理由有三点:(1)破坏计算机信息系统的实行行为具有"非法性"。本案中的计算机信息系统是由甲公司委托乙公司开发的,乙公司在开发、使用其自己的计算机信息系统时,对程序如何进行设计是公司内部正常事务。作为计算机软件著作权人的乙公司按照其自行设计的程序进行操作,不是对计算机信息系统中存储、处理或者传输的数据和应用程序进行具有非法性质的修改、删除或者增加的操作,本案中正犯的行为不具有非法性,计算机信息系统事实上也从未遭到修改和破坏。(2)被破坏的计算机信息系统一定是他人的系统,行为客体具有"他人性"。对于自己开发、控制的系统,只有是否正常进入或者按照自己的权限进行数据或修改的问题,而不存在"破坏"自己控制、开发的系统的说法。乙公司在自行开发过程中,管理、调整的是自己的系统,而不是他人的计算机信息系统,更不是由房地产行政主管机关开发的系统,所以谈不上他人的系统被本案被告人破坏或者攻击。(3)破坏计算机信息系统的对象具有"复合性",即行为人必须同时对计算机信息系统中存储、处理或者传输的"数据"和"应用程序"进行修改、删除、增加的操作,才可能构成本罪。这就意味着,单纯修改、删除、增加数据并不能构成本罪,而必须同时针对应用程序进行破坏,行为才具有犯罪性。立法上的基本考虑是:只有同时对数据和应用程序进行删除、修改、增加的操作,才能影响计算机信息系统的正常运行,才可能造成严重后果。如果单纯调整、修改数据,计算机信息系统自身的运行不会受到影响,这样就不可能构成犯罪。在本案中,行为人只是对客户数据进行调整,并未对应用程序进行修改,认定被告单位及其工作人员构成破坏计算机信息系统罪,就与罪刑法定原则相悖。其实,对本案被告人的行为最多可以看作其在合法经营过程中一定程度上的违规操作。对其违规行为按照政府商品房销售管理的有关规定进行行政处罚,就完全足够了,将其作为犯罪追究违反刑法谦抑性和最后手段性,并不合适。

(三)以非法经营罪定罪的困境

应当承认,在【案例4-5 刷单炒信案】中,李某使刷单炒信规模化和产业化,其对于电商平台正常经营业务的妨害是不言而喻的,行为具有可罚性。有的学者主张:"在互联网领域,非法经营罪应当适度扩张,为网络空间设立行为法则。互联网的高速发展,大大超过了立法速度,面对激增的新型网络犯罪,法律不能无所作为。"①但是,问题在于,被告人是否违反国家规定从事非法经营?关于违反国家规定,法院事实上认为,根据国务院《互联网信息服务管理办法》的相关规定,被告人应当取得互联网信息服务增值电信业务经营许可证而未取得,因此其行为违反国家规定。但是,这一论证在逻辑上值得推敲。对此,陈兴良教授指出,互联网信息服务,是指法律允许的正常经营活动,因此,其需要经过申请,相关管理部门会发给互联网信息服务增值电信业务经营许可证。如果没有取得这种经营许可证进行经营,就属于违反国家规定的经营行为。但在本案中,刷单炒信是《反不正当竞争法》所禁止的违法行为,即使行为人提出申请,有关部门也不可能发给经营许可证。在这种情况下,根本就不存在违反经营许可的问题。正如卖淫行为是法律所禁止的,因此,不存在违反经营许可的问题一样。对于法律禁止的活动是不存在经营许可的,这是行政许可的基本原理。由于刷单炒信行为缺乏违反国家规定的要件,仅仅基于社会危害性的考量,将组织刷单炒信行为认定为非法经营罪,与罪刑法定原则存在相悖之处。②对于陈兴良教授的上述分析,我认为值得赞同。确实,如果严

---

① 高艳东:《信息时代非法经营罪的重生——组织刷单案评析》,载《中国法律评论》2018年第2期。
② 参见陈兴良:《刑法阶层理论:三阶层与四要件的对比性考察》,载《清华法学》2017年第5期。

格贯彻本案判决的主张,组织卖淫、组织出卖人体器官等行为都会因为没有取得行政许可而构成非法经营罪。但我国《刑法》分则明确规定组织卖淫罪、组织出卖人体器官罪,不认为这些犯罪的行为人构成非法经营罪,就足以说明本案的判断逻辑存在可疑之处。因此,有学者指出,从刑法教义学的角度看,对刷单炒信行为不宜适用非法经营罪来进行规制,因为这不但背离了该罪的规范保护目的,而且可能进一步恶化其"口袋罪名"的现状。对这类行为通过虚假广告罪或非法利用信息网络罪来定罪处罚也不失为一种思路。①

值得衍生讨论的问题是:近年来,网络黑灰产业愈演愈烈,尤其是销售"黑卡"、恶意注册账号和"养号"产业发达,对互联网企业冲击很大,于是也有人提出应当对这些产业的被告人论以非法经营罪。大致的理由是:首先,被告人的行为违反了关于实名制的国家规定。国家已经全面实施了网络服务实名制的规则,根据全国人民代表大会常务委员会《关于加强网络信息保护的决定》和《电话用户真实身份信息登记规定》,电话用户真实身份信息登记已于2013年9月1日起全面实施;2017年6月1日起施行的《网络安全法》第24条亦明确规定了网络服务的前提是真实身份。由此,销售不具有实名的"黑卡"和利用"黑卡"注册不具有实名的互联网账号是违反国家规定的行为。其次,被告人的行为违反了关于互联网服务的国家规定。依照全国人民代表大会常务委员会《关于维护互联网安全的决定》的规定,利用互联网实施该决定第1条、第2条、第3条、第4条所列行为以外的其他行为,构成犯罪的,依照刑法有关规定追究刑事责任。依照《互联网信息服务管理办法》,国家对经营性互联网信息服务实行许可制度,对非经营性互联网信息服务实行备案制度,未取得国家有关部门的许可,不得从事互联网有偿信息服务。提供互联网账号这一行为本身是互联网信息服务之中的一种,恶意注册账号和"养号"群体虽然并非提供供用户注册使用账号的平台,但其行为实质上是为那些不通过自身注册账户的人员提供了账户服务,可以理解为一种互联网服务,由此也违反了关于互联

---

① 参见王华伟:《刷单炒信的刑法适用与解释理念》,载《中国刑事法杂志》2018年第6期。

网服务的国家规定。最后,恶意注册账号和"养号"产业的存在,客观上规避了通信及网络服务实名制,其社会危害性是显而易见的。但是,仅根据上述理由就认定互联网黑灰产业的行为人构成非法经营罪,其说理未必透彻。

确实应该承认的一个基本事实是,网络犯罪因为链条长、上下游勾结隐蔽,发现和斩断整个黑灰产业利益和共同犯罪链条是非常困难的,因此,运用共同犯罪理论打击上游恶意注册和"养号"行为本身存在相当大的挑战。因此,认定非法经营罪,实际上是在一定程度上认识到了上述困难,而希望从手段行为单独对注册、"养号"并销售的行为予以规制的另一种思路和方案,单纯从处罚必要性的角度看,似乎有一定存在合理性。同时,《刑法》第225条第(四)项规定本身存在一定的弹性空间。但是,对当下的司法活动而言,非法经营罪成为"口袋罪"而被滥用的现象极为突出,因此,仅以某种行为有一定危害,再借助法律、法规对网络实名制有规定,来论证非法经营罪的成立,似乎有软性解释刑法的嫌疑。理论上有力的主张认为,非法经营罪的成立,必须以存在需要法律出面予以特殊保护的专营专卖、特许经营等"合法经营"为前提,如果不存在合法经营也就没有所谓的非法经营。注册账号并销售的行为本身就不为法律规范所允许,不存在经营许可的问题,其行为性质和【案例4-5 刷单炒信案】一样,因此,恶意注册账号并销售或"养号"能否被评价为非法经营罪当然就成为一个疑问。其实,对类似难题,增设专门的妨害业务罪也许是一个解决之道。批量恶意注册账号及"养号"行为,扰乱了他人合法开设的网站的业务活动,但我国刑法没有规定妨害业务罪,实务上就只能去寻找类似罪名仓促应对,"见招拆招"。其实,在信息时代,妨害他人生产经营的行为已经从物理性的破坏、毁坏转向妨害,生产经营活动不仅包括日出而作、日落而息的生产、经营活动,还包括组织管理、不受时间和空间限制的业务,将恶意注册账号及"养号"行为规定为妨害业务行为予以打击,是现代社会保护他人合法开展的各种业务的必然要求。

三、防止刑法软性解释冲击罪刑法定原则

（一）刑法的软性解释不能沦为类推解释

确实，为了应对非典型案例与规范供给不足之间的紧张关系，解释论的能动主义甚至功能主义倾向是解决问题的出路之一。① 在刑法解释中，体现解释论功能主义特色的软性解释在所难免。问题的关键是软性解释有其一定限度，遇到"难办案件"或"临界案件"时，就会产生"涟漪效应"，冲击罪刑法定原则，使得解释论的功能主义被推向极致。

必须承认，软性解释有时很可能比扩张解释走得更远。刑法并不禁止扩张解释，在做扩张解释时，需要考虑判断解释对象的开放性，对法条用语的含义进行一定程度的拓展，对处罚冲动进行必要的限缩（法条用语通常含义和边缘含义之间的反向制约）。② 扩张解释是对法条用语的核心含义进行扩展，但又必须将其限定在条文用语可能的含义范围内，因此，单纯从学理的角度看，扩张解释和软性解释、类推解释的界限应当是客观存在的。但是，在实务上，软性解释有时再向前迈进一步就是类推解释，就可能使得解释结论超越规范自身内容，实质上由司法者制定出了立法上原来没有预想到的新规范。因此，即便需要使用软性解释，在实务中也需要注意防止软性解释滑向类推解释。

所谓类推解释，是指对于立法者在条文中根本就不想处罚的行为，司法上也要借用其他规定来处罚。刑法解释并不禁止类比推理的方法，但禁止使用类推适用来填补法律漏洞，进行规范的"续造"。例如，强奸罪的对象是妇女。如果将喜欢男扮女装的男性被害人也解释为这里的妇女，就是类推，因为在制定有关强奸罪时，立法者预想的就是要处罚妇女遭受性侵害的场合。法官不能说这个案子很特殊，所以，对男子实施性方面的侵害

---

① 参见劳东燕：《能动司法与功能主义的刑法解释论》，载《法学家》2016 年第 6 期。

② 参见冯军：《论刑法解释的边界和路径——以扩张解释与类推适用的区分为中心》，载《法学家》2012 年第 1 期。

的,也一定要定被告人强奸罪,那就是不可以的。类推解释,是填补法律漏洞以及进行规范续造的方法,其在民法领域有存在空间①,但是,在刑法解释上,类推解释以及处罚漏洞的填补都是绝对不能被接受的。这是基于罪刑法定原则以及保障人权的考虑。在刑法立法中,存在一些立法者有意留下的空白,这和中国传统山水画创作中的"留白"是完全相同的道理,即立法者总是有意对某些行为予以放过,对其要么交由行政法律去惩罚,或由当事人承担民事上的侵权或违约责,但不进行刑罚处罚,这样的情形处处可见。所以,实践中有些行为貌似严重,但刑法上也必须予以容忍。

因此,与民法学名正言顺地接纳类推解释不同,刑法解释应当绝对禁止使用类推解释来填补法律漏洞、进行规范"续造",从而发挥其对于刑事司法领域的人权保障所起的至关重要作用,使之真正成为现代法治国家刑事司法中不可动摇的"铁则"。

软性解释一旦沦为类推解释,其最大危险就是:与"法的安定性"要求相悖。"法的安定性"的含义包括:(1)可知性。公民可以通过成文的法律获取关于自身法律地位的相关认识。(2)可靠性。公民可以依赖法律所传递出来的正确信息来采取行动。(3)可预测性。公民可以预测官员依据法律作出决定、判决的可能性,从而决定自己是否要实施某种行为。(4)可约束性。官员以事前确定的实在法作出裁判,防止恣意而为。法的可知性、可靠性依赖于官员的行为;而约束官员的裁量权也是为了提升法律的可预测性,从而指引民众的行动。在前述四点中,最为重要的是可预测性。② 为了确保民众对于自己的行为效果做出预测,以保障民众的行动自由,对于刑法文本的解释就不能超出刑法用语可能具有的含义范围,这是罪刑法定原则的当然要求。以此为标尺,【案例4-1 恶意刷单案】【案例4-2 删除、下载源代码案】中被告人没有实施毁坏、破坏行为,且行为对象不是机

---

① 在民法学上,类推作为填补漏洞的方法,具有弥补法律规定的不足,创设个案适用的裁判规则,发展和完善法律的一系列功能。参见王利明:《法律解释学导论:以民法为视角》(第2版),法律出版社2017年版,第592页。

② 参见雷磊:《法教义学与法治:法教义学的法治意义》,载《法学研究》2018年第5期。

器设备等生产资料、生产工具的,客观上并不符合破坏生产经营罪的构成要件。还值得注意的是,由于作为传统犯罪的破坏生产经营罪将行为手段限定为毁坏机器设备、残害耕畜或者其他方法,对行为样态的描述具体、明确,解释论上的回旋余地极小,因此,在以往的刑事司法中,除前述与信息技术有关的案件之外,也出现了为数不少针对发生在现实空间的破坏行为作出判决,但使罪刑法定原则被动摇的情形。例如,有的法院将被告人躺在施工地点阻碍施工,导致生产单位一车水泥报废的情形;或者用大货车堵住工厂大门,阻止工人进出、货物出库的行为,均认定为破坏生产经营罪。但是,从行为手段上看,上述行为虽然使用了一定的有形力,但都不属于与毁坏机器设备、残害耕畜"同类"的行为,将其论以破坏生产经营罪有软性解释甚至类推解释的嫌疑。【案例4-3 干扰环保采样案】【案例4-4 关系户摇号购房案】的行为人在计算机信息系统之外实施某种干扰、破坏行为的,对其以破坏计算机信息系统罪定罪违背法律的可预测性要求。【案例4-5 刷单炒信案】对原本就不可能取得行政许可的妨害业务行为,以行为人没有取得行政许可进行定罪,与非法经营罪的规范保护目的不符。因此,上述案件的定性是否违背罪刑法定原则,确实是一个值得深入思考的问题。

(二)必要时应增设妨害业务罪

由于"日常生活的浪潮(wellen)将新的犯罪现象冲刷到了立法者脚前"①,最近二十多年来,各国立法的总体趋势只能是"做加法"。民众的不安感增强,有组织犯罪、涉众型犯罪数量增加,公民的新型权利如隐私权被侵犯,恐怖袭击等特定事件的出现,被害人的呼吁,媒体的夸张等,都成为推动立法的巨大力量。确实,"不是人而是机会立法:大部分法律实际取决

---

① 〔德〕米夏埃尔·库比策尔:《德国刑法典修正视野下的刑事政策与刑法科学关系研究》,谭淦译,载《中国应用法学》2019年第6期。

于灾难"①。

　　前面的分析已经表明,罪刑法定原则在现代信息社会所面临的冲击超过以往任何时候。在当前的审判实践中,对利用计算机信息系统妨害业务的行为大多以破坏生产经营罪定性,少数以破坏计算机信息系统罪、非法经营罪处理。但是,破坏生产经营罪属于使用物理上的有形力毁坏生产资料的侵犯财产罪;破坏计算机信息系统罪对行为手段有严格且明确的限定;非法经营罪的认定则存在确定被告人违反国家规定的问题。在使用前述实行行为之外的其他手段妨害他人正常进行的业务时,司法上目前基于政策考虑进行软性解释以扩张处罚范围,但这种"见招拆招"的做法始终面临可能违背罪刑法定原则的质疑,使破坏生产经营罪、破坏计算机信息系统罪、非法经营罪沦为"口袋罪"。为惩处形形色色利用信息网络妨害业务的危害行为,填补以往立法的"意图性的法律空白",减少处罚漏洞,降低罪刑法定原则所承受的压力,有必要增设具体的妨害业务罪,精准打击网络刷单炒信、在系统外干扰监测数据采样或人为改变摇号结果,以及合法进入计算机信息系统但擅自删除计算机信息系统数据等行为,以及其他妨害他人正常开展业务的行为,从而全面保护法益。

　　实际上,在法治较为健全的大陆法系国家,为全面保护法益,大多设置了包容范围较广的妨害业务类犯罪。对此,我国学者也指出,从立法论上看,需要借鉴国外的成功经验,对使用诡计、威力,或者使用计算机等手段妨害他人业务的行为,应当增设妨害业务罪。② 我总体上同意这一主张,认为基于"现代化政策"和"保护政策"的考量,在现代信息社会,对于利用互联网妨害他人业务的行为进行刑罚处罚,在目前的破坏生产经营罪之外增设妨害业务罪是一个十分迫切的问题,但同时认为,妨害业务行为的犯罪化也应该受到一定限制。例如,《日本刑法典》第 234 条规定,散布虚假的流言,或者使用诡计妨害业务的,构成妨害业务罪。我国立法未必要照搬

---

　　① 〔美〕列奥·施特劳斯、约瑟夫·克罗波西主编:《政治哲学史》(上),李天然等译,河北人民出版社 1993 年版,第 82 页。

　　② 参见张明楷:《妨害业务行为的刑法规制》,载《法学杂志》2014 年第 7 期。

这一规定的内容,对捏造并散布虚伪事实,损害他人的商业信誉、商品声誉,给他人造成重大损失或者有其他严重情节的,在我国构成损害商业信誉、商品声誉罪,没有必要将其规定在妨害业务罪中;对于其他散布虚假的流言,以及使用诡计妨害业务的,基本可以在民事领域解决。对于使用阻碍他人开展业务,或者利用计算机信息系统妨害他人开展业务的行为,则应在增设的妨害业务罪里予以考虑。换言之,新增设的妨害业务罪要对阻碍施工、正常业务开展但没有毁坏机器设备、残害耕畜,不符合破坏生产经营罪的客观构成要件的行为进行规制。这个意义上的新罪是广义的妨害业务类犯罪,以惩罚在现实社会以及互联网空间内实施的一切妨害业务行为,该罪的法定刑应当与破坏生产经营罪大致相当。

值得重申的是,增设妨害业务罪的理由明显存在于对类推的警惕之中:在以往的刑法立法中,由于某些行为的社会危害性并未凸显,因此,立法上留下了一些"意图性的法律空白"①。例如,立法者对破坏生产经营罪所预设的就是农业社会、工业社会对现实世界生产资料和生产工具的破坏,而对现代信息社会的妨害业务行为留下了法律空白。对此,不能指望通过司法活动填补刑事处罚漏洞,尤其是不能通过类推填补这种"意图性的法律空白","将准确性要求转嫁给刑事法庭的方式也极具风险"②。通过刑罚手段应对过去并未规定的危害行为的权力由立法者独享。在这方面已经有一些先例,例如,某些法院曾经对组织出卖人体器官的行为以非法经营罪论处,立法机关后来增设了组织出卖人体器官罪;某些法院过去曾经将编造、传播虚假地震灾情的行为类推为编造、传播虚假恐怖信息罪,立法机关为此增设专门的编造、传播虚假信息罪,从而有效解消了法院类推适用刑法的风险。

此外,在立法活跃的时代,如果不及时增设新罪,而一味地赋予法院过大的刑法软性解释权,这是不合时宜的。立法迟缓本身就是推动软性解释

---

① 〔德〕约翰内斯·韦塞尔斯:《德国刑法总论》,李昌珂译,法律出版社2008年版,第23页。
② 梁根林、〔德〕埃里克·希尔根多夫主编:《中德刑法学者的对话:罪刑法定与刑法解释》,北京大学出版社2013年版,第149页。

的重要原因。但是,随着积极刑法立法观在中国的确立,刑法立法迟缓的状况已经不复存在了。① 对此,佐伯仁志教授也指出:"在这种状况下,法院如果仍然维持软性解释的态度,将成为刑事立法的大障碍。这是因为,立法者即使考虑处罚范围的妥当性,想选择表明此处罚范围的文句来制定条文,这些文句也有可能被法官进行扩张解释,如此将难以制定出恰当的条文。法院采取软性解释的态度,一方面是在纵容那些制定恶法的行政机关和立法机关,另一方面是在给那些想认真制定法律的行政机关和立法机关施加负担。"②

这样说来,对妨害业务行为增设新罪无论如何是必要的。我国少数学者试图结合现代信息社会的特质对破坏生产经营罪进行软性解释,尤其对破坏手段进行无限扩张的想法③,所陈述的其实更像是增设新罪的理由,更像是在为催生妨害业务罪鼓与呼。

问题的关键在于:在现代转型社会、信息技术社会,面对大量新类型案件,与其让司法人员通过带有类推解释性质的软性解释去触碰罪刑法定原则的底线,不如让已经处于活跃状态的立法者及时做出反应,增设处罚相对较轻的新罪,以确保罪刑法定作为"铁则"在实践中的不被动摇。

---

① 参见周光权:《积极刑法立法观在中国的确立》,载《法学研究》2016年第4期。
② 〔日〕佐伯仁志:《刑法总论的思之道·乐之道》,于佳佳译,中国政法大学出版社2017年版,第24页。
③ 参见李世阳:《互联网时代破坏生产经营罪的新解释——以南京"反向炒信案"为素材》,载《华东政法大学学报》2018年第1期。

第五讲
面向司法改革的刑法学[*]

问题的缘起

本次讲座题目《面向司法改革的刑法学》是一个跨界的题目,与刑法学和刑事诉讼法学都有关系。选择这个题目不是一时的心血来潮,而是一直在思考这方面的问题。

刑法与司法改革以及刑事诉讼法的关系非常密切。在中国,学习刑法往往有一种误解,尤其是研究生阶段,认为学习刑法与学习刑事诉讼法界限分明。但是,事实上,这两个学科有着密不可分的联系。在学习刑法或刑事诉讼法时,理解对方的一些想法,是学习这两门学科应有的态度。这是从学科研究视角下选择该题目的原因,而更重要的原因则是司法改革背景下的两个问题意识。

在当下的中国,司法改革一直是一个极为重要的命题。我们可以看到,每一任最高人民法院院长就职时都会言及几十项司法改革的计划,其中有大量刑事司法改革的计划,在总结工作报告时,也会大量涉及刑事司法改革,且刑事司法改革确实能够把一国司法制度中最突出的问题展示出来。

---

[*] 本讲是我于2018年11月2日受邀在华东师范大学法学院所作讲座的文字记录稿,后略作整理、修订,添加了部分注释。由于讲座的主体内容是司法改革对刑法学发展所带来的影响,因此,本讲不涉及对具体案例的处理,在编排体例上与本书其他章节有所不同,敬请留意。

在司法改革的背景下,第一个问题意识源于2018年10月26日修订通过的《刑事诉讼法》所确认的认罪认罚从宽制度。事实上,此次写进刑事诉讼法条文中的许多措施,都经过了长时间的试点。在2016年9月,全国人大常委会已经授权最高人民法院、最高人民检察院在部分地区开展刑事案件认罪认罚从宽制度试点。在此之前,2014年6月,全国人大常委会曾授权最高人民法院、最高人民检察院在部分地区开展刑事案件速裁程序试点。

认罪认罚从宽制度对刑法这个实体法的发展有何影响,我们以前思考较少,给人的感觉就是在当下的中国,程序法优先而实体法靠后。但是事实上,离开了实体法的变革和研究,司法改革将寸步难行。认罪认罚从宽制度推行以后,接近85%的案件将通过速裁程序解决。目前的设想是,就认罪认罚从宽制度而言,每一个环节均可做一些相应工作。例如,在侦查环节就可以告诉被告人其认罪认罚会产生的从宽处罚的后果;在审查起诉阶段,也可告知被告人认罪认罚的从宽处罚后果。因此,认罪认罚从宽处罚制度,除司法人员及律师参与外,被告人当然也是参与的主体。在这一过程中,有一个很重要的工作,即无论是司法人员还是律师,只要是法律共同体成员,就应当用很通俗的语言把实体法上的道理,特别是犯罪构成的道理告诉被告人。然而,刑法学最近二十年的发展是一个反方向的发展,简言之,犯罪论体系越来越复杂,解释方法越来越精巧。认罪认罚从宽制度追求的目标是,司法人员或者律师能够用简洁通俗的语言将罪名背后涉及的理论以及复杂的问题告诉被告人,使其理解法律的构成要件是什么,自己的行为究竟是什么,认罪与不认罪分别是何后果,并且大致能够计算出认罪认罚与不认罪认罚之间的差距。认罪认罚从宽制度这一改革,对实体法提出一个问题,即实体法理论该如何面向程序简易化以及面对被告人。

如果我的问题意识单纯从刑事诉讼法的修改出发,视角未免有些狭窄。因此,接下来我将阐释第二个问题意识。这源于2018年4月全国人大常委会通过的《人民陪审员法》。此前,我国陪审员制度常招致批判,诸如陪审员"陪而不审",并且很多陪审员长期驻在法院,相当于法院的编外法官。此次《人民陪审员法》的出台是想改变这种状况,其中有许多特别重大的变化与我所谈的主题有关。此前,人们通常认为陪审员就是陪审一些简单的案件,但此次《人民陪审员法》对陪审案件有了新的规定。该法将陪审员参与审判的合议庭分为两种,一种是小合议庭,由法官和陪审员共3人组成合议庭审理案件,案件可能是基层法院的一审案件,也可能是案情复杂或涉及公共利益或人民群众广泛关注或者社会影响较大的案件。另外一种是大合议庭,即由法官3人与陪审员4人组成的7人合议庭,规定在《人民陪审员法》第14条。此种合议庭可以审理被告人可能被判处10年以上有期徒刑、无期徒刑、死刑及社会影响重大的刑事案件。虽然目前大合议庭可以审理死刑案件的这种制度还未完全推行,但今后一定会逐渐推行。当陪审员可以审理死刑案件的时候,就给我们刑法这一实体法提出了新问题。另外,陪审员参与的是两种合议庭,在两种合议庭中,陪审员的权力不一样,《人民陪审员法》第21、22条分别有相应规定。若陪审员参与的是3人组成的小合议庭,陪审员可对事实认定、法律适用,独立发表意见,行使表决权。这与从前大不相同。以往,陪审员仅就事实认定发表意见,而不对法律适用发表意见,现在是对事实认定、法律适用均可独立发表意见且有表决权。对于被告人有罪无罪,陪审员有表决权,这是实质的权力,并且这一权力与专业法官毫无差别。当陪审员参加7人合议庭审理案件时,对事实认定,独立发表意见,并与法官共同表决;对法律适用,可以发表意见,但不参加表决。

陪审员制度的改革提出了很多问题,特别是当陪审员参与3人合议庭时,其可以决定定罪量刑,这一权力非同小可,而其并非专业法官,因此,现在的刑法理论如何被其适用,如何防止来自普通民众的陪审员可能具有的处罚冲动,是一个新课题。另外,对律师来讲,当其面对专业的检察官和法官时,在辩护时讲刑法的一系列理论,诸如犯罪构成要件、共犯从属性,即使再复杂,作为法律共同体的成员也可以理解。但面对陪审员时,要去说服他们,就要有一套话语体系的变化。对检察官而言道理亦然,现在要面对的裁判人员当中有专业的法官也有陪审员,同样需要调整话语体系。此外,对法官来说,也有些新课题。特别是在7人合议庭中,陪审员可就事实认定进行表决,如果单独看人数,有4名陪审员,3名专业法官,陪审员人数多于专业法官,如果某项事实被认定不成立,也就没有了讨论法律适用的必要。《人民陪审员法》第20条第1款规定,"审判长应当履行与案件审判相关的指引、提示义务",即要求专业法官去指引和提示陪审员,一个案件大概是怎样的情况。同时该条也规定"但不得妨碍人民陪审员对案件的独立判断",即在指引陪审员时要有分寸。另外,第20条第2款规定,"合议庭评议案件,审判长应当对本案中涉及的事实认定、证据规则、法律规定等事项及应当注意的问题,向陪审员进行必要的解释和说明",即要求专业法官在最后讨论的时候,清楚地告诉陪审员案件大概的情况、适用的法律。

总而言之,一系列的司法改革措施朝着案件处理更便捷、给予被告人更多优待以及让民众更多参与的方向发展,从而给传统的刑法学发展带来影响。

一、司法改革对犯罪论的影响

首先要论述的是目前的司法改革举措——认罪认罚从宽制度及陪审员制度改革对刑法学中犯罪论的影响。犯罪论在我们的观念中是整个刑法学的核心,很多时候成为研究的重点。在司法改革对犯罪论的影响中,第一个问题是,这样的改革对刑法基本立场会不会有冲击以及如何坚守刑法的基本立场。

刑法的基本立场大致来说就是客观主义和主观主义这两种取向,即在判断犯罪成立时,是将价值判断的重心置于作为客观要素的行为,重视行为的类型化、定型化,还是将刑事责任的基础定位于个人危险性,仅将行为视作认识犯罪人恶性的征表。① 在客观主义中又有所谓行为无价值论和结果无价值论的对立,我无意在这里对这两种理论进行梳理。我认为,要坚持现代法治国家理念,只能承认刑法客观主义立场,不能因为个人的危险性和主观恶性而对其施加刑罚。

---

① 参见周光权:《法治视野中的刑法客观主义》(第二版),法律出版社2013年版,第6页。

司法实践中,在方法论上要特别提出,无论任何情况下,都要坚守刑法客观主义的立场,这一定位不能变,在司法改革的大背景下这一定位更不能变。认罪认罚从宽制度实行以后,大量的案件通过速裁程序来审理,这种程序很简单,许多案件的开庭平均时间可能不足 10 分钟。适用速裁程序开庭审理刑事案件时,根据《刑事诉讼法》第 224 条的规定,一般不进行法庭调查、法庭辩论,这些环节都可以省略。只是在判决宣告前应当听取辩护人的意见和被告人的最后陈述意见,这一环节不能省略。在这种庭审进程很快的情况下,被告人的辩护权成为值得关注的问题。

近几年来,在《刑法修正案》中增设了一些关于危险犯的新罪名。可以说,刑法中危险犯越多,辩护人辩护的机会就越少,部分德国教授也有类似的结论。例如,我见过不少危险驾驶罪的案例,律师辩护成功的很少。行为人酒后驾驶车辆,被查处时血液中酒精含量在 80mg/100mL 以上,很多地区的做法是,只要达到这一标准,就追究刑事责任,这种情况下律师辩护的空间几近于无。偶尔有一种案件,吹气检测结果酒精含量是 100mg/100mL,间隔几小时后抽血检测结果为 120mg/100mL,这明显不合理,因为抽血检测晚于吹气检测,中间有几个小时间隔,而抽血检测结果中酒精含量更高了,取证可能存在问题。对这类因为取证方法不科学带来裁判困难的案件,法官可能会判决无罪,但是这类案件极其罕见。

还有这样一类案件,某人喝醉酒后找代驾,代驾司机认为车辆停在地下车库不易寻找,因此,建议醉酒者先将车辆从地下车库开出,然后再由自己驾驶,结果醉酒人将车开到地面上后被警察查处,被拘留进而被逮捕。对这类案件,律师要进行无罪辩护也是很困难的。因为地下车库只要是对外开放的,即使是地下车库通向地面的一小段路程也属于道路,所以,律师要作无罪辩护十分困难,只是有时检察官认为行为人仅驾驶车辆行驶这样一小段距离就以犯罪论处不甚合理,因而可能做相对不起诉处理,但在很多司法机关看来,这也并不意味着被告人无罪。总之,对这类抽象危险犯,律师要做无罪辩护成功的几率很小。当然,理论上的有力说认为,对抽象危险犯也应当进行实质解释。虽然是抽象危险犯,但在个案中对实行行为进行解释时,在具体的情形之下,行为对被害人生命、身体的危险的有无、程度这些重要的要素,对于认定危险的存在与否是不能无视的。如果针对生命、身体可能发生的危险是能够排除的,刑法立法上所预设的行为就不存在,抽象危险犯也就不能成立。①

此外,不只是危险犯,在实践中,凡是程序处理很快的案件,无罪辩护的机会都很少。因此,这次刑事诉讼法修改就要求一定要给被告人辩护权,被告人要有辩护人,若没有委托辩护人,法律援助机构也没有指派律师为其提供辩护的,由值班律师为其提供法律帮助,确保其有辩护的机会。而且犯罪嫌疑人签署认罪认罚具结书时应当有辩护人或者值班律师在场,确保其不出错。这些制度设计是想贯彻实体法上一直坚持的刑法客观主义。在英美法系国家进行辩诉交易的场合,犯罪嫌疑人、被告人为了尽快摆脱刑事程序,即使并未实施犯罪,也可能认罪。但我国的认罪认罚从宽制度和英美的辩诉交易不同,认罪认罚从宽制度一定要建立在客观上行为人确实实施了犯罪行为的基础上,要防止上述辩诉交易制度可能出现的情形。因此,越是轻微的案件,越要防止出现错案。

我对有些案件的处理比较担忧,例如,醉驾案件在认罪认罚从宽制度实施过程中,就有可能出现问题,虽然出问题的几率很小。比如,有两兄弟都醉酒,其中弟弟的酒量大,尚比较清醒,哥哥酒量小,醉态明显,且哥哥是公务员。哥哥喝酒以后不听劝阻,执意驾驶车辆,弟弟坐在副驾驶位置上。行驶过程中,发现前方有警察,弟弟认为哥哥是公务员,醉驾影响太大,因此让哥哥和自己换了位置。实际上在警察拦下他们之前,一直是哥哥在驾驶车辆。类似此种"顶包"案件,后面的认罪认罚过程可能畅通无阻地走下去,司法人员应切实防止这种错案。为了确保这一点,《刑事诉讼法》第190条第2款规定,被告人认罪认罚的,审判长应当审查认罪认罚的自愿性和认罪认罚具结书内容的真实性、合法性。认罪认罚从宽制度在此前试点时仅适用于轻罪,此次《刑事诉讼法》将其规定在总则第15条,基本的意思就是认罪认罚从宽制度也可适用于重罪,只要认罪认罚,处理的时候就可以从宽。"犯罪嫌疑人、被告人自愿如实供述自己的罪行,承认指控的犯罪事

---

① 参见〔日〕井田良:《讲义刑法学·各论》,有斐阁2016年版,第91页。

实,愿意接受处罚的,可以依法从宽处理",表明认罪认罚的前提是自愿和真实。因此,法官在审理案件时应反复确认,犯罪嫌疑人当初签署认罪认罚具结书是否是自愿的,内容是否是真实的。相应地,《刑事诉讼法》第226条规定,人民法院在审理过程中如果发现被告人违背意愿认罪认罚的,应当按照普通程序或者简易程序重新审理。因此,认罪认罚从宽制度应当建立在客观上被告人确实有罪的基础上。即使是轻微案件,刑法的客观主义基本立场也不应被动摇。过去的冤假错案给司法实践以教训,刑事诉讼法的总结教训固然很多,例如刑讯逼供等,但实体法也同样需要总结教训。那种认为犯罪嫌疑人、被告人主观恶性很大,因此基于有罪的出发点反复去找证据,先进行有罪推定,然后得出有罪结论的思维,看起来似乎仅仅是诉讼观念的不妥当,实则是背后的实体刑法观出现偏差。

坚持刑法客观主义的立场,还带来其他一些更高要求,即进一步配套的改革措施。我此时要再将视线转向《人民陪审员法》。前面已经讲到,今后陪审员既可以审理一些轻微案件,也可以审理可能判处10年以上有期徒刑、无期徒刑、死刑的案件。陪审员的一个重要特点是他们来自民众,他们是民众当中有朴素、普通感觉的人。在这种情况下,陪审员参与审判就应有一个前提,即在审理之前尽可能少地受到不良信息的干扰和污染。对于这一点,配套措施还相对缺乏,现行的有些措施甚至不利于贯彻《人民陪审员法》。我试举一例来说明,刑法中有累犯从重处罚的规定,一个人之前实施过犯罪,这样的人通常人身危险性高,故而要对其从重处罚,我认为累犯从重处罚的规定背后体现了刑法主观主义的残余,并影响了很多国家的立法。当然,也有许多国家的立法中并无累犯的规定,就是认为这样的规定不合理,行为人原来实施的犯罪已经被处罚过,实施新罪应当就新罪进行处罚,不能在处理新罪时再牵涉已经处理过的前罪。许多人认为累犯的规定违反禁止重复评价的原则,因此有些国家的刑法中原本规定了累犯,后来废除。我国刑法中仍然规定了累犯,立法如此,暂且不论,但司法运行当中依旧保留了一些受刑法主观主义影响的做法。

我曾经于2007年11月至2010年5月期间,在北京市人民检察院第一分院挂职工作两年多,对检察机关在起诉书中交代被告人身份信息时一并交代被告人前科的做法一直持不同意见。例如,起诉书中写明被告人张三,某年某月某日出生,某年某月某日因犯盗窃罪被判处有期徒刑3年,此次因犯故意杀人罪被起诉。有人会认为这没什么问题,检察官只是在描述被告人以前犯过罪的事实。并且有些人会认为只有这样,被告人才能被识别出来。例如,全国名叫张三的人可能有很多,但具体到某年某月某日因盗窃罪被判处有期徒刑3年,就可以把人特定化。但我认为问题在于,这样的描述可能对陪审员参与审判造成影响。以往仅是专业法官审判时,因专业法官受过专业训练,所以他们会尽可能在司法过程中不受非理性因素干扰,保持理性。但是陪审员来自民众,当他们听到公诉人讲被告人前科时,很可能会自然地认为被告人人身危险性高,被告人一定是有罪的,这种观念会影响陪审员参与案件的审理。换言之,陪审员如果事先接触到关于被告人早先的与此次犯罪并无关联的不良信息,无助于在司法改革的大背景下推行刑法客观主义。

对此,我的建议是,司法程序应当有相对独立的能够区分的定罪程序和量刑程序。此次刑事诉讼法的修改也注意了这个问题,根据《刑事诉讼法》第176条第2款的规定,"犯罪嫌疑人认罪认罚的,人民检察院应当就主刑、附加刑、是否适用缓刑等提出量刑建议"。根据该条规定就可以使刑事诉讼法上的定罪程序和量刑程序相对分开。关于被告人前科的事实不应在定罪程序这个环节提交给法庭,换言之,被告人有前科,检察官不能写在起诉书里,要单独放在量刑建议的文书中,关于量刑建议的文书要提交,但是事前陪审员不能接触。待陪审员对事实问题认定完毕,法官宣布合议庭达成一致,认定被告人有罪,定罪程序终了,接下来进入量刑程序,被告人有前科的事实再在这个环节出示。如此,双方进入辩论,也没问题,司法成本不会过分增加,但是却有助于在司法改革的大背景下仍然坚持刑法客观主义的立场,此即为司法改革对犯罪论的影响之一,且这是一个交互影响的过程。

司法改革对犯罪论的第二个影响是要求刑法学理论的"平易化"。前面我曾提及,司法改革以后,程序简化,且陪审员参与审判,此时,刑法理论不能太抽象,过于专业、生僻的术语应尽可能减少,太复杂的理论要尽可能交代得简洁。换言之,原来面向刑法教授、法官、检察官的刑法理论,现在要面向陪审员,面向被告人,如果刑法理论还朝着很复杂的方向去发展,司法改革就很难进行。例如,刑法理论中的"构成要件该当性"就似乎比较复杂,一般人不太容易理解,但是如果告诉被告人是你"该当何罪"中的"该当",那可能就能够理解。我举此例只是想说明,刑法理论的平易化、简洁化是可以做到的。再举一个例子,日本学者前田雅英教授的教科书第六版篇幅很短,而此前第五版的内容约比第六版多出 1/3 以上,前田教授就是将教科书朝着简单化的方向去改。我自己也写教科书,以亲身经历来讲,每一版删减自己的稿子都很不舍,毕竟一字一句均出自个人之手。那为何前田教授把自己的教科书内容减少了那么多?前田教授在书中给出了一个理由,为了回应作为普通民众的陪审员①参与审判的现实,原来以专业人员为受众的复杂理论就必须要改,必须要朝着更加简洁化、具体化且重视解决具体问题的结论妥当性的方向去改,尤其是要考虑"民众视角出发的具体妥当性"。前田教授认为,如果在司法改革背景下过于注重理论的体系化,过于注重理论自身的圆满,过于关注国外理论,是不合时宜的。② 所以基于这样的出发点,前田教授的理论注重具体问题的解决,比如其阶层论体系即由客观构成要件、主观构成要件、违法阻却事由、责任阻却事由构成。再将目光转回我国,认罪认罚从宽制度实施时,专业的法律人要告诉被告人,使其意识到其行为的不妥当,此时太过专业的术语是需要改造的。

此外,刑法学理论特别注重体系化的思考,比如说如果坚持刑法客观主义中的结果无价值论,那么在处理未遂犯、共犯等一系列问题时,都要将这条线索贯彻到底。但作为司法人员,可能会觉得有时要彻底贯彻下去有困难,就要进行些许变通。例如,现在盗窃案件数量是有所下降的,其中原因之一是民众出行越来越少地携带现金,如果行为人在某行人口袋中翻找

---

① 在日本,"裁判员"对应我国的"陪审员","裁判官"对应我国的"法官"。下文中均依照我国称谓使用"陪审员"和"法官"。

② 参见〔日〕前田雅英:《刑法总论讲义》(第 6 版),东京大学出版会 2015 年版,第 22 页。

许久,但是该行人口袋中并无任何现金,若彻底坚持绝对的结果无价值论,行为人是不能犯,对这个结论社会普通民众是无法接受的。所以,我认为,类似不能犯、未遂犯的一些判断,要考虑民众的感觉。前田教授的教科书中提及,日本的案件处理中,定罪、刑罚的裁量都不能不考虑民众的规范意识。民众的规范意识简言之就是常识,即案件处理过程中需要考虑民众常识。我在《客观归责论在财产犯罪案件中的运用》一文中曾举过这样一个案例,广东有一被告人,在某针织公司(以下简称"A 公司")负责原材料采购工作。该被告人以其妻名义成立了某纱行(以下简称"B 纱行"),先用自有资金从福建厂家处购进棉纱,然后利用职权将棉纱卖给 A 公司,中间赚取约七八十万元。检察院坚持要起诉,认为行为人的行为构成职务侵占,因为既然行为人在 A 公司工作,就要维护 A 公司的利益,而行为人自己成立 B 纱行,将自有纱行的棉纱出售给 A 公司,自己获利,A 公司有损失。该案起诉到法院后,最终判决被告人无罪,无罪的理由是 B 纱行是以正常的市场价格向 A 公司出售棉纱,A 公司不能主张损失。假如此案用传统的因果关系理论去判断,A 公司的 80 万元到了被告人手中,A 公司是有损失的,但若实质计算会发现,A 公司其实没有损失。① 像这样的一些案件,陪审员是可以判断的,交由陪审员审理也会得出无罪的结论。但是这样的问题,刑法教授往往会在理论层面进行激烈的争论。因此有时在一些问题的处理上,让民众去判断可能更简单。此时,应当保证刑法理论与民众一般的感觉或者判断相适应。

再以"昆山反杀案"为例,此案如果交由刑法学家去讨论,时间会很久,关于不法侵害是什么、防卫行为对不法侵害是否必要、防卫过当的界限在哪里、究竟是防卫行为不妥还是造成的后果不妥当等问题都会有激烈争论。但恰恰是这样的案件,民众是可以判断的。因此我建议,法院遇到太棘手的案件时,不妨按照《人民陪审员法》把案件交给 3 人合议庭或者 7 人合议庭,让民众参与司法审判做出结论,这也是司法民主化的重要体现。当然,考虑民众规范意识或者民众常识并非完全迁就普通民众,而是要把

---

① 参见周光权:《客观归责论在财产犯罪案件中的运用》,载《比较法研究》2018 年第 3 期。

握分寸感。在民众参与审判的过程中,专业法官要去引导、解释、说明,这种情况下传统的复杂理论就有些不合适。例如,现在的过失犯理论很复杂,诸如旧过失论、新过失论,加之客观归责理论与过失犯理论的结合,这一系列的理论特别复杂,但是司法实践中完全按照理论上如此复杂的构造去处理,陪审员理解起来是很困难的,因此我认为需要进一步去梳理。比如类似于信赖原则等一些法理很容易让陪审员认同,但是在理论构造上如何将其打造得更合理,是我们要思考的问题。

因此,一方面,刑法理论要朝着更加平易、易于理解的方向改造;另一方面,刑法理论要吸收最容易被民众认同同时又最具有合理性的一些观点,实现刑法理论和民众规范意识的互动。我们现在遇到的很多难题,在理论上基本是可以解决的,但我认为未来比较紧迫的任务是完成话语的转换,防止太深奥的理论无法为普通民众所理解,在速裁程序或者认罪认罚程序里无法让被告人或陪审员接受,这是实体法要面对的问题。

二、司法改革对量刑理论的影响

司法改革对量刑理论的影响是更大的问题。在认罪认罚以后,被告人对于自己的行为会不会被定罪基本已不关心,因为其已然认罪,认罪认罚的目的是期望得到从宽处罚。所以对被告人来讲,量刑如何更轻才是重要问题,这对我们传统的量刑理论有冲击。

前面讲到,犯罪嫌疑人认罪认罚的,人民检察院应当就主刑、附加刑、是否适用缓刑等提出量刑建议。量刑建议提出以后,一般就能够约束法官。《刑事诉讼法》第201条第1款规定:"对于认罪认罚案件,人民法院依法作出判决时,一般应当采纳人民检察院指控的罪名和量刑建议"。按我的理解,今后可能90%以上的案件人民法院会采纳检察院的量刑建议。这个问题在日本是一样的,日本有些刑事诉讼法学者说,日本法官也受检察官的约束,量刑建议也一般会被采纳。因为如果修改检察官的量刑建议,法官的理由要讲得很充分,论证起来并不容易。就我国而言,无论如何,检察官的量刑建议对法官的约束是很大的,法官通常不会改动,但是有特殊情况的除外,例如,被告人无罪,违背真实意愿认罪认罚的,被告人否认指控的事实的,起诉指控的罪名与审理认定的罪名不一致的等。《刑事诉讼法》第 201 条第 2 款规定:"人民法院经审理认为量刑建议明显不当,或者被告人、辩护人对量刑建议提出异议的,人民检察院可以调整量刑建议。人民检察院不调整量刑建议或者调整量刑建议后仍然明显不当的,人民法院应当依法作出判决。"总之,刑事诉讼法修改对检察官的量刑建议提出了较高的要求,检察机关要充分研究量刑建议提出的依据是什么,这在以往一直是很薄弱的环节。

另外,刑法学关于量刑的理论要尽快发展上去,这在我国始终是一个特别薄弱的环节。我们曾经有一段时间尝试"电脑量刑",操作起来发现存在问题,电脑量刑的功能只是用来检验法官的人工量刑是否准确,起不了独立的作用。后来理论界对量刑又有一些研究,但其基本的研究方法存在问题,导致司法实务中的量刑通常是一种"差不多即可"的状态。另外,实践中总体来说量刑偏重。我对人工智能在刑事司法中的运用,一直持相对谨慎的态度。中国改革开放四十多年来所积累的刑事案件素材,量刑普遍偏重。例如,法律规定"处三年以上十年以下有期徒刑",法官在量刑时总是朝着最高的目标瞄准。这样一来,如果利用人工智能去深度学习许多量刑偏重的素材,最后由机器得出的量刑结果可能更高。因此,量刑理论确实是需要特别考虑的一个问题。

我在前面讲到,陪审员参与审判后,要对量刑发表意见。被告人认罪认罚以后,检察官也要提量刑意见,这都涉及量刑的问题。由此给我们提出的重要问题就是,量刑的方法究竟是什么。

最高人民法院前几年曾发布过关于量刑指导意见的文件,2017 年又进行过修订,对常见的二十多种犯罪具体如何量刑规定了大概的标准,我也曾经参与过论证。我认为,目前的指导意见并没有厘清量刑的核心问题。关于责任刑、预防刑的区分,最高人民法院在设计量刑指导意见时并未考虑进去,未明确"决定责任刑的事实是什么"和"决定预防刑的事实是什么"。对被告人进行量刑,其行为在客观上的危害与其主观的罪责两部分决定出责任刑。责任刑与被告人此次的犯罪行为有关联,且是整个刑罚的上限。但实践中,这种"责任刑是上限"的观念并没有得到确认,所以才会有"顶格判刑"的说法。而被告人个人的某些特点、过去的某些经历、是否是累犯、是否成立自首或立功,这类因素决定了预防刑的轻重。例如有些人受教育良好,且系初犯,危险性小,此次是偶然犯罪,虽然这次犯的罪并不轻、责任刑并不轻,但是预防刑不能判重。因此,责任刑是上限,预防刑是调节,而且此种调节只能在责任刑所确定的基础上下调。也许有人认为,若在一个案件中被告人犯了严重罪行且系累犯,那么在预防刑的层面便没有下调余地。但我认为,再可恶的人,在法庭上经法官教育后,其认罪态度也可能很好,而这可能就是在裁量预防刑时需要考虑的因素。所以,"顶格判刑"这样的结论或口号,是不成立且不应提出的。

此次新设的认罪认罚从宽制度强调,被告人认罪认罚以后,其预防刑要大幅度地下调。我认为这是此次改革给量刑论提出的要求。此前通行的观念是,由此次犯罪行为的客观危害与行为人主观恶性决定出的责任刑是基础,是刑罚裁量中最重要的指标,而预防刑对刑罚的影响是有限的。但是,在规定认罪认罚从宽制度后,我认为"预防刑的调节功能有限"这种观念必须要改变。合理的观念是,责任刑决定量刑的上限基准,预防刑作为调节同样应当发挥其作用,即责任刑是上限,预防刑是调节。

我一直对最高人民法院、最高人民检察院《关于办理盗窃刑事案件适用法律若干问题的解释》的一项规定有疑问。根据该解释第2条,盗窃公私财物,并且存在曾因盗窃受过刑事处罚或者1年内曾因盗窃受过行政处罚等情形,"数额较大"的标准可以按照一般规定标准的50%确定。有前科劣迹表明行为人没有被改造好,因此这项规定对其严格要求看起来似乎是正当的,运用这项规定单独去处理某一个人表面上看似乎问题也不大,但在有共犯的场合其不合理性就凸显出来了。说到底,这一规定其实也是主观主义的产物。被告人此次犯罪的违法性未达到通常的犯罪标准,因此用"有前科劣迹"这样一个决定预防刑的因素,去填补"违法事实的构成"的欠缺。因此,刑法回应量刑改革时,应当区分预防刑和责任刑,并且区分两者分别对应的事实和情节。

规定认罪认罚从宽制度后,预防刑对量刑的影响成倍放大,但放大到何种程度？这就要考虑设立该制度的初衷。刑事诉讼法学界压倒性的观点认为，认罪认罚从宽制度就是为了提高司法效率，减轻司法负担，缓解目前"案多人少"的矛盾。我认为这个逻辑有疑问。速裁程序于2014年开始在部分地区进行试点，试点之后案件审理确实很快。然而，规定认罪认罚从宽制度以后，很多案件的处理时间比原来速裁程序的更长，成本更高。因为被告人签署认罪认罚具结书时，律师要在场，检察官要迁就律师的时间，且每个案件都要花费时间向被告人阐释认罪认罚从宽制度，因此成本是增加的。我认为，设立认罪认罚从宽制度的初衷，是有一些案件分流、节约司法资源方面的考虑，但这只是一方面；另外一方面的考虑是，要实体性地给被告人一些优待，使其能享受到一些利益，即"从宽处罚"，并且"从宽处罚"可以获得被告人的实际认同，减少社会对立。假如被告人不服判决结果，家属也不服，这就是社会矛盾，被告人出狱后可能仍然对国家充满仇恨。现在，如若被告人发自内心地认罪，正如《刑事诉讼法》第15条规定的"自愿如实供述自己的罪行"，根据其认罪态度，在处理的时候给予优待。这样一来，被告人会对政府、国家感恩在心，因此，在平复社会矛盾方面收益会更大。

司法尤其是刑事司法，确实是不到万不得已不出手。其在打击犯罪时有分寸感，留有余地，让被告人从中感受到"虽然司法机关要对我进行处罚，但也在一定程度上考虑了我的一部分切身利益"，从而对整个法律制度有认同感。认罪认罚从宽制度的相关改革举措，目的看似是使程序推进更快捷，但其与改革的大背景，譬如"让民众参与审判、让更多的人认同法律规范"是一致的，且可能与我倡导的行为无价值论、行为人对规范的认同更加一致，完全符合我所预测的理论体系的构造，因此我非常认同。

认罪认罚从宽制度定位于"程序上有一些特殊考虑，实体上要给被告人以优待"。如若优待的幅度仍像原来一样——自首可以从轻处罚，立功也是可以从轻处罚，有时即便自首、立功，也不予从轻处罚，就是有问题的。所以，认罪认罚从宽制度实施后，量刑可以在何种幅度内从宽处罚，需要实体法详尽研究，后面讲到司法改革对立法论之影响时将具体展开。

还应当注意的是，我国的认罪认罚从宽制度与英美的辩诉交易不同。

对被告人从宽处罚存在两种类型,一种是双方协商,另一种是司法人员依职权决定。英美国家采用第一种方法,即辩诉交易,其对被告人的优待幅度很大,这是由英美国家的诉讼制度所决定的。"交易"这一用语表明,控辩双方可以就许多事项进行"讨价还价"。我曾阅读过一份美国的判决书,案件中的被告人之一是一名五十多岁的女性,她的一名男性朋友实施抢劫,她负责望风。其朋友总共实施了 7 次抢劫,每一次都是持枪抢劫,被定了 14 个罪,也就是 7 次抢劫及 7 次非法持枪。女性被告人作为帮助犯,同样被定了 14 个罪。另外还有一个情节,正犯虽然 7 次持枪,但从未开枪,这是对被告人有利的情节。最终,帮助犯被判处 159 年监禁,而持枪抢劫的正犯却被判处 32 年监禁。为什么正犯反倒量刑更轻?原因在于正犯有一个很好的律师,而且其认罪,律师和检察官达成辩诉交易。而帮助犯智力略有缺陷(仍有刑事责任能力),坚决不认罪并拒绝辩诉交易,因此法官量刑更重。可以发现,辩诉交易制度下给予被告人的优待可能没有边际,这就是协商型的"从宽",但我国是依职权的"从宽",不可能有如此大幅度的优待。

除上述认罪认罚从宽制度对量刑理论的影响之外,陪审员制度改革同样要求量刑理论予以回应。《人民陪审员法》实施后,在 3 人合议庭中,陪审员与专业法官同职同权,但陪审员作为普通民众,可能受情绪影响,难免会有处罚冲动。所以此时,在量刑问题上赋予陪审员如此大的权力,如何去解决可能出现的问题?对此,日本有两种解决方法。第一种,在日本有一个对检察官、法官、陪审员都公开的量刑检索系统,数据库中的案件很多,因此在该系统中一步步键入检索数据以后,对比相关案件,大致可以得出合理的结论。另外,长期以来日本的专业法官量刑整体偏轻,缓刑采用较多。所以,根据这套系统检索出来的刑期,一般不会有问题。第二种方法是靠上诉审来解决。一审中,陪审员依据其权力进行裁判,如果量刑过重,被告人通常会上诉,依靠上诉程序以"遵循先例"的方式解决,我试举两例说明。

第一个案件大约发生在 2010 年,夫妇俩残忍地将一名 1 岁 8 个月的婴儿故意虐待、伤害致死,日本检察机关求刑 10 年。一审中有陪审员参与审判,陪审员基于朴素的法感情,对该种行为气愤难当,最终一审裁判罕见地突破了量刑建议,判处夫妇俩 15 年有期徒刑。被告人上诉后,日本最高裁判所2015年终审分别对夫妇俩判处有期徒刑10年和8年。日本最高裁判所的改判就是为了防止对于那些极端案件的处刑过于偏离之前的判例。① 通过诉讼机制遵循先例,确保量刑适当,使法院对那些极易让人产生重罚冲动案件的最终量刑得到公众认同,在利用上诉审解决量刑偏差问题方面,我们还有很多课题值得研究。

第二个案件大概发生在2015年。被告人被指控晚上到他人家中实施抢劫,抢劫过程中,被害人惊醒,于是被告人将其杀害。单纯这一个事实,在日本通常不会被判死刑。该案第一审由陪审员参与审理,检察官指出,该被告人多年以前曾杀害妻子,并且为毁灭现场,在明知两个孩子在家的情况下放火,两个孩子被烧死,当时被告人被判处有期徒刑20年,之后减刑出狱,出狱1年半后又犯下了现在这桩罪行。陪审员认为该被告人血债累累,不杀不足以平民愤,一审判处死刑。后来,二审进行了改判,日本最高裁判所也认同改判。改判的主要理由有两点。一方面,被告人入室是为了抢劫而非杀人,因此其杀人行为与预谋杀人的案件不同;另一方面,被告人多年前实施的案件与本案起因完全不同。因此,最终没有对其判处死刑。我举这些例子无意对具体案件裁判结论进行评价,仅是为了说明陪审员制度的改革对量刑理论提出了新课题,值得我们今后深入研究。

三、司法改革对刑事立法论的影响

最后一个问题是,认罪认罚从宽制度及陪审员制度改革以后,对刑事立法会提出什么要求?刑事诉讼法学界有学者认为,依据《刑事诉讼法》第15条"犯罪嫌疑人、被告人自愿如实供述自己的罪行,承认指控的犯罪事实,愿意接受处罚的,可以依法从宽处理"的规定,就可以对被告人从宽处罚。我认为这种认识有待商榷。事实上,要让被告人享受到司法改革的成果,仅仅依靠程序法的改革是无法实现的。我国实行罪刑法定原则,因此定罪量刑的情节必须法定,且我国实行统一的《刑法》,决定量刑情节的这

---

① 参见〔日〕前田雅英:《刑法总论讲义》(第6版),东京大学出版会2015年版,第411页。

些事实应该在实体法上有反映。因此,根据刑事诉讼法上的"认罪认罚从宽"不能直接决定最后从宽到何种程度,需要相应地修改刑事实体法。

《刑法修正案(九)》已经在这方面有所尝试,例如对于贪污贿赂罪的量刑,既做了"加法",比如终身监禁,也做了"减法",例如"犯第一款罪,在提起公诉前如实供述自己罪行、真诚悔罪、积极退赃,避免、减少损害结果的发生,有第一项规定情形的,可以从轻、减轻或者免除处罚;有第二项、第三项规定情形的,可以从轻处罚",即在《刑法》分则的具体条文中体现了认罪认罚从宽制度。接下来就需要考虑,在《刑法》总则中对认罪认罚后的量刑情节加以明确,这样才与程序法的规定相呼应。但这个问题并不像我们想象的那么简单,并非仅在《刑法》分则或总则里有一个条款就可以解决,落实认罪认罚从宽制度是一个系统工程,刑法要修改的话涉及许多配套的、复杂的事项。

第一,要厘清现有的量刑从轻情节之间的关系。例如,《刑事诉讼法》第 15 条的表述是"自愿如实供述自己的罪行",这与"自首"和"坦白"都存在部分交叉,如何厘清"认罪认罚"与"自首、坦白"之间的关系就成为一个比较复杂的问题。再如,有些犯罪和其他犯罪之间的关系较为复杂,因此认罪认罚的后果有时候也同样复杂。例如被告人被指控运输毒品,被告人认罪,在法庭上,被告人仍然承认运输毒品的事实,但同时称运输毒品是为了满足自己吸毒的需要。按照这种说法,一个重罪(运输毒品)就成为了一个轻罪(持有毒品),这是不可想象的。被告人和他的律师固然会认为,被告人承认了检察官指控的事实,但此"认"非彼"认",厘清此处的"认"与"认罪认罚"中的"认"之间的关系也不是一个简单的问题。

第二,要明确认罪认罚从宽的情节。类似如实供述、真诚悔罪、交代赃物的去向、愿意为赔偿被害人的损失去筹集财物等一些情节,需要明确列举。

第三,要在实体法上明确从宽幅度,真正体现对被告人的优待。我试举一例说明。依照目前关于诈骗罪的司法解释,诈骗公私财物价值 50 万元以上的应当认定为"数额特别巨大",依据《刑法》应当判处 10 年以上有期徒刑或者无期徒刑,这是一个刚性规定。例如,被告人诈骗的财物价值

50万元整,并且全数退还被害人,取得了被害人谅解,同时被告人认罪认罚的态度良好,此外,定罪的证据主要依靠被告人的口供,通过口供又不断获取其他证据,从而得以定案。我的疑问是,按照现行《刑事诉讼法》及《刑法》,被告人认罪认罚以后,能从宽处罚到何种程度？如果还是有期徒刑10年,被告人就会觉得冤枉,因为即使完全不退还被害人财物,量刑可能也不过是11年有期徒刑。而且,很可能有些法官会判处10年有期徒刑,因为50万元是这一量刑区间的"门槛"。因此,类似此种刚刚满足某个量刑区间"门槛"的案件,如果实体法不修改,认罪认罚从宽是无路可走的,无法减轻处罚,被告人也就无法享受优待。我认为,实体法应明确从宽幅度,且从宽幅度应大于现在自首、立功的从宽幅度,并要考虑把现在只是"可以"从宽处理的,改为"必减制",即一旦有某些情节,就必须从轻、减轻或免除处罚,法定裁量情节和"必减主义"强制性对接。如果某个案件中,定案的证据主要来自被告人的口供,且基于该口供取得了后续的证据,那么从宽的幅度应该较大,例如对此可明确规定,该种情况下的量刑要比照基准刑减少1/3或1/4,以真正体现对被告人的"优待"。

结　论

当前司法改革进程正在稳步推进,对刑事实体法提出了新的要求。

第一,刑法客观主义立场不能改变,保障人权的理念不能改变。常言道:不能因为走得太快,灵魂跟不上。不能为了追求案件的繁简分流,追求办案速度而放任一些冤假错案的出现。确保被告人的认罪认罚是真实的、自愿的,是未来司法的一项重要使命。

第二,刑事实体法特别是刑法解释学,应当回应民众的呼吁,使得刑法理论与民众的规范意识相适应。

第三,刑事诉讼法规定的对被告人的优待措施,需要在实体法上予以落实。

第六讲
疫情防控与刑法适用

【案例 6-1　驾车冲撞案】

2020 年 2 月，北京市昌平区北七家镇人民政府按照统一部署，落实新冠肺炎疫情防控措施，在该镇某小区西门设立防疫帐篷作为疫情防控工作站，严格核实登记小区出入人员、车辆。2 月 17 日 8 时 30 分许，被告人支某某驾驶轿车在防疫工作站办理进入小区登记手续时，认为登记时间过长，与现场的疫情防控工作人员刘某某发生言语冲突。为发泄不满情绪，支某某驾驶白色雷诺汽车加速冲撞疫情防控工作人员、办证群众所在人群及防疫帐篷（用于防控人员办公、休息、存放防疫物资，从外部无法看到内部情况），将防疫工作人员刘某某和邢某某直接撞入防疫帐篷并致帐篷坍塌，车辆被帐篷覆盖。支某某在视线被遮挡的情况下，倒车后再次加速冲撞。两次冲撞致刘某某手部、膝部多处挫伤，邢某某面部擦伤、右侧鼻骨骨折以及体表擦挫伤，被损坏的办公电脑、执法仪、体温计等防疫物资价值 6 580 元。案发时，现场有 10 多名疫情防控人员及办理出入小区登记的群众在支某某车辆周围。能否认定被告人构成以危险方法危害公共安全罪？

【案例 6-2　谎称"从武汉返回"案】

2020 年 1 月 26 日 22 时许，被告人靳某某到内蒙古自治区呼伦贝尔市阿荣旗人民医院急诊科谎称自己近期从武汉市返回，后趁医院工作人员带其至发热门诊进行隔离检查时，自行离开医院。在被阿荣旗公安局民警带回阿荣旗人民医院就诊检查后,仍向疾控中心工作人员编造其近期从武汉市回来的详细返程信息。阿荣旗人民医院随即将此事逐级汇报给阿荣旗新冠肺炎疫情防控指挥部。同日,阿荣旗疾病防控中心、阿荣旗公安局相继启动紧急应对措施。1月27日12时许,阿荣旗公安局工作人员通过技术手段核查靳某某旅店住宿、铁路、航运购票等信息,未发现靳某某近期在武汉市活动的轨迹,且医学检验结果显示靳某某未感染新型冠状病毒肺炎。被告人构成何罪?

【案例6-3 妨害公务案】

2020年2月2日上午,被告人王某某在浙江省湖州市南浔区旧馆镇罗汉村蔡家巷自然村出租房门口,不听从疫情防控巡查的旧馆镇联村干部徐某某等人对其遵守居家隔离规定的劝导,并与工作人员发生争执。后旧馆镇派出所社区民警朱某某协助开展劝导工作,被告人王某某仍不予配合,并在朱某某阻止其拍视频时,直接攻击朱某某,抓伤其脸部、颈部。王某某是否构成妨害公务罪?

从2020年1月底至今(2020年6月下旬),全国司法机关及时办理了大量涉及新冠肺炎疫情防控的刑事案件。最高人民检察院前后发布了五批《全国检察机关依法办理妨害新冠肺炎疫情防控犯罪典型案例》和五批《全国检察机关依法办理涉新冠肺炎疫情典型案例》,最高人民法院发布了三批《人民法院依法惩处妨害疫情防控犯罪典型案例》,这些案例基本涵盖了妨害疫情防控的主要犯罪类型,问题意识很强,为地方各级检察院、法院依法办理相关案件提供了指导。从总体上看,各级司法机关对相关案件的处理坚持了罪刑法定、证据裁判、罪刑相适应原则,能够积极服从和服务于防疫大局,为及时、有效地控制疫情传播、稳定社会秩序提供了有力司法保障,值得给予高度评价。

本讲结合最高人民法院、最高人民检察院发布的典型案例以及经媒体报道的相关案例,对疫情防控期间的刑事司法政策进行回顾和检视,相信这样的研究对于在重大疫情突发时期以及未来的疫情常态化防控阶段如何进一步坚持罪刑法定原则,把刑事案件办对、办好,实现不枉不纵,有一定参考价值。

一、涉疫情防控刑事司法政策的亮点

(一)从最初的"高举高打"迅速转向宽严相济

在最高人民检察院发布的前四批 27 个典型案例中,适用妨害传染病防治罪定性的案件占据了相当部分。在这次疫情爆发之初,侦查机关对类似案件大多按照以危险方法危害公共安全罪进行立案,采取的是"高举高打"的司法对策,这反映了刑事政策早期的忙于应对、严厉和粗放。针对这种情况,最高人民法院、最高人民检察院、公安部、司法部迅速反应,于 2020 年 2 月 6 日发布了《关于依法惩治妨害新型冠状病毒感染肺炎疫情防控违法犯罪的意见》(以下简称"'两高两部'《意见》"),其中强调对以危险方法危害公共安全罪的适用要从严把握。刑事政策由此迅速调整、及时纠偏。

在这次疫情防控期间,对于以危险方法危害公共安全罪的严格限制适用是值得充分肯定的。虽然该罪是重罪,且《刑法》第 114 条、第 115 条对其适用从主、客观方面都做出了明确规定,但是,过去在实务上对这个罪名确实存在适用不当的情形,使之成为"口袋罪"。对于妨害传染病防治的案件,在这次疫情刚发生时,有的地方侦查部门在法律界限没有厘清之前按照以危险方法危害公共安全罪立案侦查,所采取的是突发事件刚发生时的应急措施,定性上并不妥当。而后"两高两部"《意见》明确规定,对于已经确诊的新冠肺炎病人、病原携带者,拒绝隔离治疗或者隔离期未满擅自脱离隔离治疗,并进入公共场所或者公共交通工具的,以及新冠肺炎疑似病人拒绝隔离治疗或者隔离期未满擅自脱离隔离治疗,并进入公共场所或者公共交通工具,造成新冠病毒传播的,才认定为以危险方法危害公共安全罪。从客观上看,适用本罪要求行为人拒绝隔离治疗或者隔离期未满擅自脱离隔离治疗,进入公共场所或者公共交通工具,其中,新冠肺炎疑似病人还要求其造成新冠病毒传播的后果。此外,对成立本罪的主体有特殊要求,如果行为人并未根据《传染病防治法》第 78 条以及国务院卫生行政部门发布的《〈中华人民共和国传染病防治法〉规定管理的传染病诊断标准(试行)》,由医疗机构出具的诊断结论、检验报告认定为"已经确诊的新冠肺炎病人"和"新冠肺炎疑似病人",不能构成本罪。

《刑法》第 114 条、第 115 条所规定的以危险方法危害公共安全罪是与爆炸、投放危险物质等罪并列的,在手段上这些犯罪必须具有相当性、同类性。此外,行为人必须具有故意,对于明知自身已经确诊为新冠肺炎病人或者疑似病人,出于报复社会、发泄不满等动机,以其他方法恶意传播病毒,情节恶劣,危害公共安全的,按以危险方法危害公共安全罪惩处应该没有争议。但在实践中,大量患者(包括确诊和疑似病人)都是出于对疾病的恐惧或者为了及时得到救治而进入公共场所,因此,其传播病毒的直接故意基本不可能存在,其间接故意在多数场合也很难认定,因为间接故意的"放任"虽是对结果发生或者不发生都无所谓,但行为人对发生危害结果是不拒绝、乐于接受的。而就目前发生的这些案件来看,引起新冠病毒传播的结果,其实都是违背在案这些被告人本意的,其间接故意也难以认定。

因此,在这次防疫过程中,行为人故意传播病毒或者以暴力方法妨害疫情防控且危害公共安全的情形,应当限于极其罕见的个案。在【案例 6-1 驾车冲撞案】中,控方认为,支某某为发泄个人情绪,驾车冲撞人群和防疫帐篷,置不特定多数人的生命健康安全于不顾,性质恶劣,严重危害了公共安全。

对于本案,2020 年 2 月 20 日,北京市昌平区人民检察院以涉嫌以危险方法危害公共安全罪批准逮捕支某某,并于 2 月 25 日以涉嫌以危险方法危害公共安全罪向昌平区人民法院提起公诉。3 月 12 日,昌平区人民法院开庭审理此案,采纳了检察机关指控的犯罪事实、罪名及量刑建议,当庭以以危险方法危害公共安全罪判处支某某有期徒刑 5 年 6 个月。[1]

在本案中,被告人驾车冲撞不特定多数人的行为,与放火、决水、爆炸、

---

[1] 参见最高人民检察院《全国检察机关依法办理涉新冠肺炎疫情防控典型案例》(第九批),案例 1。

投放危险物质的社会危害性相当,行为具有公共危险性和一定程度的公然性,波及范围、危害后果都无法预料和控制。对类似行为定以危险方法危害公共安全罪,在以往的司法实践中也基本成为惯例。① 因此,对类似行为如此定性大致是合适的。我认为,背后的理由主要在于:汽车通过汽油燃烧提供动能,因此,所有的汽车都必须载有油箱并存储足够数量的汽油,行为人驾驶汽车高速冲撞,汽车撞死、撞伤他人的风险存在,车辆撞击其他物体引起车体自身爆炸、燃烧的可能性也存在,因此,此时的汽车类似于"移动的炸弹",驾驶汽车高速冲撞人群的行为和向人群中投掷爆炸物的行为性质、强度等都大致相当,认定为以其他危险方法危害公共安全罪并不违反罪刑法定原则。

除类似于本案的情形之外,针对疫情防控期间发生的犯罪,要对被告人适用以危险方法危害公共安全罪通常而言是很难想象的。特别是对于那些因行为人的原因引起病毒传播的案件,总体上还是以妨害传染病防治罪定罪处罚为宜,对于之前公安机关按照以危险方法危害公共安全罪侦查,或者公诉部门以该罪起诉到法院的案件,都有必要改变罪名。

(二)总体上坚守了罪刑法定原则

刑事司法政策必须受法治的制约,罪刑法定原则是不可动摇的"铁则"。越是防疫的关键时刻,就越应该坚守法治立场。疫情防控期间司法机关对案件的处理,基本贯彻了罪刑法定原则。尤其是最高人民法院、最高人民检察院发布的典型案例,体现了检察机关、人民法院坚持罪刑法定原则,以事实为根据、以法律为准绳,严格依法办案,准确把握刑事政策的价值取向。

比如,法院认定被告人田某某违反《传染病防治法》的规定,在国家卫生行政主管机关宣布对新冠肺炎采取甲类传染病预防、控制措施后,明知应当报告武汉市旅居史,却故意隐瞒,拒绝配合医护人员采取防治措施,造成新型冠状病毒传播的严重危险,导致37人被隔离观察,其行为构成妨害

---

① 参见周光权:《刑法各论》(第三版),中国人民大学出版社2016年版,第163页。

传染病防治罪。① 这一判决对法律适用的尺度把握得很到位。一方面，妨害传染病防治罪是危害公共卫生罪，行为必须对不特定多数人的健康有危险才能定罪。法院认定被告人田某某的行为导致 37 人被隔离观察，具有造成新型冠状病毒传播的严重危险，因此，其行为构成妨害传染病防治罪，对犯罪构成要件结果的审查判断是准确的。另一方面，这一判决有助于厘清本罪和以危险方法危害公共安全罪的界限。本案被告人不构成以危险方法危害公共安全罪，因为田某某不属于已经确诊的新冠肺炎病人、病原携带者拒绝隔离治疗或者隔离期未满擅自脱离隔离治疗，并进入公共场所或者公共交通工具的情形，其也没有在确认疑似之后擅自脱离隔离治疗并进入公共场所或者公共交通工具，进而造成新冠病毒传播，所以难以认定其构成以危险方法危害公共安全罪。

再比如，对为数不少的编造、故意传播虚假信息案，司法机关都能够严格按照该罪的构成要件要求，对利用社交工具、互联网等编造、传播虚假疫情信息的行为结合其传播范围、对社会秩序的影响程度等依法予以认定，既重视对危害行为的评价，又注重对危害结果、行为危险性的判断，还对行为是否符合构成要件进行了认真比对，从而确保定性准确和量刑适当。

（三）紧扣防疫主题，聚焦突出问题

实务中处理的大量案件，都属于直接严重妨害疫情防控、给疫情扩散带来重大风险、给人民群众生命健康造成严重威胁、给社会造成极大恐慌、给大局稳定造成严重破坏的类型，与社会面上的防疫主题丝丝入扣。

1. 对涉防护物资的诈骗行为予以"严打"。在防范新冠疫情的特殊时期，可以有效阻隔病毒传播、防止疫情扩散的防治、防护用品、物资成为紧缺商品。被告人利用民众对口罩等防护物资的渴求心理，通过传播面广、实施相对便利、不特定多数人可能成为被害人的电信网络诈骗手段，实施涉及口罩等防护物资的诈骗犯罪，情节极其恶劣。例如，法院认为，被告人赵某某以非法占有为目的，谎称其有稳定的口罩来源，通过微信等渠道多

---

① 参见最高人民法院《人民法院依法惩处妨害疫情防控犯罪典型案例》（第一批），案例 1。

次骗取他人财物34万余元,其行为构成诈骗罪。① 这一典型案例对防疫期间电信诈骗的行为类型、犯罪认定标准等予以明确,有助于各级审判机关处理类似案件,也有助于实现积极的一般预防。

2. 在疫情防控期间,通过刑事案件的处理切实维护好人民群众的人身权、财产权。在防疫期间,发生了一些"浑水摸鱼"的严重犯罪,对此,司法机关均予以从严打击。对被告人在疫情防控期间实施绑架、抢劫等行为的,司法机关都予以严厉打击,因为对这类犯罪予以宽宥,既不利于保护公民的人身权、财产权,也可能扰乱防疫总体安排。例如,2020年3月,犯罪嫌疑人肖某某为偿还因网络赌博所欠赌债,预谋抢劫。3月10日下午,肖某某携带事先准备的封口胶带、绳子、防护服等,开车至武汉市洪山区一花园小区,翻墙进入并于当晚藏在小区楼顶寻找作案目标。11日上午10时许,肖某某冒充社区工作人员到小区D座902室谎称排查体温,在取得被害人潘某某的信任进入室内后,趁其不备猛力击打被害人的头部致其倒地。因被害人激烈反抗,肖某某用力掐其颈部致被害人死亡。肖某某在屋内搜得人民币、美元、日元现金,各国纪念币若干,以及不同面额的购物卡等财物,后逃离现场。次日下午,肖某某被公安机关抓获。武汉市洪山区人民检察院第一时间介入案件侦查,引导公安机关围绕作案现场情况、犯罪嫌疑人在小区的活动轨迹及其网络赌博的行为等收集完善证据,并针对案件中所反映出的疫情防控期间非法网站的监管、社区人员管控、车辆通行证使用等管理问题,及时向相关单位提出了改进工作的检察建议。3月21日,武汉市洪山区人民检察院以涉嫌抢劫罪对肖某某批准逮捕。② 而在一起诈骗案件中,法院认定被告人假冒慈善机构骗取疫情募捐,以赈灾募捐为由,欲骗取公私财物,情节严重,其行为均构成诈骗罪,同时对其因被及时查获而未得逞的情形依法认定为犯罪未遂。③ 从上述两个案例中不难

---

① 参见最高人民法院《人民法院依法惩处妨害疫情防控犯罪典型案例》(第一批),案例5。
② 参见最高人民检察院《全国检察机关依法办理涉新冠肺炎疫情防控典型案例》(第九批),案例4。
③ 参见最高人民法院《人民法院依法惩处妨害疫情防控犯罪典型案例》(第一批),案例6。

看出,通过审判权的行使,人民法院在确保防疫期间公民人身、财产安全的同时,积极维护了防疫秩序和慈善机构的形象,实现了社会效果和法律效果的有机统一。

3. 严厉打击破坏野生动物资源犯罪。在最高人民法院《人民法院依法惩处妨害疫情防控犯罪典型案例》(第一批)中有两个这方面的具体案件,在"黄某某非法制造枪支、非法猎捕、杀害珍贵、濒危野生动物、非法持有枪支案"中,对被告人自制枪支猎杀果子狸、小灵猫等野生动物的行为定罪处罚;在"陈某某非法收购珍贵、濒危野生动物案"中,对介绍他人非法收购穿山甲的行为认定为非法收购珍贵、濒危野生动物罪,同时在分案处理的背景下将本案被告人认定为从犯,实现了处罚上的不枉不纵。

司法上将处罚重点聚焦到与病毒传播有关的野生动物的保护问题上,回应了疫情防控期间民众的期待,因为按照一些科学家的研究成果,果子狸、穿山甲等野生动物可能是病毒传播的中间宿主。这些动物同时也是大自然的重要组成部分,是人类的朋友。保护这些特定的野生动物,禁止实施猎捕、杀害、走私、贩卖等行为,维护生物多样性和生态平衡,就是在维护我们的生存环境,与疫情防控的总体部署遥相呼应,注重源头治理,着眼于长远,切实维护我们自身的身体健康和生命安全。

4. 维护社会大局稳定。各级司法机关依法严惩了一批扰乱医疗秩序、防疫秩序、市场秩序、社会秩序等的违法犯罪行为。严厉打击车匪路霸、插手物流运输、破坏正常交通秩序的黑恶势力。依法严惩破坏轨道、桥梁、隧道、公路、机场、航道、灯塔、标志或进行其他破坏交通设施等的违法犯罪。此外,还依法打击违反国家有关市场经营、价格管理等规定,囤积居奇,哄抬疫情防控急需的口罩、护目镜、防护服、消毒液等防护用品、药品或其他涉及民生的物品价格,严重扰乱市场秩序的非法经营犯罪行为。其中,由最高人民检察院、公安部联合发布的《全国检察机关依法办理涉新冠肺炎疫情典型案例》(第七批)就集中公布了四个涉及哄抬疫情防控急需物品价格,扰乱市场秩序的非法经营犯罪案件,将定罪量刑标准予以明确化。

二、涉疫情防控案件刑事司法政策的检讨

在总体上肯定疫情防控期间刑事司法政策合理性的同时,还有必要对其中存在的一些问题进行反思和检讨,以确保未来的司法少走弯路。

(一)对罪与非罪界限的把握恐有不当之处

1. 对造谣生事行为法律界限的把握尚可斟酌

对某些案件的处理,存在定性不当的疑问,反映了少数司法机关存在将某些行政违法行为升格为犯罪,在处理上"用力过猛"的倾向。对于【案例6-2 谎称"从武汉返回"案】,在阿荣旗人民法院开庭审理本案的过程中,被告人对公诉机关指控的编造虚假恐怖信息罪的事实、罪名均无异议,且自愿认罪认罚。阿荣旗人民法院认为,被告人靳某某在新冠病毒肺炎疫情防控期间,编造虚假与疫情有关的恐怖信息,致使公安、防疫等部门采取紧急应对措施,严重扰乱社会秩序,其行为构成编造虚假恐怖信息罪,判处其有期徒刑1年。①

对于本案,即便被告人认罪认罚,法院的处理是否妥当,也还是值得质疑的。最简单的道理是,事关武汉市疫情的信息无论真假,均不属于恐怖信息,谎称自己从武汉市回来也不可能造成编造、传播恐怖信息的后果。应当承认,被告人的行为造成了一定范围内的社会恐慌,对于社会管理秩序有不良影响,但是,其行为并不符合编造虚假恐怖信息罪的客观构成要件,法益侵害性也没有达到需要动用刑罚处罚的程度,对被告人予以治安拘留就能够实现有效的惩罚。

这样说不等于对疫情防控期间的造谣生事行为予以放纵,关键是需要做到罚当其罪。对于编造感染新型冠状病毒在公共场所传播的虚假信息,符合相应犯罪构成要件的行为必须予以严惩。例如,2020年1月24

---

① 参见阿荣旗宣传:《呼伦贝尔市首例疫情期间编造虚假恐怖信息案宣判》,载搜狐网(https://www.sohu.com/a/374628016_100007104),访问日期:2020年8月22日。

日,被告人刘某某在北京市通州区某小区暂住地内,利用微信号编造其感染新型冠状病毒后到公共场所通过咳嗽方式向他人传播的虚假信息,发送至其另一微信号,并将聊天记录截图后通过微信朋友圈、微信群、QQ 群传播,直接覆盖人员共计 2 700 余人,并被其他个人微博转发。公安机关掌握该信息后,采取了相应紧急应对措施。北京市通州区人民法院经审理认为,被告人刘某某在疫情防控期间编造虚假疫情信息,在信息网络上传播,严重扰乱社会秩序,其行为构成编造、故意传播虚假信息罪。刘某某如实供述自己的犯罪事实,认罪认罚。据此,法院以编造、故意传播虚假信息罪判处被告人刘某某有期徒刑 8 个月。① 本案属于无中生有编造事实的情形,系严厉惩处的对象,法院对于犯罪构成要件的把握以及处刑都是妥当的。

2. 对妨害公务案件罪的认定存在泛化现象

从学理上看,对于妨害公务罪的认定,无论在任何时候都必须严格按照《刑法》第 277 条的规定执行。在这次防疫期间,对本罪的适用也必须严格依法办事,不能降低法律标准。

对此,有两点在实务上值得注意:一方面,对妨害公务罪的犯罪对象结合疫情防控的实际进行理解,但是,也不能过于扩大化。执行公务的主体是国家机关工作人员,立法解释对此有明确界定,除在国家机关工作人员从事公务的人员外,还包括在依照法律、法规规定行使国家有关疫情防控行政管理职权的组织中从事公务的人员,以及受国家机关委托代表国家机关行使疫情防控职权的组织中从事公务的人员,以及虽未列入国家机关人员编制但在国家机关中从事疫情防控公务的人员等。在此次防疫过程中,大量居(村)委会、社区等组织落实防控职责,实施管控措施,上述组织中的人员,如果是协助同时在场的国家机关工作人员从事防控工作,其当然可以认定为本罪的侵害对象。但是,在其单独从事有关疫情防控工作时,难以认定为"在受国家机关委托代表国家机关行使疫情防控职权的组织中从事公务的人员",不宜成为妨害公务罪的对象。因为是否接受国家

---

① 参见最高人民法院《人民法院依法惩处妨害疫情防控犯罪典型案例》(第一批),案例 4。

机关的委托,必须以存在"具体的"委托事项、委托依据为前提,且在委托事项重大时,应以书面的正式委托为限。抽象地号召、安排等,不构成这里的委托,否则,就可能将村民委员会、居民委员会依照法律规定从事自治管理事务认定为接受国家的委托从事公务,甚至可能将物业小区收取垃圾清运费用也不当地解释为是接受全国人大常委会委托、按照《固体废物污染环境防治法》的规定执行公务。此外,在对疫情进行"群防群治"的场合,被告人主观上对于对方属于执行公务的人也缺乏认识,犯罪主观要件不具备。"当人们发现,街道和居委会的人员以及在其指挥下的小区物业保安,从为业主提供服务的社会角色忽然间变成对业主实施各项检查并提出各种命令要求(例如出入戴口罩)的强力管理者,不仅在心理上不易迅速接受,而且在社会一般人的认识能力上,也很难认识到对方已经临时性地化身为一个'国家机关工作人员'。"①然而,从全国范围内来看,法院判处了一些仅针对社区"群防群治"人员进行妨害就构成妨害公务罪的案件。司法上将民间社会、基层组织单独开展的"群防群治"和公务执行行为完全等同,是否妥当,确实还值得深究。

另一方面,公务执行必须合法,被告人才可能成立本罪。新冠病毒具有传染性强、传播速度快、防控难度大的特点。为有效阻断病毒传播,防止疫情蔓延,各级政府依据相关法律法规制定了防控疫情的措施,包括加强对重点疫情发生地区返回人员排查、登记、随访、重点追踪、督促来自疫情发生地区人员的健康状况监测;对社区(村)、楼栋(自然村)、家庭进行全覆盖落实防控措施,要求从疫区返回人员到社区进行登记,并进行体检、主动隔离等。对于类似公务执行活动,相关组织和个人依法负有配合的义务。既然根据《传染病防治法》的规定,对公民个人进行强制隔离或要求营业场所停业等,都属于行政强制措施,都可能限制甚至剥夺个人自由,那么,对具体执行行为合法性的审查标准就不能放得太宽,需要从执行人员是否有疫情防控的具体职务授权、执行手段、执行方式是否合比例以及是否表明

---

① 车浩:《刑事政策的精准化:通过犯罪学抵达刑法适用——以疫期犯罪的刑法应对为中心》,载《法学》2020年第3期。

执法身份等程序要件加以考虑。如果防控人员的执法行为不妥当，比如将不戴口罩的人捆绑在电线杆上或者游街，对出门交电费的老人问几句话后就直接将其拖上警车带走，或者防控人员借疫情防控去超市索要防控物资，或者直接进入他人家里砸毁家庭聚会过程中使用的麻将机具的，都属于不合法的公务执行，对类似行为进行反抗，不构成妨害公务罪。更有甚者，有的地方采取所谓的"硬核"（硬来）手段，例如，用大货车堵住并无确诊或疑似病例情形的居民楼单元出口处，或者擅自将群众出入的单元楼的铁门上锁，严重侵害公民基本权利，行为人为此与公务执行人员、社区管理人员发生口角纠纷后厮打的，当然不宜认定被告人构成妨害公务罪，至多根据其行为性质和危害后果，按照故意伤害罪、寻衅滋事罪、侮辱罪予以追诉。

对于公务执行没有重大违法情形，但是，存在明显瑕疵，对被告人行为的诱发存在紧密关联的，认定为妨害公务罪也必须慎重。对于【案例6-3 妨害公务案】，湖州市南浔区人民法院于 2020 年 2 月 9 日开庭进行审理，采纳了检察院提出的量刑建议，以妨害公务罪判处王某某有期徒刑 9 个月。① 本案被告人认罪认罚，定罪似无问题。但是，疑问在于：在没有任何证据证明本案被告人存在发热或其他任何疑似新冠肺炎的症状时，为什么国家工作人员一定要对被告人进行居家隔离？这种带有强制性的"劝导"对被告人的行动自由存在不当限制，极易引起对方的过激反应。因此，在被害人的行为存在明显瑕疵，能够在一定程度上对其分配危险时，对于被告人的行为未必有必要认定为妨害公务犯罪。即便认为对类似行为有必要处罚，给予治安罚款、拘留等行政处罚也能够收到相应的教育、惩罚效果。

（二）量刑不当问题值得关注

应当说，在疫情防控期间，对绝大多数案件的量刑是妥当的。例如，

---

① 参见最高人民检察院《全国检察机关依法办理妨害新冠肺炎疫情防控犯罪典型案例》（第一批），案例3。

2020年2月11日14时许,被告人业某某经事先踩点,携带水果刀、透明胶带到南京市江宁区禄口街道某小区,冒充疫情防控人员,以登记疫情为由骗得小区住户赵某某(女)打开房门。业某某闯入室内,采取胶带捆绑、持刀威胁等方式向赵某某强行索要8 000元。赵某某被迫通过微信向他人借款2 000元,后通过支付宝将2 000元转入业某某的赌博游戏账户内。业某某威胁赵某某不准报警后逃离现场。南京江宁经济技术开发区人民法院经审理认为,被告人业某某在疫情防控期间,冒充疫情防控人员,骗开小区住户房门,持刀入户抢劫,其行为构成抢劫罪,应依法从严惩处。业某某如实供述自己的犯罪事实,认罪认罚。据此,于2020年3月4日以抢劫罪判处被告人业某某有期徒刑11年。① 入户抢劫的起刑点是有期徒刑10年,在防疫期间,冒充疫情防控人员持械入户抢劫,且有2 000元属于犯罪既遂,对被告人从重处罚的情节很多,但法院在量刑时还是坚持了罪刑相适应原则,而不是一味从重从严,这是非常值得肯定的。

不可否认的是,在实践中,也出现了一些量刑明显失衡的情形。例如,在防控新冠肺炎疫情期间,被害人刘某在网络上发布求购口罩信息,被告人覃某某予以回应,向被害人刘某谎称自己有医用口罩卖,骗取财物3.9万元。2020年2月21日上午,广西壮族自治区柳州市柳南区人民法院开庭审理了本案。法院认为,被告人覃某某以非法占有为目的,在疫情防控期间假借销售疫情防控用品的名义,利用网络技术手段骗取他人财物,数额巨大,其行为已构成诈骗罪,判处其有期徒刑3年6个月,并处罚金2万元,同时退赔被害人的经济损失。② 对于本案,法院的定性没有疑问,但是,将其作为电信诈骗处理未必合适。根据最高人民法院、最高人民检察院、公安部《关于办理电信网络诈骗等刑事案件适用法律若干问题的意见》的规定,电信诈骗数额巨大的起点是3万元。将覃某某的行为认定为电信诈骗,存在适用法律错误、量刑过重的问题。电信诈骗是被告人利用网络

---

① 参见最高人民法院《人民法院依法惩处妨害疫情防控犯罪典型案例》(第一批),案例3。
② 参见《柳州首例假借销售口罩诈骗案当庭宣判 诈骗人被判三年六个月!》,载新浪网(http://news.sina.com.cn/c/2020-02-24/doc-iimxyqvz5406715.shtml),访问日期:2020年8月22日。

技术对不特定的被害人实施欺骗。本案系被害人刘某先在网络上发布求购口罩的信息,被告人覃某某单纯针对这一特定信息予以回应,这与利用信息网络所实施的"广种薄收"型电信诈骗存在根本差异。如果不能认定为电信诈骗,对于被告人的量刑就应当适用普通诈骗罪的数额标准,其刑期就只能在3年以下考虑。

又如,2020年1月29日18时50分许,被告人胡某某乘坐被告人毛某某驾驶的摩托车经过湖北省通城县教育局附近路段时,见被害人付某某(防疫工作人员)肩挎提包在花坛内侧行走,便提出由被告人毛某某负责驾驶摩托车,被告人胡某某负责夺取被害人提包,以便筹集资金偿还胡某某购买毒品的欠款,毛某某未反对,并掉转摩托车行驶方向朝被害人行走方向靠近。两被告人驾驶摩托车靠近付某某后,胡某某拽住付某某的提包肩带强行拉扯,付某某拒不松手,胡某某为强行夺取提包与付某某多次争夺、拉扯,致付某某扑面倒地受伤,摩托车侧翻在地。后付某某抱住提包大声呼救,两被告人遂驾车逃离现场。经法医鉴定,付某某主要损伤为面部、眼部软组织挫伤及外伤性鼻出血,其损伤程度为轻微伤。2020年2月7日,通城县人民法院开庭审理本案,当庭宣判二被告人犯抢劫罪,均判处有期徒刑4年,并处罚金3 000元。① 对于本案,办案部门认为,在疫情防控期间针对与防控疫情有关的人员实施违法犯罪的,要作为从重情节予以考量,依法体现从严的政策要求,以有力惩治震慑违法犯罪。但是,即便如此,对本案的量刑仍有偏重嫌疑:被告人犯罪未遂,是对被告人量刑时需要特别予以考虑的从轻处罚情节(根据这一情节,对被告人似乎就应在3年以下量刑);被告人对于被害人的防疫人员身份并不知情,更重要的是,防疫人员身份与本案行为人所侵害的财产权利无关,被害人不是在执行防疫任务或从事防疫医疗活动时被抢劫,因此,该身份既不能影响对被告人所判处的预防刑,也不能影响责任刑。

类似于前述两个案件量刑偏重或畸重的情形,在对涉疫情防控刑事案

---

① 参见最高人民检察院《全国检察机关依法办理妨害新冠肺炎疫情防控犯罪典型案例》(第一批),案例10。

件的处理中还有不少。这也说明,如何更好地坚持罪刑相适应原则,实现精准量刑,是司法机关今后需要补齐的"短板"。

(三)刑事程序推进过快可能留下错案隐患

对普通刑事案件的处理,必须尊重刑事程序自身规律,办案不是越快越好。但是,在这次防范新冠疫情期间,从立案到判决其间只有二三十个小时的案件很多,在更短时间内"极速"办结的案件也不是少数。

根据所承办案件法院的官方宣传,前述【案例6-2 谎称"从武汉返回"案】,从2月19日上午9时检察机关将案件移送法院立案,到最终宣判只用了27个小时。更为夸张的是,前述覃某某诈骗案,法院从立案到宣判仅用了不到3个小时。

案件审理如此"神速",从刑事程序法的角度看是经不起推敲的。法院一方面适用速裁程序或简易程序审理案件,使案件审理程序不受送达期限、讯问被告人、询问证人、鉴定人、出示证据、法庭辩论程序规定的限制。另一方面,又认为这些案件公众很关注,有重大社会影响。这明显是自相矛盾的。《刑事诉讼法》第215条规定,案件有重大社会影响的,不适用简易程序;第223条规定,案件有重大社会影响的,不适用速裁程序。但是,上述法院在其公开宣传中都无一例外地认为其正在审理的涉疫情防控案件属于本地区"第一案"或公众关注的、有重大社会影响的案件。如果对于这些案件进行快速审理,从立案到宣判仅用时几小时或几十小时,与刑事诉讼法的内在精神是相抵触的。同时,从实体法的角度看,案件办得越快,听取被告人、辩护人辩解的机会也就越少,错案概率增大,留下的隐患也多。对于前述覃某某诈骗案,法院错误地将仅属于普通诈骗的情形认定为电信诈骗,在一定程度上就是办案过快的负面效果。

对死刑案件的审理,更应该慎之又慎,绝对杜绝"加速度"式办案。例如,2020年2月5日,马某某与社区防疫人员发生冲突,当场持刀杀害两名防疫卡点工作人员。2020年3月1日,法院一审开庭审理,认定马某某在疫情期间杀害两名疫情防控工作人员,主观恶性极深,犯罪手段残忍,情节极其恶劣,后果特别严重,遂以故意杀人罪判处被告人马某某死刑,剥夺政治权利终身。① 谁都不会否认马某某在特殊时期杀害两人的严重社会危害性,对其适用极刑也符合当前的死刑政策。但是,"人死不能复生",对死刑案件的审理容不得任何瑕疵,办案速度过快的风险不容忽视。对此,学者指出,要有效减少死刑错案的发生,就应当考虑尽量延长死刑案件的审理期限,不要匆忙做出死刑判决,以体现对死刑适用的慎重。死刑案件办理过快,可能导致错案,这是之前的司法实践已经反复证明了的:在呼格吉勒图案中,从案发到呼格吉勒图被冤杀,为时 62 天。因此,在我国当前,对死刑适用不能简单地"以暴制暴、以恶治恶",必须体现国家理性,即国家适用死刑本是为了谴责杀人者、彰显生命的尊贵,因此,国家在万不得已选择死刑时,也应当万分慎重,最起码在审理时限上不要太过仓促和任性。②

三、面向疫情防控常态化的思考

目前,还有一些疫情防控措施严厉化时期发生的刑事案件没有进入审查起诉、审判程序,此外,在今后疫情防控常态化之后,还有大量新发涉疫情案件需要处理,因此,如何通过对相关案件的处理来建构合理的刑事司法政策是需要认真考虑的。

(一)构成要件观念的坚守

1. 准确适用妨害传染病防治罪

在未来的实务中,对于如何严格按照《刑法》第 330 条的规定处理案件,还有一些问题值得研究:(1)如何认定妨害传染病防治罪中的"违反传染病防治法规定"和"卫生防疫机构依照传染病防治法提出的预防、控制措施"?一般而言,《传染病防治法》和地方政府、有关部门的规范性文件,均可作为认定妨害传染病防治罪中"违反传染病防治法规定"的依据。但是,地方政府和有关部门在疫情防控期间发出的明显违法的指令或过于严

---

① 参见最高人民法院《人民法院依法惩处妨害疫情防控犯罪典型案例》(第一批),案例 2。
② 参见黎宏:《死刑案件审理不宜片面强调从快》,载《中外法学》2015 年第 3 期。

苛的政策、办法等,难以作为定罪的前置规定。(2)妨害传染病防治罪是危害公共卫生罪,要求行为具备引起新型冠状病毒传播或者有传播的严重危险,这是构成要件客观性的要求。行为人虽拒不执行疫情防控措施,但事后查明其并未被确诊为新冠肺炎患者,也并非病原携带者,其事实上不可能引起传染病传播或者有传播严重危险,不构成妨害传染病防治罪。对妨碍国境卫生检疫罪也应该做相同的理解。此外,行为人虽然属于新冠肺炎确诊病例或者疑似病例,但其行为对不特定多数人的健康没有危险的,对其也不能定罪,例如,对行为人仅造成共同生活的家人、友人之间传播危险的,不应作为犯罪处理。(3)本罪同时规定了结果犯和危险犯,在造成危害结果的场合,可以认为其与过失以危险方法危害公共安全罪之间存在法条竞合关系,本罪作为特别法条应当优先适用。

2. 不宜将销售伪劣口罩的行为认定为销售不符合标准的医用器材罪

医用的口罩、护目镜、防护服等医用器材事关医护人员和人民群众人身安全,生产、销售伪劣医用器材危害极其严重,必须依法严惩。但是,在实践中,值得研究的是生产、销售伪劣一次性使用医用口罩的问题。对此,检察机关的立场是:根据国家行政主管部门发布的《医疗器械分类目录》,一次性使用医用口罩属于医疗器械;国家药监局和各省级药监局也都对一次性使用医用口罩进行注册管理。办理相关刑事案件就可适用《刑法》第145条的规定。对于"足以严重危害人体健康"的认定,检察机关主张:根据2003年最高人民法院、最高人民检察院《关于办理妨害预防、控制突发传染病疫情等灾害的刑事案件具体应用法律若干问题的解释》的规定,在办案中审查认定是否"足以严重危害人体健康"应当从是否具有防护、救治功能,是否可能造成贻误诊治,是否可能造成人体严重损伤,是否可能对人体健康造成严重危害等方面,结合医疗器械的功能、使用方式和适用范围等,综合判断。据此,如果行为人宣称为"医用口罩"并通过仿制证明材料、包装、标识等让人误以为是"医用口罩"出售,或者购买人明确购买"医用口罩"而行为人默认的,就可以将销售伪劣一次性使用医用口罩的行为认定为销售不符合标准的医用器材罪。

按照这种立场起诉的案件在实践中也确实存在。例如,2020年1月29

日,被告人纪某某(健身馆经营者)得知新冠肺炎疫情在一些地区呈扩散、蔓延势头,预判具有防护功能的医用口罩市场需求量巨大,遂通过网络联系到某旅游用品厂(非医疗器械经销商),以0.5元一只的价格购买了9 600只在保质期内的"飘安"牌一次性使用医用口罩,并于当日晚销售完毕。此后,纪某某看到销售口罩利润可观,明知该厂另有6万只"飘安"牌一次性使用医用口罩为过期产品,仍以0.1元一只的价格予以购买并现场结清货款。为掩盖口罩已过期的事实,1月30日凌晨,纪某某将上述口罩存放于自己经营的健身游泳馆内,将每包口罩的外包装袋撕开,销毁标注有生产日期及有效期的合格证。1月30日至31日,纪某某通过微信朋友圈发布销售信息,以一只0.5元至2元不等的价格将上述口罩出售给被害人曹某等人,得款55 100元。经检验机构检验,涉案口罩的细菌过滤效率不符合相关规定标准的要求,系不合格产品。

扬州市公安局经济技术开发区分局对纪某某以销售伪劣产品罪立案,并于2020年2月1日对其取保候审。检察机关介入侦查后,引导公安机关对涉案口罩的性质、功能用途、销售口罩时的主观故意等方面强化证据收集,确定了涉案口罩系医用器械,且销售时纪某某主观故意明确,根据"两高两部"《意见》,建议公安机关变更涉案罪名。2月22日,公安机关以纪某某涉嫌销售不符合标准的医用器材罪移送审查起诉。检察机关依法保障被告人的诉讼权利,听取了被告人及其辩护人的意见,被告人认罪认罚并同意适用速裁程序。2月24日,扬州市经济技术开发区检察院以被告人纪某某销售不符合标准的医用器材罪提起公诉。①

但是,对于被告人纪某某能否以销售不符合标准的医用器材罪提起公诉是存在疑问的。问题的关键并不在于一次性使用医用口罩是否被作为医疗器械管理,而在于其是否"足以严重危害人体健康"。"足以严重危害人体健康"是生产、销售不符合标准的医用器材罪的客观构成要件,表明该罪是具体危险犯。对于是否达到"足以"的程度,需要在个案中具体判

---

① 参见最高人民检察院《全国检察机关依法办理妨害新冠肺炎疫情防控犯罪典型案例》(第四批),案例4。

断,不能仅仅以口罩不具有防护功能就认定销售行为足以严重危害人体健康,否则就是将具体危险犯转换为抽象危险犯处理。司法上要针对销售一次性使用医用口罩的行为适用本罪,需要证明被害人佩戴这种口罩具有感染新冠病毒的紧迫性、现实危险性。但是,对于具体案件中生活在没有传染源、不是疫区的口罩使用人而言,控方要证明佩戴这种不合格口罩就存在足以严重危害人体健康的现实危险,是非常困难的。因此,结合口罩的功能、适用范围等综合判断,对于行为人宣称为"医用口罩"并通过仿制证明材料、包装、标识等让人误以为是"医用口罩"出售,或者购买人明确表示购买"医用口罩"而行为人默认的,都未必适宜认定为销售不符合标准的医用器材罪,对被告人还是认定为销售伪劣产品罪较为稳妥。当然,如果行为人明知一次性医用口罩主要销往医疗机构供医护人员使用,其行为可能构成足以严重危害人体健康。但对除此之外的其他情形,都难以把被告人的行为认定为有具体危险,所以,原则上应当考虑对被告人定生产、销售伪劣产品罪或其他罪名。实务上一定不能对涉案口罩防护功能不达标的情形,直接认定为足以严重危害人体健康。

(二)宽严相济刑事政策的精准把握

"'政策'是一种给思想贴上标签的方式,以及证明实践和组织安排的正当性的方式。"①没有妥当的刑事政策的指引,具体的司法活动就难以实现刑法的功能性目标。

1. 严的一面:加大对破坏野生动物资源犯罪的惩处力度

"没有买卖就没有杀害。"野生动物是大自然的重要组成部分,是人类的朋友,保护野生动物,维护生物多样性和生态平衡,就是在维护我们的生存环境。

在此次防疫过程中,公众对新冠病毒如何传播、是否存在中间宿主、如何保护野生动物极为关心。因此,依法严惩破坏野生动物资源犯罪,是当前社会关注度比较高的问题。2020年2月24日全国人大常委会通过《关

---

① 〔英〕H.K.科尔巴奇:《政策》,张毅、韩志明译,吉林人民出版社2005年版,第10页。

于全面禁止非法野生动物交易、革除滥食野生动物陋习、切实保障人民群众生命健康安全的决定》,提出全面禁止以食用为目的猎捕、交易、运输在野外环境自然生长繁殖的陆生野生动物的新要求。司法机关必须勇于担当保护野生动物资源、保障人民群众生命健康安全的职责使命。

应当说,从刑法立法上看,我国对野生动物的保护所规定的罪名并不少,包括非法捕捞水产品罪,非法猎捕、杀害珍贵、濒危野生动物罪,非法收购、运输、出售珍贵、濒危野生动物、珍贵、濒危野生动物制品罪,非法狩猎罪,以及走私珍贵动物、珍贵动物制品罪。此外,对于违反国家规定,非法经营非国家重点保护野生动物及其制品(包括开办交易场所、进行网络销售、加工食品出售等),扰乱市场秩序,情节严重的,应当以非法经营罪定罪处罚;知道或者应当知道是非法狩猎的野生动物而购买的,以掩饰、隐瞒犯罪所得罪定罪处罚。但是,毋庸讳言,我们对于野生动物保护的重要性认识不足,总觉得它们和人类生存的关联性不是特别强,滥捕、滥食危害很小,在之前的刑事司法中,也对类似犯罪存在打击不严的现象。因此,在今后的司法活动中,对于破坏野生动物资源犯罪,司法机关应当加大执法力度,将《刑法》相关规定以及全国人大常委会《关于全面禁止非法野生动物交易、革除滥食野生动物陋习、切实保障人民群众生命健康安全的决定》贯彻落实好,依法运用刑事手段对破坏野生动物资源的行为予以严厉打击。

2. 宽的一面:考虑被告人在疫情期间的惶恐、可谅解之处

在阶层犯罪论体系中的责任阶层,不仅要考虑可谴责性的罪责内容,还要考虑预防必要性。① 在功能性的责任概念中,罪责被赋予"边裁"的角色;在罪责所划定的范围之内,预防必要性发挥着功能性的调节作用。② 如此一来,动用刑罚去惩罚一个人,不仅是因为他有罪责,而且因为有预防的必要。具体到疫情期间的犯罪,当行为人抗拒防疫措施并造成传播后果之后,就符合了妨害传染病防治罪的不法,且具备了罪责。但是,对

---

① 参见〔德〕克劳斯·罗克辛:《德国刑法学总论(第 1 卷):犯罪原理的基础构造(1997 年第 3 版)》,王世洲译,法律出版社 2005 年版,第 557 页。

② 参见车浩:《"扒窃"入刑:贴身禁忌与行为人刑法》,载《中国法学》2013 年第 1 期。

于那些因为惶恐而传播虚假信息、因担心被歧视而隐瞒疾病或行踪信息、已经保持了足够谨慎但仍然引起疾病传播的行为人,在确定其责任大小时,要注意特殊预防的效果。对这类行为人是否需要判刑,收监执行能够达到何种教育改造的效果,都是需要慎重思考的。在具体案件中,如果行为人没有特殊预防的必要性的,可以考虑减轻甚至免除其责任。

基于上述刑法教义学思考,在贯彻宽严相济刑事政策"宽"的一面时,就需要注意把握:(1)对传播虚假疫情信息的案件,如果是因为轻信而传播虚假信息,危害不大的,不以犯罪论处。(2)因疫情防控需要,为赶工期导致产品标注不符合相关规定,生产销售的产品经鉴定符合国家相关卫生、质量标准,但未造成实质危害的,原则上从轻处理(可以不认定为犯罪)。(3)对于因生产经营需要复工复产,引发新型冠状病毒传播或有传播风险的,如果企业已按照有关部门的要求采取了有关疫情防控措施,建立了严格的岗位责任制的,不宜认定为犯罪。(4)对于在社区(物业)管理人员、独自执行任务的辅警等开展防疫检查任务时,以暴力、威胁方法进行阻碍,但并未造成轻伤以上后果,也没有造成社会管理秩序混乱,不构成故意伤害或寻衅滋事罪的,应当依法宣告无罪,建议由公安机关进行治安处罚。

(三)增强程序意识,防止扭曲的"司法政绩观"登场

前已述及,刑事案件的处理,必须顾及人权保障问题,要给予被告人充分的时间和机会行使辩护权,唯有如此,才不会形成冤假错案。这主要是因为刑事案件的处理环环相扣,有一定周期,有自身规律,办案一定不是越快越好。在这次防范新冠疫情期间,各级检察院、法院服务于疫情防控的大局,办案积极性很高,司法公正性也得到了实现。但是,有极个别司法机关存在"政绩观"扭曲的问题,为了办出本区域所谓的"第一案",曲解刑事诉讼法的精神,在审理程序上"偷工减料",一味求快,从立案到宣判仅仅几个小时,追求宣传效果,使得法律的权威性、严肃性受损。这样的做法经不起推敲,容易埋下错案隐患。

为了充分展示国家理性,司法机关今后对所有涉疫情案件的办理都

一定要严格按照刑事诉讼法的规定办理。即便是按照认罪认罚程序处理的案件,对被告人的辩护权也一定不能进行不当限制,司法人员一定要留出足够时间反复论证被告人是否有无罪可能,厘清此罪、彼罪界限,不能在仓促和任性中草草下判,从而形成一些涉疫情防控的隐性错案。

说到底,办案不能过于追求"短平快"的问题,并非"小事一桩",其与正确的司法政绩观有关,与程序意识有关,更涉及被告人的人权保障和国家理性问题。"萝卜快了不洗泥",兹事体大,不可不察。

第七讲
裁判中的因果关系论及其射程

【案例7-1 把关不严案】

2011年12月,内蒙古乌兰察布市集宁区人民法院原刑庭庭长云某(已另案处理)在审理郝某过失致人死亡一案中,错误地将郝某的职业"乌兰察布电业局职工"写成"无业",李某时为该院副院长,分管刑事审判,未严格审核把关发现该错误。该处错误导致宣判后未能将判决书送达郝某所在单位,2012年至2019年,郝某从其单位乌兰察布电业局领取工资薪酬、奖金、福利、企业代缴"五险一金"共计137万余元。能否认定李某构成玩忽职守罪?

【案例7-2 触电致死案】

被告人穆志祥驾驶农用三轮车载客,在经过某村境内路段时,见前方有县交通局工作人员正在检查过往车辆,因自己的农用车有关费用欠缴,穆志祥担心被查到受罚,遂驾车左拐,驶离306公路,并在李学华家附近停车让乘客下车。因车顶碰触村民李学明从李学华家所接电线接头的裸露处,车身带电。先下车的几名乘客,因分别跳下车,未发生意外,也未发现车身导电。后下车的乘客张某由于在下车时手挂在车尾的自行车车梁处而触电身亡。

现场勘验表明,被告人穆志祥的农用三轮车出厂时高度为147cm,但穆志祥在车顶焊接行李架,致使该车实际高度达235cm(按有关交通管理法规的规定,该种车型最大高度应为200cm)。李学明套接李学华家电表,套接火线距地面垂直高度为 228cm,且该线接头处裸露(按有关电力法规的规定,电线对地距离最小高度应为 250cm,故李学明所接的火线对地距离不符合安全标准)。被告人穆志祥的行为是否构成过失致人死亡罪?

【案例 7-3　放弃治疗案】

被害人甲被犯罪嫌疑人乙殴打头面部致重伤,后被他人送医院抢救。甲手术后持续昏迷,据病历记载,乙伤情很重,但经抢救后病情稳定。因家属无法负担救护费用,主动要求放弃治疗,医生告知不接受治疗会导致甲迅速死亡。家属将甲接出医院后,到社区医疗点开药治疗,回家自行输液一周后死亡。家属主动放弃治疗这种介入因素是否会对因果关系的认定产生影响?

【案例 7-4　缺斤少两案】

2018 年 7 月至 2019 年 9 月期间,被告人吴某、潘某、卢某等经事前共谋,决定将车辆加油站的加油机更换芯片,通过芯片控制加油机减少对客户的发油量从而牟取利益。吴某、潘某负责联系各加油站站长或其内部职工,卢某负责提供芯片和技术支持。后吴某、潘某分别与各加油站工作人员取得联系并更换芯片,之后,加油站工作人员在加油过程中利用客户对加油机流量数据的信任,对不特定的客户实施了减少发油量的行为,从而达到骗取客户石油的目的,事后将骗取的石油变现并牟取非法利益 200 万元。吴某、潘某、卢某等人的行为构成何罪?

【案例 7-5　设套买牛案】

行为人甲为了不法取得乙价值很高的一头斗牛(价值约 15 万元),某日深夜偷偷潜入乙家给该牛注射毒药。待斗牛生病、乙走投无路之际,甲找到乙,以低价(5 万元)将牛收购,然后再注射解药,该牛的疾病很快痊愈,甲遂以高价(14 万元)将牛卖出。后因极其偶然的原因,甲的罪行败露。对甲的行为应如何定性?

这一讲主要是想和大家讨论实务上就因果关系理论出现的一些争议点,希望通过这一讲能够使大家对刑法的方法论和论证的技巧有更深的了解。法律人的技巧是论证。充分地论证,充分地说理,充分地把自己的想法表达清楚,能够说服他人,让被告人接受,对一个刑事法律人来说是很高的要求。

因果关系的司法运用在实务当中争议很多,不仅律师和检察官的认识不一致,检法之间也有分歧,值得认真思考。

对因果关系问题的讨论,与刑法方法论有关:首先,对因果关系的审查要坚持刑法客观主义立场。客观主义有一些客观要求:客观要素绝对重要,对客观要素一定要优先判断。所以在案件处理过程中,被告人主观恶性怎么样不是首先要考虑的。检察机关有时候处理案件,容易有一种感觉,因为检察人员是在侦查人员之后接触被告人的,此时他们往往会觉得被告人是个很可恶的人,很容易形成这个印象。从全世界范围来看,检察官往往都会比法官稍微主观一些。从司法规律上来看,也是这样。检察环节中有少数案件到了法院,最后很可能判不了,法院对案件的处理有可能相对更客观。所以,刑事诉讼法学才会去研究检察官的客观义务问题。那么,我们面对一个案件时,对主观、客观的关系怎么处理,的确是个难题。贯彻刑法客观主义,被告人客观上做了什么、造成了什么后果、因果关系是否存在,这是处理所有案件时必须要优先进行判断的,然后再判断被告人的主观心理态度是怎么样的。其次,判断因果关系必须处理好形式判断和实质判断的关系。对因果关系的处理,有时候的确需要透过现象去看本质,看现象背后的东西,进行实质性的思考也是比较重要的。最后,要进行体系性的思考。对因果关系的思考,要尽可能贯彻共犯论、罪数论等相关领域,以形成体系化的解释思路,避免刑法思考上的前后矛盾。

一、因果关系及其实务判断规则

结果,必须是行为射程范围内的事实。① 因果关系的问题很复杂,我只能就一些重要的问题作一些讲述。因果关系的判断,不仅在普通刑事案件

---

① 参见〔日〕藤木英雄:《刑法讲义总论》,弘文堂1975年版,第100页。

中重要,在职务犯罪中也很重要。近年来,学界对客观归责论(法律的因果关系)有很多探讨,在实务中,可以去了解理论上的这些争论,但是,如果在因果关系的判断上,在重视事实因素的基础上有一些规范判断和价值判断,也就是贯彻了客观归责论。所以,问题的关键还是要把因果关系的实务判断规则建构好、理解好和运用好。

(一)准确认定因果关系的重要性

因果关系的重要性首先体现在对于故意犯的认定中,如果因果关系不存在,就只能成立犯罪未遂。我举两个例子,甲、乙未经共谋,偶然同时对丙开枪射击,丙最终死亡,由于甲、乙不是共同犯罪(如果是共同犯罪,处理上就很简单),丙的身上又只有一颗子弹,如果两个罪犯所使用的枪支子弹都完全相同,究竟是谁打死了丙,依据现有的侦查手段完全查不清,在这样的情况下,最后只能认定两个被告人都只构成故意杀人罪未遂,两个人都有杀人的行为,都开了枪,但是死亡结果不能归责于任何一个人,如此只能成立故意杀人罪未遂。对于这样的案件,刑事诉讼法学上是结合存疑时有利于被告人的原则来讨论的,刑法上要讨论的则主要是因果关系。这样的案件中被害人的家属肯定是不服的,但是如果要坚持法治的原则,对该类案件只能这么判。这种案件国外也有,最后就是这样处理的。那么怎样去解决这种不平衡问题呢?的确有人死了,但是两个被告人都构成故意杀人罪未遂,不平衡问题就靠量刑解决,在量刑上对这两个人适当地比一般的故意杀人罪未遂判得重。

另一个例子,假如说有人虚构事实试图实施诈骗,但被害人并没有被骗,而是觉得被告人很可怜,沦落到这种出来坑蒙拐骗的地步很值得同情,就给了他 5 000 元。财物虽然交付了,但不是因为诈骗而交付,而是因为同情而交付的,对这个罪犯,只能定诈骗罪未遂。所以,因果关系在故意犯的认定中很重要。

在过失犯中,因果关系的判断更为重要,一旦因果关系查不清,被告人就会被认定为无罪。举个案例,在交通肇事罪中,尤其是在"醉驾"以后发生事故的案件中,因果关系查起来很困难的情形有很多。如下面这个案例,甲醉酒以后驾车,把在市区机动车道内的最外侧行走的乙撞倒在地。甲下车看了一下,发现乙满身是血,为逃避责任逃离现场。2分钟以后,丙驾车超速行驶又碾压了乙(因为这个地方有监控摄像头,所以时间能够判断得很准)。5分钟以后,接到报警的警察、急救医生赶到现场,发现乙已经死亡,后来甲和丙两个行为人很快就都被抓到了。但是,经过鉴定,不能确定乙是被甲撞死的还是被丙轧死的,即被害人死于什么时候,这个准确的时点判断不了。

对于这样的案件,处理起来很难,难点就是因果关系的问题,即这个人死在谁的"手上"。虽然有监控录像,但是被害人死于什么时点,需要事后的鉴定,需要很科学的判断,处理起来确实不容易。我得出的基本结论是,司机丙无罪。问题在什么地方呢? 就是因果关系,就是死亡结果究竟应归责于谁。甲会辩解,说我是撞了他,但你现在证明不了是我撞死了他,很可能是后面的人撞死的,这就需要判断甲逃逸以后,他对后面的丙撞死乙的结果要不要负责。对甲来说有两种情况:一种是他直接把被害人撞死了,他当然要负责;第二种就是他撞了被害人一下,被害人没死,后面那个人补了一下,被害人死了。对司机丙,实际上也有两种情况:一是他压的就是个尸体;二是他压过去前,被害人没死,是他压死的。但是,对司机丙来讲,因为我们排除不了他碾压的就是个尸体,所以,这个死亡结果就不能归责于司机丙,但是这个死亡结果无论如何都可以归责于司机甲。就是说,假设被害人是司机甲撞死的,死亡结果当然要归责于甲;假如不是甲撞死的,是司机丙补了一下压死的,按照我后面要讲的因果关系理论,有一个介入因素,甲的交通撞击的行为中,介入了丙的行为,最后导致了被害人的死亡。这个时候就需要考虑介入因素丙的行为对结果的影响力的大小。对甲来说,肇事以后应该停车,而且因为其不停车、不救助,导致后面的司机很难发现躺在地上的人。所以,第一个肇事的人要对后面的介入因素所导致的后果负责。所以,对甲来讲,无论被害人是他自己撞死的,还是后来的丙压死的,甲都要对死亡结果负责,所以,甲构成交通肇事罪。但是接下来的难题是,被害人死了,能不能认定甲构成交通肇事逃逸,因为他撞了人之后的确跑了,或者说能不能认定他构成交通肇事逃逸致人死亡? 我的结论是,如果你能够证明,甲逃逸的时候,被害人还活着,是被后来的丙压死的,对甲就能认定构成交通肇事后逃逸致人死亡,那么后来的司机丙就构成交通肇事罪。但是现在证明不了,所以对被告人甲来讲,"就低不就高",只能认定他构成交通肇事罪,这个是对他最有利的结果,相当于假定他逃逸的时候被害人已经死了。所以过失犯里的因果关系判断很重要。对于第二个撞击的人,因为证明不了他和死亡结果有关,所以他无罪。

因果关系是否存在,有时候决定了是否能够适用死刑。这里有两个案例,都是对因果关系的判断影响到死刑适用的。第一个案例,甲准备抢劫乙,在山崖边对乙砍了5刀,乙重伤昏迷,甲以为乙已经死亡,就夺取财物后离去。但是,乙之后苏醒,刚走了两步就掉下山崖摔死。甲在这个案件里应成立抢劫致人死亡,即乙的死亡结果要归责于甲。甲不能辩解说被害人是自己走下山崖摔死的,相当于自杀,死亡结果实际上是因为最开始的抢劫行为,这个暴力行为把被害人伤得太重,被害人即使苏醒过来,仍然不可能处于特别清醒的状态,所以被害人的死亡结果还是甲造成的,也就是甲构成抢劫致人死亡。

第二个案例,王某绑架他人,在转移被绑架人的过程中遭遇车祸,导致被绑架人受撞击后因颅脑损伤而死亡,王某不成立绑架并致使被害人死亡,对其不能适用死刑,因为死亡结果不是由绑架行为本身造成的,而是由一个独立的第三人偶然介入的行为造成的,死亡结果不能归属于王某。

(二)事实因果关系与法律因果关系的区分

接下来要讨论的是,对因果关系的判断,不仅仅是事实判断,有时候要看到这个事实背后还有规范判断,即存在事实的因果关系和法律的因果关系的区分问题。

例如,甲基于抢劫的意思对乙使用暴力,导致乙轻微伤,乙从身上掏出一把10张10元面额的钱递给甲,甲接过来数了一下,马上把钱扔到乙的脸上,骂乙说:"打发要饭的?"又打了乙一耳光,然后马上逃离犯罪现场。按照我的观点,甲不能被认定为抢劫罪既遂。这个问题有争议,抢劫罪既遂的标准,按照司法解释,要么有轻伤以上的结果,要么取得财物,而取得财物要求有取得的行为和取得的意思。在这个案件里,被告人没有取得的意思,他根本就不想要这个钱,他发现钱太少以后不想要,所以,应认定为未遂。这种未遂就是障碍未遂,也就是说由于所抢财物价值极低,不可能达到被告人所期待的既遂效果。从事实的角度看,被告人取得了财物,事实的因果关系存在;但是,从规范判断的角度看,既遂效果和因果关系都不存在。

又如,甲、乙两人约定骑摩托车去"飙车",但是当天下大雨,乙由于摩托车侧滑摔倒死亡。这就需要讨论,死亡结果是否应该由甲负责,如果应该由甲负责,那么甲应当成立交通肇事罪。但是,按我的结论,乙的死亡与甲的飙车行为之间只存在条件关系,就是说如果甲不和乙一起去飙车,后面的结果就不会发生。但是,评价上的或者规范上的因果关系并不存在,因为这里有一个被害人对危险行为的参与以及接受的问题,需要乙自己对其死亡结果负责,甲只构成危险驾驶罪,不构成交通肇事罪。所以,因果关系除事实判断之外,还有实质上的判断。在另一个交通肇事案例的判断中,也存在相同的问题:事故的发生和被告人的交通行为肯定是有关联的,从事实上看,有条件关系,行为人不撞被害人,就不会有死伤后果。但是,仅凭此不能定罪,还需要考虑究竟谁应该对该结果负责,这种在行为人和被害人之间分摊不法或风险的做法,明显属于规范评价层面的因果关系判断问题。

再比如,对于【案例 7-1 把关不严案】,法院以李某未认真审核判决书,导致郝某领取电业局 137 万余元为由,对李某以玩忽职守罪定罪免刑。① 对于这一判决结论,从事实判断角度看似乎有根据(李某的过失行为与国有资产流失之间存在一定的、较为微弱的关联),但是,从规范判断的角度看是值得质疑的。

从李某把关不严到郝某领取 137 万余元之间,存在介入因素。因此,需要比较实行行为和介入因素各自对于国家财产损失这一结果的贡献度,然后才能对谁究竟应该对结果负责作出判断。对于李某的实行行为,谁也不

---

① 内蒙古自治区察哈尔右翼后旗人民法院(2020)内 0928 刑初 1 号刑事判决书。

能否认其与结果之间存在条件关系,但其对于结果的贡献度是比较有限的。李某作为分管副院长,不能要求其凡事都亲力亲为,否则就混淆了主管者与承办者的岗位职责界限,等于是要求其一字一句地撰写、修改裁判文书,这样的要求既不符合法院审判管理工作的分工实际,也提出了事实上不可能完成的要求。李某作为法院副院长分管刑事审判庭,有审核把关的岗位职责,但该职责限于对裁判文书中记载的重要内容进行审核,如定性是否准确(例如,是不是把盗窃罪错误定性为抢劫罪)、是否能够明显看出定罪证据的瑕疵等,并不要求李某与承办法官一样承担相同的审核职责。作为主管领导,如果旷日持久地从事对裁判文书中每一个细节的审核工作,审判机关就不可能正常运转。所以,在本案中,李某存在一定程度的疏忽,但是,谈不上其实施了违背岗位职责足以导致损害结果的行为,其行为对于结果的贡献度极其有限。

就郝某不法取得财物而言,真正对于这一结果有贡献的是电业局相关工作人员的行为。如果电业局相关工作人员与郝某串通"吃空饷",或者明知郝某"吃空饷"而予以放任,给郝某发放工薪、福利等137万余元,在这种情况下,电业局的财产损失应由(间接)故意违规发放相关财物的人员负责,财产损失属于郝某与电业局主管人员的责任范围。如果电业局被骗导致137万余元财产损失,也应归责于电业局相关管理人员不履职尽责的过失行为。无论是前面的哪一种情况,都不应由李某对国有财产受损这一结果负责,因为"行为构成的保护目的,也不再包括那种处于他人责任范围之内加以防止的结果"①。

从上述分析可以看出,事实的因果关系和法律的因果关系之间不是排斥关系,事实的因果关系是前提,法律的因果关系是在条件关系得以肯定的基础上所作的进一步判断,所以,实务上因果关系的判断框架分为两步:先判断行为和结果之间是否有事实上的关联,也就是判断条件关系;如果条件关系能够得到确定,再从法律的、规范的视角出发进行限定,那么,这

---

① 〔德〕罗克辛:《德国刑法总学总论》(第1卷),王世洲等译,法律出版社2005年版,第271页。

是法律的因果关系,或者说是客观的结果归属(结果归责)问题。

因此,可以说,条件关系是事实的因果关系;法律因果关系(规范的因果关系)则是对于结果的客观归责问题。

(三)法律因果关系的判断规则:两次审查行为的贡献度

由于实践中发生的大量案件,都是实行行为直接导致危害后果的情形(例如,张三一刀捅伤李四,王五盗窃了赵六的钱包等),不仅"无A,就无B"的条件关系容易判断,而且在确认条件关系的同时,结果应该由谁负责的规范判断同时完成,事实因果关系、法律因果关系的认定都没有疑问,对这部分案件因果关系的审查问题,不会成为争议的焦点。

难题在于,存在介入因素(介入被害人的行为、介入第三人的行为、介入自然力的影响)时,对因果关系究竟应该如何认定。凡是因果关系很复杂的案件,都有一个对介入因素的影响力进行判断的问题:被告人的行为实施以后,危害结果可能发生,也可能不发生,但是在这个结果发生之前,介入了一个其他因素,使得结果发生的,结果归属于谁,就往往成为争议焦点。例如,被告人甲把被害人乙打成轻伤,被害人被送到医院,医生丙治疗有重大失误,最后被害人死亡,那么,被告人甲是否应该构成故意伤害(致死)罪,就属于法律的因果关系比较难判断的问题。所以,就实务活动而言,对因果关系的判断往往聚焦在对于结果归属的规范判断问题上。

前田雅英教授认为,在存在介入因素的场合,仅仅依靠因果流程是否具有相当性确定谁应该对结果负责,这是很不够的。结果是否能够归属于行为人的实行行为,需要综合判断:(1)实行行为对于结果发生的贡献程度(行为危险性的大小);(2)介入情况的异常性大小、与实行行为的关联性大小;(3)介入情况对结果的贡献程度。① 在这里,似乎进行规范判断的检验步骤是三个。但是,其中的第二步判断("介入情况的异常性大小、与实行行为的关联性大小")是否具有独立性,这样的归纳是否和实务做法相一致,还存在疑问。对此,佐伯仁志教授指出:"相当性因果关系说强调介入

---

① 参见〔日〕前田雅英:《刑法总论讲义》(第7版),东京大学出版会2019年版,第140页。

行为是否异常,这与实务上的思考方法有不相匹配之处——实务的思考方法是,具体地查明被告人的行为与结果之间的关联,由此来认定对结果发生是否有贡献、贡献的样态,再基于认定结果来判断因果关系。"①

　　这就说明,介入因素异常性对于结果归属的影响力是有限的,不应该过于强调其在结果归属判断中的独立性。一方面,在有的案件中,介入因素的出现是很奇怪、很偶然、很异常的,是最初的行为人事先完全考虑不到的,而且这个介入因素对结果的贡献度很大,可能导致因果关系中断。比如说,甲在早晨8点对乙所喝的牛奶下毒,由于剂量和药物之间的关系可以明确判断,毒药药性很快发作后,被害人乙在上午9点左右一定会死亡。但如果被害人乙在早餐后去坐飞机,8点半乙所乘坐的飞机坠落,被害人乙死于8点半,我们只能说介入因素特别异常,仅有很小的概率,而且该坠机行为直接导致死亡结果,被告人甲就不需要对死亡结果负责,而只能对自己的投毒行为所造成的现实结果负责,对甲只能定故意杀人罪未遂。这是介入因素的出现和最初的实行行为完全无关,且影响力很大的情形。再比如,被害人甲被乙打成重伤后在送医途中遇车祸被撞死的;或者甲住院期间医院发生火灾,导致其被烧死的,都属于介入因素与之前的实行行为无关,且影响力巨大的情形,最初的行为人不需要对甲的死亡结果负责。在这里很容易看到:要由介入因素对结果负责,其是不是异常并不是关键,其与甲的实行行为无关,但对于结果的贡献度很高才是最为重要的。所以,表面上看是介入因素异常性的问题,但要对其进行讨论,分析其是否对结果负责,仍然要在其与实行行为有关且对结果的贡献度大的意义上进行分析。单独讨论介入因素异常性的意义极其有限。

　　还有一个真实案件:警察甲想和妻子乙离婚,后来分居了很长时间,妻子一直不同意,甲有一天生气了,想再去找乙谈最后一次,去的时候带着枪,子弹上了膛。甲见到妻子后,和妻子吵起来,争执得很厉害,后来扭打起来。在扭打过程中,警察的枪掉在地上,后来,乙不知道是手还是脚碰到

---

① 〔日〕佐伯仁志:《刑法总论的思之道·乐之道》,于佳佳译,中国政法大学出版社2017年版,第57页。

了枪,子弹发射了,导致乙死亡。甲被抓以后辩解说,是被害人乙自己碰到这个枪被打死的,死亡结果不能由他负责,其完全没有罪。在这个案件里,甲携带枪支和乙扭打与被害人的死亡结果中间有一个介入因素:被害人自己碰到枪,枪支击发后导致其死亡,那就需要考虑这个介入因素是不是罪犯的直接行为很可能会引起的。在这个案件里,对警察甲应当以故意杀人罪既遂追究刑事责任,因为其持枪前去与被害人处理纠纷本身就不理智,在扭打过程中,其手上握有枪支,对其本人或他人都很危险,在乙与其争抢过程中,乙触碰枪支死亡,被害人介入触碰枪支的行为是被告人甲的行为所引发的,是该违规行为自然向前发展的结果,不能算是异常的因果进程。

在这里,显而易见的是,当我们说乙相应行为的介入不算异常时,实际上是在将其与甲的持枪行为相关联,从由该行为自然引发的意义上讲的。与前述案例类似的情形是,甲被乙打成重伤后,介入医生丙治疗的重大过失行为,由于介入因素即医疗行为和重伤行为紧密联系在一起,乙把被害人甲伤得越重,医生治疗时越容易手忙脚乱,越容易出错,因此,此时医生的介入虽然异常,但其是由伤害行为自然引发的,而且重伤行为自身蕴涵死亡危险,因此,从规范评价的角度看,难以认定丙需要对甲的死亡负责,乙仍然应当成立故意伤害(致死)罪。与实行行为存在紧密关联的行为,其异常性被否定。而只要能够确定实行行为的危险性以及其自然向前发展的逻辑,介入因素的异常与否就不再是问题的关键,是否需要对异常性进行独立判断,也就无关紧要了。

这样说来,在条件关系之外确定客观归属时,确定实行行为、分别审查实行行为和介入因素对于结果的"贡献度",进而确定结果归属就是最为重要的。

1. 判断规则之一:审查实行行为的贡献度

实务上最为重要的是,需要判断最初的实行行为导致结果发生的可能性大小。换句话说,如果最初的行为越危险,结果就越容易归责于行为人。例如,如果甲对乙的故意伤害行为一开始就下手很重,乙被送到医院后死亡的,医生在抢救过程中仅有一些小的失误,死亡结果就应该归责于最开始的行为人甲;行为人甲把被害人打成轻伤,如果介入医生的治疗失误之后,被害人最后死亡,那么,死亡结果很可能就要归责于医生,要考虑是不是医疗事故的问题。所以,对最开始的危害行为的危险性大小的判断很重要。

对处理案件来讲,应当形成的一个判断是,类似于抢劫这样的暴力行为实施之后,如果最后被害人死了,由于抢劫等行为是危害性很大的行为,死亡结果通常就要归责于抢劫罪犯。杀害,特别是开枪这样的杀害行为,以及使用管制刀具杀害、伤害的行为,即使有别的因素介入,死伤结果往往也要归责于被告人。所以,实行行为危险性、贡献度大的,原则上就需要对结果负责,这是实务中法律的因果关系判断上最为重要的规则。

2. 判断规则之二:审查介入因素的贡献度

考虑介入因素对结果发生的影响力,对实行行为和介入因素的贡献度进行比对,在实行行为贡献度较小,介入因素对结果的影响力较大时,实行行为和最后结果间的(法律)因果关系不存在,由介入因素对结果负责。反过来,如果介入因素贡献度小的,结果一般要归责于最开始的行为人。这是关于法律因果关系的第二个判断规则。对此,无论是客观归责论还是相当因果关系说都予以认可。"介入情况对因果经过的贡献大时,问题就变为把结果归属于行为人的实行行为,还是归属于介入情况。根据客观归属论进行判断的本质是,确定结果是谁的'把戏'。在判断相当性时也同样要求进行这样的判断。"①

在对实行行为和介入因素进行比较的时候,重点是审查介入因素对结果发生的贡献程度。在介入因素的贡献程度很小的时候,无论介入因素多么异常,都不会否定介入行为的相当性。在日本"大阪南港案"中,被害人因第一被告人的暴行而失去意识,倒在地上又遭受了不知何人实施的第二个暴行,被害人最后死亡。第一个暴行导致被害人脑出血,第二个暴行的影响不过是让脑出血的范围扩大,让死亡时间提前了几分钟。由于第二个暴行的影响,只是让死亡时间提前了一点点,其对于结果发生的贡献度是有限的,因此,结果应归属于第一个暴行。对于本案,日本法院的判决

---

① 〔日〕佐伯仁志:《刑法总论的思之道·乐之道》,于佳佳译,中国政法大学出版社2017年版,第60页。

认为被害人的死因是由第一行为人的暴行造成的伤害,在这种情况下,即使之后第三方施加的暴行异常,把死亡时间提前了,也能够肯定第一行为人的暴行与被害人死亡之间的因果关系,虽然第二行为人对失去意识倒下的被害人施加暴行是异常情形的介入,但仍然应该承认第一行为人的暴行与死亡结果之间的因果关系。

从这里可以得出的结论是:仅仅在介入因素的异常性对结果的发生有重要影响的时候,对介入因素异常性的判断才会成为问题。就介入因素而言,在异常性和影响力二者之间,影响力对于结果归属更有意义;至于介入因素的异常与否对于结果归属而言,仅具有参考价值。

在这里,再结合【案例7-2 触电致死案】分析一下当存在介入因素时,如何比较分析介入因素与实行行为对于结果发生的贡献度问题。在该案中,被告人的农用车出厂时候的高度为 147 厘米,但是他的车顶焊接了行李架,使得该车的高度实际为 235 厘米。按我国的有关规定,这种车型最大高度为 200 厘米,也就是说该车超高 35 厘米,如果被告人没有擅自增高车辆行李架,电线掉下来是接触不到该车的。当然,光靠被告人的这个违规行为,事故也发生不了,因为乙从甲家中接的电线,套接甲家的电表,套接的火线距地面垂直高度为 228 厘米,高度过低,按照有关规定,电线与地面的距离最小高度为 250 厘米,就是说如果按照规定将电线往上拉的话,比被告人车子的高度还高出 15 厘米,二者便碰不到一起,所以,乙所接的火线也不符合安全标准。这个案件就是多种因素碰巧导致死亡结果,检察院最开始是以被告人犯有过失致人死亡罪向法院提起公诉,一审法院判决无罪。检察院抗诉,上级检察院在审查过程中认为抗诉可能难以成功,就撤回了抗诉。一审法院作出无罪判决的理由是:死亡结果的发生是由多种偶发原因综合造成的,包括他人所接的照明线路高度不符合安全用电的要求;电线裸露,接头处无绝缘措施;等等。因此,被告人穆志祥的行为与死亡结果之间没有必然的、直接的因果关系。[①] 法院的意思等于是说:虽然被

---

① 参见中华人民共和国最高人民法院刑事审判第一庭、第二庭编:《刑事审判参考》(总第28辑),法律出版社2003年版,第35页。

告人的行为中有很多违规的行为,但是,如果两户人家不私接电线,事故也发生不了。所以法院认为这是个意外事件,接电线的村民有两个违规行为:一是火线高度太低,二是电线接头的地方裸露。而电线裸露的地方恰好碰到车顶,法院认为这事太巧了,给被告人定罪不合适,他不能预见、不能避免。

但是,这一结论可能并不合理。如果被告人穆志祥不违规使用农用三轮车载人,不随意偏离公路,在村民家附近停车让村民下车,不对车辆改装,同时对路边可能有电线等情况履行客观的注意义务,死亡结果是可以避免的。特别是改装车辆并驾驶超高车辆上路,明显制造了不被允许的危险,构成要件结果并不是不可支配的。被告人对自己曾改装过的车辆的高度有特别认知,对车辆超高可能触及其他物体进而产生危险,对农村可能私搭电线、只要是电线就可能裸露,就应该避免触及,有客观的预见可能性。即便其不能认识到电线裸露的事实,但对于超高车辆不避开悬挂在空中的物体会带来危险,或者与被包裹的电线碰撞也可能产生危险,有认识可能和回避义务。穆志祥违背法律规范所要求的客观义务,进而发生死伤后果,不能认为法益危险是以异常的方式实现。因此,按照客观归责论,可以认为穆志祥的行为明显提高了法律风险,且应对车辆增高所带来的危险负责。这一结论也符合注意规范保护目的——禁止改装车辆的目的,既为了防止触及路上的电线或其他可能给车上人员安全带来危险的空中物体,也为了防止车辆因为改装而超载。行为人制造风险,并在本案中因为与其他因素相结合使得危险具体地实现,就不是"不幸",而是"不法"。

换句话说,被告人穆志祥把车辆的行李架改高就使得其驾驶行为随时伴随着危险。在这个案件当中,被告人的行为和被害人死亡之间介入了一个第三人私拉乱接电线的行为。被告人穆志祥违规驾驶的行为,并不能独立导致结果的发生,介入了一个第三人的违规行为,才导致了这个结果。那就需要考虑,私接电线的行为对结果影响力的大小,另外,私接电线的行为是不是异常?我认为,禁止车辆增高的规定有一些基本的考虑,是为了避免触碰桥梁等障碍物,当然也包括避免碰到电线,所以要对其予以禁止。而被告人把行李架改高恰好违反了这个规范保护目的,同时,被告人把车辆开到村民家旁边,这是禁止机动车前往的地方,被告人的行为由此就更加危险,而且在农村,这种私拉乱接电线的行为并不罕见。所以,我的基本结论是,由于被告人的过失行为比介入因素更危险,对结果的贡献度很大,对于介入因素的出现又不好界定为异常,因此,对被告人定过失致人死亡罪是没问题的。

对本案的处理说明,实务中,司法人员的事实归纳能力和规范判断能力都有待提高。其实,在运用经验和专业知识,经过理性判断,发现能够回避某种结果时,行为人需要对危险的实现负责,客观归责就能够实现,而不是轻易得出被告人无罪的结论。①

(四)行为贡献度的思考与客观归责论

前已述及,在实践中,有少数案件,即使因果关系中介入因素有异常性、特殊性,超越行为人的预见可能性,也不能否定最初的实行行为与损害结果之间存在因果关系,也就是说,最初行为与最终结果之间没有相当性也不影响该行为人对结果负责。【案例7-3 放弃治疗案】就是这样的情形。对于这种因为介入因素异常而没有因果关系的相当性,但也可以归责的情形,日本学者称之为"相当因果关系说的危机"。在实务中,对实行行为和介入因素贡献度、影响力的反复推敲,实际上就是重视"实行行为向前发展的应然结局",检讨在行为中是否蕴涵着结果发生的内在机理,把结果归属于行为是否妥当,也就是在贯彻规范判断的逻辑。这一逻辑背后,可以说展示了德国客观归责论的方法论,也可以说反映了日本危险现实化的法理。

基于对行为危险性的重视,日本法院的判例主张,以裁判当时查明的事实为前提,相应行为的危险性在结果中得以现实化时,就能够肯定因果关系。没有这样的因果关系时,既遂犯或者结果加重犯不可能成立。在理论上,也可以认为,就实务的因果关系判断而言,最为关键的内容是比较实行行为和介入因素对于结果的影响力和贡献度:一方面,如果实行行为特别危险,一般能够将结果归责于行为人,介入因素的异常性、影响力都可以

---

① 参见周光权:《客观归责方法论的中国实践》,载《法学家》2013年第6期。

被忽略。另一方面,需要认真掂酌介入因素问题的情形限于:实行行为的危险性很小,介入因素异常且对结果发生的影响力很大的,才能将结果归属于介入因素;在实行行为和介入因素哪一个对于结果的影响力更大难以判明时,需要特别考虑介入因素的异常性与贡献度。"对于相应的结果来说,相当性程度很低的第三者的行为,由于对'行为之危险的现实化'几乎没什么影响,在对其判断之际就是不重要的……并非在因果经过中所有的介入因素对因果关系的判断来说都是重要的,从对于结果的相关度(对于结果的'贡献'度)的观点来看,只有重要的介入因素才对因果关系的判断具有影响。"①

在实践中,大量案件都属于实行行为具有相当程度的危险性的情形,因此,在因果关系判断的三步骤中,对实行行为"贡献度"的仔细检验就成为问题的焦点。对【案例7-3 放弃治疗案】的分析就是如此,与此大致相同的案件还有:被他人故意伤害,或接受美容治疗、非法行医后致伤的被害人被送医后病情恶化,出现意识障碍,家属听医生说被害人伤情重,救活可能性小,即使救活也可能是植物人,且无钱支付医疗费用,就将被害人接回家中,后来其死亡。被害人死亡的原因可能有多种,有的是被害人体质特殊,外伤只是死亡的诱发因素,被害人可能死于心肌梗死或者冠心病。在有的案件里,法医鉴定意见是:被告人的行为与被害人死亡之间只存在间接因果关系,外伤对死亡的参与度为30%以下。在上述这些情况下,家属放弃治疗的介入行为是否阻却被告人的行为与被害人死亡之间的因果关系?一般来说,家属对于自己家人被伤害都会非常痛心,都会竭尽全力对被害人进行治疗,因此,家属主动放弃治疗的情形应当属于非常罕见,是异常的因果关系介入。但是,在实务上,并不能因为介入因素的出现较为异常或者特殊就一概认为因果关系中断。

在这里,需要判断行为是否制造了法所不允许的风险。在上述案例中,可以认为:故意伤害他人、提供美容治疗、非法行医服务的行为人对他

---

① 〔日〕山口厚:《从新判例看刑法》(第3版),付立庆等译,中国人民大学出版社2019年版,第12页。

人的身体健康造成损害,制造了法所不允许的风险。

在此基础上,需要进一步判断结果是不是由最初的实行行为实质地导致的,行为是不是能够导致死亡结果,或者说死亡结果是否属于行为危险的现实化?在进行结果归属判断时,需要明确:一般而言,介入因素异常的,结果通常不能让最初的行为人"背锅",难以进行结果归属。用通俗的语言来表述就是,因果过程中异常因素的介入,会使得因果关系中断。但是,也需要注意,有时候虽然介入因素看起来比较异常,但由于最初的行为特别危险、"下手很重",该行为一旦着手实施就基本注定了结果,即便存在一定的介入因素,也应该肯定最初的行为要对最终结果负责。也就是说,异常的介入因素并不使得危险行为和最终结果之间的因果关系中断。例如,第三人的介入虽然异常,但其由最初的行为所引发,且最初行为本身对于结果发生的影响作用一直在持续发挥,足以导致结果发生,应当肯定最初行为与死伤结果之间的因果关系。例如,甲故意杀害乙未遂,其以为乙已经死亡,在离开现场后让丙去处理乙的尸体,同样认为乙已经死亡的丙对准乙的"尸体"补了一枪,乙最终死亡的,甲的故意杀人行为和乙的死亡之间,介入了接受指令去处理尸体的丙故意开枪的异常行为,但该行为由甲的行为所引发,甲的行为对死亡结果持续产生影响力,因此,认定甲构成故意杀人罪既遂应该不存在障碍。再比如,甲实施危害程度很高的暴力行为,将乙伤得很重,甲以为乙已经死亡,叫丙来处理"尸体",丙也以为乙已经"咽气",将乙推下山崖,导致乙被摔死的,应该认为,由于甲的伤害行为足以致命,在丙到来之前乙就完全"没治了",丙的参与最多只能算是在一定程度上"修正"了甲所造成的死亡危险。因此,在最初的实行行为特别危险的场合,第三人的异常介入也不能否定甲的行为对于死亡结果出现(危险的实现)的决定作用。对此,有学者认为,实行行为的危险对结果的因果力较大的,意味着介入因素只是导致了因果流程的修正,并未使法益状态发生实质恶化,将结果归属于实行行为而非介入因素就是合适的。① 这是介入他人"有意为之"的行为,但不影响对行为人归责的情形。

---

① 参见蒋太珂:《因果力比较在结果归责中的功能》,载《比较法研究》2020年第3期。

在介入他人的过失行为的情形中,原则上也应当由最初的行为对结果负责,例如,甲殴打乙腹部,乙被送医,医生因为失误未发现乙小肠破裂,患者引发腹膜炎而死于败血症的,甲也应当构成故意伤害(致死)罪。

也就是说,死亡结果是伤害行为所导致的风险的现实化,即便存在异常的介入因素,结果也应当由行为人负责。在【案例7-3 放弃治疗案】中,被告人导致被害人受伤以后,虽然他的行为已经完成,但是,他所造成的伤害处于持续状态,死亡结果在伤害行为的危害射程之内。家属放弃治疗的行为并未中断也未独立介入行为人最初的伤害行为与死亡结果之间的因果关系。家属基于法定的抚养或者赡养关系,有义务对受伤的人进行治疗,但是,家属无钱治疗时,把病人接出医院放弃治疗,其仍然可能采取措施对被害人进行合理的照顾,不可能实施遗弃行为。从客观上看,家属将被害人从医院接出,没有增加行为人之前已经造成的危险,难以认为家属对被告人死亡的因果流程有实质性影响。被害人之所以死亡,是因为之前受伤太重,而不是介入了被害人家属的不救助行为才导致死亡结果。因此,在判断因果关系时要考虑危害行为对于结果的实质影响力和决定性作用。

换句话说,在患者家属将被害人接出医院,或者家属或被害人以其他方式放弃治疗的场合,虽然介入了第三人的行为,但是,如果行为人最初的实行行为已经导致被害人重伤濒临死亡,被害人及其家属的放弃治疗行为对于结果的影响力并未超越实行行为的作用力,无法认定为在被告人所造成的重伤基础上升高了死亡危险,只能将结果归属于原因力较大的行为,即由最初的实行行为对结果负责。

对于与【案例7-3 放弃治疗案】类似的案例,在国外的审判实践中,也不会因为被害人家属或被害人自身放弃治疗这一举止的介入而否定危害行为和结果之间的因果关系。日本"病情恶化案"就能够说明这一点:多个被告人深夜在街上用啤酒瓶殴打被害人甲,用脚踹其头部,用破了底的啤酒瓶扎被害人的后颈部,使被害人由于左右颈部被刺伤而造成血管损伤,导致大量出血。被害人甲受伤后在医院接受紧急手术,术后病情稳定。主治医生认为,要是顺利的话,治疗期间需要约3周的时间。但是,被害人在住院的某一天,在病情急变之前试图出院,拔去身体上治疗用的管子后导致病情急转直下而死亡。对此,法院认为,被告人仍然需要对死亡结果负责。其背后的逻辑是:只要实行行为的危险性已经通过结果展示出来、现实化了(结果实现了实行行为的危险性),行为人就需要对结果负责。

2016年9月8日20时许,被告人李某富在北京市海淀区苏家坨镇西埠头村路北安河安置房工程专线32号电杆东侧,无证驾驶一辆三轮摩托车(无号牌)自西向东行驶时,将同方向行走的被害人李某德(女,殁年62岁)撞倒,致其右股骨干骨折、头部开放性损伤等。2016年9月10日,被害人李某德死亡,经鉴定其符合突发急性心肌梗死导致急性心功能衰竭死亡,车祸外伤可构成其死亡的诱发因素。在本案中,被告人的交通肇事行为和李某德死亡之间介入了家属放弃治疗的行为:在被害人出现意识障碍之后,医生告知家属被害人伤情很重,救活可能性很小,家属无钱支付医疗费用,把被害人接回家中后,被害人很快死亡。表面上看,被害人的死因是心肌梗死,交通肇事只是死亡的诱因。但是,如果这一诱发疾病的原因属于比较严重的身体侵害,就属于"结果的直接原因来自实行行为之后的介入行为的场合,若实行行为的危险性对于通过介入行为产生结果而言是必要的,则实行行为借助介入因素引起结果的直接原因导致结果发生,肯定因果关系的成立"①。也正是基于此,法院判决才认为,被告人李某富违反交通运输管理法规,发生重大交通事故,致一人死亡,负事故全部责任,其行为已构成交通肇事罪,应予惩处。检察机关指控被告人李某富犯交通肇事罪的事实清楚,证据确凿,指控罪名成立。鉴于被告人犯罪后主动投案,如实供述自己的犯罪行为,具有自首情节,法院对其依法从轻处罚。同时鉴于被告人李某富的"交通肇事行为所致被害人车祸外伤系被害人死亡原因的诱发因素",法院在量刑时亦酌予考虑,遂判决被告人李某富犯交通肇事罪,判处拘役6个月。②

---

① 〔日〕山口厚:《从新判例看刑法》(第3版),付立庆等译,中国人民大学出版社2019年版,第15页。
② 参见北京市海淀区人民法院(2017)京0108刑初999号刑事判决书。

前述裁判立场,是将因果经过理解为"实行行为的危险性是否向结果现实地转化"(危险现实化),可以说与德国刑法学中基于规范的考虑来判断能否把结果归责于行为人的客观归责论已经没有什么差别。因此,能否肯定客观归责论(危险现实化理论)的合理性,将其作为分析涉因果关系的疑难案件的指导方法,是未来需要认真思考的问题。

二、因果关系与共犯论

(一)所有共犯行为均与危害结果存在因果关系

按照因果共犯论,无论是正犯还是共犯,均与结果惹起之间存在联系才能认定其行为具有违法性。因果共犯论是刑法因果关系理论在共犯论中的运用。

按照因果共犯论的逻辑,共同犯罪是行为人共同惹起结果,因此,共同犯罪的成立不要求所有人都达到刑事责任年龄。

实务上有的人认为,共同犯罪中所有行为人都应当具有责任能力,这是不对的。比如 15 岁的甲教唆 25 岁的乙盗窃财物,甲和乙是共同犯罪,只是因为甲年纪小,不对其予以刑事处罚,但是两个人共同干一件违法的事,这是没问题的,所以刑法中所讲的共同犯罪,不是对这两个人都要定罪,而是两个人共同去实施一件对社会有害的行为,至于这两个人是不是都要被定罪则另当别论。

换句话说,共同犯罪主要解决的是共犯人违法事实上的连带性。违法是连带的,责任是个别的。由于责任年龄、责任能力属于责任要素,因此不需要每个共犯人都达到责任年龄、具有责任能力。如果要求共犯人必须达到责任年龄、具有责任能力,则难以妥当处理一些实务案件。例如,甲(精神病患者)与乙共同用刀砍杀丙,致丙死亡,但无法查明是谁的行为导致丙死亡的,如果认为甲、乙不构成共同犯罪,只能单独定罪,则由于无法认定乙的行为与丙的死亡之间存在因果关系,根据存疑有利于被告人的原则,对乙只能认定为故意杀人罪未遂,这显然是不合适的。只有认为甲、乙构成客观违法意义上的共同"犯罪",才能根据"部分实行、全部责任"的原则,对乙认定为故意杀人罪既遂。

要求共同犯罪人都必须达到刑事责任年龄,还会带来其他司法难题。例如,被告人李某伙同未成年人申某某(13周岁)将幼女王某领到一玉米地里,对王某实施轮流奸淫,李某是否构成轮奸?实务中对此一直有争议。① 有观点认为,李某的行为不属于"轮奸",不能适用《刑法》第236条第3款第(四)项关于轮奸的规定进行处罚。理由是:"轮奸"属于共同犯罪中的共同实行犯。既然是共同犯罪,那么,就必须具有两个以上的犯罪主体基于共同犯罪故意实施了共同犯罪行为这一要件。由于本案的另一行为人因不满14周岁被排除在犯罪主体之外,故不能将本案认定为共同犯罪,因而也就不能认定为轮奸。

但是,这种观点并不合理,与不满14周岁的人轮流奸淫同一幼女的行为当然属于轮奸。轮奸,是指二人以上共同强奸同一妇女或幼女,也即轮奸就是强奸罪的共同犯罪。遇到的问题是,不满14周岁的人实施强奸不负刑事责任,既然如此,他人与其实施轮奸行为似乎就无法成立共同犯罪。要破解该障碍,就需要重新认识共同犯罪的主体要件。

在一般情况下,共同犯罪的主体都要达到责任年龄、具有责任能力。但是,"犯罪"概念可以相对化理解。符合客观违法要件、具有法益侵害性的行为,可以视为客观违法意义上的"犯罪"。

具体到本案而言,如果认为李某与申某某不构成共同犯罪,则李某不属于轮奸,对李某的强奸罪便不能适用轮奸的升格法定刑,这显然是放纵了犯罪,也不利于保护法益。因为对被害妇女而言,事实上的确遭受了轮奸侵害。只有认为李某与申某某构成客观违法意义上的共同"犯罪",才能认为李某构成强奸罪,适用轮奸的升格法定刑。而申某某由于未达刑事责任年龄,最终不负刑事责任。

---

① 参见最高人民法院刑事审判第一、二、三、四、五庭主办:《中国刑事审判指导案例2:危害国家安全罪·危害公共安全罪·侵犯公民人身权利、民主权利罪》(增订第3版),法律出版社2017年版,第598页。

（二）因果关系与共犯的脱离、中止

共犯的脱离需要彻底切断行为人与危害结果之间的因果关系。这等于说，一旦参与共犯关系，要想彻底摆脱就是很困难的。例如，甲雇用乙去杀害丙，甲先支付给乙定金5万元，即便甲事后后悔，告诉凶手乙不要去杀人，但乙不听劝阻杀死丙的，雇凶者甲仍然成立犯罪既遂，而甲不可以成立犯罪中止。再举个案例，甲为盗窃犯乙望风，乙出来说，这家主人房间里没东西，只从客厅里偷出了车钥匙，叫甲等一会儿，自己去找一找车，乙就去地下车库到处找车，但是乙下车库之前，甲因为担心汽车价值高，明确表示不能偷车，乙说你胆子这么小，等我一会儿，偷了之后算我的，不算你望风。汽车被偷出来以后，甲对乙说是你偷的车，我不能坐，我自己走回去。乙对甲说跟你没关系，顺道拉你回去。后来这辆车卖了十几万元，案发后估值50万元左右，卖车所得的钱甲一分都没有分得。在这个案件里，我的观点是甲仍成立帮助犯，因为其没有离开现场，客观上仍然是帮助犯。有人会说，甲没有帮助故意。但是，留在现场客观上就为乙的盗窃行为提供了帮助，使乙的盗窃行为变得更容易，可以放心地到处去找车，即有帮助故意；而且帮助故意的本身含义除希望之外，还包括放任。在这个案件中，帮助的故意是存在的，帮助犯与正犯所造成的侵害结果之间的因果关系也存在。

关于共犯（教唆犯）的中止，比单独犯中止的要求更为严格，需要其切断或者脱离"因果性"，因为共同犯罪是由各共犯基于主观上的共同犯罪故意而实施的共同犯罪行为，并形成一个相互联系、相互作用、相互制约的整体，成为犯罪结果发生的共同原因，这就决定了共同犯罪中止有区别于单独犯罪中止的复杂性。例如，被告人黄土保找到刘汉标商量，提出找人利用女色教训朱环周。随后，黄土保找到洪伟，商定由洪伟负责具体实施。洪伟提出要4万元的报酬，先付2万元，事成后再付2万元。黄土保与刘汉标商量后，支取了2万元，分两次支付给了洪伟。洪伟收钱后，即着手寻觅机会利用女色来引诱朱环周，但未能成功。于是，洪伟打电话给黄土保，提出不如改为找人打朱环周一顿，黄土保表示同意。之后，洪伟以1万元雇用被告人林汉明去砍伤朱环周。后黄土保因害怕承担打伤朱环周可能会造成的法律后果,两次打电话给洪伟,明确要求洪伟取消殴打朱环周的计划,同时商定用先期支付的2万元冲抵黄土保欠洪伟所开饭店的餐费。但洪伟答应后却并未及时通知林汉明停止伤人计划。林汉明在找来被告人谢兰中等人后,准备了两把菜刀,于某晚一起潜入朱环周住处的楼下,等候朱环周开车回家。当晚9点50分左右,朱环周驾车回来,谢兰中等人将朱环周砍致重伤。事后,洪伟向黄土保索要未付的2万元。后黄土保再次给付2万元给洪伟。洪伟将其中的1万元交给林汉明作报酬。对于黄土保的行为性质,一种意见认为,黄土保主观上已自动放弃了犯罪故意,客观上已两次通知洪伟取消实施伤害计划,并已就先期支付的费用作出了处分。洪伟在接到黄土保取消伤害计划的通知后,未能按黄土保的意思采取有效措施,阻止他人继续实施犯罪,致伤害结果发生,该行为后果不应由被告人黄土保承担。法院经审理后认为,被告人黄土保雇用洪伟组织实施伤害犯罪,虽然其最终已打消犯意,但未能采取有效手段阻止其他被告人实施犯罪,导致犯罪结果发生,其个人放弃犯意的行为不能认定为犯罪中止,遂以被告人黄土保犯故意伤害罪为由,判处其有期徒刑3年。[①]应当说,法院的判决是正确的,从本案发展的全过程及黄土保在本案中的作用来看,虽然其本人确已放弃犯罪意图,并在被雇用人实施犯罪之前明确通知自己的"下家"停止伤害活动,但其上述行为未能有效地阻止其他被告人继续实施犯罪,以致其教唆的犯罪结果实际发生。换言之,黄土保要成立犯罪中止,仅本人主观上消极地放弃犯罪意图,客观上消极地不参与实行犯罪或不予提供事前所承诺的帮助、佣金等还不够,其必须还要对被教唆人实施积极的、有效的制止行为,这种"制止行为"包括及时通知、说服、收回支付的金钱等,必要时还包括报警,唯有如此,才能使被教唆人彻底放弃犯罪意图,从而避免犯罪结果的发生,教唆犯才有可能成立犯罪中止。另外,在本案中,特别值得注意的是:洪伟曾对黄土保提议"找人打被害人一顿",黄土

[①] 参见最高人民法院刑事审判第一庭、第二庭编:《刑事审判参考》(总第28辑),法律出版社2003年版,第35页。

保对此予以认可,那么,他就应该知道除洪伟之外,还会有其他人参与实施犯罪。因此,黄土保仅仅对其直接雇用、教唆的洪伟实施告知行为、抵消债务还不够,对其他被雇用、教唆的人亦负有积极采取相应补救措施的义务,至少其要确保中间人洪伟能及时有效地通知、说服其他被雇用、教唆的人彻底放弃犯罪意图,停止犯罪并有效地防止犯罪结果的发生。但是,黄土保并未实施上述有效防止结果发生的行为。此外,从主观上看,黄土保事后继续支付金钱的行为表明其对他人犯罪既遂的追认,其主观上对于被教唆人造成危害后果至少存在间接故意。因此,对于教唆犯而言,从客观上看,危害结果与其教唆行为之间的因果关系并未切断,主观上对结果存在放任的故意,不宜认定为犯罪中止。

三、因果关系与罪数认定

纯粹从理论上说,一个行为、一个结果、一个故意,符合一个犯罪构成要件,就是一罪。而一个行为、一个结果背后隐含的结论当然就是,只要能够确定存在一个独立的因果关系,通常也就是一罪。因此,因果关系理论对于罪数认定也是有影响的。

(一)一罪和数罪的观念

判断一罪和数罪的主要标准是,一个故意、一个行为造成一个后果(一个因果关系)、符合一个犯罪构成要件,就是一罪。但是,在实践中,由于牵连犯、吸收犯的理论用得比较多,数罪很多时候被作为一罪处理。其实,大量的案件都是罪犯有多个故意、多个行为并造成多个结果,应该认定为数罪。坚持一个故意、一个行为造成一个后果、符合一个犯罪构成要件就是一罪的观念,有助于贯彻犯罪构成要件的要求,理论上合理,能够实现一般预防,表明国家的立场,也能够充分评价被告人的行为。不难看出,因果关系的个数其实对一罪和数罪的认定有影响,因果关系论能够映射到犯罪竞合论当中。

我们有时候看国外的影视作品就会发现,一个持枪杀人致死伤的案件,法官可能定出多个罪名来:买枪、持枪去被害人家里,开枪致被害人重伤,最后把被害人打死,被告人至少构成四五个罪名。有人可能说这样做没必要,但国外在认定多个罪名同时并罚时,往往有特殊考虑,多个罪的并罚表明了司法机关的立场。另外,我们会发现,国外数罪并罚不采用中国限制加重这样的理论,我国有期徒刑并罚最多不超过 20 年或者 25 年。国外的处刑,在有数罪时多数情况下是累加的,被告人可能被判处有期徒刑300 年、400 年。谁都知道被告人活不了这么久,但是,宣告长期徒刑就是要表明这个被告人所受的负面评价更重,司法机关对行为人的基本态度很清楚。

(二)罪数论的实践

一罪和数罪中较为突出的问题是:实务上贯彻不了我前面所讲的一罪和数罪的认定标准。比如,为抢劫而对被害人投麻醉药,被害人会在 30 分钟内熟睡,就是药效发挥作用是 30 分钟以后,但是,由于被害人过于疲劳,服药 10 分钟后就睡着了,行为人将其财物拿走。这样一个案件,实务处理中可能就不分那么细了,往往只定一个抢劫罪了事。但是如果严格按照我刚才讲的一个故意、一个行为、一个犯罪构成要件就成立一罪的观点,对被告人要定两个罪:抢劫未遂和盗窃罪。之所以定抢劫未遂就是实施了抢劫罪中除暴力以外的其他方法,也就是昏醉抢劫。但是,取财行为并不是麻醉药发挥作用以后才实施的,而是在麻醉药发挥作用之前被害人就睡着了,因为药 30 分钟以后才会发挥作用,取得财物和被告人的抢劫行为没有关联,而和被告人趁被害人睡着以后窃取财物有关联。所以被告人就应该定两个罪,然后数罪并罚。所以,一罪和数罪的观念有时候很重要。

实务中另外一个难题是,有时候定罪脱离立法规定。比如,甲大量持有空白信用卡,偶尔使用的。实际上甲触犯了两罪,妨害信用卡管理规定、大量持有空白信用卡是一个罪;使用行为又构成诈骗罪。实务中,还可能对原本应该数罪并罚的行为以吸收犯来处理。比如,甲长期虐待妻子,但是某一次虐待妻子下手太重了,导致被害人重伤,实务中可能仅以虐待罪处理,但是对被告人实际上应该定两个罪,长期实施虐待行为所构成的虐待罪,这一次致被害人重伤所构成的故意伤害罪。

另外一点就是,认定牵连犯、吸收犯、事后不可罚的行为太多,认定数罪并罚的行为少。杀人以后肢解尸体,实务中可能就认定一个故意杀人罪,但是,在很多国家,是要数罪并罚的,因为肢解尸体是很恶劣的行为。在通常情况下,杀人并不伴随着肢解尸体的行为,所以作为吸收犯来处理或者不并罚的情况实际上是讲,这个行为伴随着其他行为的时候不处理。比如说,对准被害人捅一刀,被害人重伤,但是被害人穿一件名贵的貂皮大衣,价值一万元,被告人实际上还构成故意毁坏财物罪,但是在这样的案件中通常不会在故意杀人罪或者故意伤害罪之外再定一个故意毁坏财物罪。就是说,在杀人的时候,不伴随故意毁坏他人的衣服很难做到。但是,杀人并不当然地要伴随肢解尸体,所以很多国家的判决认为,杀人后故意肢解尸体的行为是被告人杀人行为之外附加的行为,不是通常的伴随行为,而且是很恶劣的、反伦理评价的行为,所以要数罪并罚。但在司法实务中很难找到这样的判决。

此外,实务中还有基于调查取证、被害人赔偿、财物发还等考虑将数罪"便利"地认定为一罪的情形。例如,对于【案例7-4 缺斤少两案】的被告人如何定罪,与如何看待因果流程、如何对待被害人有关:一方面,针对前来加油的客户而言,被告人的行为构成诈骗罪,其属于以"缺斤少两"的方式欺骗对方,让对方上当受骗后"自愿"多交付额外的金钱,因此,其实行行为对客户存在法益侵害,使其遭受了不必要的财产损失,该诈骗罪的犯罪既遂时点是客户受骗后多交付金钱的那一刻。另一方面,对加油站而言,行为人与加油站工作人员合谋利用职务便利将加油站占有和控制的石油出售,使得单位的财物减少,被告人因其与加油站工作人员相勾结可能构成职务侵占罪共犯(如果该加油站为国有企业,被告人可能构成贪污罪共犯)。之所以对后续的出售行为要单独定罪,主要考虑的是,该出售石油的行为与之前的诈骗行为是相互独立的,因为被告人欺骗客户的行为已经既遂,财物已经到手;而加油站的石油是由加油站占有和控制的,该出售行为侵害了单位对财物的占有权。

当然,对于被告人事后将石油拿出去卖掉这一行为,可能会有两种处理方案:方案一,被告人事后出售的石油,本来就是诈骗他人之后"节省"下来的财物,该出售行为类似于销赃,没有必要单独定罪;如果认为该石油是因为欺骗客户而没有交付的,应当归还给客户,不属于加油站的财物,那么,就可以认为出售石油的行为属于处理赃物(不可罚的事后行为),不再单独定罪。方案二,如果认为针对客户的诈骗行为已经既遂,加油站有义务保管相应的石油以确保事后发还给被害人,那么,这些被偷偷出售的石油就是由加油站占有和控制的,被告人的出售行为侵犯了该单位的财产权,视该加油站的单位性质,被告人构成职务侵占罪或贪污罪共犯。如果按照后一种方案处理,对被告人就应该以诈骗罪、职务侵占罪(或贪污罪)数罪并罚。

上述这两种方案,按理说,数罪并罚的主张最为合理,因为在本案中,被告人有两个相互独立的犯罪故意,存在两个被害人,有两个独立的因果流程,即被告人的行为既欺骗了前来加油的客户,又侵害了加油站的财产占有权。从表面上看,加油站似乎没有财产损失,但是,如果一旦客户找上门来主张债权,加油站就有义务予以赔偿,在这个意义上,其占有、控制的财物被变卖,使得其陷入财产损失的风险之中,不能认为其没有损失。因此,被告人实施数个犯罪行为,造成数个法益侵害,形成数个因果链条,对其理应数罪并罚。

但是,在具体处理类似于【案例7-4 缺斤少两案】等案件的过程中,法院可能会考虑:如果定诈骗罪,参与实施诈骗行为的加油站员工很多,这些行为人当中如果分得10万元以上钱款的都要被判10年以上有期徒刑,由于涉及人数多、判刑重,最终难以判决;另外,如果对被告人定诈骗罪,就需要去找无数个前来加油的车主取证,这很困难,而单独的客户的受害金额可能只有几百元,就单笔事实认定诈骗罪存在障碍;还有,以诈骗定罪还涉及被害人赔偿等一系列司法程序上的复杂问题,所以,法院对被告人仅定职务侵占罪(或贪污罪)共犯是比较省事的做法。这样一来,就对基于数个故意、侵害数个法益、形成数个因果流程的行为,仅仅评价其中一段,将数罪简化为一罪处理,由此形成关于数罪问题理论和实务上的重大差异。

上述分析表明,因果关系论对犯罪竞合论的影响还没有真正发挥作用,对一罪和数罪的实务认定没有充分顾及因果关系论。

(三)罪数认定的关键问题

受因果关系理论影响的罪数理论,在实务中有两个问题比较重要。

1. 需要多考虑犯罪之间的交叉和集合,少考虑犯罪的"排斥"或非此即彼的对立关系。实务中流行一种观点,就是被告人的一种行为只构成一个罪,这是我们实务中很多人很自觉地形成的一个观点。如果一个人构成故意伤害罪以后就定不了寻衅滋事罪,但是实际上,被告人的寻衅滋事和故意伤害行为很可能构成想象竞合犯,因为寻衅滋事行为和对应的结果、故意伤害行为和对应的结果之间的因果关系是难以否定的。另外,贪污罪和受贿罪也可能竞合,特别是指使下级单位拿公款供自己使用的,对被告人指控其构成受贿罪是可以的,因为其有收受财物行为;指控他贪污也可以,因为他收受的是自己能够控制、管理的下级单位的财物。

另外,贪污罪和滥用职权罪也是竞合的。从行为及因果关系的角度看,任何一个贪污罪都同时构成滥用职权罪,贪污公款的行为人如果不滥用职权,其不可能拿到财物。但是,反过来,就不一定成立了,不能说任何一个滥用职权行为都是贪污行为,因为滥用职权不一定是把钱装进自己口袋里。例如,被告人甲是一个国有医院的院长,这个医院从政府申请了一个公共卫生的专项补贴,按照政府基本公共卫生服务项目的要求,该院应当为所在区域居民提供包括建立档案、为65岁以上老人免费体检等九大类服务。但甲指使下属编造虚假健康档案、虚报工作量,将补助资金50万元套取到该院后,没有用于规定的相关人员的支出以及开展基本公共卫生服务所需的必要的耗材等公用经费支出,而是用于专项补助资金明令禁止的支出(购买设备、基本建设、会议培训、购买药品、非公共卫生人员的工资、奖金、保险金支出等),挤占了50万元基本公共卫生专项资金。被告人甲没有将一分钱装到自己口袋里,但对其应定滥用职权罪,不能定贪污罪。被告人的行为属于任意行使职权,改变特定财政资金的用途,违反了《刑法》第397条的规定,我认为这种行为挤占了50万元基本公共卫生专项基金,使得应该享受这 50 万元服务的人群的利益受到损害,犯罪数额就是被他改变用途的财政资金的数额。

2. 应当充分评价被告人的行为,以有效避免评价不足。充分评价,是指对被告人数罪并罚的时候,实务中不应特别考虑其是不是牵连犯或吸收犯,行为侵害数个法益、存在数个因果关系的,就应该是数罪。实务中对滥用职权且受贿的行为予以数罪并罚,这一做法很有道理。如果对这类被告人只定一个罪名,刑法上的充分评价就没有做好,等于是放纵了被告人。所以,在评价上要充分列举被告人可能"触犯"的罪名,再考虑是不是要数罪并罚。符合数罪条件的,并罚是原则。

当然,结合因果关系理论来分析罪数关系并进行充分评价并不是一件容易的事情。例如,对于【案例 7-5 设套买牛案】,有观点认为,对于本案只需要评价甲对牛注射毒药的行为,对其论以故意毁坏财物罪就足够了;至于之后的行为,在定性上属于毁坏行为导致他人财产损害后,被害人抛弃财物,行为人捡走,是不可罚的行为。而不宜把毁坏行为评价为诈骗罪的欺诈行为。理由如下:其一,因为甲实施对牛注射毒药的行为时,与被害人乙之间没有交流,不符合诈骗罪是一种"交往犯罪"的本质,而且该行为也并不会一般性地导致被害人作出处分财产的决定。其二,似乎也不能认为行为人甲在买病牛时,具有主动向乙就毒害牛的事实作出真实陈述的告知义务(作为义务),因为如此赋予甲保证人地位就太勉强了,也就难以认定甲构成不作为的诈骗。同时,也不能说甲有消除被害人乙的错误作为义务,因为被害人陷入的并不是一个与财产有关的错误,他仅仅是不知道购买者就是损害行为实施者而已。其三,如果把注射行为评价为诈骗罪的实行行为,就可能出现以下难以被接受的结论:如果被害人不卖病牛,难道对甲定诈骗罪未遂? 因为对于生了病的牛如何处置,具体方式有很多:既可以继续治疗,也可以卖掉,还可以杀死后做无害化处理。而且即使要出售,也未必就非得卖给行为人甲。

也有观点认为,应对被告人的行为整体评价为诈骗罪,诈骗数额是 10 万元。行为人甲以低价购买斗牛为目的给斗牛注射毒药是诈骗行为的着手,主人以为斗牛中毒其价值降低是被欺骗之后的错误认识,以低价把斗牛卖给行为人是处分财物,被告人甲接受占有物后,再恢复物的价值,因而其行为符合诈骗罪的构成要件。这种观点否定故意毁坏财物罪,认为既然牛还活着,就没有毁坏的问题。

我认为,如果要充分、完整地评价甲的行为,认定其成立故意毁坏财物罪和诈骗罪的竞合是合适的。我的意见是:(1)甲的注射毒药行为是对动物这一财物的毁坏,降低了财物的财产价值。不能认为牛还活着就不可以定故意毁坏财物罪。把别人价值2万元的手镯彻底砸坏,是故意毁坏财物;只敲破一小截,手镯价值从2万元变为2千元的,也应该是故意毁坏财物,毁坏行为和动机、目的基本没有关系。从财物功能受到损害的角度看,财物价值降低的事实客观存在(乙事后低价卖出牛的事实也反过来证明了这一点),毁坏行为足以被认定,且注射毒药行为实施后就既遂。肯定故意毁坏财物罪,能够充分评价被告人伤害动物、降低动物价值的行为。在案件处理上,对故意毁坏财物行为如果不予以认定,会与充分评价原则相抵触。(2)在被告人向被害人隐瞒自己先前实施过注射毒药行为、对牛重新注射解药价值会升高等事实意义上,被告人对被害人有欺骗,使其陷入错误后处分财物,诈骗罪能够成立。在这里,我并没有把注射毒药的行为评价为诈骗罪的实行行为。有的人可能会提出,如果认为注射毒药行为是诈骗罪的着手行为,可能会导致以下不可能被接受的结论:如果被害人不卖病牛怎么办?是否定诈骗罪未遂?对此,合理的解答是:如果将甲事后找到乙商谈低价购买牛作为诈骗罪的着手行为,就能够绕开前述疑问。在案证据能够证明被告人实施连环行为的故意,其毁坏财物后再收购,被害人如果坚决不卖牛,也只能认定甲的毁坏行为成立诈骗罪预备,而非未遂。总之,不能孤立地评价注射毒药行为,也不能将其视作诈骗罪的着手行为,而应该完整评价行为人的行为链条。如果被告人事后因为各种原因根本不去收购其注射了毒药的牛,对注射毒药行为就只能认定为故意毁坏财物罪既遂和诈骗罪预备的想象竞合犯;如果被告人甲去和被害人乙商谈,而乙执意不卖牛的话,甲的诈骗行为已经着手,其行为所导致的财物价值贬损不可恢复,认定其成立故意毁坏罪的既遂和诈骗罪的未遂。所以,诈骗罪处于何种形态,关键是审查被告人针对被害人开始实施欺骗行为(向被害人隐瞒对牛注射毒药过程以及自己有解药的真相),被害人是否愿意卖牛对于定性并不重要。(3)对于被告人前后实施的故意毁坏财物罪和诈骗罪,因为完全符合不同构成要件,可以数罪并罚。当然,也可以在先后充分地评价故意毁坏财物、诈骗两个行为的基础上认为:由于两个罪的认定其实都和注射毒药这一行为直接或间接有关,该行为将毁坏和骗取被害人财物紧密联系起来,使之成为前后接续的行为,因此可以对甲不认定为数罪,而以重罪(诈骗罪,犯罪数额是 10 万元)处理即可(想象竞合犯或包括的一罪)。

这里还有一个案例,也代表了一类问题。负责拆迁的国家工作人员甲明知乙虚构拆迁面积,为尽快完成拆迁任务或者谋取个人利益,而应对方要求按照虚构面积给予补偿。拆迁户乙多得 50 万元,后送给甲 10 万元。对于甲构成贪污罪还是受贿罪、乙是否构成诈骗罪等问题,一直有争议,各地结论不一,简直是花样百出,有的主张单独对甲定滥用职权罪,对乙不处理;有的主张对甲定滥用职权罪,对乙定诈骗罪,这种情况最多;有的主张对甲定受贿罪,对乙定行贿罪;还有的主张对甲定贪污罪,对乙定诈骗罪。我的基本观点是,这类案件对甲首先要考虑定贪污罪,因为乙要把拆迁款拿到手,一定取决于国家工作人员甲的行为。认定共同犯罪,要确立犯罪的核心角色或者正犯。有国家工作人员参与犯罪的时候,这个核心角色一定是国家工作人员,即有特定身份的人。这类案件离开有特定身份的人,钱就骗不出来。当然有人会说,甲没有非法占有目的,这 50 万他根本就不想要。但是,非法占有目的实际上包括两种情况,一种是自己占有,另一种是非法占有以后处分给第三人。只要是以国家工作人员的名义把钱给第三人的,就可以认定该国家工作人员具有非法占有目的。所以,将受贿款捐给公益事业的,受贿罪也成立。虽然此时受贿人会辩解其一分钱都没拿,但是,他属于非法占有财物以后送给了第三人。在这个案件中,国家工作人员当然没有拿拆迁款,但是他把基于其特定身份贪污的财物给了没有特定身份的人,其贪污行为和国有财产受损之间就具备因果关系,甲就成立贪污罪。对其中的 10 万元,甲实际上还应当构成受贿罪,因为他把这个钱送给第三人之后,该财物被第三人占有、控制,第三人再掏出钱来给了国家工作人员甲。至于对甲的贪污罪、受贿罪是否需要并罚还是成立竞合（吸收）关系，还可以再研究。而乙是贪污罪共犯和行贿罪的正犯。对乙取得财物的行为为什么不定诈骗罪？最主要的理由是，在本案中，拆迁户乙把虚构的面积告诉了甲，既然甲是知情的，就谈不上被欺骗陷入错误认识之后处分财产，诈骗罪就难以成立。

第八讲
客观归责论与刑法规范判断

【案例8-1 美容致死案】

2015年5月6日,被害人乙(女,24岁)在被告人甲所经营的某美容有限公司接受吸脂手术,其间被害人乙因注射麻醉药物感到不适。被告人甲与其朋友丙等人将被害人乙送往位于北京市大兴区的某医院治疗,后因乙病情严重,被转入重症监护室治疗。同年5月8日16时许,被告人甲不顾医务人员的病危劝告,冒充被害人乙的姐姐,在医院的《病危病重通知书》《自动出院或转院告知书》上签字,强行将被害人乙接出医院,并用私家车将其送回被害人乙的暂住地,导致被害人未得到及时医治。同日22时许,由于病情严重,被害人乙联系丙,丙与被告人甲取得联系后,将被害人乙先后送往其他两所医院进行救治,后被害人乙于次日16时许在某医院死亡。经鉴定,被害人乙系急性药物中毒导致多器官功能衰竭死亡。被告人的行为是否构成犯罪?

【案例8-2 慌不择路案】

梁某(女,21岁)在自家楼道内被邻居程某(男,25岁)猥亵。事后,梁某将此事告知其男友张某,二人遂对程某产生报复心理。经商议,梁某于当晚与程某相约次日晚上在春天公园内见面"谈心",并将有关情况告知张某。2011年12月15日20时许,梁某与程某见面后,将程某带进公园,并在到达公园前事先电话通知了张某。当张某见程某进入公园后,便向程某靠近,在靠近程某的过程中,被程某发现,程某撒腿就跑。张某随即开始追赶程某。当张某将程某追至该公园人工湖的西北岸边时,程某跑上结冰湖面逃向对岸。张某和梁某因为害怕冰面上有危险,即绕道木桥来到对岸找程某,但发现位于程某逃跑方向的对岸岸边有一处冰面已经破裂,二人在对岸经找寻未发现程某。后张某送梁某回家。次日下午,程某的尸体在春天公园湖面被发现(该处湖面即张某在案发当晚发现的那处解冻湖面)。经鉴定,程某系溺水死亡。张某的行为是否构成犯罪?

【案例8-3 防卫致死伤案】

2014年3月12日18时许,被告人陈天杰和其妻孙某等水泥工在海南省三亚市商品街一巷港华市场工地处吃饭,周世烈、周世明、容某、容浪和纪亚练等人也在隔壁不远处吃饭喝酒。被告人陈天杰和孙某吃完饭后就去加班。22时许,周世烈、容某、容浪和纪亚练在工地调戏孙某,还骂站在孙某身边的被告人陈天杰,双方因此发生争执。周世烈冲上去要打被告人陈天杰,陈天杰也冲上去要打周世烈,孙某和从不远处跑过来的刘增荣站在中间,将双方劝开。孙某在劝架时被推倒在地,被告人陈天杰就上前去扶孙某,周世烈、容浪和纪亚练先后冲过来对被告人陈天杰拳打脚踢,被告人陈天杰也用拳脚与他们对打。接着,容浪、纪亚练从旁边地上捡起钢管冲上去打被告人陈天杰,周世烈也从工地旁边拿起一把铁铲,准备殴打陈天杰。其中纪亚练被刘增荣抱着,但纪亚练一直挣扎着往前冲,当他和刘增荣挪动到被告人陈天杰身旁时,纪亚练将刘增荣甩开并持钢管朝被告人陈天杰的头部打去,因陈天杰头部戴着一个黄色安全帽,那根钢管顺势滑下打到被告人陈天杰的左上臂。周世烈持铁铲冲向陈天杰,但被孙某拦住,周世烈就把铁铲扔了,空手冲向陈天杰。在此过程中,被告人陈天杰半蹲着用左手护住孙某,右手持一把折叠式单刃小刀乱挥、乱捅。刘某闻讯拿着一把铲子和其他同事赶到现场,周世烈、容浪和纪亚练看见后便逃离现场,逃跑时还拿石头、酒瓶等物品对着被告人陈天杰砸过去。容浪被被告人陈天杰持小刀捅伤后跑到工地的地下室里倒在地上,后因失血过多死亡。经鉴定,容浪系生前被单刃锐器刺伤左腹股沟区下方,造成左股动静脉断裂致失血性休克死亡;周世烈被捅致左膝部皮肤裂伤伴髌上韧带断裂,其伤势为轻伤;纪亚练呈左腹股沟区裂创痕,刘增荣呈右大腿远端前侧裂创痕,二人的伤势均为轻微伤;陈天杰被打后呈左头顶部浅表挫裂伤,其伤势为轻微伤。陈天杰的行为是否属于防卫过当?

客观归责论主张,当行为制造了法所不允许的风险,符合构成要件的结果被实现,且该结果在构成要件效力范围之内的,由一定行为所造成的结果才可能归属于行为人,客观构成要件符合性的判断也才能完成。虽然德国也只在"货车案"等少数判决中直接认可客观归责论①,在我国实务中采用客观归责论来说明裁判理由的案件更为罕见,但是,并不能由此得出客观归责论对于实务没有指导意义的结论。该理论实际上在很大范围内得到适用,而且其法理能够毫无障碍地适用于所有案件,只不过这一判断过程很多时候在是无意中被完成而已。因此,不能认为客观归责论只适用于少数案件。②

由此,特别值得深入研究的问题是,实务中认同客观归责论的必要性究竟在哪里?在认可该理论的前提下,如何更好地将其适用到具体案件的处理中?在我国司法实务中,在事实的因果关系之外,进行结果归属判断是否就是贯彻了客观归责论?换言之,能否认为即便司法判决没有直接使用理论上通常所说的制造法所不允许的风险、实现法所不允许的风险、构成要件的效力范围等用语,也可能是在作客观归责的判断?此外,实务中,客观归责论的射程在哪里,即其是否有助于延伸思考和解决客观构成要件符合性之外的其他问题?以上这些,都是客观归责论研究中未竟的话题。

---

① 〔德〕约翰内斯·韦塞尔斯:《德国刑法总论》,李昌珂译,法律出版社2008年版,第116页;〔德〕克劳斯·罗克辛:《德国最高法院判例刑法总论》,何庆仁、蔡桂生译,中国人民大学出版社2012年版,第11页以下。

② 认为客观归责论适用范围有限的主张,参见张明楷:《刑法学》(第五版),法律出版社2016年版,第182页。

一、实务上采用客观归责论的必要性

理念是实践的先导。只有充分认识到运用客观归责论的必要性,实务上才会产生用好该理论的内在推动力。

(一)实务上需要规范思考而不能仅作事实性思考

规范思考是从法规范角度出发所作的评价性思考,其属于刑法思维上的重要方法,与刑法解释方法的运用紧密相关。通过规范思考,可以划定个人自由的范围。规范思考与行为规范和制裁规范有关,无论是行为无价值论还是结果无价值论都必须承认规范思考。尽管人们对客观归责论仍存在各种争议,但该理论所展示出的规范思考方法论的合理性、对整个刑法教义学的影响都是不可否认的。

1. 经验判断和规范判断之间具有递进关系

在客观归责的两个下位规则(风险制造与风险实现)中,都含有规范判断的内容。就风险制造而言,一方面,对行为是否制造或明显提升了风险,必须利用生活常识进行可能性判断(事实判断、经验判断),审查那一部分风险是否让一般人感觉到危险,可能对其正常生活造成困扰;另一方面,行为人所制造或提升的风险,必须是根据"法"的立场难以容忍而被禁止的风险,此时是对依据生活经验所判断的风险再从规范的角度进行审视或"二次挑选",以确定刑法对这样的风险制造行为是否需要表明态度。对于风险制造的这两重判断,可以认为其具有递进关系:基于生活经验的判断是为规范判断做必要准备;即便某些行为从一般生活经验看非常危险,但只要其不被刑法规范所反对,就不属于法所不允许的风险,而是被允许的风险。此外,从常识的角度看制造风险的行为,如果能够被规范地评价为降低风险的,也不属于制造风险。

就风险实现的判断而言,同样是在经验判断基础上的规范判断。一方面,必须通过生活常识判断某一行为是否通常或大概率地可能引发某一结果,这是考虑民众规范意识之后的事实的、经验的判断;另一方面,如果将某一结果归属于行为存在争议时,需要从刑法保护规范的立场进行限定,将那些从生活经验上初步认为可以归责的行为再从规范的角度判断风险是否真的实现。例如,甲重伤乙,乙被送医后,医生丙治疗时有小的失误,乙最终死亡。从生活经验上看,乙直接死于医生之手,但是从规范的角度看,甲制造的重大风险才应该被认为实现于死亡结果之中,医生的失误不被认为对结果有重要影响,对于医生的行为应排除风险实现。

上述经验判断和规范判断二分的逻辑提示我们:在司法上,某一行为是否危险,某一结果是否要归责于被告人,仅仅靠事实判断和经验判断所得出的结论未必是正确的,规范层面的检验无论是对行为危险性还是结果归属的判断都很重要,即"单凭一个对行为与结果间因果关联的事实考察是不能确定刑事责任的,还需要规范性(限制性的)评价,用于限制一种纯经验因果性结论"①。

2. 实务上不进行规范思考就无法实质判断行为的违法性

行为违法与否的判断与规范思考紧密相关。例如,对于造成一定后果,似乎有一定危险性,但行为明显降低法益风险的场合,不能认为行为违法。例如,甲试图盗窃乙价值3万元的财物,丙得知甲的犯罪计划后,劝其少偷一点,乙最后只窃取被害人价值1万元的财物的,不能认为丙针对该1万元财物的盗窃成立帮助犯;再比如,恶势力团伙对不归还高利贷的被害人扣押其车辆并提起民事诉讼,但代理律师建议在起诉主张中将被扣押车辆每天的停车费从1 000元降到300元的,不能认为该律师就此起案件成立敲诈勒索罪的帮助犯,因为该律师明显是通过改善行为对象的状况来修改因果进程,如果对这种行为也加以禁止,明显不利于保护法益。

对上述情形,无论从条件说还是从相当因果关系说出发,都能够得出因果关系存在,可以进行构成要件该当性评价的结论。但是,从客观归责的角度看,降低法益风险的行为并未制造法和社会所不允许的风险,即便有结果发生,从规范判断的角度看,也不能归责于行为人,客观违法性从

---

① 梁根林、[德]埃里克·希尔根多夫主编:《中德刑法学者的对话(二):刑法体系与客观归责》,北京大学出版社2015年版,第131页。

一开始就不存在。

客观归责论的处罚限定功能,不仅仅体现在降低风险方面。在实践中,对大量案件的处理也都展示了客观归责论在方法论上的优越性。例如,在交通肇事案件中,交通肇事行为导致死亡1人或者重伤3人以上,负事故全部或者主要责任的,才构成犯罪。这里的负事故主要责任或全部责任,实际上就是一种对客观构成要件的规范评价,而不是仅仅因为有人死亡或者有重伤的事实就自动成为归责对象。例如,甲到乙家盗窃财物时被发现,甲拔腿就跑,乙穷追不舍抓住了甲的衣袖,因为下雨路滑,甲摔倒后颅内出血死亡,甲的死亡虽然与乙的行为有关,但乙并不构成过失致人死亡罪,这主要是按照刑事诉讼法的规定,普通公民有扭送罪犯的权利,乙作为被害人追赶小偷致使其滑倒的行为,显然并未制造法所不允许的风险。

再比如,A女与B女以及其他朋友在一起玩耍时,B借用A的手机打电话。后来,A的手机不见了。几天后,A听说B现在用的手机与她丢失的一样,便怀疑B偷了她的手机。A与女友Y等5人多次追问B,并要她承认偷了A的手机。但B一直不承认。某日凌晨2时左右,A与L等人在一酒吧间见到B时,A、L等人又追问B,逼迫其承认偷盗行为。B在众人的追问下表示:"为了证实我没有偷她的手机,我可以去跳崖,以表明我的清白。"A便说:"你敢去跳,我就敢打车送你去。"说完,A出钱,同B、L等人坐两辆出租车,送B来到山崖边。山崖距离地面高达数十米。B走到山崖边,欲跳时,被同来的其他人拉回来。A对旁人说:她不会跳下去,只是做个样子吓唬我罢了。于是,B再次走到山崖边,纵身跳下。A等人见B跳崖后,慌忙跑到山下,四处进行寻找、搜救,未果。两天后,发现了B的尸体。经法医鉴定,B系生前高空坠落死亡。A不构成间接故意杀人罪,也不构成过失致人死亡罪,对其应认定为无罪,主要理由是:虽然B的跳崖和A的言语刺激有关联,但是,死亡是由B的自杀行为所导致的,自杀决定是B基于自由意志选择的,A对B的自由意志并没有施加强制力,从规范思维的角度看,A的行为所制造的仅仅是社会生活中的一般性风险,而不是法所不允许的风险;B的行为具有自我答责的性质。

与此类似的案件是,某日中午,村民金某设40岁生日宴席,许多亲友和村民到场。村民吴某平日与金某不和,当日不请自到,引起金某不满,用言语相讥。金某对吴某说:"你怎么到处混吃混喝?"吴某一副无赖相说:"我这个人不挑食,走到哪吃到哪,什么都敢吃,什么都敢喝,就算是农药我也敢喝。"金某不屑,追问道:"你真敢喝农药?我要是拿来农药,你不喝,就从我胯下钻过去,敢不敢?"金某觉得吴某不敢真的喝农药,想借此机会整整他,就倒了一杯农药,对吴某说:"这是农药,你敢喝吗?"周围人也跟着起哄,吴某不愿服输,端起杯子一口气喝了下去。见吴某真的喝了农药,大家这才意识到大事不好。吴某在被送医途中死亡。如果只承认事实判断,当然会认为吴某的死亡和金某的言语刺激有关联,因此至少应追究金某过失致人死亡的刑事责任。可是,从规范评价的角度看,每个人都要对自己的行为负责,知道是农药而自行喝下的,相应的结果就应该由自己承担,而不能要求对方承担刑事责任;如果将金某的打赌行为视作制造了法所不允许的风险,个人自由行动的空间就会被压缩,与法规范的意图不符。因此,在上述因为打赌而引发一方自杀的案件中,原则上应当承认仅有言语刺激的一方没有实际制造法所不允许的风险。

(二)实务上的因果关系相当性判断不能取代规范思考

有学者认为,相当因果关系理论可以替代客观归责论。① 但是,这是对相当性说和客观归责论的双重误解。

相当性说的事实判断特征非常明显,这一方面表现在其与条件说的关系一直没有厘清上,"相当因果关系说内含有合法则的条件关系之确定与该关系在社会生活上的一般经验内是否相当两种观点。因此,有批判者认为,相当因果关系说把相互异质的两个要素即自然科学意义上的因果关系之存否问题与作为规范问题的归属观点进行了硬性结合"②。对于有介入因素的案件,相当性说用"因果关系中断"来处理,但条件说意义上的因果

---

① 参见刘艳红:《客观归责理论:质疑与反思》,载《中外法学》2011年第6期。
② 〔韩〕金日秀、徐辅鹤:《韩国刑法总论(第十一版)》,郑军男译,武汉大学出版社2008年版,第162页。

关系并未中断,一直对结果有弱的影响。① 另一方面,相当性说承认事前的事实判断,审查行为是否通常会引起某种结果,而风险实现的判断是建立在事后判断的基础之上的,为此,相当性说同时又不得不承认实行行为(风险制造)之外的风险实现这一过程,其体系内的矛盾无法得到妥善解决。另外,相当还是不相当的判断标准本身不明确,缺乏实质的规范思维方面的内容,这也成为相当性说的硬伤。实践中存在大量具有相当性但是不能归责的情形,例如,恶势力主要成员甲为抢占"地盘",基于伤害的故意,将被害人乙打成重伤,然后再故意将其扔到小偷们经常出入的场所,导致乙身上的1万元被盗,甲是盗窃罪的正犯还是共犯,还是对盗窃部分不成立犯罪? 在此,伤害行为和盗窃结果之间介入了他人的故意行为,按照相当性说,由于乙被扔到小偷们经常出入的场所,因此,乙被他人盗窃这一介入因素的出现不异常,甲对于盗窃罪要承担正犯责任。但禁止伤害的规范保护目的主要涉及保护生命权问题,因此,即便存在相当因果关系,也不能就盗窃罪对甲归责。

这样说来,客观归责理论与相当性说等传统因果关系理论之间存在的差异并非形式上的或技术性的,而是根本性的。这种差异体现为客观归责论具有"规范思考"特色,而相当性说无法完成这一任务。因此,实务上绝对按照相当性说的逻辑处理案件,在某些场合会得出不合理的结论。这一点,以刑法判断上重视客观化及事实基础的"可视化"为取向的日本刑法实践能够给予我们不少启示。

日本过去的审判实践一直坚持相当性说,例如,甲将丙伤得很重,送医后,医生乙的错误很异常的,实务上按照相当性说会重点考虑医生介入之后的"因果进程的通常性"即相当性,由于医生的错误异常,导致因果关系中断,医生乙对丙的死亡负责。但后来逐步转向考虑行为对结果的贡献程度,甲的伤害行为一开始就使得被害人伤得很重的,甲对结果负责,医生乙是不是存在介入行为不是评价重点。这样的思考其实已经转换为接近于客观归责的判断逻辑:凡是对结果发生贡献大的人,结果就是被他所实现

---

① 参见黄荣坚:《基础刑法学(上)》,元照出版有限公司2012年版,第284页。

的。审判实践中从事实判断转向规范判断的情形,被日本学者称为"相当性说的危机"①。

在日本"大阪南港案"中,被告人甲对被害人乙实施暴力,造成被害人乙内因性高血压颅内出血,其后甲把乙转移到大阪南港的一处材料堆放点,然后离去。第二日凌晨,被害人乙被发现死亡,死因是内因性高血压颅内出血。在被害人乙死亡前,有第三人丙用木棒殴打了被害人乙的头部,导致其颅内出血扩大,可能稍微提前了被害人乙的死亡时间。问题是甲能否以该案介入了第三人的故意行为而主张故意伤害罪未遂?日本最高裁判所认为,被告人甲的暴力形成了属于被害人死因的伤害,在这种情况下,即使之后有第三人介入施行了暴力从而可能提前了被害人乙的死亡时间,仍然能够认定被告人甲的暴力与被害人乙死亡之间有因果关系。在这里展现了日本法院近年来所主张的规范性判断色彩非常浓厚的"危险现实化说"的法理:(1)即使因果关系中介入因素有异常性,也不能否定最初的实行行为与侵害结果之间存在因果关系,此时,即使最初行为与最终结果之间没有相当性也不影响其对结果负责;(2)只要实行行为的危险性已经通过结果而展现出来、现实化了(结果实现了实行行为的危险性),行为人就需要对结果负责。对此,山口厚教授认为,将因果经过理解为"实行行为的危险性是否向结果现实地转化"的立场,可以说与基于规范的考虑来判断能否把结果归责于行为的客观归责论已经没有什么差别。②

所以,今天的日本刑法学界和实务部门已经充分认识到,在传统的因果关系(条件说)之外拒绝规范判断是完全不可能的。即便口头上宣称要坚持相当性说的学者也承认规范判断方法的重要性。例如,前田雅英教授认为,因果关系论中狭义的相当性的判断需要展示判断的方法,即将实行行为引发结果的概率大小、介入事情的异常性大小、介入事情对结果的贡

---

① 〔日〕西田典之:《日本刑法总论》(第2版),王昭武、刘明祥译,法律出版社2013年版,第90页。
② 参见〔日〕山口厚:《刑法总论》(第2版),付立庆译,中国人民大学出版社2011年版,第59页。

献大小这三点组合起来考虑的方法。如果介入因素对结果的发生只起到催化作用,不具有独立的重要作用,则表明导致结果发生的主要原因力是先前的实行行为。如果介入因素对结果的发生起到独立的重要作用,则表明介入因素对结果的"贡献"很大,导致结果发生的主要原因力是介入因素,而非先前行为。① 事实上,考虑介入因素对结果的贡献大小的"危险现实化理论"已经接近于客观归责论。按照德国的客观归责论,固然可以批评日本的危险现实化理论的规范化程度不高。但是按照日本的审判实践,危险现实化理论已经能够满足实务需求,因此,应当肯定其具有正面功能。上述分析充分说明,就广义的因果关系判断而言,在实务中拒绝规范判断不是明智的态度。

(三)规范思考背后具有特殊的政策考量

客观归责论是将刑事政策很好地嵌入犯罪论体系的理论。古典犯罪论体系阐明了行为构成的客观内容;新古典体系使构成要件具有主观色彩;目的行为论体系将故意融入行为判断中。这三种体系的共同特点都是尽量使得对行为、因果关系的判断纯粹化。受刑事政策思想影响的功能性犯罪论体系认为,作为构成要件要素的客观行为是否存在,取决于行为是否在构成要件的作用范围内实现了一种不被允许的危险。客观归责的理论基础是从刑法规范中推导出来的认识:只有当行为危害了被保护的行为客体,且符合构成要件的结果中的危险被实现,对于由于人的行为所造成的结果才可能有客观归责的问题。根据这一理论,可以归责于一个行为的结果,只能是这一行为给保护对象造成了法所不允许的风险,并使这一危险现实地在作为构成要件的结果之中实现。

客观归责试图根据刑法的需要来限制因果关系的存在范围,将刑法中的原因行为归结为对被保护法益"危险的增加",是结果的客观归责的前提;这种风险的增加因一系列导致危害后果发生的事件而具体化,并在结

---

① 参见〔日〕前田雅英:《刑法总论讲义》(第6版),曾文科译,北京大学出版社2017年版,第122页。

果发生时达到顶峰。

客观归责论有助于顺利实现刑法的目的。一般认为,刑法的目的是保护法益。但如何才能保护法益?从刑事政策的角度,必须禁止行为人制造不被允许的、可能侵害法益的风险,这才能最大限度地保护法益。如果行为人通过某种侵害法益的行为实现了风险,该结果就要作为犯罪构成要件的一部分归属于行为人。

二、规范思考与客观归责论的司法运用

(一)我国法院完全按照客观归责论下位判断规则所做的探索

在实践中如何结合客观归责论进行规范判断,我国法院对此做了一些探索,最为典型的是北京市海淀区人民法院就【案例8-1 美容致死案】所作的判决。

对于本案,法院完全按照客观归责论的具体下位规则进行分析,从而认为被害人乙的死亡后果应当归责于被告人甲:(1)甲的违法行为制造了法不允许的风险,被告人实施了制造主要危险的行为,甲在实施吸脂手术的过程中,对被害人乙注射了利多卡因等药物。根据卫生部印发的《处方常用药品通用名目录》,利多卡因属于处方类药物;根据卫生部印发的《医疗美容项目分级管理目录》,脂肪抽吸术属于美容外科项目;根据《医疗美容服务管理办法》及《医疗美容项目分级管理目录》,医疗美容项目须由具有专门资质的美容医疗机构或医疗机构设置医疗美容科室中的具有专门资质的医务人员实施。甲所经营的北京某美容有限公司仅是普通美容院,并非医疗美容机构,无医疗机构执业许可证,其本人也不具备执业医师资格,然而,甲仍旧在自己经营的美容机构内对被害人乙注射了利多卡因等药物,对被害人的身体健康造成了直接危害,危及其生命,制造了法所不允许的风险,该风险一直存续至被害人死亡时止。(2)乙的死亡结果与被告人甲的上述风险制造行为存在常态关联。被害人同意做吸脂手术,并不代表其愿意接受药物中毒的风险,更不代表其应当对自己的死亡后果负

责。据此认定被告人甲犯过失致人死亡罪,判处其有期徒刑 4 年。①

对于本案判决,我认为应当给予高度评价。因为本案的因果流程较为复杂,对伤害行为的认定本身有难度,加之介入了被害人的同意,以及转院后到其他医院治疗等情形,被告人对此作无罪辩解,法院判决要确定被告人对结果负责,让其口服心服,按照客观归责论的下位规则进行说理,不仅层次很分明,而且说理也很透彻,有效地回应了被告人的辩护,是一份难得的好判决。这一判决也说明,在实务中明确采用这一理论作出裁判并不存在根本性障碍。有的学者由此主张,我国司法实务完全可以选择客观归责论作为理论工具进行裁判;理论上应该以这个判决为契机,推动客观归责论的判断规则的建构,使其得到更多运用,以促进理论和实务的互动。②

对此判决进行分析不难发现,客观归责论是实质的规范判断,与传统因果关系理论明显不同。因果关系是一个事实之有无问题,它所要解决的是行为与结果之间的客观联系,属于一种经验的、事实的评价。客观归责是在条件关系得以确认的前提下所作的规范判断,即在确定了某一行为是造成某一结果的原因后,再按照规范的观点来检验结果是否要归责于此一行为,是对结果的发生能否归责于被告人的判断。可以说,因果关系是初步的事实判断,但法律人不能仅仅停留在"眼见为实",还要有规范思考,这样刑事司法人员与其他刑法"门外汉"的差别才能显现出来。

(二)实践中的规范思考大多在无意识中完成

可以说,每一个犯罪案件的违法性判断都离不开规范思考,只不过这一思考过程在司法实务中是由司法人员无意识地完成的而已。许玉秀指出,甲开枪打死乙,之所以要求甲对乙的死亡结果负责,"是因为刑法不准许一个无理由开枪打死人的事实存在,而不是有人开枪打中他人的基础事实自动成为可被非难的事实。换句话说,归责不是直接来自于一个自然事

---

① 北京市海淀区人民法院(2018)京 0108 刑初 1789 号刑事判决书。
② 对于本案判决的深度分析,参见孙运梁:《客观归责论在我国的本土化:立场选择与规则适用》,载《法学》2019 年第 5 期。

实,而是来自已经存在的评价观点"①。换言之,在故意杀人罪中,似乎是开枪导致人死亡的因果事实流程成为司法评价对象,但其实是行为背后禁止杀人的规范在起作用,即行为人违反规范制造了法益风险才受到处罚。这一道理,在故意杀人罪中是如此,在盗窃、抢劫或其他任何犯罪中也应该作相同理解。

需要指出的是,在很多情况下,我国司法实务的特色是将客观归责的规范判断和条件关系的事实判断融合在一起予以考虑的,而不是像德国法院那样相对明确地在对结果原因进行经验判断之后,再进行结果归属来规范判断。确实,对于所有案件都要像【案例8-1 美容致死案】那样进行客观归责论之下的递进式检验,似乎也没有必要。事实上,也只有疑难、复杂案件才需要司法人员进行行为制造风险、行为实现风险、规范保护目的的多层次检验。对于绝大多数案件而言,分析实行行为违反何种行为规范,以及其危险性何在,其是否直接指向结果等,就可以认为实务上承认或接受了客观归责论的规范思考。因此,认同客观归责论,不需要全面接受其下位规则,但应重视其规范思考的方法论,同时针对行为危险性、结果归属的判断较为复杂的情形,认真进行规范维度的检验,以节约司法资源,确保"好钢用在刀刃上"。

(三)行为制造风险的特别判断

在司法实务中,就下列情形需要对行为是否制造了法所不允许的风险进行特别判断。

1. 过失犯

客观归责论在过失犯论中有特殊价值,这主要就是因为过失犯没有类型化的行为。所谓的类型化行为也就是团藤重光教授讲的"定型化的构成要件行为"仅仅在故意犯中存在,而在过失犯中恰恰缺少这个要素,因此,在过失犯论中借用客观归责论可以有效限定处罚范围。

就过失犯的认定而言,客观归责论的价值主要体现在对客观构成要件

---

① 参见许玉秀:《当代刑法思潮》,中国民主法制出版社2005年版,第429页。

和违法性的限定,其中,降低风险、信赖原则、结果避免可能性等都是重要分析工具,便于尽早排除不法,如此一来,原来关于过失犯的传统理论很多就显得多余。

对于【案例 8-2 慌不择路案】,如果按照传统过失犯论,要迟至责任阶段才去排除行为人的过失责任,就当然能够得出张某的行为符合过失犯构成要件且具有违法性的结论。但是,按照客观归责论,就可能认为被告人张某在和程某之间连身体接触都不存在的场合,后者仅因为做贼心虚而慌不择路地跑向冰面,其当然应当对自己行为的危险性负责,张某的行为并未制造法所不允许的风险。对于与本案类似的情形,罗克辛教授就从客观归责论的角度进行了分析:"甲唆使乙从布满裂缝的冰面上穿过湖去。当轻率的但是的确对危险视而不见的乙因此丧命时,就提出了这样的问题,甲是否——根据其不同的目的——应当由于过失还是故意来承担责任? 根据在法律中作为基础规定的价值评价,应当拒绝这个问题。"①因此,对于本案,也能够相对容易地从客观归责论的角度得出过失致人死亡罪不能成立的结论。

2. 中性业务活动(中立帮助行为)的可罚性

按照相当性说,中性业务行为与正犯结果之间往往存在相当性,因而该中性业务行为就应该对结果负责,再在有责性阶段考虑行为人有无故意。但是,按照客观归责论的逻辑,该行为没有制造法益危险,有无故意并不是分析的关键。因此,客观归责论能够为中立帮助行为的"出罪"提供支撑。例如,有的城市相关主管部门要求超市卖菜刀时必须做实名制登记,这是对允许的风险加以禁止。如果甲违反实名制登记规定把菜刀卖给了乙,乙事后用菜刀杀人的,甲的行为是否符合故意杀人罪的构成要件? 古典理论认为,甲卖刀和乙杀人之间的因果性存在;目的行为论也会认为,甲既然是有意卖菜刀,也就存在这种因果性(但甲的有意性、目的不能通过乙的行为成为一个杀人行为)。客观归责论能够以甲的行为属于法允

---

① 〔德〕克劳斯·罗克辛:《德国刑法学总论(第 1 卷):犯罪原理的基础构造(1997 年第 3 版)》,王世洲译,法律出版社 2005 年版,第 263 页。

许的风险、其没有制造法所不允许的风险得出客观构成要件不符合的结论。

从客观归责论的角度判断中性业务活动违法与否的主张在我国有关司法解释中得到体现。最高人民法院《关于审理挪用公款案件具体应用法律若干问题的解释》(1998年)第8条规定,挪用公款给他人使用,使用人与挪用人共谋,指使或者参与策划取得挪用款的,以挪用公款罪的共犯定罪处罚。这一解释的言外之意是单纯使用他人挪用的公款的行为,属于日常生活中的中性行为,并不构成共犯,唯有参与共谋,指使或者参与策划取得挪用款的,才能认定其行为超越了中立帮助行为的界限,从而以挪用公款罪的共犯定罪处罚。

不过,在具体的审判实践中,对中性业务活动通常不能归责的理念还未完全确立。① 例如,李某一直欠刘某借款数万元。刘某在杀人后苦于没有路费逃窜,便至李某家中告知其自己杀人的事实,并索要欠款,后李某无奈将欠款还上,刘某得到钱款后迅速逃跑。法院最终以窝藏罪对李某论罪处刑。"明知是犯罪的人而为其提供隐藏处所、财物,帮助其逃匿"的,构成窝藏罪。从本案实际情况来看,刘某已经明确告知李某自己杀人的犯罪事实,李某仍然予以还款,法院从事实判断和形式解释的角度认定被告人有罪似乎言之成理;我国有学者认为,不能否认李某创设了有助于刘某逃避处罚的危险,但刘某与李某事先存在正当的债权债务关系,从民法的角度来说,即便是犯罪的人也有主张归还欠款的权利,从而否定被告人的风险实现,没有必要将该类中立的帮助行为论罪处刑。② 对此,我认为,如果认为行为人是按照民事法律的要求还款,按照法秩序统一性的原理,一个履行民事义务的行为就属于法秩序必须接受的行为而非违法行为,就不能认为被告人的行为制造了法所不允许的风险,因此,在规范判断上对于这种履行民事债务的行为就能够否定其客观归责的可能性。

---

① 参见周光权:《中性业务活动与帮助犯的限定——以林小青被控诈骗、敲诈勒索案为切入点》,载《比较法研究》2019年第5期。

② 参见姚万勤:《中立的帮助行为与客观归责理论》,载《法学家》2017年第6期。

（四）实现法益风险的司法判断

在有的案件中,从形式上看有危害结果,但实际上将"账"算到被告人头上,让他"背锅"很不合理时,运用客观归责论来否定结果的归属,就是必要的。

就具体案件的处理而言,实现风险即能否将结果归属于行为人的规范判断在结果犯或结果加重犯中有时需要仔细判断,这在最初的构成要件行为实施完毕之后介入被害人或第三人行为的场合更是如此。例如,公安机关起诉意见书①指控:犯罪嫌疑人王某因怀疑妻子刘某与李某有染而持刀伤害后者,导致李某死亡。对此,刑事技术部门的鉴定结论是:死者李某生前被单刃锐器刺击腹部致小肠及肠系膜破裂、胰腺破裂、脾动脉断离,"失血死亡",且送检的王某使用的灰白色金属单刃尖刀可以形成李某尸体上的创口。侦查机关据此认为,王某对李某的伤害达到了形成致命伤的程度,应当对李某死亡的结果负责。上述鉴定结论的逻辑是:李某被王某刺击引发小肠及肠系膜破裂、胰腺破裂、脾动脉断离,这一刀伤自身独立地引发"失血死亡"。但有疑问的是,小肠及肠系膜破裂、胰腺破裂、脾动脉断离,并非立即会引起死亡。在本案中,被害人是在何种情况下"失血"然后死亡的,值得进一步思考。无法否认的事实是:本案中李某的死亡后果是"多因一果"造成的,被害人在其左腹部、背部、左髋部被捅伤以后,仍然驾车离开现场,后连续三次发生交通事故:先将停在路边的一辆红色轿车撞坏;倒车时又与一辆黑色小客车相撞;之后,李某又驾车逆行将路边停放的另外一辆黑色轿车撞坏。这三次撞击可能引发活动性出血,可能成倍加大王某的伤害行为所造成伤口的出血量,从而加速其"失血"后死亡。因此,可以认为,李某死亡的原因之一是刀伤,但车辆连续撞击所带来的"失血"也可能是造成死亡的原因。

这样说来,本案就和那些使用锐器伤害被害人,被害人纯粹因为刀伤"失血"死在现场,或被送医后因为伤情严重而"失血"死亡的情形不同。在那些伤害行为直接导致死亡后果的场合,被告人对死亡后果负责,构成故

---

① 黑龙江省大庆市公安局庆公(刑)诉字(2018)1266号起诉意见书。

意伤害(致人死亡)罪是没有疑问的。但是,在本案中,因为有后续三起交通事故,控方无法排除的是,死者李某虽然生前被单刃锐器刺击腹部致小肠及肠系膜破裂、胰腺破裂、脾动脉断离,但极有可能是因为三次交通事故导致"失血"进而引发死亡。因此,在本案中,问题的关键不在于刀伤,而在于何种原因引起"失血"。刀伤客观存在,刀伤会引发出血,这是事实。但是,后续的三起撞击事故可能会加快失血进程,从而引起"失血死亡",这也是本案的具体事实。

对于死亡结果的归属,辩护方可能认为:在本案中,被害人离开现场时,还能够自行驾车,说明其具备独立判断能力、意思表示能力,在能够进行选择的情况下,自行选择具有一定危险性的驾驶行为,并引发三起交通事故,再扩大伤情,被害人应当承担一定的风险。由于无法判断"失血死亡"中的失血是由王某之前的伤害行为所直接导致,还是车祸后诱发或扩大出血量,不能排除被害人自己自愿选择风险性较高的方式离开现场而对"失血死亡"的后果负责的情形,按照"存疑有利于被告"的原则,只能对王某论以故意伤害(致人重伤)罪,无法要求其对李某的死亡结果负责。应当说,这一辩护理由主要是从事实判断的角度提出的,存在规范性思考不足的疑虑。

对此,控方完全可以从规范判断的角度进行反驳:被害人李某受伤后离开现场是正常人的通常举止,其后来连续引发三起交通事故,也是因为其之前遭受王某伤害后陷入意识模糊和控制力下降的状态所致,因此,交通事故的发生以及因为交通事故所扩大的出血等后果都需要由被告人王某负责,对其不能适用"存疑有利于被告"的原则。换言之,如果王某之前的伤害行为直接导致被害人失血死亡,该结果需要被告人负责;如果王某之前的伤害使得被害人即便勉强能够驾车也无法正常控制车辆,撞车行为扩大伤情后导致失血死亡的后果也需要被告人负责。应当说,控方的这一规范判断有一定的道理。当然,即便按照这一观点,也必须承认被害人在可以有其他选择(寻求医生、警察或他人的急救或帮助、自己打车前往医院、要求犯罪嫌疑人送医等)的情况下,选择带有一定风险性的自行驾车方式,其对危害结果的扩大、死亡的加速等有一定程度的影响,这至少会成为对被告人从轻处罚的影响量刑因素。否则,就是将本案和那些使用锐器伤害被害人,被害人纯粹因为刀伤"失血"死在现场,或被送医后因为伤情过重而"失血"死亡的情形完全混同。

(五)规范保护目的与实现风险的判断

在某些情形下,某个死伤结果和最初的行为之间存在一定联系时,实务上就可能要求行为人对结果负责,但这可能会导致处罚范围过大,此时,运用规范保护目的理论进行归责性判断也是必要的。换言之,离开客观归责论,在某些特殊案件中就只能一味地认同判决,从而丧失理论的反思能力。比如,甲与他人在繁华路段飙车后冲进面包店,在旁边散步的老妇乙因受到惊吓致心脏病发作死亡的,不能认定甲构成过失致人死亡罪或交通肇事罪,因为禁止撞车的规范目的是为了保护在道路上参与交通行为者的安全,而不是为了保护并未受到撞击者的人身安全,所以应当否定甲的肇事行为和乙死亡之间的结果归属关系。在"徐玉玉被诈骗案"中,2016年8月19日,山东省临沂市高三毕业生徐玉玉,被以发放助学金名义的电信诈骗犯骗走9 900元学费。徐玉玉在当地派出所报警后昏厥,抢救两天后不治身亡。事发后,陈文辉等7名嫌疑人归案。法院经审理查明,2015年11月至2016年8月,被告人陈文辉、郑金锋、黄进春、熊超、陈宝生、郑贤聪、陈福地等人交叉结伙,通过网络购买学生信息和公民购房信息,分别在江西省九江市和新余市、广西壮族自治区钦州市、海南省海口市等地,租赁房屋作为诈骗场所,冒充教育局、财政局、房产局的工作人员,以发放贫困学生助学金、购房补贴为名,以高考学生为主要诈骗对象,拨打诈骗电话,骗取他人钱款。拨打诈骗电话累计2.3万余次,骗取他人钱款共计56万余元,并造成被害人徐玉玉死亡(其中,被告人陈文辉在九江市、新余市组织实施诈骗犯罪,拨打诈骗电话1.3万余次,骗得钱款共计31万余元。在诈骗被害人徐玉玉的犯罪过程中,系造成徐玉玉死亡的罪责最为严重的主犯)。2017年7月19日,徐玉玉因电信诈骗致死一案,在山东省临沂市中级人民法院一审宣判。主犯陈文辉因诈骗罪、非法获取公民个人信息罪被判处无期徒刑,没收个人全部财产。其他6名被告人被判处15年到3年不等的有期徒刑,并处罚金。临沂市中级人民法院负责人表示,相关证据证实,徐玉玉平时身体状况良好,高考体检没有发现其他疾病或遗传病史。案发当天下午,徐玉玉被骗后,回到家中一直哭泣,情绪低落。当晚到当地派出所报案后回家途中突然不省人事,失去呼吸和心跳,经抢救无效死亡。公安机关出具的徐玉玉死亡原因分析意见书及出庭的鉴定人均认为,徐玉玉在被骗后出现忧伤、焦虑、情绪压抑等不良精神和心理因素的情况下,可能会发生心源性休克而直接导致死亡,也可能引起潜在的极为罕见的心脏病发作,进而导致死亡。"无论上述何种情形,都能够证实徐玉玉的死亡结果与被告人的诈骗行为之间存在因果关系。"① 但是,难题在于法院最终对被告人所确定的罪名是诈骗罪,认定财产犯罪却又要求被告人对被害人的死亡结果负责,这本身是存在一定矛盾的。构成要件当然要考虑"以是否值得处罚为核心的实质判断",但是,"处罚必要性"的具体判定标准必须结合构成要件的规范保护目的作出,即可罚性有无固然要依赖判断者的价值选择,但法官对构成要件的解释受规范保护目的的制约。而诈骗罪不是抢劫罪,其规范保护目的中并不包含保护被害人人身安全的内容,其属于故意杀人、故意伤害等罪的规制对象,因此,仅因徐玉玉在被骗后出现忧伤、焦虑、情绪压抑等不良精神和心理因素的情况下,可能会发生心源性休克而直接导致死亡,也可能引起潜在的心脏病发作,进而导致死亡的事实判断作为归属依据,认定被告人构成诈骗罪,同时要求其对致人死亡的后果负责的说法与刑法规范判断的内在要求并不一致。

三、实务上应当关注客观归责论的射程问题

客观归责论的出发点是解决客观构成要件该当性问题,但是,其射程远远超越这一领域,其对司法实务的影响也拓展到违法性判断中。对此,司法实务应当有所关注。"客观归责理论正越来越多地被应用到它产

---

① 对此的相关报道,参见王煜、王梦遥:《徐玉玉案7名被告人获刑 徐父:终于有了一个交代》,载中国新闻网(http://www.chinanews.com/sh/2017/07-20/8282439.shtml),访问日期:2017年7月20日。

生之初根本就没有人想到过的领域中。例如,现在人们正在试图将客观归责理论应用到所有正当化事由之上……如果事后的情况证实,这里的防卫者本不应该等到逼不得已的时候才开枪,而且,这一枪是针对侵犯者计划马上要实施的谋杀的唯一对抗措施,他这一枪是必须打的,那么,他就没有实现操之过急的不必要的法益侵害之风险。"①

就司法实务而言,在防卫行为导致不法侵害者多人死伤的场合,防卫行为是否超过必要限度的判断,也与客观归责论的方法论有关。

对于【案例 8-3 防卫致死伤案】,一审法院认为,公诉机关指控被告人陈天杰持小刀将被害人容浪捅伤致死亡,将被害人周世烈捅致轻伤,将纪亚练、刘增荣捅致轻微伤的事实清楚,证据确实充分,指控的事实成立,但指控被告人陈天杰犯故意伤害罪与法律不符,指控罪名不能成立。本案的发生是基于被害人容浪、周世烈等人酒后无端调戏被告人陈天杰的妻子孙某,在遭到陈天杰的斥责后,对被告人陈天杰和孙某挑衅、攻击而引发。无论是被告人的供述,还是被害人本身的陈述、证人证言,均证实在整个案发过程中,被告人陈天杰是在妻子受到调戏、侮辱的情况下与对方发生争吵,在陈天杰扶持被推倒的孙某时,先是被害人周世烈动手殴打陈天杰,接着被害人容浪和纪亚练先后对陈天杰拳脚相加,后容浪和纪亚练又手持钢管一同围殴陈天杰,且纪亚练的钢管已打到了陈天杰的头上,只是因为陈天杰头戴安全帽才避免了严重后果。而被害人周世烈在殴打陈天杰的过程中从最先的空手到从旁边捡起铁铲欲进一步伤害陈天杰,被害人的不法侵害行为无论是强度还是情节都已严重威胁到被告人陈天杰的生命安全,在整个案发过程中,被害人的侵害行为始终没有停止,被告人陈天杰一边护着妻子,一边用小刀挥划,始终处于被动防御状态,且被害人离开时还向被告人扔石头、酒瓶等,被告人没有追击的行为。故本案中,被告人陈天杰的行为属于为维护自己的正当权利而进行的防卫行为。一审判决后,原公诉机关提出抗诉,其中很重要的理由就是防卫行为造成 1 人死亡、

---

① 〔德〕克劳斯·罗克辛:《刑事政策与刑法体系》(第二版),蔡桂生译,中国人民大学出版社 2011 年版,第 75 页。

3人受伤的危害结果,应当构成故意伤害罪。对此,二审法院认为:"陈天杰是半蹲着左手护住孙某右手持小刀进行防卫的,这种姿势不是一种主动攻击的姿势,而是一种被动防御的姿势,且手持的是一把刀刃只有6cm左右的小刀,只要对方不主动靠近攻击就不会被捅刺到……击打到陈天杰头部的虽然只是纪亚练,但容浪当时也围在陈天杰身边手持钢管殴打陈天杰,属于不法侵害人,陈天杰可对其实施防卫。误伤刘增荣,纯属意外,不能说陈天杰对刘增荣实施防卫,只能说明当时陈天杰被围打,疲于应对,场面混乱。故容浪等人是持足以严重危及他人重大人身安全的凶器主动攻击陈天杰,使陈天杰的重大人身安全处于现实的、急迫的、严重的危险之中,应当认定为'行凶'。此时,陈天杰为保护自己及其妻子的重大人身安全,用小刀刺、划正在围殴其的容浪等人,符合特殊防卫的条件,虽致容浪死亡,周世烈轻伤,纪亚练轻微伤,但依法不负刑事责任。"[1]

我认为,一、二审法院对于本案的判决说理是比较充分的,是规范维度的思考而非仅作事实判断。按照检察机关事实判断的立场,由于对防卫者实施猛烈攻击的人数是有限的,而防卫行为却导致多人死伤,明显不能成立正当防卫。但是,法院的思考逻辑则是规范性的:被告人持刀挥舞的姿势始终是防御性的,"只要对方不主动靠近攻击就不会被捅刺到",因此被害人往防卫者所在方向去扑打的行为属于自陷风险,应当对自己受伤的结果负责,因此,虽然直接击打到陈天杰头部的只有纪亚练,但容浪当时也围在陈天杰身边手持钢管殴打陈天杰,属于不法侵害人,陈天杰可对其实施防卫,两人的死伤结果不能归责于陈天杰;同时,由于不法侵害者行凶行为的暴力程度很高,"当时陈天杰被围打,疲于应对,场面混乱",其防卫行为误伤刘增荣,该结果也不能归责于防卫者,而应该由行凶者对此负责。上述分析说明,客观归责论的规范思考方法对于正当防卫的认定也是有所助益的,对于客观归责论的射程以及其对疑难案件处理的有益性,在实践中都应当予以认真考虑。

与刑事政策紧密关联的客观归责论除能够解释构成要件符合性、正当

---

[1] 海南省三亚市中级人民法院(2016)琼02刑终28号二审刑事附带民事裁定书。

防卫问题外,其射程还可以拓展至区分未遂犯和不能犯的领域:从事前角度看,行为只有在制造法所不允许的风险的场合,才能被以未遂处罚。世界各国未遂犯的范围并不相同,而且总是处于发展变化的状态,与刑事政策思想影响未遂犯判断以及规范思考方法的运用有关。此外,就实务上共同犯罪的认定而言,规范思考也是重要的分析工具:正犯、教唆犯、帮助犯的成立,都要以制造风险为前提条件。客观归责论能够将那些连帮助作用的因果性都不存在的行为剔除出共犯成立的范围,从而实现妥当地处罚。

结　语

1. 刑法理论必须顾及方法论的合理性,必须考虑司法逻辑,必须有助于解决某些司法难题;法律人需要考虑民众的正义直觉,但也要养成从法规范的视角出发的方法论。

2. 客观归责论的概念、原理说起来似乎很抽象,但其实际上是在思考"结果能不能归责于行为人",能否让行为人"背锅"。因此,对于客观归责论及其下位规则、适用范围等,在理论上或许有不同看法。但是,一定要看到,其所指明的刑法规范判断方向是完全正确的,至于是否非得使用客观归责这一术语,是否必须按照制造风险与实现风险的进路进行思考,并不那么重要,只要在实务上不排斥客观归责论的方法论即可。换言之,犯罪认定必须考虑法规范的基本态度,分清是非曲直,规范地考虑究竟将结果归责于谁更合适。惟其如此,司法上才能够敢于担当,也才能切实维护司法的公正和权威。

3. 在案件处理的具体过程中,需要区分客观归责论的规范思维方法和实践中的具体操作:从思维方法上看,规范性思考就是在贯彻客观归责论。就实务操作而言,将风险降低、规范保护目的、合法替代手段、结果避免可能性等客观归责的审查方式引入相当性判断中,增强判断的规范色彩,形成混合判断方式,也是可以接受的方案。不过,在少数情况下,确实需要进行能否客观归责的特别判断;同时,实务上要关注客观归责论在构成要件符合性判断这一领域之外的射程问题。

第九讲
中性业务活动与帮助犯的限定

【案例 9-1　林某青律师被控诈骗、敲诈勒索案】

检察机关指控：2017 年 5 月至 2018 年 1 月期间，青海合创汇中汽车服务有限公司（以下简称"青海合创公司"）违法发放贷款，并采取欺骗、恐吓、威胁、滋扰纠缠、恶意诉讼等手段，实施诈骗、敲诈勒索、寻衅滋事、强迫交易等违法犯罪活动，骗取被害人财产，涉嫌构成恶势力集团犯罪。该公司法律顾问林某青律师（以下简称"林律师"）被作为本案共犯以诈骗罪、敲诈勒索罪一并提起公诉。关于林律师所涉诈骗罪，控方的主要意见是：青海合创公司进行"套路贷"，构成诈骗罪，即以"利息低、无抵押、放款快"为由招揽到客户后，在与被害人签订空白格式合同前，只告知需收取利息等少部分费用，而向被害人隐瞒还需收取平台服务费、贷后管理费、业务办理费、放贷手续费等各种名义的费用，在贷款人不知情的情况下，以收取上述各种费用的名义扣减贷款，使被害人实际收到的贷款本金远低于合同约定的贷款数额。林律师作为恶势力犯罪集团重要成员，应为犯罪集团的所有诈骗行为承担刑事法律责任。关于敲诈勒索罪，控方则认为，林律师"作为青海合创公司法律顾问，通过向法院提起诉讼方式对罗乐实施敲诈勒索"①。后控方申请撤回对林律师的起诉，人民法院裁定准许撤回该起诉。②

---

① 青海省西宁市城中区人民检察院中检公诉刑诉(2019)34 号起诉书。
② 青海省西宁市城中区人民法院(2019)青 0103 刑初 59 号刑事裁定书。

本案所提出的问题是：提供民事法律服务等中性业务活动，客观上对于正犯行为有所助益的，能否成立共犯(帮助犯)？

【案例9-2 毒蘑菇案】

甲作为学植物学的大学生到餐厅实习，应聘送菜工。当他特别地知晓某一盘蘑菇可能有剧毒时，仍将其端给前来就餐的情敌乙，导致后者中毒身亡。甲是否构成故意杀人罪？

所谓中性业务活动，是指为满足社会生活的一般需要而提供的，从外观上看，通常可以反复继续实施，具有匿名性、可替代性的业务行为。中性业务活动的特点是：(1)提供行为相对被动，且对所有人都可以提供；(2)行为偶尔可能被他人利用而对受保护的法益产生一定危险；(3)即便会产生不确定的风险，也应该赋予行为人相当程度的职业自由，否则社会生活会陷于停滞，因此，即便个别职业活动为犯罪提供了帮助，也应允许类似行为继续实施。中性业务活动本身不具有犯罪性质，但是客观上可能被其他犯罪人所利用、操纵，对正犯的犯罪起到促进作用。因此，在刑法上经常成为问题的是：从事后看，个别中性业务行为与他人的犯罪行为有关联，对他人的犯罪有帮助。此时其性质如何确定？更准确地说就是，对虽然实施的是相关职业行为，但客观上给正犯的犯罪提供了帮助的情形，能否作为帮助犯定罪处罚？这其实就是理论上争议较多的"中立行为的帮助问题"。①

在实践中，与【案例9-1 林某青律师被控诈骗、敲诈勒索案】类似，涉及特定业务从业者责任的情形还有很多：

(1)农药销售商甲将剧毒农药卖给隐瞒购药真实目的的乙，乙投毒杀害丙的，甲是否成立共犯？

---

① 参见〔日〕丰田兼彦：《共犯の处罚根据と客观的归属》，成文堂2009年版，第171页以下。需要进一步说明的是：对日常生活行为是否可能成立帮助犯的问题意识和分析路径，与中性业务活动完全相同，因此，本讲后续的分析结论也适用于对具有中立性质的日常生活行为的帮助犯性质的探讨。例如，对出借刮胡刀给他人，在后者将脸划破受轻伤的场合，出借者是否具有犯罪性的分析，与本讲讨论的内容完全重叠。由于中性业务活动的犯罪性问题在实务中更为突出，因此本讲才把思考问题的切入点定位于对其细致分析上。

(2)甲在为传销组织、赌博集团送盒饭、扫地时曾目睹培训过程或拘禁被挟持者的场景后仍然提供服务的,甲是否成立共犯?

(3)宾馆为他人的卖淫、吸毒创造条件的,是否具有帮助性?

(4)网络平台在接到安全监管部门的整改通知后不整改,继续提供服务的,是否构成犯罪?

(5)出租车司机发现他人在汽车后排实施强奸行为而不管不问,驾驶汽车继续行驶的,甲是否有罪?

(6)出租车司机发现乘客甲在后排座位上偷乙的钱包而不管不问的,其行为是否具有不法性?

(7)出租车司机甲在得知乙欲到某地杀害丙时,仍然将乙送到指定地点,导致后者杀人的,甲是否成立犯罪?

(8)甲欠乙5 000元,乙犯罪后为逃往外地找甲要求还钱,甲还给乙5 000元致使后者逃匿的,甲是否构成窝藏罪?

(9)餐厅端菜的服务员甲发现蘑菇有毒可能致人死亡而仍然送给顾客乙的,甲是否成立犯罪?

(10)甲明知乙实施电信诈骗而提供账户给乙使用的,是否成立共犯?

(11)甲投资入股某公司,后发现该公司非法吸收公众存款仍取得投资收益(但其并不参与经营)的,能否认为甲的帮助行为一直在持续?

接下来,我将先对实务中处理中性业务活动的基本思路进行评析,然后提出相对合理的解决办法,再对前述案例进行分析。

一、实务中思考中性业务活动性质时的缺陷

(一)实务立场

对于【案例9-1 林某青律师被控诈骗、敲诈勒索案】,公诉部门之所以把中性业务行为认定为帮助犯,与形式地理解帮助犯概念密不可分。

帮助犯,是指为他人犯罪提供物质或心理支撑,对正犯起促进、强化、

推动作用,以使他人的犯罪更为容易的行为。① 帮助犯的概念,似乎已经表明其成立是相对容易的,即只要正犯存在,且某种行为对正犯行为有一定影响力,能够帮助正犯,或者使得正犯在犯罪时的障碍更少,帮助行为和法益侵害结果之间的因果关系(条件关系、相当因果关系)也就存在,帮助犯的成立就是顺理成章的。

将这一概念运用到对中性业务活动的讨论中就可以认为,帮助犯尽管只为正犯的实行行为提供一定程度的"支持",其对于犯罪有"较低限度"的参与,也具有不法性。即便该活动对于犯罪的"贡献"是有限的,其作用明显有别于正犯,也可能成立帮助犯。因此,实务中一般认为,如果一定要将中性业务行为作为犯罪提起公诉,在理论上也是没有障碍的。【案例 9-1 林某青律师被控诈骗、敲诈勒索案】的出现,也就不难理解。

(二)实务立场的法理依据:主观说

实务立场背后的法理依据是:中性业务活动的从业者在对正犯的行为有认识(至少有间接故意)时,就行为客观上可能对造成结果的正犯行为起促进和推动作用的,按照传统的帮助犯因果关系理论,应当作为帮助犯处罚,因此,中性业务活动者有无认识就成为应否受到处罚的根据。这一主观说的立场似乎考虑了中性业务活动的客观危害性,但由于中性行为对正犯的危险性有促进时,客观的违法性就是存在的,因此,主观说的出发点其实是放弃了对中性业务活动客观危害性有无的考察,认为所有中性业务行为都有害,因此,在认定帮助犯是否成立时,只需要考虑行为人的主观意思即可。换言之,正犯行为具有犯罪性,对此知情的中性业务活动从业者的行为都会增加正犯实现犯罪的风险,该中性行为就丧失了日常生活中的中立特征,在该从业者具备故意时就值得以帮助犯处罚。② 为数不少的司法

---

① 参见〔日〕山口厚:《刑法总论》(第 3 版),付立庆译,中国人民大学出版社 2018 年版,第 334 页。

② 关于这种实务立场的分析,参见车浩:《谁应为互联网时代的中立行为买单?》,载《中国法律评论》2015 年第 1 期。

解释将习惯于"知道或者应当知道他人"实施犯罪,而为其提供贷款、资金、账号、发票、证明、许可证,或者提供运输、保管、邮寄、仓储等便利条件的,以共犯论处,其实就是从主观说出发,有意识地扩大帮助犯成立范围的做法。① 多人共同实施"套路贷"犯罪,犯罪嫌疑人、被告人在所参与的犯罪中起主要作用的,应当认定为主犯,对其参与或组织、指挥的全部犯罪承担刑事责任;起次要或辅助作用的,应当认定为从犯。在最高人民法院、最高人民检察院、公安部、司法部发布的《关于办理"套路贷"刑事案件若干问题的意见》(2019年4月9日发布)第5条中规定,明知他人实施"套路贷"犯罪,具有以下情形之一的,以相关犯罪的共犯论处,但刑法和司法解释等另有规定的除外:(1)组织发送"贷款"信息、广告,吸引、介绍被害人"借款"的;(2)提供资金、场所、银行卡、账号、交通工具等帮助的;(3)出售、提供、帮助获取公民个人信息的;(4)协助制造走账记录等虚假给付事实的;(5)协助办理公证的;(6)协助以虚假事实提起诉讼或者仲裁的;(7)协助套现、取现、办理动产或不动产过户等,转移犯罪所得及其产生的收益的;(8)其他符合共同犯罪规定的情形。上述规定中的"明知他人实施'套路贷'犯罪",应当结合行为人的认知能力、既往经历、行为次数和手段、与同案人和被害人的关系、获利情况、是否曾因"套路贷"受过处罚、是否故意规避查处等主客观因素综合分析认定。前述八种情形中,有的行为不属于日常生活行为或中性业务行为,明显成立帮助犯,但是,有的行为具有中立性(例如,提供资金、场所、银行卡、账号、交通工具等帮助,协助办理公证的,协助提起诉讼或者仲裁的),司法解释以行为人主观上至少具有犯罪的间接故意为前提认定其成立共犯。实务中的逻辑其实不难理解:既然中性业务行为的不法性存在,行为人对此又有故意,法理上就不存在不处罚的理由,也就无从对帮助犯的成立范围进行限定;同时,按照"有罪必罚"的理

---

① 最高人民法院、最高人民检察院联合制定的《关于办理生产、销售伪劣商品刑事案件具体应用法律若干问题的解释》(2001年4月9日发布)、《关于办理侵犯知识产权刑事案件具体应用法律若干问题的解释》(2004年12月8日发布)、《关于办理赌博刑事案件具体运用法律若干问题的解释》(2005年5月11日发布)等数十个相关司法解释中,都有对中性业务行为进行定罪的规定。

念,认识到业务行为对他人犯罪有帮助的,当然要以共犯处罚。

过去的理论一般认为,中立的日常生活行为是否可能成立帮助犯,要综合考虑:(1)从客观上行为是否具有明显的法益侵害性,即日常生活行为对于正犯行为的物理、心理因果性影响,行为本身给法益带来的危险是否达到了可以作为"帮助"看待的程度。(2)从共犯处罚根据看,行为对正犯违法性、因果流程的影响,是否达到足以被评价为"帮助"的程度。(3)从主观上看,行为人是否对他人可能实行犯罪有明确认识,即是否存在帮助故意。但这里的综合说最终沦为主观说,即中性业务活动者有无认识成为被处罚与否的根据。按照重视主观要件的逻辑,出租车司机甲在得知乙将要到某地杀人时,仍然将乙拉到指定地点的,因为帮助者有直接或者间接故意,同时行为明显具有法益侵害性,或者使法益面临的危险明显增加,中性业务活动从业者应当成立故意杀人罪的帮助犯。

实务中认定中性业务活动者成立帮助犯,需要考虑其有无故意;反过来,在中性业务活动者不可能有认识的场合,就能够否定其故意,不认为其成立帮助犯。例如,物资公司经理甲将剧毒农药卖给农民乙,后者投毒杀死了丙的,由于甲对他人可能实行犯罪缺乏明确认识,因此,不成立帮助犯。又如,某公司老板甲为骗取他人财物,而让员工乙将担保内容虚假的合同送交被害人丙,乙对甲和其他公司高管商量要和丙签订、履行合同一事知情,但案发前始终不知道甲让其转交的合同中含有诈骗内容的,实务中通常会肯定甲构成合同诈骗罪,而否定乙构成帮助犯,其主要理由仍然是从主观角度切入的,即乙对甲虚构合同的行为并不知情,并无参与捏造事实或者隐瞒真相的故意,对正犯的犯罪没有物理上或者心理上的帮助。再如,甲开发了可能被他人用于擅自复制文件的软件(winny2),被指控为帮助著作权的侵权者,虽然地方法院判决软件开发者甲有罪,但日本最高裁判所认为其无罪,终审判决的理由在于:"关于相关软件的提供行为,如欲认定为帮助犯,则需要出现超越一般可能性的具体的利用侵害状况,而且需要提供人认识/容认这种状况。"①否定被告人的"认识/容认"成

---

① 〔日〕松宫孝明:《结果反(无)价值论》,张小宁译,载《法学》2013 年第 7 期。

为法院认定其不成立共犯的理由。①

　　近年来,有学者认为,对中性业务活动的性质判断,要在客观归责的基础上重视主观归责,这说到底也是"主观说"的立场。例如,日本学者小岛秀夫认为,客观归责是在故意和过失领域都可以使用的共同的结果归属排除原理,但客观归责论并不能够有效地限定帮助犯的成立范围。为此,对于中性业务活动这种帮助行为,在客观归属的基础上还要考虑故意归属。帮助犯的认识对象与共犯的处罚根据紧密关联。按照共犯从属性说,由于正犯的处罚根据是法益侵害结果的引起,从属于正犯的帮助犯的故意就是通过正犯行为去引发侵害法益的结果的认识。那么,现实的、故意的正犯行为,最终的法益侵害结果以及实际的因果进程是否存在,也都是帮助犯故意的认识对象。由于中性业务活动的参与者能够认识基于正犯行为所发生的结果,正犯结果也就能够被归属到参与者的故意当中,从而确定中性业务行为的帮助犯性质。依据故意归属的基准,在参与行为的客观危险性得以确认的场合,该行为创设危险是故意的,由被故意设定的危险所实现的结果,才应该归属于帮助犯。在故意归属性被肯定的场合,帮助犯也就可罚。

　　在前述主观归责的观点之中,需要先判断中性业务行为自身是不是危险,只有对不被允许的危险性中立行为,才需要进一步分析其是故意设定的,还是过失设定的。此外,对帮助犯的故意要加以确认就必须要考虑行为者能不能认识到正犯的行为以及依据正犯的行为可能发生的构成要件结果,帮助者的这种认识可以是未必的故意、择一的故意或者概括的故意,并不一定要求直接故意。总而言之,以故意设定危险并使之在结果中加以实现作为标尺,才能对帮助犯的成立范围加以规制。所以,危险的中性业务行为是不是故意设定的,是考察中性业务行为性质的重要指标

---

① 对于日本最高裁判所的判决,也有学者认为:"此处虽然采取了对故意的成立条件进行修正这样一种较为迂回的表现形式,但从中仍然可以窥见客观归属论的某些端倪。"参见〔日〕安达光治:《日本刑法中客观归属论的意义》,孙文译,载《国家检察官学院学报》2017年第1期。

之一。①

此外，罗克辛教授所提出的运用信赖原则解决中性业务行为的定性问题的主张，其实也是偏向于"主观说"的理论。② 针对中性业务活动的定性问题，罗克辛教授认为客观归属论不完全可靠，因此，其主张适用信赖原则来解决。在存在分工合作的场合，任何人都有权信赖他人不会去故意犯罪。行为人没有明确倾向的，实施中性业务行为者即可信赖他人不会利用该业务去犯罪，从而无法认识正犯的实行行为及其危害后果，无从成立共犯。中性业务活动的行为者仅仅有一般的忧虑，在其援助别人时，就有理由相信别人的行为是合法实施的。如果人与人之间不存在这样的信赖，所有人的社会活动都无法进行。所以，中性业务活动参与者如果信赖正犯的行为是合法的，其就无法对正犯的犯罪决意、危害后果等有认识。但是，如果有未必的故意的场合，中性业务活动者能够认识正犯的犯罪性质或者作出类似推测的，信赖原则对这种有认识的参与者就难以适用。因此，参与者对正犯行为的认识，成为其能否信赖以及能否成立帮助犯的前提。归结起来可以认为，罗克辛是把中性业务活动能否成立帮助犯的问题放到犯罪故意里去解决的。

（三）对实务中的做法及主观说的批评

1. 实务中的做法及主观说完全从纯事实的角度限定帮助犯处罚范围未必可靠。刑法理论的多数说认为，如果仅从事实的角度去思考问题（尤其是仅考虑主观要素），可能无法有效限定帮助犯的范围。如果简单套用共犯概念，所有的中性业务行为最终造成损害的均可罚，势必导致处罚范围过广，处罚结论也违背常理或生活经验。例如，正规农药店对购买农药者的行为不法性有所疑虑，有未必的故意但仍然卖农药给他人，后者将该农药用于投毒杀人的，按照"主观说"，由于出售农药者有未必的故意就成

---

① 参见〔日〕小岛秀夫：《中立的行为による帮助——故意归属の观点から》，载《刑法杂志》（特集·客观的归属论と共犯）2010年第50卷，第23页以下。

② 参见陈洪兵：《中立行为的帮助》，法律出版社2010年版，第8页。

为帮助犯。一旦持这种立场,很多正常的社会生活特别是常见的经营或营业活动可能都无法开展,社会生活就可能停滞,同时,也会限制许多人的行动自由。而刑法不能过于限定个人自由,否则,连为犯罪组织扫地、送盒饭这样的行为都必须禁止,出租车司机在出车之前必须先审查乘客前往其他场所的意图等,使每个人都被附加调查他人犯罪的义务,这明显是不合理的。对共同犯罪特别是帮助犯的认定,如果范围太广,那么就一定会和个人的行动自由之间有抵触。而"主观说"对帮助犯处罚范围的确定,似乎没有顾及对个人行动自由的保护,没有考虑刑法谦抑性。

2. 与共犯处罚的理论根据相悖。刑法学的多数说认为,应当肯定违法的相对性,从共犯独自的不法与正犯的不法这样的二元论来给不法奠定根据。① 很难说中性业务活动的共犯自身存在不法性,尤其是行为人单纯对正犯行为及最终危害结果有认识的,更不是判定这种行为违法性的根据。通过故意的存在认定中性业务行为的可罚性,在逻辑上说不通。如甲卖菜刀给乙,乙数天后用其杀人的,不能认为甲对乙后来如何使用这把刀有未必的故意,就认定其提供了一个危害生命法益的凶器给行为人。菜刀之所以成为凶器,是由于凶手乙后来用了它,而非之前的贩卖行为具有社会危害性。因此,刑法上的危险行为一定是有一定重要性的风险制造行为,是法所不允许的行为,而中性的业务活动在大多数场合并不符合这一特征。在行为自身并未制造法所不允许的风险的场合,行为人是否故意根本就不需要审查,更不能因为行为人有认识而"倒因为果"地认为其具有客观不法性。

3. 实务立场和主观说似乎都肯定要先考虑中性业务活动的法益侵害性,分析行为本身给法益带来的危险是否达到了足以作为"帮助"看待的程度,但其实质是大为弱化客观判断的价值,使共犯因果关系高度抽象、缓和。帮助犯的结果归责在具体案件中借用了正犯的因果关系判断规则,但正犯的条件关系、相当因果关系在帮助犯中被缓和为促进关系,使之成为

---

① 参见陈家林:《外国刑法通论》,中国人民公安大学出版社2009年版,第515页。

一种风险增加的概念。① 换言之,关于帮助犯的因果关系,以前的研究主要从事实因果关系的角度切入,就是帮助行为作为、犯罪参与行为和结果之间有一定联系的,事实的因果关系就得到确认,从而导致帮助犯的成立比较容易。确实,在涉及帮助犯因果关系的判断时,大量案件从事实的角度看是存在促进关系或促进的风险的,如果认为行为人对正犯如何行动的认识很重要,就会尽可能淡化或形式地理解中性业务活动对于正犯的"促进"关系,认为只要该活动使得正犯通过其行为造成具体损害后果的风险有所增加,对中性业务行为客观危险性的判断就可能得出肯定结论,转而直接审查中性业务活动者的主观要素,这当然会扩大将中性业务行为作为帮助犯处罚的范围。

4. 虽然小岛秀夫在其主观归责的观点中也强调需要先判断中性业务行为自身是不是危险,要考察这个行为本身是不是为法所不允许,主张在客观归责得到确认的场合,对这种不被允许的中立行为,进一步分析其是故意设定的,还是过失地设定的,但由于中性业务行为都是在参与共犯行为造成后果的场合才成为问题的,结果归属似乎相对比较容易确定。因此,如果不将判断重心定位于客观归责,而求助于主观归责,就会使所谓的客观归责和主观归责结合考虑的观点最终沦为对主观说的重视。如果认为中立行为都有危险性,在客观归责之外考虑主观归责就等于无限定地认为中性业务行为几乎都可以成立帮助犯。如果认为帮助故意是对构成要件该当事实的认识,包括正犯行为、危害结果以及最终引发结果的这种因果性的认识,且行为人只要有未必的故意、择一的故意或者概括的故意就可以成立帮助犯,并不一定要求直接故意,那么,大量中性业务行为都可能对正犯行为有未必的故意,中性业务活动实施者的危险行为的故意就可以确定,对结果的故意归属就无法否定,这与刑法客观主义的立场相悖,且无法达到限定中性业务活动成立帮助犯的目的。

---

① 参见阎二鹏:《帮助犯因果关系:反思性检讨与教义学重塑》,载《政治与法律》2019年第2期。

二、应当以客观归责论限定中性业务活动的共犯性

（一）中性业务活动是否制造法益风险是规范判断

试图从主观层面限定中立行为帮助犯的成立范围的想法，或许并不能真正发挥其功能，处罚范围不能得到有效限定。虽然司法人员根据直觉进行处罚的情形仍然存在，但前述多数案例未必需要按照帮助犯处罚。

如果要彻底贯彻刑法客观主义的立场，就应该认为通过否定中性业务活动的客观不法构成要件来限制定罪范围的思路是合适的，即采用客观归责论的规范判断进路，从中性业务活动是否制造、增加了法所不允许的风险，风险是否被实现等角度思考问题。① 例如，将客观归责论借用到网络犯罪中，就应该认为，对单纯提供网络技术的"中立帮助行为"（经营行为），即便提供者对他人可能利用该技术去犯罪有未必的故意或者放任，原则上也不能处罚。这一结论，无法从中性业务活动者的主观认识角度加以论证，而必须从客观归责论的角度切入。由此可见，从规范思考的角度看，归责不是由自然意义上的因果性、目的性所决定的，而是必须在存在论事实的基础上再作规范判断，不能从存在论的意义上认为，只要产生法益侵害后果的就都可以归责。根据刑法谦抑性的要求，法益保护都是有限的保护，只能维持在社会政策上必要的范围内，其必须与个人自由的保护之间保持平衡，行为制造了法所不允许的风险的才能成为归责对象。如果某种行为虽然侵害了法益，但仍在法所允许的范围之内，归责就无法进行。因此，乙明知甲实施"一房二卖"行为，而买下了甲之前已经卖给丙（但尚未过户）的房屋，并将该房屋过户到自己名下的，乙的行为也属于法所允许的中性业务（交易）行为，无论对甲以诈骗罪还是侵占罪论处，对乙都不宜作为甲的帮助犯定罪处罚，不能说为了保护法益就对造成侵害的行为一律都要进行客观归责，否则就会过度干预正常的社会生活，使特定业务活动的参

---

① 参见〔日〕山中敬一：《刑法总论》（第3版），成文堂2015年版，第972页。

与者无所适从。①

对中性业务活动的参与行为的可罚性进行判断,必须考虑发生的结果是否由该当特定构成要件的帮助行为所引发,该结果客观上能否归属于帮助行为,从而限定处罚范围,那么,客观归责论在这里就是有益处的,将其用在共犯领域也是可能的。对此,学者指出,对于中立的帮助行为的处罚,学界的最新理论动向旨在引入客观归责论对该问题进行研究并逐渐成为解决中立帮助行为可罚性以及可罚范围的有力理论,在行为人不仅"制造了不被允许的危险",而且"实现了不被允许的危险"之时,才能对其科以帮助犯的罪责。②

我们一般认为,共犯因果关系是行为和构成要件该当结果之间的事实关系。但在对因果关系经过进行审查时,专门审查行为是否被允许,就是在进行规范判断。也就是说,对一个行为从事实的角度看存在客观危险,但是,该行为如果是被允许的危险,这个时候刑法上的答责领域就要把这种行为排除出去。那么,客观归责论的意义就是从客观的危险行为中排除出一部分结果归责。因此,不能认为帮助犯的因果关系都是事实关系,其中含有规范关系的内容。例如,甲劝说已下定决心去抢劫的乙放弃抢劫故意而去偷窃,乙听从甲的建议的;丙劝说试图诈骗他人价值 1 万元财物的罪犯丁去诈骗 5 000 元,丁实际上只骗了被害人 5 000 元的,劝说行为似乎都对于最终结果有所促进,(心理)帮助行为和正犯行为、正犯结果之间存在因果关系,但从规范的角度看,劝说者的行为是使法益危险降低的行为,不能对甲、丙进行客观归责。因此,共犯是否能够成立,最终取决于规范判断。对此,西田典之教授认为,帮助犯的成立,必须要实质上达到刑法规范评价的程度才行。③

对中性业务活动行为的可罚性进行判断,要考虑规范的、客观的基

---

① 参见黎宏:《论中立的诈骗帮助行为之定性》,载《法律科学(西北政法大学学报)》2012 年第 6 期。
② 参见姚万勤:《中立的帮助行为与客观归责理论》,载《法学家》2017 年第 6 期。
③ 参见〔日〕西田典之:《日本刑法总论》,王昭武、刘明祥译,法律出版社 2013 年版,第 283 页。

准,在客观归责论之下展开。按照这一逻辑就应该认为,中立行为虽然对正犯行为有所促进和帮助,存在传统上的共犯因果性,但是,按照规范评价和实质判断的立场,中性业务行为即便对犯罪有所促进,但其很可能就是法所允许的行为。不允许危险的创设和结果的引起,不是单纯的因果的引起,而是实施了法所不允许的风险,是对法所不允许的风险的创设和实现。从行为对法益侵害的危险性角度看,如果某种行为没有制造法所不允许的风险,并未达到值得作为共犯处理的危险性,而不具有客观归责可能性的,就应该认为其中立行为无法成立帮助犯。①

肯定客观归责论在中性业务活动定性中的运用,等于坚持了客观优先的刑法方法论。在客观上无法进行归责的情形下,不能仅因行为人存在故意而认定其成立帮助犯。② 对此,我国有关的司法解释也予以认可。1998年最高人民法院《关于审理挪用公款案件具体应用法律若干问题的解释》第 8 条规定:"挪用公款给他人使用,使用人与挪用人共谋,指使或者参与策划取得公款的,以挪用公款罪的共犯定罪处罚。"使用人与挪用人共同构成挪用公款罪的情形仅限定为使用人与挪用人共谋,指使或者参与策划取得公款的情形。对于使用人明知挪用人实施了挪用行为并将公款转归自己使用的,使用者的行为被认定为是借用他人资金的中性业务行为未被视作制造法所不允许的风险的行为。在国外的司法实务中,对知道他人可能进行犯罪活动而提供日常生活意义上的帮助的,只要该帮助行为是其正常的业务行为,通常不定罪处罚。例如,在日本的审判实践中,对邮递员明知明信片上写有胁迫内容,但还是送给受害人的案件,虽然对于胁迫意思的到达这一"结果"而言,邮递员发挥了不可或缺的作用,但是,并不以此认为其构成胁迫罪的共犯(或正犯)。对于明知他人偷税(不缴纳汽油交易税)但仍低价购买其汽油的行为,日本最高裁判所认为:"被告人(购买人)的行为在结局上并未超越买卖当事人的地位",正犯(偷税人)犯罪行为

---

① 参见〔日〕川口浩一:《客观的归属论と共犯の処罚根据论》,载《刑法杂志》(特集·客观的归属论と共犯)2010 年第 50 卷,第 7 页以下。
② 参见周光权:《网络服务商的刑事责任范围》,载《中国法律评论》2015 年第 2 期。

的实现"不过是被告人追求自己利益的目的支配下的交易活动所引发的结果而已"①,因此,被告人不构成偷税罪的共同正犯或帮助犯。

(二)客观归责论与共犯处罚根据之间存在契合点

客观归责论和共犯的处罚根据紧密关联。关于共犯的处罚根据,一般采用混合惹起说。以这个学说为基础,在共犯论领域采用客观归责论,就可以认为中性业务行为属于日常交易行为,对其通常不能论以帮助犯。

过去的混合惹起说认为正犯具有不法性,共犯的不法从属于正犯的不法(包括从属于行为及其所引起的结果)。现在的混合惹起说认为,教唆犯、帮助犯等共犯固有的结果惹起,也就是说共犯所固有的不法以及正犯的不法二者同时具备的,才是处罚共犯的理由。② 如果共犯所固有的不法并不存在,就不能将参与者以共犯定罪。例如,共同盗窃的犯罪人甲为防止案发,而帮助另一共犯乙藏匿,或者帮助乙毁灭其与自己共同盗窃的证据,对甲不能以窝藏罪的帮助犯或帮助毁灭证据罪论处,理由在于从犯罪人甲的立场出发去看,其所惹起的结果是对自己的藏匿,或对与自己有关的刑事案件证据的毁灭,而窝藏罪、帮助毁灭证据罪的构成要件结果都必须与"他人"的犯罪有关,而非自己的犯罪,对这样的共犯参与行为就不能处罚。

虽然共犯处罚根据的理论并不能很好地解决中性业务活动的共犯性问题,但二者之间也存在一定的连接点:从因果共犯论(混合惹起说)的角度看,中性业务行为并不存在共犯自身的不法,因为该行为是法所允许的,其所创设的危险也在法所能够接受的范围内,因此,无法对实施该业务的行为人进行客观归责。因此,在中性业务活动中,共犯自身存在与正犯不同的危险创设或者实现,这是特别值得注意的。按照混合惹起说的逻辑就应当特别注重分析共犯所固有的不法是否存在,规范是否禁止参与者通过其行为创设这种危险。

---

① 〔日〕山中敬一:《刑法总论》(第3版),成文堂2015年版,第979页。
② 参见〔日〕井田良:《讲义刑法学·总论》(第2版),有斐阁2018年版,第534页。

考虑中性业务活动自身是否具备不法性,这是惹起说的核心观点;考虑共犯自身是否具备不法性,以及是否具备共犯从属的基础,则是考虑了客观归责论,二者的结合就共犯领域客观归责论、因果共犯论(混合惹起说)的协调一致,能够对中性业务活动的不可罚进行说明。

(三)将客观归责论运用于帮助犯时的话语转换

在对客观归责论进行判断过程当中,需要考虑帮助犯不是自己独立地、直接地犯罪,而是支持、帮助正犯制造风险、实现风险的独特内容。也就是说,帮助行为自身有一些危险性,其通过自身行为实现危险,同时,他还通过正犯造成了犯罪结果。所以,与正犯直接制造和实现法益危险相比,帮助犯的客观归责有其特殊性。换言之,客观归责论主要适用于正犯领域,即正犯对犯罪实现是否或如何具有可支配性。帮助犯和正犯之间是手段与目的的关系;共犯根据主行为的目的而发动其行为;主体之间针对结果形成"相互同意"归责的关系。因此,共犯以正犯的目的设定为基础,进而实施帮助行为,通过"调控"中性业务行为的缺陷来排除主行为的障碍。

因此,为了防止直接将原本以正犯为思考原型的客观归责论的话语体系运用到帮助犯领域可能产生的逻辑混乱,就有必要从客观归责论的方法论出发,把正犯的功能定位于制造和实现法益危险;而帮助犯仅仅是"强化、促进正犯的危险制造和实现",或者说是间接地制造和实现法益危险,二者属于不同的归责层次。

由于中性业务行为是社会上大多数人都能够认可、接受的,符合该业务的职业角色的行为,即便产生危险,也是法律规范所允许的行为,并未"强化、促进正犯的危险制造和实现",因而不能对其客观归责。按照这种逻辑,快餐店的店主甲明知乙开设赌场或组织传销活动,曾目睹正犯组织犯罪的场景,而仍然按照乙的要求每天为该赌场或传销组织送盒饭的,甲的行为就是社会观念上能够容忍的行为(因为死刑犯也有吃饭的权利,更何况只是参赌的人),不能认为其增加或促进了正犯的行为危险性,所以不成立帮助犯。被告人的行为(比如说为犯罪集团送饭、扫地的)纯粹是日常生活中的行为,其没有危险性,更不具有正犯行为的紧迫性,也没有使得法律风险升高。此外,甲投资入股某公司,后发现该公司非法吸收公众存款仍不退股的,只要其后续并未参与经营,就不能认为甲的出资行为具有不法性。还有,甲欠乙5 000元,乙犯罪后为逃往外地而要甲"欠债还钱",甲还给乙5 000元致使后者逃匿的,由于甲的还款行为是在履行民事上的义务,甲不应当构成窝藏罪。

总而言之,对于中性业务行为,不能仅仅因为行为人在个别情况下知道他人可能会利用其行为实施犯罪,就对其进行处罚。

(四)违反操作规程的业务行为可能制造法益危险,逾越了中立界限

帮助行为是结果发生的间接原因,其客观不法性表现为"强化、促进正犯的危险制造和实现"。如果某一行为一开始有中性业务活动的外观,但在实施过程中其实质上是通过正犯制造和实现法益危险,对正犯行为及结果具有促进作用的,可能成立帮助犯。换言之,逾越中性业务活动界限的行为具有可罚性。

有学者认为,把客观归责论运用到中性业务活动的判断中,有一个问题就是职业相关性的判断基准不明确,对行为的中性与否不好判断,因此,以客观归责论为出发点认定帮助犯的可罚性,其结论仍然不太确定。① 这种观点所指出的问题实务中确实在一定程度上存在。但有一点可以确定,违反由法律、法规及相关规章制度所确定的操作规程的业务行为不能被认为还具有职业相关性,而应肯定其具有"犯罪关联性"。

帮助犯的危害性在于从规范的角度看,行为人通过帮助行为协助了正犯,使正犯更易实行、完成犯罪。因此,仅有业务行为的外观,但逾越了中性业务活动界限的行为,就可能强化了正犯的风险,从而成立帮助犯。例如,执业律师直接帮助集资诈骗的犯罪集团收取诈骗款项而非代理诉讼

---

① 参见〔日〕小岛秀夫:《共犯论における客观的归属と故意归属——いわゆる中立的行为による帮助の事例をめぐって》,载《法学研究论集》2009年第32集,第105页以下。

的,就属于实施了违反律师法规定的行为,帮助行为超过了一般社会观念所允许的程度,制造了难以被法律所容忍的风险时,以帮助犯论处就是有可能的,参与者不能再主张业务活动的中立性。得出这一结论的法理依据是行为规范论。规范是事前的行为规范,对人的行为进行指引。刑法之所以对人设定禁止义务,是因为规范上无法容忍违法事实,因此,必须惩罚违反规范的行为使得民众养成对规范的信赖,从而达到积极的一般预防的效果。特定业务的从业者一旦支持正犯造成规范上并非合理期待发生的事实,就可能成立共犯。违反操作规范的业务行为并不符合行业共识或一般生活经验,此时,将正犯行为及其结果归属于共犯参与者,符合客观归责论的法理。

三、基于特别认知可能导致中立性丧失的情形辨析

中性业务活动的从业者对正犯的犯罪性毫无认知的,该业务行为未制造法所不允许的风险,不可能对其客观归责,其不成立帮助犯。换言之,中立行为要成立帮助犯,须对通过自己的行为可能造成法益侵害结果有帮助存在的特别认知,这样,就要求其特别知晓正犯行为的危险性。如果其缺乏这种认知,那么危险创设行为就不存在。但是,是不是从业者只要对正犯危险性有特别认知,就一定能够进行客观归责,则需要分情形进行处理。

(一)不能将中性业务活动参与者的特别认知转换为犯罪故意来处理

特别认知,是指行为人在特定场合比一般人略显"高明",其认识到了一般人所无法认识到的与构成要件行为及结果相关的危险。

行为有中性业务活动的外观,又通过正犯行为造成了一定程度的侵害,在该中性业务活动的参与者有特别认知时,其是否能够成立帮助犯,一直是一个有争议的问题。

对于特别认知,理论上一般将其放在故意范畴加以考虑,而不在客观归责论中进行分析。例如,小岛秀夫就主张先确定中性业务行为的危险性

存在,在客观归责之外再考虑主观归责:在参与者的故意得到确认的场合,客观归责之外的主观归责也得到认可,参与者的特别认知就放在故意的判断里加以考察。例如,出租车司机对乘客到达目的地后究竟会实施何种行为没有认知而将其送达,后者盗窃他人财物的,按小岛秀夫的观点对司机也能够进行客观归责,其行为也创设了的危险,只是因为其没有故意而无法进行主观归责,这一主张对特别认知的体系性地位的理解存在可疑之处。此外,值得注意的是:特别认知和被告人未必的故意之间并不是相同的概念。例如,在并非直接目睹他人聚众斗殴,而仅对他人可能非法使用刀具有未必的故意的场合,仍然把刀卖给对方的,虽然实施中性业务者有未必的故意,也仍然可以认为行为人对于正犯行为及其后果缺乏特别认知,这样一个出售刀具的行为仍然在一般社会生活所允许的范围内,具有职业的相当性。那么,从客观归责论的角度看,卖刀者的行为不可罚。

如果认为这里检讨的是行为人在特别地认识到正犯的行为危险之后在客观上如何行动的问题,那么审查的还是危险创设行为本身,没有脱离客观判断的领域,即在参与者的特别认知得到确认的场合,客观归责能否得到认可的问题。即使接纳特别认知概念,对客观归责的判断仍然是客观的而非主观的,是特别认知而非行为人的故意设定对中性业务行为性质的认定有影响,该种认知是否存在,是对中性业务行为进行结果归责的重要判断基准之一。例如,出租车司机无意中送乘客去盗窃现场,对行为人的正犯性没有特别认知的,不能认为司机的行为制造了法所不允许的风险。再比如,正犯甲和被害人乙在店主丙的"眼皮底下"发生激烈打斗,甲基于杀害的意思前来买刀,店主把刀卖给他以后,甲在店主面前用刀把乙砍死,无论哪一种理论都不会否认店主丙成立故意杀人罪的帮助犯,最主要的理由是,丙在卖刀之前对甲可能实施杀害行为这种现实的、紧迫的危险存在特别认知,其能够预见杀害行为的因果经过,贩卖行为的客观归责性也就可以肯定。因此,审查参与者的特别认知,是确定其对正犯危险性有所认知之后的具体行动,以最终确定参与行为是否使得危险升高到值得以帮助犯处罚的程度,客观地判断参与者的作用是否对犯罪结果的发生有意义,从而使得客观归责的判断能够推演,以确保客观优先的思考能够实现。

（二）中性业务活动参与者具备特别认知但未违背角色义务的，不能归责

对于从事中性业务行为时具有特别认知的能否成立帮助犯，何庆仁教授指出：如果参与者在具备特别认知之后所实施的行为与个人的社会角色没有冲突的，该行为的中立性并不丧失，对行为人不可归责。例如，汽车工程师去买二手汽车试开时，根据自己的专业知识发现刹车有问题，未予指出而还回，行为人虽然认识到特别的危险，且后来危险也被实现，但社会交往中的角色并不要求其认识到该危险，没有避免危险的发生不能体现出违背角色与规范的意义，即使危险实现，也不是不法，而只是不幸。当然，如果特别认知与角色无关，但行为人利用特别认知伤害他人，行为人仍然应当对不法结果负责。如果参与者特别认知的危险与个人的社会角色有关时，具有"犯罪关联性"，就会对归责产生影响，行为人应为由此产生的不法负责，相关的犯罪参与行为可以成为帮助犯归责的对象。所谓与角色有关，在规范意义上，是指行为人是相关危险的保证人。例如，公证处在出具公证文书之前应当审查有关材料的真实性，在核对有关材料时已经看出申请材料是虚假的，该特别认知就和角色义务有关。再比如，甲公司将其合法持有的大量可制毒药品交给乙公司而不监管，且甲公司负责人知道乙公司曾经生产过伪劣产品的，乙公司利用这批可提取毒品的药品制造出毒品的，甲公司负责人的特别认知就会导致其承担共犯责任，因为其角色是危险源的监督者，负有管理好特殊物质的义务，只要其知道乙公司利用这批药品可能会产生危险，即使该危险不是由其本人实现，也必须予以排除。[①]

（三）中性业务活动参与者具备特别认知，且行为超越业务活动的"最大自由边界"时可能被归责

按照前面的说法，行为人有特别认知，该认知与角色义务无关的，对其

[①] 参见何庆仁：《特别认知者的刑法归责》，载《中外法学》2015年第4期。

不应归责。但在理论上最成问题的是：如果一概认为特别认知与角色无关就不需要归责，在被害利益重大、危险极其紧迫的情形下，可能会得出不合理的结论。对于【案例9-2 毒蘑菇案】而言，当甲特别地知晓某一盘蘑菇有剧毒可能致人死亡时，似乎他将蘑菇端给顾客也不违背其作为送菜工的角色义务。① 但是，多数学者还是倾向于认为，如果不将结果归属于甲又明显不合理。因此，理论上又提出了许多不同的解决方案。

对此，何庆仁教授用"是否违背团结义务"来加以分析。他认为，特别认知与角色无关，但行为人基于团结义务而必须退让时，仍然应当对不法结果负责。违背团结义务对于社会正常生活秩序会造成冲击；基于团结义务，在显著重大的利益面临紧迫危险时，角色者应当停止实施将直接导致利益受损的行为，即使该行为原本是符合社会客观期待的行为。角色的退让也应该被限定在最小限度内：(1) 只有在紧急状态下，才可以要求角色者放弃实施该实施的行为。所谓紧急状态，可以参考对紧急避险的理解，并未面临迫在眉睫的危险，则尚不足以让角色退让。例如，刀具店店主将刀卖给他人，是符合社会期待的行为，即使他偶然知道买刀的人将会用刀去杀人也不例外；相反，如果买刀的人正在店门口与人打斗，买刀显然就是要去马上杀死店门口的人，那么他人的生命就处于紧急状态中，卖刀行为就是不法的。(2) 陷入危险的必须是显著重大的利益。显著重大的利益主要是指生命或重大健康利益。(3) 角色者的行为必须与利益损害具有直接关联。例如，银行职员偶然得知储户取款的目的是用来行贿仍满足其取款要求，归还欠款的人明知得款者属于犯罪人且会利用该款逃匿的。该直接关联还必须是角色行为自然形成的，而不是被其他人从外部强行赋予的，与角色行为没有直接关联，不能成为限制角色行为的合理根据。②

何庆仁教授的研究不失为一种思考进路。但是，分析中性业务活动是

---

① 对这种情况以及对发现他人就在跟前激烈打斗而出售凶器给其中一方的业务行为，都一律认为无罪的"彻底无罪说"观点，参见陈洪兵：《论中立帮助行为的处罚边界》，载《中国法学》2017年第1期。

② 参见何庆仁：《特别认知者的刑法归责》，载《中外法学》2015年第4期。

否成立帮助犯的分析工具是客观归责论。按照客观归责论的进路,具备特别认知的从业者在被害利益重大、危险极其紧迫场合的行为是否制造了法益危险,需要从行为自身客观上造成的正犯危险角度切入,从社会团结义务是否被违反的角度出发思考问题,难免给人以外在的社会团结被破坏之后,再返回去"倒推"行为人团结义务的感觉。此外,由于所有的违法行为都会在一定程度上破坏社会团结,那么,在讨论中立行为的共犯性时,社会团结义务的内容,以及社会连带关系遭受何种程度的破坏才要求行为人履行这样的义务,并不是特别清晰。

其实,对具备特别认知的参与行为重点需要审查的是:该行为是否增加、提升了"促进正犯实行犯罪"的紧迫而现实的危险。如果仅仅增加了一定程度的危险,但并未增加紧迫、现实的危险的,不能成立帮助犯。具备特别认知的从业者在被害利益重大、危险极其紧迫场合的行为,可以认为其超越了中性业务活动的"最大自由边界",从而显著增加、提升了"促进正犯实行犯罪"的危险,最终成为可归责的对象。如果按照这一分析思路,【案例9-2 毒蘑菇案】中的甲就会因其违背社会成员的团结义务,超越了中性业务活动的最大自由边界而构成故意杀人罪。

刑法规范是行为规范,其只能禁止刑法无法容忍的严重侵害行为。由此,刑法也确立了个人自由的边界。任何自由都不是一个"点",而是有相对幅度的自由空间,否则,就无法依其意志实施一定行为。中性业务活动也有一个相对广泛的自由空间:(1)从业者对正犯危险性完全缺乏认知的,其业务活动自由并无归责之虞;(2)从业者对正犯危险性有特殊认知,但没有违背其角色义务或没有积极利用该认知侵害他人的场合,其自由活动也被刑法所允许;(3)具备特别认知的从业者在被害利益重大、危险极其紧迫场合的行为超越了中性业务活动的"最大自由边界",该中性行为已经朝着配合正犯行为、服务于正犯目的的方向发展,其可能引发的结果类型性地被禁止的,就应当被归责。①

---

① 参见〔日〕丰田兼彦:《论共犯的一般成立要件》,王昭武译,载《法治现代化研究》2018年第6期。

因此,需要特别讨论的是中性业务活动扩张范围后的最大限度的自由,究竟对哪些中性业务活动可能有限制?对此,要结合特定业务活动的具体行为规范进行判断。对此,有三个分析指标非常重要。其一,业务活动的最大"射程"。这与业务活动的目的有关。例如,卖菜刀的目的是为他人的日常生活提供便利,把菜刀卖给他人用于切菜的场合,最符合中性业务行为的目的;在特别认识到使用者可能用菜刀撬门盗窃的场合,仍然予以出售的,虽然偏离业务行为的标准目的,但也还在规范能够容忍的范围内,可以认为出售行为还在业务活动的射程之内。但是,特别认识到他人可能用菜刀杀人的,将菜刀出售给正犯的行为已经偏离了为他人生活提供便利的目的,超出了业务活动的最大射程,因而可以被归责。其二,法益侵害的紧迫性、重大性。中性业务活动使得法益面临的侵害非常紧迫,需要保护的法益又特别重大的,具有特别认知的从业者的行动自由边界应当受到限制。例如,出租车司机发现乘客甲在后排座位上偷乙的钱包,而不管不问的,由于被害法益并非重大,对该司机未必要进行客观归责。银行职员偶然得知储户取款的目的是来之行贿仍满足其取款要求,以及债务人明知得款者属于犯罪人且会利用该款逃匿而还款的,他人可能造成的法益侵害既非紧迫,也不重大。但是,卖刀者甲目睹他人之前的侵害行为仍让有杀意的正犯得到凶器的,对正犯行为的现实和紧迫的危险性具有特别认知,正犯行为的危险性特别重大,如果这个销售店的老板不把刀卖给对方,正犯从大街上的其他店主手中买刀需要相当的空间移动和时间耗费,就可以认为店主的贩卖行为对于现实发生的结果来讲显著增加了法律风险,从而可以对甲客观归责。所以,对于中性业务活动者对正犯行为侵害法益的直接性、紧迫性、重大性具有特别认知的,应当认为其逾越了职业行为所能够允许的最大自由边界,该特别认知会有力提升正犯行为的危险性,使风险陡然升高至应该以帮助犯处罚的程度,因而可以成立帮助犯。又如,对他人想让妇女醉酒后再强奸有特殊认知而仍然销售烈性酒的,业务行为与正犯存在目的一致性,而且通过自己的行为弥补正犯的行为缺陷,其比日常行为或中性业务行为做得更多,大幅度提升了法益风险,因而是共犯行为。对法益重大性、紧迫性的具体判断,可以参照《刑法》第20条关于特殊防卫权的规定,因为该条的立法主旨是对于特别重大的法益受到侵害且情况紧急的,必须给予特殊保护,其立法精神也可以借用到中性业务活动可能造成法益侵害的情形中。其三,特别领域是否存在明确或隐含的禁止规范。对此,学者指出,要判断某个行为是否属于职业上或业务上的正当行为,"除审查该行为是否已为社会视为正常或可容许外,若涉及职业上的业务活动,也必须已遵守各职业相关法令并履行相关义务,才能被认为是社会上或职业上适当或正当行为"①。例如,律师的执业活动受法律保护,假定其特别知悉委托人正在实施传销犯罪而为其担任法律顾问的,也不具有共犯的归责可能性。但是,《律师法》第38条第2款规定,律师如果对委托人或者其他人准备或者正在实施危害国家安全、公共安全以及严重危害他人人身安全的犯罪事实有特别认知的,必须告知有关部门,不能主张其业务活动的中立性。在上述情形下,行为人的特别认知会强化正犯的目的性,使得原本可能具有中立性的行为可以被归责。

四、中性业务活动与案件处理

根据前面的分析,对于中性业务活动能否成立帮助犯,在实务中的审查进路是:(1)考察职业行为的中立性质是否存在,只要存在这种中立性,原则上就不是犯罪。(2)分析参与行为是否违反了操作规程,从而逾越了中性业务行为的界限,制造了法所不允许的风险。(3)对于有中立性外观的行为,需要仔细审查行为人的特别认知是否存在。对即便存在特别认知,但并未违背其角色义务或没有利用该特别认知故意犯罪的,不能归责;具备特别认知且逾越该业务的最大自由限度,参与者的认知提升了正犯行为的危险性,使风险升高至应该以帮助犯处罚的程度的,应对其进行客观归责。按照这种逻辑分析实务中的案例,就能够得出相对清晰的结论。

---

① 蔡惠芳:《P2P网站经营者之作为帮助犯责任与中性业务行为理论之适用》,载《东吴法律学报》(第18卷)2006年第2期。

（一）关于林某青律师不构成诈骗罪、敲诈勒索罪的分析

对于【案例 9-1 林某青律师被控诈骗、敲诈勒索案】中被告人所涉诈骗、敲诈勒索罪,应该说指控都是不当的。因为从现有证据看,将林某青律师作为恶势力犯罪集团重要成员的事实依据和法律依据都不充分,要求其为犯罪集团的所有诈骗行为承担刑事法律责任,指控其通过向法院提起诉讼的方式对被害人实施敲诈勒索的说法,都没有充分考虑中性业务活动是否制造了法所不允许的风险这一问题。

任何公民、法人或非法人组织都有权获得律师的法律帮助,在面临纠纷时,都有委托律师提供法律服务的权利(犯罪嫌疑人、被告人都有权通过委托律师来维护自己的合法权益,更遑论民事诉讼的原告、被告)。从当事人权利引申开来,律师应委托人的请求提供法律帮助、参与诉讼,就是受三大诉讼法以及《律师法》保护的业务活动,没有逾越业务行为的边界,不能认为其制造了法所不允许的风险。因此,公诉机关对林某青律师系"恶势力犯罪集团重要成员",以及构成诈骗罪和敲诈勒索罪的指控均难以成立。

首先,本案控方以林某青律师知道对方是实施诈骗犯罪的恶势力集团而为其提供法律帮助,指控其系恶势力犯罪集团重要成员的观点缺乏证据支撑和学理支持。任何犯罪的单位和个人,都有权获得律师的帮助。更何况,通过律师为其提供法律帮助可以有效控制、降低犯罪团伙实施更严重犯罪、报复被害人的风险,因此,律师应对方的要求提供法律服务,是法律允许的业务活动。在提供法律服务的过程中,律师明知对方的行为构成犯罪而不与犯罪"作斗争"的,既不构成不作为犯,也不构成帮助犯,因为法律并不一概强求律师与犯罪"作斗争"。这一点从相关规定中可以看出,《律师法》第 38 条第 2 款规定:"律师对在执业活动中知悉的委托人和其他人不愿泄露的有关情况和信息,应当予以保密。但是,委托人或者其他人准备或者正在实施危害国家安全、公共安全以及严重危害他人人身安全的犯罪事实和信息除外。"这一规定表明,对于委托人涉及的并非"危害国家安全、公共安全以及严重危害他人人身安全"的其他犯罪行为,律师即便知

悉，也应该为当事人保守秘密，而不应该披露。因此，不能以律师明知其当事人有犯罪行为作为论证其与当事人成立共犯的理由。

其次，本案控方以林某青律师知道对方是实施诈骗犯罪的恶势力集团而为其担任法律顾问为由，指控其构成诈骗罪共犯，这一起诉意见明显不当。《律师法》第29条规定："律师担任法律顾问的，应当按照约定为委托人就有关法律问题提供意见，草拟、审查法律文书，代理参加诉讼、调解或者仲裁活动，办理委托的其他法律事务，维护委托人的合法权益。"因此，即便律师对他人正在实行犯罪有明知或者未必的故意，只要其所提供的法律服务本身符合法律规定，律师的行为也就是合法的。如果要将律师认定为诈骗罪的帮助犯，就应有充足证据证明其超越了律师业务活动的操作规程，而为诈骗集团出谋划策、参与虚构事实和隐瞒真相等，如果不具备这些主客观条件，即便律师的执业活动客观上为正犯提供了支持，也不能将律师的执业活动认定为犯罪。在本案中，在虚增债权诈骗方式的设计以及具体组织实施诈骗犯罪阶段（比如，让客户填写各种空白资料，和客户沟通收息、收费情况，隐瞒收取平台服务费、贷后管理费，多算预期违约金，虚增债权，催收款项等），林某青律师事前没有为青海合创公司出谋划策，该公司所有人在事中或事后都没有与林某青有过任何沟通，或者征询过林某青的意见，因此，不能认为其逾越了中性业务活动的界限。

更进一步讲，从国外的实践看，对于律师明显逾越中性业务界限的行为，也通常会否定其成立共犯。例如，在德国，对于律师在接受犯罪嫌疑人亲属的法律咨询时，明知犯罪嫌疑人不能离开被羁押的场所而向家属提供错误咨询意见，致使罪犯脱逃的，法院明确认为该律师不构成脱逃罪的帮助犯。①

最后，至于指控林某青律师通过诉讼的方式实施敲诈勒索更存在说理不充分的重大缺陷。在本案所涉及的民事诉讼中，原告、被告之间的借贷关系客观存在（有争议的是利息多少以及具体的还款金额等），林某青律师帮助他人提起民事诉讼是将纠纷引入法律渠道的"降低法益危险"的行

---

① 转引自陈洪兵：《中立行为的帮助》，法律出版社2010年版，第2页。

为,谈不上制造了法所不允许的风险。更何况从委托人青海合创公司交给其代理的案件材料来判断,进行此项诉讼代理业务有基本客观的事实基础,相关民事诉讼请求合理①,完全是合法合规的,其没有实施敲诈勒索的具体行为。

(二)具有特别认知,逾越中性业务活动最大自由边界的特殊情形可以构成共犯

我并不赞成对中性业务活动一概不可归责的观点。例如,农药销售商甲明知乙要投毒杀人而出售剧毒农药给乙,乙投毒杀害丙的,甲成立共犯;网络平台管理者甲在接到安全监管部门的整改通知后不整改,继续提供服务的,构成犯罪;出租车司机甲发现他人在汽车后排实施强奸行为而不管不问,驾驶汽车继续行驶的,构成共犯;甲明知乙实施电信诈骗而提供银行账户给乙使用的,成立共犯;宾馆经营者甲对他人实施卖淫行为有特别认知,而为其提供卖淫场所的,按照《刑法》第361条的规定,构成容留卖淫罪。当然,对中性业务活动成立共犯的判断必须严格把握,必须判定具备特别认知的从业者是否超越了中性业务活动的"最大自由边界",且对特别重大的利益通过正犯行为(间接地)产生了紧迫危险,是否使得原本具有中立性质的业务活动朝着主要配合正犯行为、服务于正犯目的的方向发展。

---

① 即便民事诉讼请求的金额过高,看起来很不合理,也不能成为林某青律师有罪的理由,因为任何诉讼请求都是当事人单方面的请求,法官依据事实和法律完全可以否定其请求,因此,不能认为提出过高诉讼请求就是实施敲诈勒索行为。

第十讲
法条竞合"重法优先"之否定

【案例 10-1 撞死摩托车手案】

甲驾驶逾期未经年审的车辆将骑摩托车高速横穿公路的乙撞死,公安交通管理部门认定甲负事故次要责任,乙负事故主要责任,根据审理交通肇事犯罪案件的司法解释,对甲定不了交通肇事罪,那么,能否对其定过失致人死亡罪?

【案例 10-2 爆炸杀人案】

被告人段义和为杀害柳某,指使陈某、陈某兵二人携带爆炸装置,至柳某的轿车停放处,由陈某将爆炸装置塞入驾驶座位下。后陈某、陈某兵驾车跟踪下班的柳某,当柳某驾车行至某路段时,陈某用遥控器引爆炸药,将柳某当场炸死,并致两名行人受伤。段义和指使陈某、陈某兵构成故意杀人罪还是爆炸罪?在杀害对象特定时,故意杀人罪和爆炸罪之间是法条竞合关系还是想象竞合关系?

【案例 10-3 保险诈骗案】

甲(汽车租赁公司经理)用 500 辆普通轿车冒充高档汽车投保,后对保险标的放火,骗取保险金,保险公司赔付甲 2 000 万元。由于保险诈骗罪的法定最高刑为 15 年,对于该行为,按照保险诈骗罪处罚轻,按照诈骗罪处罚重,对甲能否以诈骗罪论处?

【案例 10-4 监守自盗案】

甲系某非国有公司库房经理,把其经营管理的 20 台手机(价值 5.9 万元)私自拿出卖掉,由于其非法获得财物数额未达到职务侵占罪的定罪起点,对其能否定盗窃罪?实施同样行为的该公司库房副经理乙的职务侵占数额是 60 001 元,如果将乙的行为认定为职务侵占,对犯罪数额相对较少的甲按盗窃罪定罪处罚,量刑上会带来何种问题?你认为对甲和乙的行为如何处理更合适?

一、法条竞合的一般性探讨

(一)法条竞合的概念

法条竞合,是指一个行为同时符合《刑法》分则的数个犯罪构成要件规定,因数个法条在逻辑上存在包容关系或者交叉关系,在裁判上只能适用其中的某一罪名,从而排斥其他法条适用的情形。

法条竞合意味着某一个行为既与《刑法》分则所规定的甲罪的构成要件相一致,也部分或者全部地与乙罪的构成要件相一致。但是,如果成立甲罪,就优先适用甲罪的构成要件,排斥乙罪的适用,反之亦然。所以,从实质上看,法条竞合的行为人只能成立一罪,而不能成立数罪,即法条竞合仅仅具有符合数个构成要件的外观,但因为不同构成要件具有逻辑上的排斥关系,只能根据一个构成要件对行为进行评价。对此,有学者指出,在法条竞合的情况下,数个刑法法规只是表面上竞合,但实际上是一个刑法法规排除了其他刑法法规,所以不是真正的竞合。该非真正竞合的基本思想在于:犯罪行为的不法内容和罪责内容能够根据可考虑的刑法法规之一被详尽地确定。① 在《刑法》中,之所以出现大量法条竞合的情形,主要原因是:(1)立法通常比较抽象,在对行为的构成要件该当性进行设计时,可能

---

① 参见〔德〕汉斯·海因里希·耶赛克、〔德〕托马斯·魏根特:《德国刑法教科书》(下),徐久生译,中国法制出版社 2017 年版,第 1000 页。

出现不同犯罪构成要件之间的重叠、交叉或排斥。(2)犯罪的基本构成、加重构成规定现实地、大量地存在,使得法条之间的关系错综复杂。(3)在立法上,对某些犯罪的构成要件设计与其他犯罪构成要件之间的关系梳理得不够清晰,从而引发法条竞合。

(二)法条竞合的类型

1. 传统观点

法条竞合究竟存在哪些具体类型,理论上存在较大的争议。传统刑法学理论认为法条竞合包括四种类型:(1)特别关系。指一个行为既符合一般法也符合特别法时,适用特别法优于一般法。(2)补充关系。指一个行为同时符合基本法的构成要件和补充法的构成要件时,适用基本法优于补充法。(3)吸收关系。指一个行为的数个构成要件中,某个构成要件比其他构成要件更具有完全性时,适用完全法优于不完全法。(4)择一关系。指一个行为的数个构成要件相互处于不可两立的关系时,只适用其中一个构成要件,排除其他构成要件的适用。[①]

2. 当下的主张:法条竞合仅有特别关系一种情形

对于择一竞合,当代刑法理论逐步达成的共识是其不属于法条竞合的范畴。择一关系就是对立关系。如果法条之间是对立关系,即符合甲法条意味着排斥乙法条的适用,就没有成立法条竞合的余地。例如,抢夺罪与诈骗罪之间是对立关系。抢夺罪是夺取型犯罪,行为人实施暴力,取得财物以违背相对方的意志为前提,而诈骗罪是交付型犯罪,行为人取得财物是基于相对方的有瑕疵的自愿交付。很显然,行为人取得财物不可能既违背相对方的意志又不违背相对方的意志。所以,抢夺罪与诈骗罪是择一或对立关系,符合抢夺罪的犯罪构成便不可能同时符合诈骗罪的犯罪构成。因此,在择一关系中,行为在形式上根本不可能同时符合数个犯罪构成,其在构成要件判断上只能实现一个构成要件,因而,根本不是竞合论要处理

[①] 参见〔日〕大塚仁:《刑法概说(总论)》,冯军译,中国人民大学出版社 2003 年版,第 418—419 页。

的问题。

对于吸收关系,理论上有人主张,其要么属于法条竞合的特别关系,要么属于吸收犯,还可能属于想象竞合犯①,没有将其作为法条竞合的一种单独的类型的必要。就补充关系而言,其与特别关系的区别,仅在于观察角度的不同。正如学者所言:"基本上规范彼此间所得以形成假性竞合关系,应为双向之观察,而非仅是单方向的界定,在二构成要件间如属内含关系,则包含者之于被包含者,或可以特别关系称之,但被包含者之于包含要件,则并非特别关系,此时被包含要件系一种拦截之规定,或可视为补充包含要件的适用规定。"②因而,没有必要将补充关系列为独立的类型。

黄荣坚教授指出:"特别关系、补充关系或吸收关系等等,在此之所以被放在一起来思考,并不是这几种关系类型之间有什么共同的特征,而是因为偶然,因为它们基于各自不同的理由,而恰好都被赋予一个相同的法律效果,亦即法条之间的排斥作用。同时也只因为这个偶然的因素,所以这几种关系类型被取了一个共同的名称叫作'法条竞合'。"③如果认为吸收犯中属于特别关系的情形是法条竞合,补充关系也是特别关系,那么,法条竞合的基本类型就仅限于特别关系。

法条竞合的特别关系包括包容关系或交叉关系两种。就诈骗罪与保险诈骗罪而言,二者之间是包容关系,保险诈骗罪的法条从属于诈骗罪的法条。重婚罪和破坏军婚罪之间,则是交叉关系,明知是现役军人的配偶而与之结婚的情形,属于明知他人已有配偶而与之结婚,系两罪之间的交集地带,破坏军婚者同时符合重婚罪与破坏军婚罪的构成要件。

---

① 参见张明楷:《刑法学》(第四版),法律出版社2011年版,第421页。
② 柯耀程:《刑法竞合论》,中国人民大学出版社2008年版,第136页。
③ 黄荣坚:《刑法问题与利益思考》,中国人民大学出版社2009年版,第201页。

二、有必要区分法条竞合和想象竞合

（一）想象竞合概述

想象竞合，是指一行为触犯数个同种或异种罪名，实现数个同种或异种的犯罪构成，而数个犯罪构成之间在逻辑上并无包容关系的情形。例如，为骗取保险金而杀人焚烧尸体，后向保险公司提出索赔要求，因公安机关及时侦破此案，被告人未实际获得赔付的，被告人的行为构成故意杀人罪，同时也构成保险诈骗罪的未遂。故意杀人罪与保险诈骗罪的构成要件之间并不存在逻辑上的关联。被告人之所以同时触犯两个罪名，完全是因特定的事实造成的，被告人的杀人行为，是基于骗取保险金的动机而实施；从法益侵害的角度来看，被告人的行为在侵犯他人生命权的同时，也对保险管理秩序与保险公司的财产权构成威胁，行为所侵犯的两个法益之间完全不重合，被告人的行为成立故意杀人罪和保险诈骗罪的想象竞合。

想象竞合犯虽然在实质上侵犯了数个法益，但由于客观上只有一个行为，行为人主观上也只有一个意思，所以，作为一罪来处罚。一般认为，对想象竞合犯应采取从一重罪处罚的原则。因而，在涉及想象竞合的情形中，必须对所触犯的罪名进行法定刑上的比较，最终按其中的一个重罪定罪处罚，否则就可能违反禁止重复评价原则。

（二）是否有必要区分法条竞合和想象竞合

多数说认为，法条竞合属于实质的一罪，只存在一个法益侵害事实，而想象竞合属于实质的数罪，存在数个法益侵害事实。因此，有必要维持法条竞合与想象竞合之间的区分，并适用不同的处理规则。

但是，这种观点近年来受到质疑。有的学者认为，区分法条竞合与想象竞合不仅有损理论的简洁性，使竞合论被人为地弄得异常复杂，而且此种复杂化没有什么意义，只会让实务人员无所适从。为此，有必要提倡"大竞合论"。主要理由是：由于我国不存在类似国外刑法中所公认的具有减轻根据的特别法条,故无须严格区分法条竞合与想象竞合,只需赞同"大竞合论"即可:只要构成要件之间存在"竞合"关系,就适用从一重处罚。论者认为,"大竞合论"不仅有助于实现罪刑相适应原则,而且有助于处理所谓罪名之间的界限问题,还有助于克服所谓的立法缺陷。① 无法否认的是,在实务中,法条竞合的空间被最大限度地压缩,法条之间即便存在交叉或重合部分,很多时候都因为法益并不绝对相同或出于处罚必要性的考虑而被解释为想象竞合犯。对此,有学者指出,法条竞合"总是不断地向想象竞合的法律后果靠近。在文献中,在部分颇为严厉的说法中指出,这种司法判决使得区别'几乎失去了意义',这种区分的意义'几乎减少到零'"②。持批评观点的学者认为,所谓的"大竞合论"所看中的不过是想象竞合犯按重罪处罚的规则,使法条竞合"总是不断地向想象竞合的法律后果靠近",从降低理论的繁复性与提升实用性的角度,试图取消法条竞合与想象竞合的区分,不再考虑构建法条竞合与想象竞合的区分标准问题,在特别法条处罚轻的场合可一律适用重法条。这种主张把复杂问题简单化,似乎很有诱惑力。③

但是,如果坚持刑法学上必要的体系性思考,就应该认为,作为"一行为"的竞合形态,法条竞合与想象竞合的区别是客观存在的。

一方面,法条竞合,是因为针对同一犯罪行为的《刑法》分则规定整体或者部分重合,导致法律适用复杂化的情形,其与立法者的价值判断有关,是一种静态的竞合,当一行为触犯的两个法条的罪名之间具有从属或者交叉的逻辑关系,该行为在符合一个法条的同时必然也符合另一个法条,且不同法条的保护法益相同时,为法条竞合。想象竞合,则是行为人的一个行为偶然地符合多个罪名,它与法律条文如何规定本身无关,而与犯罪人实施犯罪时的选择有关,行为触犯的两个罪名在保护法益上完全可以不同,所以,是一种

---

① 参见陈洪兵:《不必严格区分法条竞合与想象竞合——大竞合论之提倡》,载《清华法学》2012年第1期。
② 〔德〕克劳斯·罗克辛:《德国刑法学总论(第2卷):犯罪行为的特别表现形式》,王世洲等译,法律出版社2004年版,第650页。
③ 参见车浩:《强奸罪与嫖宿幼女罪的关系》,载《法学研究》2010年第2期。

动态竞合。一般认为,法条竞合时,不管现实案情如何,两个条文都具有竞合关系,或者说,是否具有法条竞合关系,并不取决于案件事实,而是因为法条之间存在交叉或者重叠关系。而想象竞合犯是因为现实行为触犯了两个不同的法条,不同法条之间并没有重叠与交叉关系。

另一方面,在适用法律时,因为法条竞合仅仅是在形式上存在竞合关系,司法判决中只需要列举适用的罪名即可,对于没有适用的罪名,完全可以不予理会。换言之,对于法条竞合犯,法官无须列举被排斥的罪名。同时,被排斥的法条的存在,原则上对量刑不会产生影响。想象竞合本质上属于数罪,只是"因为刑法的评价对象是'行为本身',既然行为仅止于单数,因此,为了避免对同一行为进行重复评价,所以由法律在效果上拟制为犯罪单数,仅从一重处断。'想象'竞合表达的就是这种法律效果上的拟制关系"①。对于想象竞合,行为人的行为究竟符合哪些犯罪的构成要件,需要在判决书中明确列举出来,以便让人判断行为人所触犯的多个罪名孰轻孰重,以及法官对从一重罪处断的把握是否准确,以防止司法人员不当行使司法权。例如,为故意伤害而对被害人使用暴力,该暴力行为撕破被害人价值很高的衣物的,同时触犯故意伤害罪和故意毁坏财物罪。如果认定二者之间成立想象竞合犯,故意毁坏财物罪、故意伤害罪在判决书中就都需要详细列出并加以论证。这主要是因为想象竞合存在两个违法事实和责任,那么,在判决宣告时,必须将这些事项逐一清晰地列举出来,以实现刑法的充分评价,并有效发挥想象竞合的澄清功能。"法官的审判工作,并不只在判一个刑就好了,而是也要让人知道,行为人错在哪里。犯罪宣告的本身,同时也就是在宣示,什么事情是错的,是不被容许发生的。从此一观点出发,到底行为人做错了什么事,我们必须有清楚的交代。"②因此,是否有必要详细交代罪犯所触犯的罪名以实现积极一般预防的效果,也是能否将某种竞合关系认定为想象竞合时需要考虑的。这样说来,法条竞合和想象竞合之间就是排斥关系,不存在一个行为既是想象竞

---

① 林钰雄:《新刑法总则》,中国人民大学出版社2009年版,第454页。
② 黄荣坚:《基础刑法学》(下),元照出版有限公司2012年版,第898页。

合又是法条竞合的情形,更不能否定二者的差异建立所谓的"大竞合论"。

(三) 如何区分法条竞合和想象竞合

对于犯罪之间的关系,究竟是法条竞合还是想象竞合,有的学者认为并无绝对界限。例如,对于交通肇事罪和过失致人死亡罪,有观点认为其可能是法条竞合,也可能是想象竞合。有观点明确认为:"行为人交通肇事触犯第133条时,并不必然触犯第233条,因为并非任何交通肇事罪必然导致他人死亡。果真如此,法条竞合的范围将大量减少。行为人因交通肇事致人死亡时,便属于想象竞合犯,适用从一重罪论处的原则。"①这种观点的不足之处在于:法条竞合的特别关系,除重叠关系外,还包括交叉关系。交通肇事罪和过失致人死亡罪之间就存在这种交叉竞合的特别关系,即在交通肇事行为导致被害人死亡,行为人具有违反交通运输管理法规的过失时,两个犯罪之间存在法条竞合关系。因此,不能把法条竞合的特别关系仅仅理解为重叠关系,当交通肇事行为致人死亡时,完全可以认为该行为必然同时触犯《刑法》第233条。在此意义上说,《刑法》第133条是特别法条,第233条是普通法条,交通肇事罪和过失致人死亡罪之间就不再是想象竞合关系。

如果认为交通肇事罪和过失致人死亡罪之间是想象竞合关系,那么,对于【案例10-1 撞死摩托车手案】就可以认为,对甲驾车将乙撞死,即便公安交通管理部门认定甲仅负事故次要责任,而由乙负事故主要责任,根据最高人民法院《关于审理交通肇事刑事案件具体应用法律若干问题的解释》(2000年11月15日发布)第2条的规定(交通肇事死亡1人,负事故全部或者主要责任的,才有可能构成交通肇事罪),对甲无法定交通肇事罪,那么,也可以对其定过失致人死亡罪。

但是,我认为,这样理解交通肇事罪和过失致人死亡罪的关系是存在疑问的:一方面,行为人违反交通运输管理法规致人死亡时,两个犯罪之间存在交叉竞合关系,过失致人死亡罪没有适用空间;另一方面,交通肇事罪

---

① 张明楷:《刑法分则的解释原理》,中国人民大学出版社2004年版,第285页。

作为特别法条,在判断犯罪成立与否时,在传统过失犯罪之外,特别重视危险的分配、信赖原则的贯彻等。立法上针对行为的特殊性在过失致人死亡之外设置特殊的交通肇事罪,对于行为人负次要责任致死的场合不处罚,说明立法上想放过这种行为,转而以过失致人死亡罪处罚,属于司法上过于积极地填补"意图性的立法空白",并不妥当。

对于我的前述观点,司法实务部门基本上是能够接受的。在"张某某危险驾驶案"中,被告人张某某酒后驾驶轿车与丁某驾驶的轿车以及胡某驾驶的轿车相撞,致使丁某受伤(重伤二级)。经公安交管部门认定,被告人张某某因醉酒(其血液中的酒精含量为 100.5mg/100mL)驾驶机动车承担此次事故的同等责任,丁某、胡某因不按指示标线行驶(逆向行驶),也承担此次事故的同等责任。根据最高人民法院《关于审理交通肇事刑事案件具体应用法律若干问题的解释》第 2 条的规定,行为人酒后驾驶机动车,交通肇事造成一人重伤以上后果,同时应负事故全部责任或者主要责任的,应当以交通肇事罪追究刑事责任。本案中,张某某的行为符合交通肇事罪的前两个条件,但只负事故同等责任,不符合最后一个条件,因此,其行为不构成交通肇事罪。法院认为,在被告人张某某不构成交通肇事罪的情形下,反而认定其构成过失致人重伤罪,这是不合适的,故以危险驾驶罪判处张某某拘役 4 个月。[①]

上述分析说明,在理论上提出清晰的区分法条竞合和想象竞合的标准,避免认为两罪之间既可能是法条竞合也可能是想象竞合的看法出现,是很有必要的。理论上的有力见解认为,区分法条竞合和想象竞合,需要考虑法益标准:行为虽在形式上违反数个罪刑规范,但所侵害的法益相同的,成立法条竞合;行为不仅违反数个罪刑规范,而且侵害多个不同的法益的,则为想象竞合。

以行为所侵犯的法益是否同一为依据来区分法条竞合与想象竞合,是一种实质思考的立场。法条竞合不仅是法条之间形式上的逻辑关系,具有包含或者交叉关系的法条还必须是为了保护同一法益的目的而设立时,才

---

① 参见北京市第三中级人民法院(2018)京 03 刑终 988 号刑事裁定书。

属于法条竞合。对于某些形式上存在包含、交叉关系的法条,如果法益不同一的,应否定法条竞合关系而认定为想象竞合。换言之,法条竞合是一行为侵害同一法益而触犯数罪名;想象竞合则是一行为侵害数法益而触犯数罪名。法益是否同一(是一法益还是数法益),成为区分二者的关键之所在。

关于法益同一性的判断以及法条竞合的确定,需要考虑:

首先,法益同一,是指具体法益的相同。例如,绑架罪和非法拘禁罪都侵害个人行动自由,具体法益具有同一性;强奸罪和强制猥亵罪都侵害性自由,具有具体法益的同一性。但是,法益"同一"不是法益"同类",因此,侵犯同类法益的犯罪未必具有法益同一性,因为同类法益之下的具体法益的具体内容未必相同。例如,市场经济秩序、社会管理秩序是对诸多犯罪的具体法益的高度抽象概括,该同类法益之下个罪具体法益的内容差异很大。例如,显然不能认为同属破坏市场经济秩序罪的洗钱罪和串通投标罪之间具有法益同一性。更进一步讲,同属于侵犯人身权利的故意伤害罪与故意杀人罪虽属同类法益,但就具体法益而言,因为故意伤害罪侵害健康权,故意杀人罪侵害生命权,那么,二者的法益也并不同一,通常不能认为其存在法条竞合关系。因此,基于杀人故意造成重伤害结果的,应当成立故意杀人罪未遂与故意伤害罪的想象竞合犯。

其次,国家法益、社会法益和个人法益之间抽象地看不存在法益同一性。但是,行为指向国家法益和社会法益,但在具体个案中其结果由具体个人承受,而侵害个人法益的犯罪中对此又有规定的,可以认为国家法益或者社会法益可以还原为个人法益,或者认为国家法益、社会法益由个人法益所组成,包含了个人法益的内容,从而肯定法条竞合的存在。例如,交通肇事罪和过失致人死亡罪,洗钱罪和掩饰、隐瞒犯罪所得、犯罪所得收益罪之间,可能视情形存在法条竞合关系。因此,一个保护公法益(国家法益、社会法益)的法条与一个保护私法益(人身权、财产权)的法条之间,也可能形成法条竞合关系。

最后,行为侵害多个法益,同时触犯多个罪名,这些罪名中的法益有相同部分的,就该相同部分,可以肯定法益同一性。换言之,行为所侵犯的数个法益之间存在重要的重合的,就可以否定想象竞合。例如,集资诈骗罪既侵害金融管理秩序,也侵害个人财产权,就对个人法益的侵害而言,其与诈骗罪之间存在法益同一性,应当成立法条竞合。盗窃罪和贪污罪之间也存在这种法条竞合关系。因此,如果主张以法益为标准来区分法条竞合与想象竞合,就应当确定行为所构成的不同犯罪之间,是只有同一个法益侵害事实还是有数个法益侵害事实。在涉及双重法益的犯罪中,如果能够判定行为所构成的不同犯罪中有一个被侵害的法益是同一的、重叠的,也就可以承认法益同一性。

应该说,只要在理论上运用好法益标准,要区分法条竞合和想象竞合原则上就是可行的。当然,法益标准的可操作性有时候也可能会引发疑问,因为某一罪名究竟侵害何种法益,本身就是有争议的问题,因为任何一个侵害的法益都需要解释,不同解释者基于前见或立场对法益的理解可能不同,区分法条竞合和想象竞合有时候还是比较困难。在这种情形下,具有补强性质的判断是进一步从构成要件的角度判断究竟成立法条竞合还是想象竞合。因为特别关系的成立与否,无论法条之间是包容关系还是交叉关系,都可以从构成要件要素的角度进行判断。在成立特别关系的情况下,行为只要符合特别法条,势必也符合普通法条。这里对构成要件的判断与立足于法益的实质标准之间具有内在统一性:符合构成要件的行为势必实质上对法益具有侵害性。因此,可以认为,对构成要件该当性的分析是区分法条竞合和想象竞合时,在法益不明情形下的补充判断标准。

在【案例 10-2 爆炸杀人案】中,法院认为,被告人段义和、陈某、陈某兵目无国法,为杀死他人实施爆炸行为,危害了公共安全,造成 1 人死亡、1 人轻伤、1 人轻微伤、两辆汽车毁损的严重后果,其行为均构成爆炸罪。[①] 在本案中,被告人为报复柳某,在公共场所采用爆炸手段故意杀害他人,其行为究竟构成故意杀人罪还是爆炸罪,在理论上一直有争议。

对于爆炸罪与故意杀人罪的关系,有观点认为两罪成立想象竞合,而

---

① 参见《最高人民检察院公报》2008 年第 3 期。

非法条竞合。① 其理由在于,首先,从犯罪构成的角度来看,爆炸罪的构成要件并非是在故意杀人罪的基础之上额外要求某一特别要素。爆炸罪的成立并不要求出现导致他人死亡的结果,只要存在危害公共安全的危险便足以成立。其次,行为构成爆炸罪,未必就一定成立故意杀人罪,两罪之间并不存在必然关系。这也说明爆炸罪的法条与故意杀人罪的法条之间欠缺规范层面的竞合。最后,尽管公共安全中也可能涉及个人的生命、人身安全,但特定人的生命权不能还原为公共安全本身,两种法益并不同一。不过,这样的观点值得商榷。被告人段义和等人的行为同时符合爆炸罪与故意杀人罪的构成要件,是基于两个法条之间存在规范层面的逻辑关联,而并非单纯因采取爆炸这种危害公共安全的手段来实施杀人行为的事实所致。《刑法》第114条中针对公共安全的具体危险,指的是具有致不特定或多数人重伤、死亡的现实危险(而非单纯的财产安全)。为杀人而实施爆炸行为的,表面上看似乎具有双重属性,即同时具有危害公共安全的性质与剥夺他人生命的杀人性质。然而,生命安全本身就包含在公共安全的范畴之中,从实质的法益标准入手,可以承认故意杀人罪与爆炸罪之间在所侵害的法益上存在重要的重合。这里的爆炸罪就包括采用爆炸的方式杀害、伤害他人两种情形。这意味着,从法条的角度而言,爆炸罪与故意杀人罪在规范逻辑上存在交叉关系。从构成要件要素的角度审视,爆炸罪的构成要件要素包含了故意杀人罪构成要件的全部要素,并额外要求采取爆炸方式这一特别要素。因而,两罪之间成立法条竞合的特别关系,其在法条上存在部分交叉关系。而从法益的角度来看,爆炸罪中的公共安全指的是不特定或多数人生命与人身安全,它并不具有独立的内容,因而,必然会与故意杀人罪的法益存在重合。基于此,将爆炸罪与故意杀人罪理解为法条竞合是合理的选择。由于爆炸罪是特别法条,故意杀人罪是一般法条,因此,应将被告人段义和等人的行为认定为爆炸罪,进而排斥故意杀人罪的适用。

在司法实践中,对于以危险方法危害公共安全犯罪和故意杀人罪的关

---

① 参见张明楷:《论以危险方法杀人案件的性质》,载《中国法学》1999年第6期。

系,一般也都按照法条竞合来理解。在"赖某爆炸案"[①]中,被告人赖某为报复扎某一家,于某日凌晨3时40分许,用细线将一炸药瓶吊至扎某家南侧的厨房天窗内,并随即引爆,致使扎某之子因房屋倒塌窒息死亡,扎某与其妻受轻微伤。公诉机关指控赖某犯爆炸罪,一审法院认为,赖某为报复他人自制爆炸物,采用爆炸手段故意杀害他人的行为,应当构成故意杀人罪,对其判处死刑。二审法院认为,本案中,赖某知道附近居住着其他居民,且懂得炸药的性能与威力,其对爆炸的后果非常清楚。赖某明知爆炸可能会危及周围住户的生命财产安全,但为达到报复杀人的目的而对其行为的严重后果持放任态度,造成1死3伤的后果,同时还使周围房屋受到不同程度的破坏。赖某自制爆炸物并有预谋地实施爆炸,虽然目的是致扎某与普某死亡,但在客观上对危害扎某家人的生命健康与左邻右舍的生命财产安全持放任态度,应以爆炸罪论处。

应该说,二审判决是正确的。爆炸罪和故意杀人罪之间不是想象竞合关系而是法条竞合关系。赖某基于一个杀人故意而实施爆炸行为,该行为危害了公共安全,而非局限于特定人的生命权,故其行为同时触犯爆炸罪、故意杀人罪两项罪名。由于法条竞合的定罪处刑应坚持特别法条优于普通法条的规则,对赖某应该论以爆炸罪而非故意杀人罪。

三、法条竞合的特别关系与法律选择适用

(一)法条竞合的一般处理规则:特别法条优先

在法条竞合的情形下,由于只有一个不法事实,并且只侵犯一个法益,行为符合数个犯罪构成,是由于立法规定的错综复杂所致,故只能适用一个法条,即特别法条优先,否则就违反禁止重复评价原则。

之所以如此处理,是因为法条竞合的基本类型是特别关系,那么,在最

---

① 参见最高人民法院刑事审判第一庭编:《刑事审判参考》(第5辑),法律出版社1999年版,第5页。

终的法条选择上,通过适用特别法条的构成要件进行处罚,就能够完全评价犯罪行为的不法与罪责。因此,关于法条竞合的处理规则,通说认为特别法条优先适用,进而排斥普通法条的适用。

(二)立法上明示的重法优先

在某些法条竞合的情形下,立法上明文规定例外地适用重法优于轻法。此时,法条竞合中特别法条优于普通法条的处理规则被排斥,在普通法条处罚重的情形下,立法者允许司法上适用普通法条。例如,《刑法》第149条第1款规定,生产、销售《刑法》第141条至第148条所列产品,不构成各该条规定的犯罪,但销售金额在5万元以上的,依照《刑法》第140条的生产、销售伪劣产品罪定罪处罚;第2款规定,生产、销售《刑法》第141条至第148条所列产品,同时又构成第140条规定之罪的,依照处罚较重的规定定罪处罚。

(三)立法上未明示重法优先时的法律选择难题

对于大量案件而言,由于适用特别法条一般处罚比普通法条要重,因此,在法条竞合时适用特别法条优先的原则处理案件,通常能够得出妥当结论。

但是,在实践中成为问题的是,按照特别法条的规定无罪的,或者根据特别法条处罚轻,而按照普通法条可以定罪或处罚重,且立法上并未明示重法(普通法条)优先时,能不能优先适用普通法条对被告人定罪处罚,贯彻重法优先原则? 就此而言,值得研究的问题有两类:第一类,按照特别法条不能成立犯罪的情形,能否以普通法条定罪处刑? 例如,被告人利用合同实施诈骗行为,非法得款4 000元时,按照有关司法解释,合同诈骗罪的立案标准是2万元,不法取得4 000元的行为不能构成合同诈骗罪,但诈骗罪的立案标准是3 000元,对利用合同诈骗只得到4 000元的行为,能否以诈骗罪论处? 换言之,类似问题,在诈骗罪和《刑法》分则第三章规定的各种特殊诈骗犯罪出现竞合时大量存在。第二类,按照特别法条处罚轻的,能否排斥该特别法条,直接适用重法? 在【案例10-3 保险诈骗案】

中,甲实施保险诈骗行为,获得赔付 2 000 万元,对其行为如果适用保险诈骗罪处罚轻,对甲能否以诈骗罪论处? 对于上述问题及案件,理论立场不同,处理结论就会有差异。

1. "重法优先说"

这种观点认为,在特殊情况下,法条竞合应适用重法条优于轻法条的原则。对此,张明楷教授明确主张,当一个行为同时触犯同一法律的普通条款与特别条款时,在通常情况下,应依照特别法优于普通法的原则论处;而在特殊情况下,应适用重法优于轻法的原则,即按照行为所触犯的法条中法定刑重的法条定罪量刑。这里的"特殊情况",除《刑法》第 149 条第 2 款规定的情形之外,还包括"法律虽然没有明文规定按普通条款规定定罪量刑,但对此也没作禁止性规定,而且按特别条款定罪不能做到罪刑相适应时,按照重法优于轻法的原则定罪量刑。从我国刑法的规定来看,许多特别条款规定的犯罪并不轻,但其法定刑轻于普通条款的法定刑,如果绝对地采取特别法优于普通法的原则定罪量刑,就会造成罪刑不均衡的现象。在这种情况下,只要刑法没有禁止适用重法,或者说只要刑法没有指明适用轻法,为了贯彻罪刑相适应的基本原则,就应按照重法优于轻法的原则定罪量刑"①。张明楷教授以合同诈骗罪和保险诈骗罪的关系举例说明自己的观点,认为所有的保险诈骗行为都符合合同诈骗罪的构成要件,因此两罪之间有特别关系,保险诈骗罪是特别法条。但是,因为保险诈骗罪的法定最高刑为 15 年,合同诈骗罪的最高刑为无期徒刑。在保险诈骗罪数额特别巨大时,应该以合同诈骗罪定罪处罚,以确保罪刑相适应。对于【案例 10-3 保险诈骗案】中的甲,就应该以诈骗罪论。从这种理论逻辑出发,对于按照特别法条不能成立犯罪的情形,当然能够以一般法条定罪。例如,被告人利用合同实施诈骗行为,非法得款 4 000 元时,由于不法取得 4 000 元的行为不能构成合同诈骗罪,但如果达到诈骗罪的立案标准,就应当以诈骗罪定罪处罚。但是,这样的结论明显和民众的规范直觉不符,司法上也不可能照此操作。张明楷教授对此也有所认识。他也承

---

① 张明楷:《诈骗罪与金融诈骗罪研究》,清华大学出版社 2006 年版,第 324 页。

认,金融诈骗行为没有达到相应金融诈骗罪规定的数额标准的,以普通诈骗罪论处,导致金融诈骗的未遂行为成为普通诈骗罪既遂,犯罪既遂与未遂成为区分此罪与彼罪的标准。这种结论的不合理性,与故意杀人导致被害人死亡时,成立故意杀人罪,被害人没有死亡的,犯罪人成立故意伤害罪是相同的。① 但是,一旦认可行为尚未达到特别法条的定罪标准时可以按照普通法条定罪,就无法消除金融诈骗罪、故意杀人罪认定中的许多不合理结论。张明楷教授虽然对于适用重法优于轻法的原则给予了很多限定,而且认为对法条竞合通常应适用特别法优于普通法的原则,但是,在两罪之间具有特别关系时,在条文选择上先进行刑罚轻重的比较,再决定适用重法,在特别条款规定的法定刑低于普通条款时,适用普通条款,实际上使得重法优于轻法成为原则,特别法优于普通法成为例外。其实,如果坚持法条竞合特别关系的处理原则,就意味着只要存在特别关系,特别法条的适用优先性就是不可动摇的,而无须过问特别法条的刑罚轻重。对此,后面还会进一步分析。

这种观点似乎在进行实质判断,具有一定合理性,但若是允许在法无明文规定的情形下适用重法优于轻法的原则,则无异于抹杀区分法条竞合与想象竞合的意义;如果除法有明文规定适用特别法条之外,均可根据罪刑相适应的考虑,适用重法条优于轻法条的原则,就没有必要区分法条竞合与想象竞合。"重法优先说"将法条竞合转换成想象竞合处理,又名义上认可法条竞合与想象竞合之间的区分,理论出发点和归结点之间存在不一致,有名实不符之嫌。这种将量刑判断优先于定罪的思维路径,可能带来刑法适用方法论上的困惑。

2. 特别法条绝对优先说(我的主张)

我认为,如果要承认法条竞合与想象竞合之间的区别,就应该对法条竞合适用不同于想象竞合的处理规则。基于此,就有必要坚持如下主张:对法条竞合中特别关系的处理,不允许适用重法条优于轻法条的原则,除非刑法明文规定适用重法条。与此同时,为防止出现明显的罪刑不适应情

---

① 参见张明楷:《诈骗罪与金融诈骗罪研究》,清华大学出版社2006年版,第342页。

况,应考虑适度拓展想象竞合的适用空间,将属于一行为符合数个犯罪构成但又不符合法条竞合特别关系的情形,尽可能解释为想象竞合犯。例如,对诈骗罪和招摇撞骗罪的关系,有人主张是法条竞合。但是,把二者的关系解释成想象竞合并不违背法理,因为招摇撞骗罪侵害的法益是国家机关的威信及其正常活动,诈骗罪的保护法益是财产权,两罪的法益并不相同,法益同一性不存在。在招摇撞骗取得财物数额特别巨大的场合,肯定招摇撞骗罪和诈骗罪之间的想象竞合关系,其处理原则就是:冒充国家工作人员招摇撞骗,即便行为人主要是为了骗取财物,也是一个行为侵害了两个法益,符合两个罪名的成立条件。在骗取财物数额特别巨大的场合,应当以想象竞合犯中的重罪(很多时候是诈骗罪)处罚。

之所以在法条竞合的场合要坚持特别法条绝对优先,主要理由在于:

第一,立法者的特殊考虑值得尊重。

立法者制定特别法条时,有特殊考虑(立法者意思)。对这种立法上的特殊考虑,在司法上必须尊重,否则,就可能模糊刑罚权的性质,造成解释权对立法权的僭越。①

在普通法条之外的某种特殊行为极易发生,有类型性,因而有必要从外延较大的普通法条中"剥离"出一部分行为加以规定,以对法益给予特殊保护时,立法上可能作不同于普通法条的规定。而一旦立法上作出规定,该特别法条通常是在处罚上比普通法条更重的条文,即属于重法。如果特别法条的定罪起点高于普通法条的定罪起点,特别法条的处罚范围相对较小,这也是因为立法上认为特别法条所规范的行为容易发生,或者该行为一旦实施,行为人取得财物的数额通常较大,为缩小刑罚打击面,而特别地考虑对某些行为不予处罚。

法条竞合的基本法理显然不是为了尽可能实现处罚,而是在行为具有处罚必要性时选择适用法条。在行为按照特别法条都没有处罚必要性,特别法都意欲放过,从而形成"意图性的立法空白"的情形下,退而求其次,转

---

① 与此相同的主张,参见车浩:《强奸罪与嫖宿幼女罪的关系》,载《法学研究》2010年第2期。

而以普通法条定罪,是违背立法者的意思,将没有处罚必要性的行为进行刑法处理,是仅仅考虑结果导向的做法,并不合适。例如,使用假币的行为会造成对方的财产损害,行为同时构成使用假币罪和诈骗罪。在使用假币达到相当数量时,以诈骗罪论处判刑一定更重(最高可以到无期徒刑)。但是,这样既对被告人不利,也会架空使用假币罪的特别规定。"如何解决这个难局?依我看,此时要尊重立法者的决定。立法者认为,这类特殊的行使行为必然包含了诈欺,所以不另论诈欺。这是法条竞合的特别关系。"①如果对所有特别关系都从一重处罚,有时会抵触立法者的立法目的,因为立法者订定特别规定,其目的往往是在减轻刑罚,而不是加重刑罚。基于此,就特别关系有独立处理的必要,以避免想象竞合从重规定的适用。②

第二,特别法条中构成要件的定型性值得关注。

每一个犯罪构成要件的形成背后都会有特别的考虑。针对特别法条的特殊情形,立法上的特别考虑可能就更为充分,很多时候是为了一般预防,比如在诈骗罪之外再规定保险诈骗、合同诈骗等,就是要告诉民众:针对金融机构或利用金融工具实施的诈骗、利用合同实施的诈骗,立法上都是特别关注的。另外,跟特殊的行为类型有关,如通过金融工具实施诈骗等。立法者为实现一般预防所设定的特别规定,一方面会指引民众的行动,另一方面对司法裁判上的选择会有制约。如果构成要件上指引的是让民众关注特别法条,但在司法上法官选择适用重法(普通法条),这样的"错位"会使得民众无所适从,影响刑法的一般预防效果。

对于行为的判断,必须首先考虑其行为符合何种定型,这也是构成要件符合性判断的题中之义。特别法条作为区别于普通法条的、具有特殊性的类型行为,某种行为是否与这种行为相符合,必须首先加以判断。在不符合这种行为定型时,刑法适用的必要性就被排除。换言之,既然特别法条的构成要件中对某些行为类型性地不处罚,在适用上就必须考虑法条的

---

① 林东茂:《刑法分则》,一品文化出版社2018年版,第292页。
② 参见黄荣坚:《刑法问题与利益思考》,中国人民大学出版社2009年版,第199页。

构成要件设置。对于某一行为"类型化"地不符合特别法条的构成要件时,是刑法有意缩小处罚范围;在特别法条处罚轻时,本身就是立法上基于特别考虑对某些行为适度"枪口抬高"。此时,应当充分认识特别法条的"特别性"、限缩性。坚持特别法条的"特别性",也是坚持罪刑法定原则以及构成要件的观念。而且,在特别法条的"特别性"和普通法条的有效性相冲突时,普通法条的有效性最终应该丧失,就不再具有适用可能性,否则,立法上制定特别法条时限缩处罚范围的旨趣就会落空。

第三,法条竞合的基本法理不能抛弃。

认为重法条优于轻法条,与法条竞合的法理相悖。普珀教授指出,当一个较为特殊的法律规定了异于另一个较为一般的法律的效果时,前者便会排挤掉后者。如果没有特别法排斥一般法这个原则,特别法便不会有自己的适用范围。特别法优先的原则,让立法者省下为特殊情形而明文排除一般法的工夫。这个原则所涉及的并不是逻辑上的要求,而是立法经济以及语言经济的要求。当一个说话的人在自己提出了一个一般语句后,又接着提出一个抵触这个一般语句的特别语句时,听者便会立刻以下述的方法解释说话者的意思:后面那个较特别的语句应该是先前所提出的一般语句的例外。[①]

法条竞合关系的法理,并不要求特别法条的处罚一定要重于普通法条的处罚。普通法条和特别法条之间不是轻法和重法的关系,而是原则法与例外法的关系,即普通法条和特别法条的效力孰优孰劣的问题。出于各种复杂的立法目的考虑,特别法条轻于普通法条的情况实属正常。但即便特别法条的处罚轻,其法律效力仍然优于普通法条。换言之,特别法条的存在,意味着普通法条的效力被"冻结"、被排斥,即便普通法条的法定最高刑要重,除法律有明确规定之外,也没有适用的余地。

对此,有学者指出:"特别法大都为因应时代环境之变动及国民观念之改变而制定,在法理上,亦可制定处罚较轻之特别法,以为因应。倘认为重

---

① 参见〔德〕英格博格·普珀:《法学思维小学堂——法律人的6堂思维训练课》,蔡圣伟译,北京大学出版社2011年版,第57页。

法优于轻法,系法规竞合适用上不易之原则,势必舍弃处罚较轻之特别法而不用,则此特别法之制定,即显失其意义。"①

其实,在很多国家或者地区的刑法中都有关于杀婴罪的规定,其属于轻罪②,且和故意杀人罪之间存在法条竞合关系,杀婴罪是特别法条。如果按照重法优于轻法的规则处理,杀婴罪的规定就会名存实亡。

第四,重法优先未必就能够彻底实现罪刑相适应原则。

不难看出,"重法优先说"更多考虑的是罪刑相适应原则,而"特别法条绝对优先说"主张必须坚持罪刑法定原则,重视构成要件的观念。这样看来,"重法优先说"背后似乎也有理念的支撑,而且罪刑相适应原则是刑罚裁量时必须考虑的,那么,承认该处理规则的合理性岂不是理所当然的?但是,如果能够说明"重法优先说"符合罪刑相适应原则的说法是似是而非的,或者按照该规则处理案件有时可能违背罪刑相适应原则,那么,"重法优先说"的存在根基就被动摇,其主张是否还值得坚持就是一个疑问。

采用"重法优先说"有助于贯彻罪刑相适应原则的说法,在有的情形下属于似是而非的主张。一方面,对特别法条所规定的行为类型处罚似乎比普通法条轻,但这本身就是立法上就罪刑关系进行论证之后所做出的选择,按照特别法条处罚恰恰符合罪刑相适应原则。对于【案例 10-3 保险诈骗案】中的甲而言,"重法优先说"认为以保险诈骗罪定罪判刑处罚轻,按照诈骗罪论处才能够做到罪刑相当,有主观臆断的成分。因为立法者在制定保险诈骗罪时已经有特别考虑:妨害市场经济秩序的犯罪尤其是各种金融犯罪,一旦实施,得手的可能性大,而且非法获取数额巨大财物的概率也特别大,为了适度缩小打击面,对于这些犯罪的定罪起点数额、法定刑升格的数额要求都比传统财产犯罪要高;如果处罚标准太低,处罚范围太广,则会与宽严相济刑事政策的宗旨相抵触。如果充分关注行为类型的特殊性,再将立法时的刑事政策思想一并予以考虑,对【案例 10-3 保险诈骗

---

① 甘添贵:《罪数理论之研究》,中国人民大学出版社 2008 年版,第 51 页。
② 例如,《意大利刑法典》第 578 条第 1 款规定,杀婴的,判处 4 年以上 12 年以下有期徒刑;第 575 条规定,故意杀人的,处 21 年以上有期徒刑。

案】中的甲按照"特别法绝对优先说"以保险诈骗罪处理,能够恰到好处地满足罪刑相适应原则的要求。

另一方面,对某些行为适用何种刑罚才合适,与"重法优先说"支持者的处罚直觉有关。而这样的处罚直觉往往是重罚,未必可靠。例如,"重法优先说"主张,在故意采用放火方式杀害多数人,而碰巧没有造成严重死伤结果的场合,依据重法优于轻法的处理规则,可能有成立故意杀人罪的余地。在此种情形下,如果按照法条竞合的逻辑,认为行为人仅构成《刑法》第114条的放火罪,就只能对其适用3年以上10年以下的法定刑;如果认定被告人成立故意杀人罪未遂,则可以适用10年以上有期徒刑、无期徒刑或死刑的法定刑(同时适用《刑法》总则关于未遂犯从轻、减轻处罚的规定)。既然故意杀害一个人未遂适用的起刑点是10年以上有期徒刑、无期徒刑或死刑的法定刑,以放火方式故意杀害多数人未遂的,理应适用相同的法定刑,从而得出以放火等危害公共安全的方式杀人的,成立故意杀人罪和放火罪等罪的想象竞合犯,按照重罪处理的结论。但是,这种说法是似是而非的。对被告人最终量刑轻重,不是靠感觉,也不是靠抽象的论断,应当将被告人所具有的各种情节都考虑在内。就量刑而言,所谓"顶格判刑"或重刑主义的做法都应该被摈弃。在故意杀人未遂的场合,无论是否选择10年以上作为起刑点,一旦将未遂情节考虑在内,对被告人的最终量刑就应当是比较轻的,基本上就降到3年以上10年以下有期徒刑,这一刑期恰好和《刑法》第114条放火罪的刑期是重合的。因此,谈不上适用特别法条会带来量刑畸轻的问题。那么,对前述情形不按照故意杀人罪未遂定罪,仍然依据《刑法》第114条所规定的放火罪定罪处罚,以彻底贯彻法条竞合的法理,并不会产生从根本上冲击罪刑相适应原则的问题。

如果把"重法优先说"的重罚直觉贯彻到底,甚至会得出很多特别法条在实务中一概没有适用空间的结论。例如,贪污罪原本是盗窃罪的特别法条,但是按照"重法优先说",在贪污50万元的场合,该行为同时构成贪污罪和盗窃罪,由于适用盗窃罪判刑重(起刑点为10年以上有期徒刑),适用贪污罪只能对被告人在3年以上10年以下有期徒刑的范围内选择刑期(通常对被告人判处有期徒刑4年以下),对被告人当然就应该适用重法(盗窃罪),特别法条也能够被排斥。但是,实践中,在被告人的行为同时符合特别法条和普通法条时,仅因普通法条处罚重就一概排斥特别法条的主张,完全不可能被采纳,特别法条排斥普通法条被优先适用的处理规则仍然能够得到承认。

此外,采用"重法优先说"有助于贯彻罪刑相适应原则的说法,在有的时候甚至会南辕北辙,适得其反。如果将"重法优先说"的观点贯彻到底,可能得出不合理的甚至违背罪刑相适应原则的结论。对【案例 10-4　监守自盗案】中的甲而言,由于其侵占数额未达到职务侵占罪的量刑起点,按照"重法优先说"能够对其定盗窃罪。而乙的犯罪数额比职务侵占罪的定罪起点还多出 1 元,其当然构成职务侵占罪。接下来要确定的是:由于甲的侵占数额相对较少,无法构成职务侵占罪,对其只能按盗窃罪定罪处罚,其法定刑是 3 年以上 10 年以下有期徒刑,多数法院对甲的刑期会确定在 5 年左右;乙犯罪数额比甲多,理所当然地构成职务侵占罪,但是,由于其数额仅达到该罪的定罪起点,量刑时自然也会接近于法定刑起点,因此,多数法院对乙的刑期会确定在 1 年左右。最终结局是,非法获利数额少的甲判刑比犯罪数额多的乙要重,这明显和罪刑相适应原则相抵触。

对于【案例 10-4　监守自盗案】,如果按照"特别法条绝对优先说"处理就非常顺畅:职务侵占罪和盗窃罪之间是法条竞合关系,职务侵占罪是特别法条,对于特别法条的规定都试图放过的行为,不能反过来适用普通法条,因此,甲无罪;对于乙,按照其职务侵占数额定罪量刑,这样一来,当然就不会出现获利数额少的人被判刑更重的结果。

因此,在特别关系的处理中,除法律有特别规定的以外,应当拒绝重法优于轻法的原则,这是因为"如果仅仅根据司法者或者解释者个人对于'罪刑是否相适应'的感受,就将这一例外性的法律规定不受约束地扩展适用至其他条文,则明显是在重刑思维中把公民个人的自由权和立法者的决定权一股脑地给了司法者"①。

---

① 车浩:《强奸罪与嫖宿幼女罪的关系》,载《法学研究》2010 年第 2 期。

第十一讲
违法性认识与定罪

【案例 11-1 宣扬恐怖主义、极端主义案】

2016年4月,被告人张某在北京市朝阳区的暂住地,将1部暴恐视频上传至其百度网盘文件中分享,致使该视频被多人浏览、转存及下载;并使用其暂住地的台式电脑在微信群内发布暴恐视频5部。被告人张某还将包含上述视频在内的10部视频下载并保存在其台式电脑桌面的"新建文件夹"中。经审查,涉案视频内容均涉及宣扬恐怖主义和宗教极端思想,属于典型的暴力恐怖宣传品。检察机关指控张某犯宣扬恐怖主义、极端主义罪,非法持有宣扬恐怖主义、极端主义物品罪。被告人张某及其辩护人主张,张某对有关物品的特殊性缺乏认识,不具有犯罪故意,也不知道自己的行为违法。张某的辩护主张是否能够被法院接受?

【案例 11-2 摆设射击摊案】

赵春华在天津市河北区某街道摆设射击摊位进行营利活动被抓获归案,当场查获涉案枪形物9支及相关枪支配件、塑料弹,经天津市公安局物证鉴定中心鉴定,涉案9支枪形物中的6支被鉴定为以压缩气体为动力的能正常发射的枪支。天津市河北区法院作出一审判决认为,赵春华违反国家对枪支的管理制度,非法持有枪支,情节严重,已构成非法持有枪支罪;赵春华当庭自愿认罪,可以酌情从轻处罚;辩护人所提赵春华具有坦白情节、系初犯、认罪态度较好的辩护意见,法院酌情予以采纳。法院一审以赵春华犯非法持有枪支罪,判处其有期徒刑3年6个月。此后该案引起社会舆论和法律界广泛关注和巨大争议。二审改判赵春华有期徒刑 3 年、缓刑 3 年。① 被告人能否以不具备违法性认识进行辩解？

【案例 11-3　购买、出售球蟒案】

被告人梁某于 2012 年 2 月，在未经野生动物主管部门批准的情况下，以 7 300 元向黄某某（另案处理）购买球蟒（属于《濒危野生动植物种国际贸易公约》附录Ⅱ中的物种）40 条，后于 2012 年 4 月，通过转账方式以 740 元向冯某出售球蟒 4 条；以现金 280 元向韩某出售球蟒 1 条；以每条 205 元的价格欲向被告人胡某出售球蟒 5 条，通过转账方式收取胡某定金 1 500 元。被告人胡某以收取定金的方式欲向杜某某、杨某、韩某某、唐某、柳某某出售球蟒 10 条；通过转账方式以 450 元的价格向被告人张某出售球蟒 1 条，经鉴定属国家一级保护动物，价值 11 250 元。被告人胡某于 2012 年 4 月 13 日到北京市公安局森林公安分局投案自首，并于 2012 年 4 月 18 日协助公安人员将被告人梁某抓获，被告人张某于 2012 年 9 月 4 日投案自首。在案被告人大多辩解，事前确实不知道收购某种动物是违法行为，缺乏违法性认识，案发的原因是其中一人了解到该行为的违法性后而投案自首。在这种情况下，法院认定被告人的行为构成非法收购、出售珍贵、濒危野生动物罪②，这一判决是否合适？

在大量案件中，行为人不仅对于危害行为、危害后果等事实有认识，而且还知道自己的行为不被法律所允许，对法律的效力有认识，对这类案件的处理争议较小。但是，也存在行为人对事实有认识，但没有违法性认识的情形。这就带来了一系列问题：违法性认识是否有独立存在的必要性？违法性认识和犯罪故意是什么关系？对于过失犯的成立，是否有判断违法性认识的必要？违法性认识应该达到何种程度？由于一些特殊原因，确实无法认识行为的违法性的，能否得出无罪的结论？实践中对于违法性认识的态度究竟是什么？对这些问题，我将在本讲中略作讨论。

---

① 参见天津市第一中级人民法院(2017)津 01 刑终 41 号刑事判决书。
② 北京市西城区人民法院(2013)西少刑初字第 714 号刑事判决书。

一、围绕违法性认识的主要争论

(一) 违法性认识不要说

1. 不要说的基本观点

要成立故意犯,只要求行为人认识犯罪事实即为已足,不需要其具有违法性认识或者违法性认识的可能性,这是绝对的违法性认识不要说,苏联刑法学、我国的通说基本上采纳这种观点。

如果按照违法性认识不要说的观点,在违法性认识不存在,对行为人不能进行非难的场合,却以故意犯论处,这既违反责任主义的要求,也不重视个人的权利。因为社会越来越发达,规范越来越多,我们必须承认,由立法者创设的所有规范并不都能够被所有人辨识,强行要求所有人在任何情况下都要认识法律,是一种国家的"蛮不讲理",因为"只有能够认识到自身行为是被法律禁止的人,才是有责的行为主体"[1]。

我国刑法学通说认为,故意并不包括对违法性的认识。因为按照法律规定,犯罪故意的认识因素表现为行为人明知自己的行为会发生危害社会的结果,这显然是只要求行为人明知其行为及其结果的社会危害性,而没有要求行为人明知行为及其结果的刑事违法性,否则,有人将会以不知法为借口而逃避罪责。但是,通说在否定违法性认识的同时也指出,有一种例外情况可以因行为人无违法性认识而否定其主观故意性:某种行为一向不为刑法所禁止,后来在某个特殊时期或者某种特定情况下为刑法所禁止,如果行为人确实不知道法律已禁止而仍实施该行为的,就不能认为其是故意违反法律,而且此时他往往同时缺乏对行为及其结果的社会危害性的认识,这种情况下难以认定行为人具有犯罪故意。[2]

我国刑法学的违法性认识不要说,与德国早期的立场非常接近。行为

---

[1] 〔德〕汉斯·海因里希·耶赛克、〔德〕托马斯·魏根特:《德国刑法教科书》(下),徐久生译,中国法制出版社2017年版,第602页。

[2] 参见王作富主编:《刑法》(第2版),中国人民大学出版社2004年版,第88页。

人客观上已经违反了法律规范,但主观上对此一无所知的,当时的理论就坚持违法性认识不要说,其立论的基础是:规范的适用与否,不应受犯罪人的认识所左右。如果法秩序上认为被告人欠缺违法性认识,或者违法性认识错误是重要的,那么,规范的适用就会出现问题,就是国家对于罪犯的妥协。但是,它有违反责任主义之嫌。如果以民众必须知道法、当然知道法这种拟制为前提,就是一种国家权威主义的立场。只不过,这种权威主义与近代刑法的基本观念难以调和,而且完全没有考虑罪刑法定的晓谕功能是否能够发挥、是否有必要发挥这样的问题。稍后的见解逐步认为,违法性认识的欠缺或者法律错误,有时是很重要的。

2. 不要说的缺陷

通说的缺陷是,观点前后不一致,难以贯彻到底:一方面,强调故意的成立不需要考虑违法性认识,违法性认识的有无不重要;另一方面,又认为还是存在需要考虑违法性认识的特殊情况,如果行为人此时不具有违法性认识的,可能阻却犯罪故意。

对此,陈兴良教授指出:"既然刑法对犯罪故意并不要求违法性认识,为什么行为人在确实没有违法性认识的情况下又不应认为具有犯罪故意?"①

在现代刑法理论中,被广泛接受的见解是:没有责任就没有犯罪。处罚没有违法性认识的行为,就是处罚没有非难可能性的行为,这必然会带来一些问题:一方面,行为人是在缺乏对规范及其效果的预见可能性的情况下,受到了刑罚的"意外"打击,惩罚难以令行为人信服,行为人会认为自己只是因为"不走运"而受到处罚,预防犯罪的效果难以实现。另一方面,国家在个人的规范意识欠缺的场合动用刑罚,这样的做法可能难以得到公众的认同。我国学者一般认为,知法、守法是公民的义务,"法盲"犯罪现实地大量存在,要求有违法性认识,会使得处罚落空。② 这是国家威权主义思想的体现,主要是从刑事政策的角度,而不是从规范刑法学的角度看

---

① 陈兴良:《违法性认识研究》,载《中国法学》2005 年第 4 期。
② 类似的观点,参见张明楷:《刑法学》(第 2 版),法律出版社 2003 年版,第 228 页。

待问题。

所以,没有违法性认识可能性,就没有非难可能性,也就没有责任。非难可能性深深植根于民众的规范性意识中。对非难可能性有无的判断,要以期待可能性、责任年龄、责任能力、故意、过失等为依据。所以,仅仅把故意作为构成要件要素看待,肯定是有缺陷的。

肯定违法性认识(可能性)的存在,其意义体现在:一方面,与责任主义相契合。另一方面,与罪刑法定的呼吁功能相呼应。认为违法性认识不重要的观点,实质上否定了罪刑法定原则对于民众个人行为的指引功能,所以,并不妥当。目前在许多国家,违法性认识不要说的影响力正在减小。在日本的判例中,过去一直采用不要说,实务在很长时期内一直认为,具备犯罪意思,是指认识犯罪事实而实行,违法性认识通常不属于犯意的要素。不过,现在出现了不少违法性认识不要说向违法性认识可能性说修正的判例。①

(二)违法性认识必要说的主要理论

1. 故意理论(严格故意说)

故意理论认为,构成要件事实的认识和违法认识,是故意的"一体之两面"。违法性认识仅是故意的组成要素之一。违法性认识错误(禁止错误)会产生阻却故意的效果。因为行为人单纯认识犯罪事实,尚不足以对其进行严格意义上的道义非难,必须在行为人明白自己所为是法律所不允许而仍然为之时,才能对其进行道义非难。对违法性的认识,使得行为人可以形成抑制犯罪的反对动机,但其超越这种动机实施违法行为,就是故意犯的本质。故意的成立,仅仅认识到犯罪事实还不够,现实的违法性认识是必要的,因为故意犯的成立不仅要考虑事实性故意,还必须充分考虑行为人自身指向刑法规范的人格态度本身。② 尤其是在法定犯中,违法性

---

① 参见〔日〕松原久利:《违法性の认识》,载〔日〕西田典之、〔日〕山口厚编:《刑法の争点》,有斐阁2000年版,第70页。

② 参见〔日〕大塚仁:《刑法概说·总论》(第3版),有斐阁1996年版,第443页。

认识更应当被纳入法定犯的故意认识对象之中,这明显属于故意说的立场。① 违法性认识成为间接故意和过失的分水岭。

由于故意理论(严格故意说)以违法性认识作为成立故意的必备要件,在发生违法性错误的场合,因其欠缺违法性认识,所以不成立故意犯。如果有处罚过失犯的规定,就属于是否成立过失犯的问题。对于故意理论(严格故意说),陈兴良教授持赞成态度。②

故意理论(严格故意说)由此得出若干结论:(1)应当对禁止错误与构成要件错误都赋予阻却故意的效果。因为禁止错误和构成要件错误都是行为人误认为其行为合法的情形,都是不遵守行为准则,各自对法秩序的动摇程度没有显著差异。因此,刑法上唯一重要的错误,只有禁止错误一种,对事实或违法性的认识错误,仅仅是形成禁止错误的不同途径而已。(2)故意不是事实故意,而是"不法故意",即行为人既认识到整体不法事实(构成要件事实以及不存在阻却违法事实),也认识到对此整体不法事实在法律评价上的意义——是否被认为违反法秩序(修正故意说)。对不法的事实或违法性存在误认,就阻却故意。其中,"实质的故意论"就主张:行为人作为社会一般人,认识到特定行为的违法性,并且在此基础上对犯罪事实有认识,就是故意。对犯罪事实的认识,包含对行为整体进行规范评价的内容,对违法性认识就不需要作出特别判断。(3)对于违法性认识的故意理论可能引起关于处罚漏洞的批评,部分来源于对违法性认识概念的误解,部分建立在禁止错误非难可能性较大的假定之上,事实上,并不存在肯定故意论就会轻纵罪犯的问题。按照故意理论,存在禁止错误的阻却故意,视情形成立过失犯罪。

按照故意理论,实际存在的违法性认识是故意的要素,包含于故意内容之中,没有违法性认识,就没有故意。在意大利,通说认为违法性是故意必须认识的内容,行为人不知道自己实施的是违反刑法的行为,就无故意可言,这个曾经长期在刑法学界占据统治地位的观点,至今仍然得到不少

---

① 参见陈璇:《责任原则、预防政策与违法性认识》,载《清华法学》2018 年第 5 期。
② 参见陈兴良:《违法性认识研究》,载《中国法学》2005 年第 4 期。

人的支持。①

对故意理论的批评通常是:(1)按照故意理论,谁对法律越是漠不关心,谁就会因为欠缺违法性认识而没有故意。(2)故意理论对故意概念的统一性有损害,使得责任故意(有关意思形成的责任判断对象的心理活动形式的故意)与违法性意识(意思形成过程中反对动机能否形成的规范意识)这两种本质上、把握方法上、机能上都不同的东西,被强行归拢到故意概念之下。(3)即便对故意概念进行拓展,在故意中加入了对行为举止的社会危害性和法秩序侵害性的认识,也不是妥当的观点。"刑法上的罪责针对的只是违反法定的法规。为了遵守相应的法律规范,行为人应当避免实现构成要件,因此,除对违法举止事实上的前提条件的认识之外,不应当再有其他内容。同样,将对举止的社会损害性的认识塞入故意之中,不仅是不精确的,也是多余的。"②

2. 可能性说(限制故意说、责任说)

可能性说认为,故意犯的成立,要求行为人有违法性认识的可能性即为已足。换言之,行为人虽然欠缺违法性认识,但是根据行为人对于犯罪事实的认识程度、经历、一贯表现、受教育程度、性格、人格等情况综合判断,足以认定其具备违法性认识的可能性,就可以看出行为人反规范的态度,可以判断其具有故意责任。

可能性说充分考虑了作为责任本质的非难可能性的根据:行为人可能认识到自己行为的违法性,这样就可以期待其在认识违法性之后形成反对动机,达成实施合法行为的决意。也就是说,违法性认识可能性是责任非难的限定要素。认识到犯罪事实,并产生了违法性认识的可能性,这样就可能形成反对动机实施适法行为,但是竟然实施了违法行为,对这样的人,追究故意责任就是理所当然的。反对动机的形成可能性与违法性认识

---

① 参见〔意〕杜里奥·帕多瓦尼:《意大利刑法学原理》(注评版),陈忠林译,中国人民大学出版社 2004 年版,第 187 页。

② 〔德〕乌尔斯·金德霍伊泽尔:《德国刑法教科书》,蔡桂生译,北京大学出版社 2015 年版,第 270 页。

可能性在本质上是相同的。

在可能性说内部,存在限制故意说和责任说的分歧。

限制故意说认为,现实的违法性认识(可能性)是故意的要素,包含于故意内容之中。没有违法性认识,就没有故意。①

责任说主张,从理论上看,违法性认识可能性是一种规范性要素,它抑制实施违法行为的意思决定,如果故意包含对犯罪事实的认识,也包括违法性认识的可能性,故意概念就会存在逻辑上的矛盾,会造成概念的混乱。② 所以,故意是指认识或者实现犯罪事实的意思,即存在"事实的故意"即为已足。违法性认识可能性是与故意有区别的其他的责任要素,也是故意行为、过失行为共同的责任要素。换言之,违法性认识可能性不是责任故意的要素,而是责任本身的要素。没有违法性认识,并不影响故意的成立。当然,如果误认为行为不违法而且有充分根据时,则没有非难可能性,阻却责任。③ 在德国刑法学中,对于违法性认识,仅仅有少数人主张严格故意说,认为违法性认识是故意的核心内容,缺乏违法性认识永远不可能作为故意犯处罚。理论上一直占据主导地位的则是责任说,将违法性认识视为独立的责任要素的主张得到普遍承认。④ 根据责任说,对于不可避免的禁止错误,应当排除行为人的责任,得出无罪的结论。换言之,没有违法性认识的场合,就没有非难可能性,罪责被超法规地排除;而对于可以避免的违法性认识错误,可以给予宽宥。

在上述多种观点中,我赞成责任说:故意犯的成立,要求有违法性认识,至少要有违法性认识的可能性,违法性认识是故意、过失之外独立的责任要素。

在这里需要重点考虑的是:社会为了自身的存在和发展,设定了若干

---

① 参见〔日〕藤木英雄:《刑法讲义总论》,弘文堂 1975 年版,第 212 页;陈兴良:《本体刑法学》,商务印书馆 2001 年版,第 345 页。
② 参见〔日〕平野龙一:《刑法概说》,东京大学出版会 1977 年版,第 95 页。
③ 参见〔日〕平野龙一:《刑法总论Ⅱ》,有斐阁 1975 年版,第 263 页。
④ 参见〔德〕克劳斯·罗克辛:《德国刑法学总论(第 1 卷):犯罪原理的基础构造(1997 年第 3 版)》,王世洲译,法律出版社 2005 年版,第 612 页。

行为规范,期待社会成员遵守,这些规范也能够得到多数人的遵守,对于不遵守规范的人,应当给予惩罚。行为人故意实施的行为,如果具有违法性,由于他作为社会成员,被推定为应当遵守规范和能够遵守规范,对其施加处罚就是妥当的,违法行为具有责任推定机能。但是,也存在例外的情况,在行为人完全不具有违法性认识的可能性,不可能形成反对动机的情况下,即使其对犯罪事实有认识,也不能对其违反行为进行非难,被推定的责任被阻却。根据责任理论,认识到构成要件事实并产生了故意之外的违法性认识的可能性,就可能形成反对动机实施适法行为,但是,行为人竟然实施了违法行为,因而值得进行责任非难。那么,违法性认识只是影响、阻却责任的要素,而非阻却故意的要素。把违法性认识作为故意要素,会有诸多不足。

对于这一点,接下来我再略作展开。

二、将违法性认识作为责任要素的合理性

应当认为,从实在论的角度看,刑法学通说关于区分事实故意和不法故意的主张,基本上都是"人为"的。刑法上所要禁止的行为及其后果,一定是偷窃、掠杀等"不光彩"的事情。构成要件事实的故意,不是仅仅对行为人要干一件事情有认识,而且是对要干一件"坏事"有认识,这种认识并不是绝对与规范无涉的。不法故意,只不过是在此基础上对有意去做一件"与法秩序相抵触的坏事"的认识。所以,事实故意和不法故意之间的差异极其细微。对于构成要件的实现有故意或者轻率的态度,也就通常存在违法性认识。故意实现构成要件,就包含有意识地对法秩序的抵制,因此是对于故意责任而言典型性地存在的思想上无价值的表达,就可以进行主观归责。[①] 行为人单纯认识犯罪事实,尚不足以对其进行追究责任的道义非难,必须在行为人明白知晓自己所为是法律所不允许而仍然为之

---

① 参见〔德〕约翰内斯·韦塞尔斯:《德国刑法总论》,李昌珂译,法律出版社2008年版,第232页。

时,才能对其进行道义非难。构成事实认识基础上的违法性认识,使得行为人可以形成抑制犯罪的反对动机,但其超越这种动机实施违法行为,就是故意犯的本质。

但是,从方法论的角度看,将违法性认识从故意中切割出来,作为责任要素看待,仍然是必要的,当前通说的观点值得维护。这就是说,从实在论的角度看,事实认识和不法认识纠缠不清,但在方法论上应该尽量将其区分开来。与此相同的情形是:从实在论的角度看,犯罪的本质是不法和责任两个要素,但在方法论上,应当在犯罪论体系上将其区分为构成要件该当性、违法性、责任三个阶层。在刑法的思考上,案件所展示出来的事实是一回事,对事实的评价可能又是一回事。

因此,违法性认识是与故意、过失不同的责任要素。这样,责任就是由责任能力、作为心理性责任要素的故意或者过失、违法性认识和期待可能性所构成的,而不是仅仅由责任能力、故意和过失、期待可能性所构成的。① 之所以要承认作为责任要素的违法性认识,主要是基于以下考虑。

(一)故意和违法性认识存在明显区别

1. 违法性认识的故意理论可能对故意概念的统一性有损害。故意理论所提出的不法故意概念,既包含对犯罪事实的认识,也包括违法性认识的可能性,使得责任故意(有关意思形成的责任判断对象的心理活动形式的故意)与违法性意识(意思形成过程中反对动机能否形成的规范意识)这两种本质上、把握方法上、机能上都不同的东西,被强行统一置于故意概念之下。这样的故意概念,可能会存在逻辑上的矛盾,从而造成概念上的混乱。②

故意,意味着行为人知道自己在做什么,在什么情况下行为,并且知道他的行为会有什么结果。故意的成立,要求行为人对符合构成要件的客观事实必须有所认识,并在此基础上有意欲(希望或者放任)。由于符合构成

---

① 参见〔日〕福田平:《刑法总论》(第 3 版增补),有斐阁 2001 年版,第 184 页。
② 参见〔日〕平野龙一:《刑法概说》,东京大学出版会 1977 年版,第 95 页。

要件的客观事实涉及行为(行为主体、行为客体和行为状况)、结果和两者之间的因果关系(客观归责)、规范的构成要件要素等,因此,行为人如果对这些事实没有认识,就不可能成立故意。这就说明,犯罪故意的确主要涉及对事实及其伴随情况的认识,是一种"事实性认识",它与违法性认识完全是性质不同的事物。我国《刑法》第14条关于故意的规定中,也只要求行为人明知自己的行为会发生危害社会的结果,即只要求行为人认识到结果,而不要求其认识到规范的态度。

违法性认识的意思是,行为人知道其行为违反法秩序,也知道法律对他的行为方式予以禁止的评价。违法性认识并不以法律技术上的评价为前提,它不是有意识地反抗法律,而只是"外行的评价",认为法律规范可能不允许这样的行为。毫无疑问,这里并不以具有少数人才拥有的精确的法律职位为前提,因为法律并非是唯一的法律渊源。因此,违法性认识的对象是法律规范,而不是构成要件事实或者与事实有关联的要素。规范是法律上的当为命题,对于法律规范毫无所知也不能排除故意,故意仍然存在,只是需要讨论责任是否存在的问题。此时,需要结合具体案件判断:行为人对法律的无知或者认识错误是否是不可避免的,如果得出肯定结论,就可以说行为人缺乏违法性认识。

这充分说明:违法性认识及其可能性是与故意、过失相区别的独立的责任要素。例如,甲盗窃他人的财物,事后知道该财物是假币,但以为个人可以携带真币出境,携带假币出境也不会有问题,就携带这些假币通过海关。甲明知是假币,而携带出境,存在走私的故意。至于其是否具有违法性认识,则是需要在实务中另外再评价的问题。也就是说,即使行为人对犯罪事实存在故意,但不可能认识到违法性时,就不可能形成不实施违法行为的反对动机,不能非难行为人,因此,不存在违法性认识的可能性是责任阻却事由,这也说明违法性认识可能性是与故意不同的另一责任要素。

对此,德国学者指出:"故意只是针对构成要件而言,或针对属于构成要件的情状(事实上与法律上的情状);法律上的当为,是不法意识的对象,这种不法意识并非行为人在心理意义上必须具有,而是在规范意义上或能具有。"①我国学者也认为:"行为人虽然认识到行为的违法性,却实施了行为的,就是故意犯罪;行为人实施行为时虽然没有认识到其行为的违法性,但是,存在认识的可能性的,就是过失犯罪;行为人没有认识也不可能认识其行为的违法性的,就不能成立犯罪。违法性认识是刑事责任的一般要素。"②

2. 违法性认识的故意理论可能会造成故意概念的矛盾。"故意",就是"有意""有认识""知道"。但如果将违法性认识可能性或潜在的违法性认识也作为故意的内容,问题就产生了:即便不知道违法,但具有知道违法的可能性也是有故意,也是"知道",这是很难讲得通的。而"如果从故意中除去违法性认识的可能性,就能回避这一用语的矛盾。"③

(二)故意犯和过失犯的违法性认识程度有差别

按照故意理论,存在故意时具有违法性认识,而过失则没有这种认识。但是,故意与过失的真正区别,并不在于违法性认识的有无,而在于行为人对于实现构成要件结果的态度。凡是"有意识地"实现犯罪,就是故意;反之,就应当是过失。直接故意是有意识地实现犯罪,自不待言。间接故意的行为人对于构成要件结果虽然不积极追求,但是,结果一旦发生,行为人完全可以接受,其仍然具有有意识地实现犯罪的意思。疏忽大意过失,一开始就没有实现犯罪的意图;轻信过失虽然认识到结果发生的可能性,但是没有实现犯罪的意图,构成要件结果的发生完全出乎意料,为其所不能接受。这充分说明:一方面,区分故意与过失,不能以行为人有无违法性认识为标准;另一方面,有实现构成要件结果的意图,就是有"事实的故意"。对犯罪事实有认识并且有实现犯罪的意思,就具备作为主观的构成要件要素的故意。所以,对犯罪事实的认识和意欲,是构成要件故意的全

---

① 〔德〕梯德曼:《附属刑法中的构成要件错误与禁止错误》,林东茂译,载《政大法学评论》总第 50 期。
② 冯军:《刑事责任论》,法律出版社 1996 年版,第 229 页。
③ 〔日〕大谷实:《刑法总论》(新版 2 版),黎宏译,中国人民大学出版社 2008 年版,第 311 页。

部内容,对故意的判断,不需要在事实性认识之外附加违法性认识这样的内容。

按照责任理论,故意犯的成立,要求具有违法性认识;过失犯的成立,也必须要有违法性认识。违法性认识可能性是故意犯和过失犯共同的责任要素,这是因为违法性认识可能性实际上就意味着行为人具有"藐视法律的意思"。有违法性认识,行为人就能够形成反对动机,完全可以选择合法行为。虽然行为人可以毫无障碍地选择合法行为,但其竟然实施犯罪行为,从维护法秩序的角度看,在行为人高度藐视法律的场合,对其进行责任非难就是合理的。将故意犯和过失犯比较起来看,故意犯往往具有现实的、具体的违法性认识,藐视法律的意思更为强烈,所以需要给予较为严厉的责任非难;过失犯大多只具有违法性认识可能性(潜在的违法性认识),行为人藐视法律的意思并不强烈,所以责任非难的程度应当较故意犯为轻。这就可以解释为什么对故意犯要给予比过失犯更重的处罚了。故意犯存在危险犯、未遂犯等形态,法益受损的实害结果有时并未发生;过失犯都是结果犯,如果单纯从法益侵害的角度看,对过失犯可以给予比故意犯更重的处罚,至少可以是和故意犯同等的处罚,因为过失犯对法益的实害一点不比故意犯的少,但是,理论和实务上都认为故意犯的非难可能性要大于过失犯的非难可能性,故意犯和过失犯在违法性认识的"程度"上有差异,乃是故意责任重于过失责任的理由之一。

(三)对事实故意和违法性认识在司法证明上有差异

一方面,对违法性认识在判断上采用的是推定方法。违法性认识的可能性,是故意、过失责任判断上的消极要素。对事实有认识,就意味着对被推定为违法的行为有认识(故意的责任);对事实有预见可能性,就能间接推定存在违法性认识的可能性(过失的责任)。在当今资讯发达的大背景下,国家对法律规范采用合理方法宣传的,就推定民众知道该法律。因此,在不明确知道法律的场合,也可以推定违法性认识的可能性存在,个人的禁止错误回避可能性也应该存在。只是在极其个别的情况下,才否定行为人的违法性认识可能性。换言之,对违法性认识可能性这一责任事由,并不需要控方积极证明,在被告人提出线索、证据之后,控方只需要说明该疑问不存在就可以了,控方的义务即履行完毕。另一方面,故意、过失这种事实性认识,则是需要检察官提出一系列主、客观证据,明确地加以证明的"案件事实"。在控方并未履行法定职责,对故意、过失的事实、线索、证据等积极举证的场合,法院可能得出被告人无罪的结论。

由于对违法性认识是否存在不需要采用证明的方法,如果将违法性认识作为故意要素,那就只得说针对故意中的事实认识,需要控方证明;针对违法故意则用推定,不需要控方证明。但是,指控犯罪的责任,包括提出证据证明被告人存在犯罪故意的证明责任,只能由控方承担,这是现代刑事诉讼的原则。认为犯罪故意中的部分内容不需要控方举证,而需要被告方举证,控方只需要予以反驳即可的观点,与刑事诉讼的法理不符。

(四) 故意理论对某些案件的处理结论值得进一步推敲

故意理论主张,违法性认识属于故意的要素,发生违法性认识错误时,足以阻却故意,但随之会产生是否成立过失犯的问题。这一观点运用到实务中,会产生一些值得讨论的结论。在德国刑法中,有这样几起案件:(1)行为人 A 在 B 不知道的情况下,将自己与 B 之间所打的电话进行了录音(《德国刑法典》第 201 条),但是 A 没有想到这样做是被禁止的;(2)C 为了慈善的目的,公开组织了博彩活动(《德国刑法典》第 286 条),但是他没有料到自己对此需要一项官方的批准;(3)D 诱奸一名 15 岁的少女(《德国刑法典》第 182 条),他知道对方的年龄,但是他以为自己的行为是被允许的。按照违法性认识的故意理论,上述案件的被告人 A、C、D 都是无罪的,因为行为人都不能认识到违法性,所以缺乏故意,前述行为的过失犯又不受刑法追究,相应地过失犯罪不成立。

责任理论主张,违法性认识是故意、过失共同的责任要素,陷于违法性认识错误的行为,如果具备相当的辩护理由,就会阻却责任,这样故意、过失都不成立,对被告人应当作无罪处理;在行为人能够避免其错误时成立故意,只不过应当从轻处罚。那么,上述案例的被告人 A、C、D 成立故意犯罪的可能性仍然是存在的。"一个从绝对无关紧要性出发而不关心法律的人,在其违章行为的案件中,是不应当判得比那种故意对此不予理会的人更轻的;另外……当行为人能够避免其错误时,就能够借助一种从轻的故意刑罚……对他进行惩罚。"①

(五)故意理论可能无助于贯彻规范责任论

规范责任论在从非难可能性中寻求责任根据时,强调要充足责任要素,行为人必须有违法性认识。这里所谓的违法性认识,显然不是指单纯的心理事实,而是抑制犯罪意思决定的规范意思,应在其形成过程中考虑到反对动机的形成。如行为人对行为的违法性缺乏认识的可能性,就不能对此加以非难。规范责任论并不是要彻底排斥心理责任论,只是认为对责任的判断,需要在心理事实判断的基础上作进一步的规范评价。在对故意、过失是否存在进行分析时,当然应当依照心理责任论确定故意、过失的有无,这只涉及事实性判断。在故意、过失具备的情况下,再考虑行为人对法规范的态度(违法性认识判断),以及对行为人进行个别化的归责是否妥当(期待可能性判断)。所以,根据规范责任论,在进行责任判断时,确定责任能力、故意和过失,属于事实判断的内容,对违法性认识、期待可能性的分析才是规范判断的内容。规范责任论是在心理责任论的基础上融入了规范分析,并不意味着对作为心理事实的故意、过失概念要加入规范判断的内容。规范判断是在确定故意、过失存在之后,分析责任有无时需要加以确定的情况,因此,期待可能性、违法性认识都不是故意、过失范畴中的一部分。

对此,平野龙一教授认为,规范责任论是以心理责任论的故意、过失为基础,并在此之上进行规范判断的。故意、过失是非难的基准,违法性认识、期待可能性是在此基础上所进行的规范分析,违法性认识和故意不是同一层次的东西。心理责任论认为,责任能力者故意或者过失地实施行为时,具有责任。规范责任论主张,具有故意、过失,但是没有违法性认识、期

---

① 〔德〕克劳斯·罗克辛:《德国刑法学总论(第1卷):犯罪原理的基础构造(1997年第3版)》,王世洲译,法律出版社2005年版,第609、611页。

待可能性的,没有责任。从这个意义上讲,规范责任论是以心理责任论为基础的,认为规范责任论和心理责任论之间存在对立,并不妥当。① 这充分说明,在故意、过失内部,本身只含有事实认识的内容,而不含有法规范违反性评价的内容,规范责任论只是强调要在确定故意、过失存在之后,进一步判断违法性认识是否存在,以确定非难是否可能。

三、禁止错误理论的实务运用

(一)禁止错误的类型

禁止错误,包括通常意义上的对禁止规范的理解错误(直接的禁止错误,纯粹的评价错误);也包括容许错误,即对容许规范本身(阻却违法事由)的认识错误(间接的禁止错误)。容许错误的常见例子,包括误以为大义灭亲是合法行为,或误以为捉奸在床时就可以杀害奸夫,或误以为正当防卫在任何情况下都没有限度,或误以为接受他人嘱托后就可以杀人等情形。既然容许错误是法律错误或禁止错误之一种,对其的处理就应该适用禁止错误的处理规则。

但是,与容许错误(禁止错误)不同的是"容许构成要件错误"。后者是对作为阻却违法事由前提"事实"的错误,最常见的例子是假想防卫。在容许构成要件错误的场合,行为人对构成要件事实有认识,存在构成要件故意(例如,甲误将深夜查询过往人员身份证件的警察乙误认为是抢劫犯而将其打伤的,其对损害对方健康有认识和意欲),但是,因为其对防卫前提有错误认识而影响故意责任,在责任层次排除故意犯的成立,可视情形成立过失犯。

上述分析表明,构成要件故意和责任故意之间并不是绝对对应的关系。按照我所主张的行为无价值二元论,故意具有双重功能,其既是构成要件的主观要素,也是责任要素。一般来说,对客观构成要件有认知和意

---

① 参见〔日〕平野龙一:《刑法概说》,东京大学出版会1977年版,第72页。

欲的,其责任形态也是故意。唯一的例外是,在假想防卫的情形下,行为人有构成要件故意,其认知与意欲没有发生错误,但其责任故意被排除,其至多可能成立过失犯。

(二)禁止错误的具体判断

1. 禁止错误能否避免的判断标准

关于禁止错误避免可能性的具体判断标准,一直是一个有争议的问题。

客观标准说主张:要考虑社会中的一般人处于被告人的地位,在同等条件下,是否会错误地认为自己的行为是合法的。如果一般人也这样看待问题,就不能谴责行为人。

主观标准说则认为:目前,处于多数说地位的主张是个人"回避可能性说"——如果考虑到责任都是个人责任,为防止国家威权主义,就应当以行为人在具体情况下的个人能力为标准进行判断,考虑避免这样的错误对于这个特定的被告人来讲是否有可能性。如果存在避免这种禁止错误的可能性,但没有认识到违法性的,就能够对其进行非难,从而将回避可能性作为判断基准。

折中说提出,在通常情况下,以一个人的能力作为判断错误避免可能性的标准。但对于涉及行为人的工作领域,或者在法律上加以特殊规制和调整的生活领域,就应当采取在这个领域中一般人的客观的评判尺度。即使行为当时本人的实际能力在这个一般基准之下,也不能因此免责。在实践中,经常可以见到这样的案例:行为人在进入某个特定的工作场合或职业领域之前,没有及时学习本应当学习的相关法律知识,等到其实施某项犯罪构成要件行为的时候已经来不及了解了。例如,一个没有学习交通规则的人就开车上路,那么,当他因为认识错误而违反交通规则的时候,这就是一个本可避免的违法性认识错误。而将这种错误认定为本可避免并因此追究行为人的责任时,就必须追溯到其先前对于相关规范知识的不予了解上去。在涉及"特殊规范或专门规范"的可识别性的场合,采用规范化的、一般性的尺度,比采用心理事实的、个别化的观点更有优势。相反,在针对每个普通人的法律规范面前,则采用个别的、事实性的尺度更加妥当。

我认为,客观标准说和折中说的观点都是值得商榷的。

首先,责任,在自然人犯罪的场合,一定是个人责任,即对个人的非难可能性的判断,原则上是个别的判断、主观的判断。将一般人、社会平均人能否回避作为回避可能性的判断基准,和责任主义、个人自由主义的初衷相悖。

其次,对禁止错误的回避,不是仅指在认识到违法性时对错误的回避,也包括具有违法性认识可能性(潜在违法性认识)时对错误的回避。违法性认识的可能性,即基于行为人的认识能力和价值观念,有能力认识到行为的不法性质。从事特定行业的人,即便其事先并未认真学习相关规则,不具有明确的违法性认识,但是,从事该行业的风险在哪里,可能与哪些规则、规范相冲突,该行为人并不是完全没有认识,其潜在的违法性认识是存在的。在存在这种违法性认识可能性的前提下,对其不注意规范效力的行为,可以认定其存在禁止错误的回避可能性。

再次,对回避能力的理解,不能脱离特定从业者的法益风险认识能力。认识能力是回避能力的前提,具有特殊认识能力的人,具备回避禁止错误的义务,也具有不实施违法行为的反对动机,回避能力存在于其特殊认知当中。对于折中说所主张的"行为人在进入某个特定的工作场合或职业领域之前,没有及时学习本应当学习的相关法律知识,等到其实施某项犯罪构成要件行为的时候已经来不及了解了"的情形,应当解释为:行为人作为特定行业的从业者,其对法益风险、对禁止错误的认识能力明显高于社会一般人,不实施危险行为、回避这种错误的能力也因此会高于一般人,而不能认为其回避能力低于一般人。

最后,如果立足于规范责任论,对禁止错误回避可能性的判断,就不是纯粹的事实判断,而是规范判断。折中说的观点仅仅看到了在行为当时行为人"没有学习过"有关法律规范、法律知识的事实或现实,但是,忽略了行为人处于特定从业者地位,能够有更多的便利条件去了解、学习、掌握相关法律知识这一点。其实,行为人的违法性认识可能性从规范的角度看,恰恰存在于其特定身份和义务中。因此,对处于特定地位的、带有义务犯性质的人而言,即便不了解法规范的取向,也应该认为其禁止错误是可以避免的。这样说来,禁止错误回避可能性的合理判断基准不是一般人,而是具体状况下行为者本人的个人能力。

2. 禁止错误无法避免的情形

在对故意、过失作出判断之后,要进一步分析违法性认识是否存在时,就需要考虑:对绝大多数犯罪而言,确认行为人对于犯罪事实有认识,也就可以进一步推定其具有违法性认识。例如,对抢劫罪犯而言,只要行为人认识到自己是在使用暴力,压制被害人反抗,然后强行劫取他人的财物,就可以判断其存在抢劫的故意,由此自然也可以进一步推断其认识到抢劫他人财物行为的违法性。此外,行为人虽然不像传统自然犯那样,具有明确的违法性认识,但是根据行为人对于犯罪事实的认识程度、经历、一贯表现、受教育程度、性格、品行等情况综合判断,足以认定其具备违法性认识的可能性,就可以看出行为人反规范的态度,可以判断其具有故意责任。这一主张充分考虑了作为责任本质的非难可能性的根据:行为人可能认识到自己行为的违法性,这样就可以期待其在认识违法性之后形成反对动机,达成实施合法行为的决意,对这样的人追究故意责任就是理所当然的。

当然,在例外、特殊情况下,违法性认识可能性不存在。这种判断方法有刑事推定的成分,但是,这种推定是合理的。

禁止错误无法避免(不具有违法性认识可能性)的特殊情况,大致包括:

第一,由于通信不发达、所处地区过于偏僻等原因,行为人不知法律的存在。

第二,由于国家相关法律宣传、行政管理职能部门的懈怠,行为人对自己的行为是否违反特定领域的行政、经济法规完全没有意识。

第三,刑罚法规突然改变,根据行为人的受教育程度、所处区域等,确实对此缺乏了解。

第四,法律规范体系完全不同的外国人进入中国时间过短,对自己的行为可能违反法规范一无所知。

第五,行为人虽然知道刑罚法规的存在,但由于法规之间有抵触,行为人错误地理解刑法,误以为自己的行为合法。

第六,行为人从值得信赖的权威机构(如司法机关)那里获得值得信赖的信息,或者阅读以前法院作出的判决,根据相关结论认为自己的行为合法。

第七,行为人知道,他人以前曾经实施类似行为,并没有得到刑罚的否定性评价,从而坚信自己的行为合法。行为人缺乏违法性认识,责任故意仍然存在,但是责任要件要素不齐备,犯罪不能成立。

上述分析,不是仅停留在学理层面上。在有关司法解释性文件中,对于禁止错误无法避免、行为人不具有违法性认识可能性的情形也是认可的。例如,关于互联网金融犯罪,有的被告人就提出因信赖行政主管部门出具的相关意见而陷入错误认识的辩解。如果上述辩解确有证据证明不应作为犯罪处理,但应当对行政主管部门出具的相关意见及其出具过程进行查证。当然,如果存在以下情形之一的,仍应认定犯罪嫌疑人具有非法吸收公众存款的违法性认识:(1)行政主管部门出具意见所涉及的行为与犯罪嫌疑人实际从事的行为不一致的;(2)行政主管部门出具的意见未对是否存在非法吸收公众存款问题进行合法性审查,仅对其他合法性问题进行审查的;(3)犯罪嫌疑人在行政主管部门出具意见时故意隐瞒事实、弄虚作假的;(4)犯罪嫌疑人与出具意见的行政主管部门的工作人员存在利益输送行为的;(5)犯罪嫌疑人存在其他影响和干扰行政主管部门出具意见公正性的情形的。至于犯罪嫌疑人提出因信赖专家学者、律师等专业人士、主流新闻媒体宣传或有关行政主管部门工作人员的个人意见而陷入错误认识的辩解,不能作为犯罪嫌疑人判断自身行为合法性的根据和排除主观故意的理由。①

在认定犯罪时,需要在故意、过失之外,进一步判断行为人是否具有违法性认识,这是否就会放纵犯罪?通说反复表达了这样的疑虑:如果把违

---

① 最高人民检察院《关于办理涉互联网金融犯罪案件有关问题座谈会纪要》(高检诉〔2017〕14号)。

法性认识作为责任要素,就会导致刑法的松弛化,会因为违法性认识的证明困难而给犯罪者逃避惩罚提供借口。陈兴良教授认为,可行性与现实性是违法性认识说的重大障碍,但是,不能因为难以证明而否认违法性认识的意义。在很多情况下,认定违法性认识需要运用推定的方法。① 其实,将违法性认识作为责任要素,不会导致追责范围过小的局面出现,也未必需要运用推定的方法。对此,有学者指出,在立法技术逐步成熟的当下,将违法性认识排除出故意的范畴,能够满足社会发展对于刑事政策的需求。它在法政策上明确宣示:惯犯、激情犯之类的法冷漠者不得借口"不知法律"而豁免故意犯罪的刑罚。这不仅保障了崇法、守法者的合理信赖,对欺诈者产生威慑作用,而且激活了刑法条文本身的教育功能,贯彻了刑事诉讼中公民教育的目的,减轻了国家普法的成本。②

在自然犯中,认识犯罪事实,就可以推定存在违法性认识,因为对责任能力的判断要早于对责任故意和违法性认识的判断,具有责任能力的人,有犯罪事实的认识和意欲,却没有违法性认识的情况,基本上不会出现。在行政犯中,问题稍微要复杂一些。

为此,需要特别讨论一下法定犯(行政犯)的禁止错误是否可以避免的问题。法定犯所违反的规范都是特定化的,属于《刑法》分则具体条文中有特殊规定的情形。行为人是否具有违法性认识,需要在故意之外进行特殊判断。例如,凡是《刑法》中规定了"非法"(如《刑法》第125条"非法制造、买卖、运输、邮寄、储存枪支、弹药、爆炸物罪"),"违反……规定"(如《刑法》第128条"非法持有、私藏枪支、弹药罪"的违反枪支管理规定,第133条"交通肇事罪"的违反交通运输管理法规,第134条"重大责任事故罪"的违反规章制度,第136条"危险物品肇事罪"的违反爆炸性、易燃性、放射性、毒害性、腐蚀性物品的管理规定,第225条"非法经营罪"的违反国家规定)等字样的,都是关于违法性认识要素的规定,需要行为人在犯罪故意之

---

① 参见陈兴良:《违法性认识研究》,载《中国法学》2005年第4期。
② 参见蔡桂生:《违法性认识不宜作为故意的要素——兼对"故意是责任要素说"反思》,载《政治与法律》2020年第6期。

外,特别加以认识。① 没有违法性认识,故意仍然存在,但是责任要件不齐备,犯罪不能成立。

在法定犯领域,因为行政法规数量多、变化快,被害人经常以不了解相关法律作为辩护理由,但是,其欠缺违法性认识、错误不能避免的辩解在多数情况下并不能成立,主要理由是:(1)行为人对自己的行为是否为行政法律规范所反对有疑虑时,就负有查明规范的义务,不能以自己的揣测来主张有难以避免的错误。(2)多数行政和经济领域的从业者了解规范的能力强、途径与机会多,其具有违法性认识可能性。(3)违法性认识可能性并不以刑罚的可罚性认识为必要,行为人认识到自己的举止可能产生民事或者行政法上的处罚效果,就具有违法性认识。当然,如果由于法规突变,某一行政犯的违法性认识错误确实难以避免的,则阻却故意、过失。

对此,在这里结合具体犯罪进行分析。例如,非法吸收公众存款罪是法定犯,其成立要求行为人具有违法性认识可能性。不过,并不以其明确知道法律的禁止性规定为要件。特别是对具备一定涉金融活动相关从业经历、专业背景或在犯罪活动中担任一定管理职务的犯罪嫌疑人,可以认定其在一定程度上知晓相关的金融法律管理规定,如果有证据证明其实际从事的行为应当经批准而未经批准,行为在客观上具有非法性,原则上就可以认定其具有非法吸收公众存款的违法性认识。那么,就违法性认识的判断而言,就应该结合犯罪嫌疑人的任职情况、职业经历、专业背景、培训经历、此前任职单位或者其本人因从事同类行为受到处罚情况等证据进行判断,以反驳犯罪嫌疑人提出的不知道相关行为被法律所禁止,故不具有非法吸收公众存款的违法性认识等辩解。除此之外,还可以收集运用以下证据进一步印证犯罪嫌疑人知道或应当知道其所从事行为的非法性,如犯罪嫌疑人故意规避法律以逃避监管的相关证据:自己或要求下属与投资人签订虚假的亲友关系确认书,频繁更换宣传用语逃避监管,实际推介内容与宣传用语、实际经营状况不一致,刻意向投资人夸大公司兑付能力,在培

---

① 反对的观点,参见张明楷:《刑法学》(第 2 版),法律出版社 2003 年版,第 228 页。

训课程中传授或接受规避法律的方法,等等。① 因此,对于法定犯的违法性认识问题,也可以认为:由于现代社会本身就是法治社会,通讯技术发达,国家宣传法律的渠道、方法更为多元化,法制宣传效果更佳,从事特定业务的人对经济利益更为关心,对国家是否可能出台取缔或者允许特殊经营活动的法规相应地也会更加关心,脱离法律就不能开展正常的生产经营活动,所以法律为一般民众所广泛了解。这样,在行政犯领域,也可以说,当行为人认识了犯罪事实时,原则上,也就可以作出行为人认识到违法性的事实上的推定。

(三)违法性认识错误与案件处理

违法性认识错误(或者禁止错误、法律上的认识错误),是指对自己的行为在法律上的意义的不正确认识。

行为人由于不知法律或者误解法律,把自己实施的犯罪行为误认为不是犯罪。例如,与13岁的幼女发生性关系,以为幼女同意,自己就不构成犯罪,但是实际上应成立强奸罪。这个意义上的法律错误,就是违法性认识错误或禁止错误。

违法性认识错误是否阻止故意,与故意是否要求具有违法性认识存在直接关联。由于我国刑法学长期认为行为人有无违法性认识不重要,由此导致违法性认识错误理论不发达,而错误论是检验犯罪论正确与否以及是否能够实现正义的试金石。禁止错误对于刑事责任究竟有何种程度的影响?按照我国刑法学的通说,会得出基本无影响的结论。这样就导致错误论问题被人为地简单化,不能回应实践中复杂案件所提出的各种问题。

故意理论和责任理论的对立,在禁止错误不可避免的场合,其结论没有差异,都会得出不处罚被告人的结论,但故意理论认为此时被告人系因欠缺故意、过失而无罪;责任理论则认为被告人没有非难可能性。对可避免的禁止错误,故意理论和责任理论的处理结论就大相径庭:故意理论认

---

① 最高人民检察院《关于办理涉互联网金融犯罪案件有关问题座谈会纪要》(高检诉〔2017〕14号)。

为,被告人因欠缺违法性认识而不成立故意犯罪,但不排除过失犯罪的成立;责任理论则认为,被告人仍然成立故意犯罪,只不过因其罪责相对较轻,可以从宽处罚。

表11-1 违法性认识与禁止错误的处理

基本观点	严格故意说	限制故意说	责任说
主要理由	(1)禁止错误和构成要件错误都是误以为行为合法; (2)违法性认识属于不法故意的要素; (3)将违法性认识放在故意论中讨论不会放纵犯罪。	违法性认识的可能性是故意的要素。	(1)违法性认识可能性是认识到行为与整体法秩序相抵触,与事实认识的故意不同; (2)将违法性认识可能性作为故意要素会造成处罚漏洞。
法律效果	(1)不可避免的禁止错误,行为人欠缺不法的故意、过失,没有罪责; (2)可避免的禁止错误,不成立故意犯罪,可以成立过失犯罪。	(1)不可避免的禁止错误,阻却故意; (2)可避免的禁止错误,成立故意犯罪,仅减免其刑。	(1)不可避免的禁止错误,责任非难可能性不存在,行为人没有罪责; (2)可避免的禁止错误,成立故意犯罪,仅减免其刑。

接下来,我要结合前述违法性认识错误理论对本讲一开始提到的3个案例略作分析。对于【案例11-1 宣扬恐怖主义、极端主义案】,法院认为,非法持有宣扬恐怖主义、极端主义物品罪在客观方面表现为行为人明知是宣扬恐怖主义、极端主义的图书、音频视频资料或其他物品而非法持有,情节严重的行为。最高人民法院、最高人民检察院、公安部《关于办理暴力恐怖和宗教极端刑事案件适用法律若干问题的意见》中规定:"对是否明知的认定,应当结合案件具体情况,坚持重证据,重调查研究,以行为人实施的客观行为为基础,结合其一贯表现、具体行为、程度、手段、事后态度,以及年龄、认知和受教育程度、所从事的职业等综合判断。"本案视听资料及北京市公安局反恐怖和特警总队出具的审查意见证明,张某持有的视频含有"伊斯兰国"组织招募、培训成员,以极度血腥残忍手段实施暴力、恐怖袭击的内容。根据张某与微信群友的聊天记录及其当庭供述,可以确定张某看过其所下载的视频,应当知晓这些视频涉及极端组织实施暴恐活动

的内容。我国通过网络、电视等媒体多渠道对极端组织的性质及危害性进行过报道,张某生活在大城市中,本人具有中专学历,结合其职业特点,能熟练使用电脑及手机等现代工具,与社会的联系较为紧密,其应当意识到这些反映极端组织实施暴力、恐怖活动的视频为法律所禁止,仍非法持有,且其持有的多部视频具有极强的煽动性、示范性、恐吓性和暴力性,属于典型的暴力恐怖宣传品,危害程度极大,其行为已构成非法持有宣扬恐怖主义、极端主义物品罪。据此,法院判决被告人张某犯宣扬恐怖主义、极端主义罪,判处有期徒刑1年;犯非法持有宣扬恐怖主义、极端主义物品罪,判处有期徒刑6个月,决定执行有期徒刑1年2个月。①

在【案例 11-2 摆设射击摊案】中,需要分析被告人的违法性认识问题。在非法持有枪支案中,被告人大多会就认识错误进行辩护。其中,既有事实认识错误(对枪支本身的认识错误,如枪形物是否属于枪支),也有违法性认识错误(持有枪支是否违法的认识错误)。就后一种错误而言,如果法定犯的行为人不可避免地缺乏违法性认识,就应当阻却犯罪故意的成立。当然,行为人是否存在违法性认识错误以及这种认识错误是否属于不可避免的,不能单纯听信犯罪嫌疑人的供述,而应当在具体案件中根据行为人的行为表现、认识能力等具体情况予以认定。陈兴良教授认为,被告人是否发生了违法性认识错误,关键要看被告人是否认识到摆设射击气球的摊位具有违法性。而本案被告人的这种违法性认识并不存在。因为用于射击气球的枪支的比动能达到了1.8焦耳/平方厘米的枪支最低标准,但实际上并不具有明显的致人死亡的性能。② 与此大致相同的观点是,被告人显然认为自己所从事的摆射击摊的经营行为不被法律所禁止,但司法上作出了有罪的处理,这是司法坚守"不知法律不免责"的具体体现,逃避了对违法性认识问题的说理。③ 但是,如果将法院判决所确定的

---

① 参见北京市第三中级人民法院(2017)京03刑初13号刑事判决书。
② 参见陈兴良:《赵春华非法持有枪支案的教义学分析》,载《华东政法大学学报》2017年第6期。
③ 参见马荣春、陈志颖:《违法性认识:"赵春华涉枪案"出罪的切入》,载《河南财经政法大学学报》2018年第1期。

事实作为起点,也可以肯定违法性认识可能性的存在:被告人所持有的枪支无法通过正常途径购买,同时,该枪支外形与制式枪支高度相似,都是以压缩气体为动力,而这些事实都是赵春华所明知的,其违法性认识的可能性就是存在的,在接手摊位之后,其就有义务向有关机关求证行为的合法性,但是,其没有去尽到自己的勤勉义务。在这个意义上,我基本认同法院的判决结论。

在【案例 11-3 购买、出售球蟒案】中,各被告人均系爬行类动物的爱好者,通过相关的网上爬行类动物爱好者论坛进行联系,洽谈好价格后,将涉案的球蟒在线下进行交易,各被告人均表示之前一直不知道该行为是犯罪行为,后因其中一名被告人了解到该行为的违法性去主动投案自首才案发。对于这类案件,认定被告人具有违法性认识多少有些勉为其难,法院的定罪结论也就未必可靠。如果想得出有罪结论,除非有证据证明,在网上爬行类动物爱好者论坛的相关讨论和爱好者之间的交流中,有人提示过某些动物属于珍贵、濒危野生动物,或者森林公安等主管部门了解相关论坛的存在后,通过各种途径及时提醒参与网上讨论者涉及刑事犯罪的可能性,才能肯定被告人的违法性认识及其可能性,网上爬行类动物爱好者论坛的相关讨论使被告人具有违法性认识可能性。此时,行为人关于其不知道出售、购买哪些动物违法,无法认识到作为定罪量刑标准的珍贵、濒危野生动物类别的列表等辩解就无法成立。

第十二讲
量刑何以更精准*

【案例 12-1　电信诈骗案】

2020 年 2 月 3 日,被告人张某在无口罩货源的情况下,通过微信朋友圈发布出售口罩的虚假信息,被害人赵某通过他人推荐并添加张某为微信好友。张某通过微信聊天、出示身份证照片等手段取得赵某的信任后,以向赵某出售 20 000 个口罩为幌子,骗得赵某 30 200 元。张某被公安机关抓获时,骗取的钱款仅余 6 100 元(已发还被害人赵某),其他款项已经被挥霍。另查明,被告人张某曾因犯盗窃罪,于 2019 年 11 月 27 日被判处有期徒刑 6 个月,并处罚金 5 000 元,于 2020 年 1 月 12 日刑满释放。对于张某应当如何量刑?

【案例 12-2　共同造假案】

吕某(另案处理)作为 A 开发项目实际控制人,为隐瞒从该项目部转出资金的去向,以及核销账目等,指使其下属公司负责人邱少华等人伪造中国建设银行电汇凭证、哈尔滨银行进账单、中国农业银行进账单和金融凭证(票面金额 4 183 万元)。在具体实施犯罪行为过程中,邱少华向吕某汇报并在至少得到暗示的同意之后,即作出伪造金融凭证的决定,然后安排下属刘淑荣、林素红等伪造银行进账单等、调改账目。案发后,邱少华、刘

---

* 我于 2020 年 4 月 10 日在"法律部落学院"网络公开课中讲授了量刑精准化问题,本讲内容系在此基础上修改而成,特此说明。

淑荣、林素红三个共同犯罪人的案件被"分案处理"。问题是,如果对邱少华判刑比刘淑荣、林素红还要轻是否合适?在共同犯罪中,应当如何保证量刑均衡?

【案例12-3 "夫妻店"案】

被告人王回某、陈秀某系夫妻关系,二人明知食品中禁止添加甲醛等化工原料,仍长期使用上述化工原料,泡发牛肚、牛百叶等食品进行销售,构成生产销售有毒有害食品罪。法院考虑到两被告人在共同犯罪过程中均积极参与、相互配合,不区分主从犯,对两被告人分别判处有期徒刑2年6个月。本案对于共同犯罪被告人不区分主从犯的做法,是否合适?

实务中大多重定罪、轻量刑;法学研究中,也是重定罪理论、轻量刑理论,历来如此。在大学里的刑法学教育中,量刑论也一直是软肋,是不怎么讲的,因为老师们本能地觉得犯罪论重要,用时也很多,等到想讲量刑论的时候,时间往往来不及了,所以,很少详细讲。国外的情况还不如我们,我们好歹在刑法总论的教学里讲量刑问题,但日本、德国的量刑论,大多是在刑事政策学里讲的。各国的教学状况决定了量刑知识基本是在"师傅带徒弟"的过程中传授的,大家都对此关注较少。但是,量刑论的问题其实很复杂。

我之前在一篇文章中提到了一个观点:实务中,刑事辩护存在困难的地方,很大程度上也是刑法学研究不透的地方,"凡刑辩艰难处,皆为刑法学痛点"[1]。量刑的"痛"和定罪的"痛"是不一样的,要更加隐蔽,如果说定罪是"切肤之痛",那量刑就是"隐隐作痛"。所以,这一讲我就专门讲讲量刑。

首先讲三句话:第一,量刑的复杂性被远远低估。很多人觉得,只要有一点经验就可以在量刑上"八九不离十",但其实这种感觉很不可靠。波斯纳说,量刑应该基于证据,而不是基于情绪或凭直觉。[2] 第二,量刑不是"估

---

[1] 周光权:《凡刑辩艰难处,皆为刑法学痛点》,载《中国法律评论》2020年第1期。
[2] 参见[美]理查德·波斯纳:《法官如何思考》,苏力译,北京大学出版社2009年版,第83页。

堆儿",更不是摸六合彩,要有个准头。第三,量刑问题并不会因为刑事司法改革就变简单。在认罪认罚从宽改革过程中,更应对量刑的复杂性保持警醒。如果大家只看刑事诉讼法学者的文章,似乎会觉得认罪认罚从宽只要由刑事诉讼法学者推进就可以,但其实在量刑上也有很多问题。2019 年,我在北京大学出版社出版了《刑法学习定律》,其中第十章就是"有意识训练刑罚思维"。不过,我今天要讲的内容,和那一章 90% 以上的内容不相同。

这里,我主要想回答四个问题:(1)量刑问题有多重要?(2)量刑不当有多严重?(3)量刑精准化有多复杂?(4)量刑的共性问题有哪些?这四个问题基本是环环相扣的。

一、量刑问题很重要

(一)无罪率极低的现实逼迫被告人关注量刑

在我国刑法中,法定刑幅度与其他国家相比更大,所以,法官对于刑罚的选择和裁决有特殊意义。对被指控犯罪的被告人而言,量刑轻重至关重要。因为控制犯罪优先的诉讼价值观念一贯为我国刑事司法部门所遵循,同时,警察和检察官的职权行使富有效果,对控诉证据的收集往往较为全面。在这种前提下,行为人被控有罪,但被法院宣告无罪的情形乃属极其罕见的例外。

近年来,全国法院落实罪刑法定、证据裁判、疑罪从无等原则,对一些案件中的被告人依法宣告无罪,确保无罪的人不受刑事追究,无罪率始终在万分之五上下徘徊。

表 12-1 刑事公诉案件无罪率

(数据来自最高人民法院对应年度的工作报告)

年度	案件总数	判处罪犯数	无罪人数	无罪率
2014	102.3 万件	118.4 万人	518 人	万分之四
2016	109.9 万件	123.2 万人	667 人	万分之五

(续表)

年度	案件总数	判处罪犯数	无罪人数	无罪率
2018	119.8万件	142.9万人	517人	万分之三
2019	129.7万件	166万人	637人	万分之四

万分之四上下的无罪率,决定了大量被告人都是作为分母存在的,是那个作为分母的一万,而不是作为分子的四。在可能被定罪的情况下,许多被告人并不否认自己的罪行,对是否被定罪、可能被定什么罪不再关心,但对量刑可能会比较关注,因为其事关被告人的切身利益。当然,这从另外一个侧面也说明,我们的刑事司法总体上还是精准的,无罪率始终极低。

（二）各方对量刑问题高度关注

量刑失衡问题近年来受到了各方广泛关注。例如,社会各界对很多案件,如许霆案、于欢案等的关注,其实侧重点在量刑失衡问题上。

在最高人民检察院提起抗诉的"马乐利用未公开信息从事交易案"中,涉及法定刑是完整援引法条,还是仅援引其中一节的问题,最后,最高人民法院改判认为,法定刑援引应当全部援引,即《刑法》第180条第4款对前款的援引,应当包含前款两个量刑档次的全部内容。

学者们尤其关注无罪率,因为无罪率是考察一个国家人权保障状况的主要指标。比如,在日本,检察机关积极推行"精密司法",起诉准确率很高,法院判处有罪的比例高达99%,无罪判决很少,被告人认罪口供多,证人数量减少。在我们看来,这似乎是好事。但是,日本学者认为,这"给刑事司法带来了紧张感……世界各国的裁判几乎没有类似情况……使人感到担心,现在日本的'成功',在这种特殊性方面可能脱离了国际生态圈",因此,这样的精密司法是"障碍性的精密司法",或者说是"精密过度"的精密司法。[①]

[①] 参见〔日〕田口守一:《刑事诉讼的目的》,张凌等译,中国政法大学出版社2011年版,第94页。

(三)认罪认罚从宽并未使量刑变简单

我们长期以来认为,在刑事诉讼中,检察机关是审前程序的主导。但是,在刑事诉讼法所规定的认罪认罚从宽处罚程序中,检察机关对案件提出处理意见后与辩方协商,检察官是某些案件作特别从宽处理的核准者,这使得检察机关的权力确实发生了一些变化:不仅是承上启下的枢纽和监督者,而且还主导案件的实体处理。在这种情况下,需要考虑的问题是:法官的量刑任务是不是减轻了,量刑是不是由检察官说了算?

有人认为,认罪认罚从宽制度实施后,法官在法庭上只需要问被告人三个问题即可:(1)你叫什么名字?(2)认罪认罚是自愿的吗?(3)检察官和你谈过判几年?这虽然不是认罪认罚案件处理的全部,但确实折射了部分现实。有的地方法官改变了量刑建议,检察官就要提起抗诉。但是,这些并不意味着法官的量刑今后就不重要了。

实际上,围绕认罪认罚的量刑难题,今后还有很多:首先,检察官有无能力提精准量刑建议?精准量刑建议的说法是否低估了量刑复杂性?我觉得,确实低估了。这一点,我会在后面进一步说明。其次,《刑事诉讼法》第201条量刑建议"明显不当"的含义究竟是什么?目前,刑事诉讼法学界主要援引的观点是,"明显不当"主要是指"三错两畸":刑罚的主刑选择错误、适用附加刑错误、适用缓刑错误,刑罚的档次、量刑幅度畸重或者畸轻。当然,要说起来,法官对刑罚的主刑选择错误、适用附加刑错误、适用缓刑错误的情形是相对较少的;但刑罚的档次、量刑幅度畸重或者畸轻,这是比较常见的。关键问题在于,什么是"畸重或者畸轻",不是那么容易下结论的。

其次,在认罪认罚程序中,被告人认罪认罚后的"用户体验"如何,也值得追问。在一些数额特别巨大的财产犯罪、经济犯罪案件中,有的人退赃、认罪认罚,但最终刑期和未退赃的差不多。这都需要量刑理论对此进行反思。

再次,对律师们而言,对于被告人认罪的案件,量刑辩护其实还是存在广泛空间的。实践中,不会有那么多无罪案件等着律师去办理。波斯纳说,法官"更可能认定刑事被告有罪。由于对刑事司法体制有长期经验,法官知道除非有压倒性的不利被告的证据,检察官很少会起诉。相对于犯罪数量,检察官资源非常有限,因此,他们会把资源集中于显然有罪的案件(因为无需检控投入大量资源,案件就可能胜诉),而这种案件很多"①。所以,律师们如果将工作重心往量刑方面调整,也能够在很大程度上维护被告人的合法权益。

最后,法官的刑罚裁量空间仍然是存在的,不能认为法官改变检察院的量刑建议就违反了刑事诉讼法。例如,被告人醉酒驾车被抓获,其100mL血液里酒精含量为180mg,在审查起诉环节签署认罪认罚具结书,控方量刑建议为拘役2个月。被告人在庭上极不配合,甚至公然对法官声称:"反正刑期早就和检察官说好了,你反正也不能改,我懒得理你。"此时,法官是否可以调整量刑建议,对被告人判处2个半月拘役?我认为是没有问题的。在日本,检察官处于打击犯罪的角色,其量刑建议通常会比较重,在法庭上,法官不会仔细去核查对被告人有利的证据,例如初犯、偶犯等,这些量刑证据主要靠律师说,律师甚至可能说,被告人在法官面前这么恭敬,一看就是好人,这些情节都是酌定量刑的情节,法官基于这些情节就有权在量刑建议之下量刑。因此,法官在判决中所宣告的刑罚低于检察官的量刑建议,符合司法规律。

这样说来,认罪认罚之后,无论是否承认检察官的刑事程序主导权,量刑问题的复杂性都是存在的,只是这种复杂性之前被低估了。

二、量刑失衡现象较为严重

看的判决书多了,你才会知道实践中的量刑不当问题有多严重。如果要问量刑失衡问题究竟有多严重,我的回答是:"远比你想象的要严重"。实践中量刑不当的具体表现大致有以下三种情形。

---

① 〔美〕理查德·波斯纳:《法官如何思考》,苏力译,北京大学出版社2009年版,第63页。

(一)同一罪名之间的量刑失衡

1. 2020 年新冠肺炎疫情防控时期的犯罪:诈骗罪

在新冠肺炎疫情发生后不久,口罩等防护物资紧缺,不少犯罪分子利用这一千载难逢的"商机"实施诈骗,涉及假口罩的案件很多,量刑上的不均衡问题很明显。

【案例 12-1 电信诈骗案】是四川省高级人民法院发布的防控新冠肺炎疫情典型案例之一。在本案中,被告人属于累犯,对于他应该怎样量刑?很多人可能会认为,本案犯罪数额不大,对被告人确实也不应该判很重的刑罚,许多省(直辖市)诈骗罪数额巨大的起点是很高的,本案宜适用诈骗罪的第一档法定刑(3 年以下有期徒刑)。

对于本案,四川省绵阳市涪城区人民法院经审理认为,张某已构成诈骗罪,其在刑罚执行完毕后 5 年内再犯应当判处有期徒刑以上刑罚之罪,是累犯,应当从重处罚。张某认罪认罚,且具有到案后如实供述自己罪行的从轻处罚情节,对其可从轻处罚。遂以诈骗罪判处其有期徒刑 2 年,并处罚金 3 万元。被告人当庭表示认罪认罚,不上诉,判决已发生法律效力。

许多人会认为,本案中的量刑是合适的,但我认为本案是存在疑问的。为什么呢?本案中究竟是适用哪个司法解释?最高人民法院、最高人民检察院《关于办理诈骗刑事案件具体应用法律若干问题的解释》(2011 年)规定,普通诈骗罪,数额巨大的标准为 3 万至 10 万元以上,各省级人民法院、人民检察院可以制定具体标准,这意味着,普通诈骗罪量刑的标准要高一些。但是,本案实际上要适用最高人民法院、最高人民检察院、公安部《关于办理电信网络诈骗等刑事案件适用法律若干问题的意见》(2016 年),这个司法解释规定,数额巨大的标准是 3 万元以上(未授权各省级人民法院、人民检察院再制定标准),为何要这么规定?是因为要严厉打击电信网络诈骗,与此相关,最高人民法院还发布了 9 个典型案例。一些人可能会问,本案为何是电信诈骗?实际上,电信网络诈骗有对象特征、技术特征和行为特征,主要是利用电信网络手段,对不特定人实施诈骗,本案和电信网络诈骗的典型特征是完全符合的,因此,本案的基本刑期不应低于3年。和浙江省等地发生在疫情期间的涉口罩等防护物资的电信诈骗案相比,在数额大致相同的情况下,本案量刑明显畸轻。

2. 通常时期的量刑失衡

(1) 抢劫罪

不同地区对于被告人在待租(目前无人居住)的房屋内抢劫房主的案件判刑差异很大。在天津市发生的一起抢劫4 000元及其他物品后被告人自首的案件中,法院未认定入户抢劫,认为该房屋的场所特征、功能特征不符合入户抢劫对住所的规定,但仍然对被告人判处有期徒刑9年10个月。①

而在河南省南阳市发生的与此类似的案例是,以租房为名入户,在待租房内持刀抢劫,遇到反抗后逃走(未遂),后被抓获,法院对其判处有期徒刑4年6个月。② 同样是在待出租的房屋内抢劫,天津市的案件被告人自首,南阳市的案件被告人未遂,其实自首和未遂这两个情节的功能大致差不多,都是对被告人有利的情节,所以,对这两个案例进行比较就可以发现,在未认定入户抢劫的情况下,在普通抢劫罪中对被告人判处有期徒刑9年10个月基本属于"顶格判刑",量刑畸重。

那么,对真正的入户抢劫行为又该怎么判刑呢?在江苏省盐城市的一起案件中,被告人以走亲戚的名义,准备凶器,在骗得被害人同意后,入室抢劫9 600元,法院以入户抢劫罪对其判处有期徒刑10年6个月。③ 比较天津市的案件和盐城市的案件,你就会发现天津市的案件的量刑确实有点"下手太重"。

(2) 过失致人死亡罪

过失致人死亡罪是轻罪。我认为,在被害人只有1人的场合,对犯有过失致人死亡罪的被告人判处有期徒刑4年以上都属于量刑偏重。对于

---

① 参见天津市第二中级人民法院(2012)二中刑终字第296号刑事判决书。
② 参见河南省南阳市中级人民法院(2015)南刑二终字第104号刑事判决书。
③ 参见江苏省盐城市中级人民法院(2015)盐刑二终字第11号刑事裁定书。

交通肇事过失致人死亡负全责,危害后果和过失致人死亡基本差不多,但对被告人的量刑通常在有期徒刑 3 年以下,两相比较,过失致人死亡罪的量刑比同类犯罪通常要重。

表 12-2　过失致人死亡罪量刑差异

	事实	起诉	判决
1	为教育孩子推一把,致其倒地后蛛网膜下腔出血死亡	故意伤害	过失致死,判 4 年
2	轻微暴力过失致 1 人死亡,被告人自首	过失致死	过失致死,判 6 年半
3	遭殴打后反击,过失致 1 人死亡	过失致死	过失致死,判 6 年
4	被害人(1 人)与被告人发生纠纷后拉拽车门被碾压致死	故意杀人罪	过失致死,判 4 年

(二)同案犯之间的量刑失衡

共犯的量刑失衡问题也很值得关注。在【案例 12-2　共同造假案】中,邱少华等人伪造金融凭证的事实很清楚,对该案的定性似无争议。但是,仔细分析该案几份判决书的量刑部分,就会对共犯的量刑失衡问题深有感触。

在本案中,从客观上看主犯应该是邱少华,其向上级吕某汇报并在至少得到暗示的同意之后,作出伪造金融凭证的决定,然后安排下属刘淑荣、林素红具体实施伪造行为,因此,从客观的实行行为看,邱少华是主犯。本案属于共同犯罪,但在分案处理的场合,如何区分主从犯、如何确保量刑均衡确实是两个难题。

从法院对邱少华案的事实描述看,整个伪造金融凭证行为(票面金额 4 183 万元)都是在其一手操纵下实施的。就事实认定而言,判决书认定被告人邱少华"通过伪造金融票据、私刻公章等手段核销吕某转走资金中的 4 183 万元",但法院仅对邱少华参与伪造金融凭证的部分犯罪数额(1 500 万元)论以犯罪,对其他指使或参与的伪造行为未予认定,且将其罪名确定为"变造金融票证罪",判处其有期徒刑3年,缓刑4年。①

在涉及同案犯刘淑荣(公司出纳员)的"分案处理"判决中,刘淑荣参与伪造的犯罪数额被认定为1 500万元,后被黑龙江省齐齐哈尔市克东县人民法院以变造金融票证罪判处有期徒刑3年,缓刑3年。②

而在针对林素红(公司会计)的判决中,法院认定林素红在邱少华指使下参与伪造金融凭证:"为逃避黑龙江农垦北大荒商贸集团有限责任公司清产核算及多次转账不被发现,吕某指使邱少华私刻公章、伪造金融凭证,被告人林素红在邱少华的授意下明知印鉴等系伪造,仍与邱少华、刘淑荣、郑艳艳一起伪造金融凭证、调改益恒圆项目部账册,至案发时止,累计已核销益恒圆项目部转出资金4 183万元",而伪造的银行进账单证实林素红等人伪造金融凭证,核销吕某转款4 183万元的事实。法院据此判决被告人林素红构成伪造金融票证罪,判处其有期徒刑2年5个月13日。③

把这三个判决放在一起对比,不难发现对邱少华案的定罪量刑均存在明显问题(对作为共犯的刘淑荣犯罪数额的认定也值得商榷):就定罪而言,作为犯罪事实完全相同的同案三个被告人,在分案处理后所触犯的罪名被区别对待,黑龙江省齐齐哈尔市甘南县人民法院认定邱少华、刘淑荣构成变造金融票证罪,另一法院黑龙江省齐齐哈尔市克东县人民法院则认定林素红构成伪造金融票证罪。就量刑而言,对明显作用更大的邱少华认定的犯罪金额小,未对全案负责,且被宣告缓刑;对作用较小的林素红认定的犯罪金额更大,要求其对全案负责,且被判处实刑。

以上分析说明,在共同犯罪中,如果不综合平衡各共同犯罪人的作用,就会量刑失衡,尤其是对多个被告人的共同犯罪拆分成多个案件处理后,由量刑失衡所引发的部分判决上的"硬伤"就会特别明显。无论如何,对于共同犯罪的量刑必须"左顾右盼",在主犯没有自首、立功等从宽处罚情节时,对其量刑一定不能比从犯还轻,否则,就可能出现量刑失衡。

---

① 参见黑龙江省齐齐哈尔市甘南县人民法院(2015)甘刑初字第13号刑事判决书。
② 参见黑龙江省齐齐哈尔市甘南县人民法院(2015)甘刑初字第12号刑事判决书。
③ 参见黑龙江省齐齐哈尔市克东县人民法院(2014)克东刑初字第102号刑事判决书。

（三）不同罪名之间的量刑失衡

不同罪名之间量刑失衡的问题也很严重。例如，交通肇事罪和危险驾驶罪之间，交通肇事罪有不少案件判处缓刑或免予刑事处罚，但是，危险驾驶罪基本都判处拘役实刑。受贿罪和行贿罪之间、受贿罪和非国家工作人员受贿罪之间，量刑失衡问题也比较突出。比如，甲犯非国家工作人员受贿罪，犯罪数额为 145 万元，有的判决对甲量刑比相同数额的受贿罪的罪犯还要重，这明显不合适。在有的案件中，作为同案犯的行贿人比受贿人判刑要重，凡此种种，都是量刑失衡的具体表现。

三、量刑精准化的复杂性

量刑是法官的司法行为，其受到很多约束。俄国作家陀思妥耶夫斯基的长篇小说《卡拉马佐夫兄弟》里的人物卡拉马佐夫说，如果没有了上帝，那就什么事都能干了。波斯纳法官说，如果没有法条主义和法治，法官也就什么都可以干了。但是一定要小心，今天法条主义还在，因此，还不是什么事都能干。[①] 由此，我们也可以说，如果没有罪刑法定和法治的约束，法官就什么事都可以干了。但是，由于罪刑法定原则还在，法理、规则和情理对法官的约束还在，所以，法官在量刑时还不是什么事都能干，应当受到很多制约。

量刑精准化究竟有多复杂？我的回答是极其复杂！实务中，很多司法人员基本不懂得区分责任刑和预防刑，量刑时势必难以兼顾天理、国法、人情，不能瞻前顾后。缺乏理念和方法的支撑，量刑活动真可能沦为"六合彩"。

精准量刑是很重要的，但同时也是很复杂的。它不仅要受到罪刑相适应原则、《刑法》分则的法定刑约束，也要受到法律与法理、量刑指导意见、

---

① 参见〔美〕理查德·波斯纳：《法官如何思考》，苏力译，北京大学出版社 2009 年版，第 63 页。

生活经验(常识)的约束。

(一)法理：责任刑与预防刑的区分

量刑是建立在体系性思考(保持量刑论与犯罪论的贯通)、基于刑事政策选定的量刑基准之上的,刑罚要考虑被告人的罪责,也要考虑预防必要性。

1. 量刑使得犯罪论与刑罚论关联起来

犯罪是违反规范进而造成法益侵害的行为。对被告人判刑有一个很重要的目的:证实行为规范是对的,冲击规范的那些行为直接侵害法益,因而是错的。这样讲能够充分论证处罚对于实现积极的一般预防、周延地保护法益的价值。

不论是赞成行为无价值论,还是赞成结果无价值论,在量刑论上的差异是很小的。结果无价值论者会认为,基于法益保护的原理,会强调报应,通过报应维护社会正义,进而针对被告人产生一般预防效果。行为无价值论者会认为,量刑公正有利于准确界定规范违反的程度,从而实现刑罚的积极一般预防机能。因此,刑法理论共同的追求是量刑公正,反对重刑。

关于量刑理论的关键问题,首先在于要区分不同情节;其次要确定情节的功能,目前强调认罪认罚,但在哪个层面上考虑,是一个需要思考的问题;最后,被告人提出非法证据排除,但没有足够证据,法官内心觉得被告人可能真的遭到刑讯逼供,但又不可能公开推翻指控被告人的证据,此时如何处理,也涉及相关情节的功能的问题。

2. 责任刑

刑罚是在表达对犯罪的观念性反应,行为罪责使得刑罚的执行合法化,并决定了刑罚的轻重。

责任刑,是指被告人对自己的犯罪行为究竟应承担多大责任,由此对其应该处以何种刑罚。此时,评价的是犯罪行为本身导致被告人的责任轻重。对于与责任刑对应的情节,要在量刑的第一环节考虑,在此基础上再来讨论预防刑。

换句话说,责任刑是向后看的、回顾性的,被告人过去干的事导致他要一人做事一人当,针对他过去做的事情给他判多重的刑,这是一个回顾性的刑罚。

影响责任刑的量刑情节被称为"犯罪情节",即与本次犯罪行为有关的情节(手段、方法、结果、动机等),例如,被告人盗窃 5 万元的这一情节,就是作为足以决定责任刑的犯罪情节看待的,其决定了责任刑(处罚上限)。

为什么责任刑是刑罚的上限? 这是因为被告人当时实施的就是这么一个危害行为,其犯罪故意就是如此,其人身危险性也是确定的,法官根据他当时的情况,对其最高判到一定程度的刑罚就足够了,这是责任刑的基本的含义。

在确定责任刑时,有以下三个关键问题:第一,责任刑是与罪行相当的刑罚,是刑罚的上限(即根据被告人犯罪时的主客观情节,判到那个程度"顶天了");第二,在进行责任刑的裁量时,首先要确定量刑起点,再考虑各种影响责任刑的情节,进而确定责任刑的上限;第三,所确定的责任刑既是预防刑的上限,也是宣告刑的上限,亦即考虑预防刑之后,最终宣告的刑罚不能超过责任刑。

3. 预防刑

预防刑是向前看的刑罚,就被告人个人来讲,就他一直以来的表现等方面来讲,把他关押得长一点好还是短一点好,被告人未来是否能够被改造好,对这些问题都要有一个评估。

影响预防刑的情节被称为"其他情节"(一般情节),即涉及(特别)预防的情节(包括认罪认罚、前科、性格和经历等),这些情节与犯罪行为本身并无直接关系,决定预防刑(对责任刑向下调节)。比如,累犯情节就是影响预防刑的情节,它涉及被告人之前的经历,跟本次犯罪无关。因此,在确定责任刑时,不需要考虑累犯的事实。只有在责任刑确定完以后,在责任刑的范围内,对于预防刑部分考虑对其判得比不是累犯的人重一些。

4. 量刑步骤

在量刑时,要先把犯罪情节也就是影响责任刑的情节确定下来,然后再去仔细梳理犯罪前后的其他情节。这其实和阶层犯罪论存在关联,犯罪论体系的构建,必须能够为量刑提供空间。阶层理论讲构成要件、违法性和罪责,在责任刑中,优先考虑的是被告人客观的不法,其次是和罪责相关的情节,将这两点综合起来考虑确定被告人刑期的上限。这里存在两个关键点,一是要梳理犯罪情节,二是在此基础上确定责任刑。例如,在抢劫案中,在裁量责任刑时,首先要考虑的是客观的违法事实(事先准备凶器、手段残忍、计划性);其次是与犯罪接近的事实(被害人过错、犯罪参与程度);最后才是责任大小的事实(年龄、精神、违法性认识可能性、期待可能性)。

所以,量刑实际上是两种判断的结合。其中,责任刑起决定性作用,判得轻还是判得重,根本上大致是由回顾性的被告人的违法行为所决定的,这个刑期是刑罚的上限,在这个限度内才考虑预防刑,以此对这个责任刑进行调节。所以,对量刑的一般理念和方法要理解透彻,要确立"责任刑是上限,预防刑是调节"的理念。

今后,量刑的理论还需要加强,波斯纳说:"刑罚学(penology)这门社会科学并不先进,尽管看起来也许是一目了然,严厉的惩罚会降低犯罪率,但就这一点也并不确定。"①

(二)制定权威性量刑规则仅能在一定程度上缓解矛盾

法官不是自动售货机,他们不是在消极地适用法律,而是有自己的利益追求、兴趣爱好、性格特点和能动性。因此,指望通过最高立法机关或司法机关制定权威性量刑规则来化解精准量刑的难题,并非易事。

由权威机关制定一个统一的量刑指导意见,对规范量刑当然是有一定效果的。在美国,一开始量刑裁判很混乱,法官的自由裁量权很大,有时甚至不免沦为专断,可以说是一个"乱糟糟的量刑体制"。1984年,美国根据《量刑改革法》在联邦法院系统创设了美国量刑委员会,其发布了《美国联邦量刑指南》,该指南是法律体制内的产品,在很大程度上也是法院系统的产品,以此对量刑活动予以规范。《美国联邦量刑指南》大幅度压缩了法官在量刑上的自由裁量权,因此,这个改革方向是正确的。但是,这一规则被

---

① 〔美〕理查德·波斯纳:《法官如何思考》,苏力译,北京大学出版社2009年版,第73页。

法官抵触,美国联邦最高法院在2005年布克(Booker)案中改变了《美国联邦量刑指南》的效力,把它降为建议性的文件,因此恢复了法官没有指南时的量刑裁量权。在今天,《美国联邦量刑指南》只是劝导性、指引性的文件。法官对同案不同判,也不需要有太多理由。

美国量刑实践的这一变化说明量刑问题在实务操作中很复杂,各种力量在司法过程中交织,量刑精准化或规范化是系统工程。在量刑活动中,法官需要有裁量权,但是,又要防止"一放就活"的随机性量刑。

我国最高人民法院似乎也想通过司法解释性文件规范量刑,但是,由于《关于常见犯罪的量刑指导意见》(2017年)在许多关键问题上没有厘清,所以其对量刑的指导效力有限。该指导意见第二部分第1条"量刑步骤"规定:"(1)根据基本犯罪构成事实在相应的法定刑幅度内确定量刑起点;(2)根据其他影响犯罪构成的犯罪数额、犯罪次数、犯罪后果等犯罪事实,在量刑起点的基础上增加刑罚量确定基准刑;(3)根据量刑情节调节基准刑,并综合考虑全案情况,依法确定宣告刑。"

上述量刑指导意见所存在的问题是:其一,根据"基本犯罪构成事实"在相应的法定刑幅度内确定量刑起点的说法本身就存在疑问。例如,对结果加重犯的量刑,就不是按照"基本犯罪构成事实"在相应的法定刑幅度内确定量刑起点的。比如故意伤害致人重伤的量刑起点本来就是根据加重犯的事实确定的,起点就是3年以上有期徒刑。此外,在既遂犯与未遂犯并存时的量刑起点,也未必与基本犯罪构成事实有关。

其二,"根据其他影响犯罪构成的犯罪数额、犯罪次数、犯罪后果等犯罪事实,在量刑起点的基础上增加刑罚量、确定基准刑"的说法也经不起推敲。例如,故意伤害的残忍手段不影响犯罪构成,犯罪动机也不影响犯罪构成;再比如,因为饥寒交迫而抢劫的,刚满16周岁盗窃的,等等,很多事实都不影响犯罪构成,但对量刑有影响。但手段残忍的事实,与饥寒交迫的情节、行为人不满16周岁等事实比较起来,其对量刑的影响明显是不同的。

其三,"根据量刑情节调节基准刑,并综合考虑全案情况,依法确定宣告刑"的说法,从体系性思考的角度看存在问题。按照这一量刑指导意见,对自首、累犯、认罪认罚等情节只能在这一环节予以考虑,但这明显降低了这些情节对于量刑的重要性。此外,侦查程序的瑕疵、对非法证据虽不能排除但存在疑虑的,都能够影响量刑,但笼统地将其归为"全案情况"加以考虑,处理方式较为简略。

我认为,上述量刑步骤的最大问题在于,没有区分犯罪情节(影响责任刑的情节)和其他情节(影响预防刑的情节),不能区分责任刑和预防刑,从而使得案件中如果出现很多不利于被告人的影响预防刑的情节,其刑期也可能被不当地往上累加。

(三)量刑结论必须顾及情理

要实现准确量刑,确保量刑适当而不失衡就不能过于偏离情理。有位年轻人在美国使用假护照,事后又假装自己在美国"9·11事件"中不幸遇难。对这种使用假证件的情形,在美国过去通常不用坐牢,最多判处半年有期徒刑。但是,美国法官判处这名被告人有期徒刑4年,理由是值此美国上下哀悼之际,被告人居然冒充死难者,严重干扰有关人员的工作。对这一判决,律师批评法官感情用事,法官回答:"量刑无不带有感情,只要不让感情影响判断即可。本案量刑中我并没有让感情影响我的判断。"[1]

量刑是个良心活,如果能够综合评判、考虑民众的呼声,一个在道德、智力、情感和判断力等各方面都正常的人,也可能对量刑结论作出不太离谱甚至相当好的判断。但如果完全不了解或者根本不理会我们的生活经验,仅仅专注于研究规则,即使将规则倒背如流,量刑时也可能一塌糊涂,所以,量刑必须要符合情理。

例如,在"金某受贿、滥用职权、行贿案"的第三起犯罪事实中,金某行贿国家工作人员杨某4万元,杨某收受该贿赂后,利用职务便利使办理商品房产权过户的多人少缴税款106万余元。在有关机关对杨某立案的当天,税务机关追回了税款8万余元。一审法院认定金某行贿4万元,且该行为通过国家工作人员杨某滥用职权的行为造成国家直接经济损失98万元

---

[1] 朱伟一:《法学院》,北京大学出版社2014年版,第272页。

(已将税务机关追回的税款 8 万余元予以扣除),遂以行贿罪判处金某有期徒刑 2 年 6 个月。对于一审法院认定金某行贿使国家利益遭受重大损失的数额是 98 万元这一事实,检察院提出抗诉,主张受贿人杨某滥用职权造成的损失是 106 万元,那么,对应行贿人金某的刑期应为 5 年以上,因为根据最高人民法院、最高人民检察院《关于办理贪污贿赂刑事案件适用法律若干问题的解释》第 8 条第 2 款的规定,为谋取不正当利益,向国家工作人员行贿,造成经济损失数额在 100 万元以上的,应当认定为《刑法》第 390 条第 1 款规定的因行贿"使国家利益遭受重大损失"的情形,判处 5 年以上 10 年以下有期徒刑。二审法院经审理认为,一审判决对案发前追回的损失额予以扣减的做法是妥当的;由于行贿和受贿之间是对向犯,对于金某的量刑必须和对受贿人杨某的处理相协调。对于杨某的受贿罪,应当判处 1 年以下有期徒刑,对其滥用职权罪应当判处 3 年以下有期徒刑,数罪并罚决定执行的有期徒刑不会超过 4 年。如果对案发前已经追回的税款不予扣除,金某行贿 4 万元,造成损失在 100 万元以上,按照前述司法解释的规定,对其量刑就应该是 5 年以上有期徒刑,由此造成对行贿人金某判得比受贿人杨某还重、收钱的比送钱的判得轻的结局,从而违背常识,故维持一审判决对于行贿罪的量刑结论。① 我认为,本案一、二审法院在量刑时,为贯彻刑罚相适应原则,考虑常识和生活经验的思考方法是正确的,为了实现量刑均衡,对于案发前追回的损失可以考虑扣减。由此也印证了最高人民法院关于诈骗罪中案发前返还的财产可以从犯罪总额中扣减的相关司法解释规定的相对合理性。

四、量刑有哪些关键性问题

对于量刑,有很多共性关键问题值得关注。

(一)不要动辄提"顶格判刑"

国外的法官通常不喜欢判处被告人重刑,日本法官通常在法定刑内选

---

① 参见北京市第二中级人民法院(2016)京 02 刑终 764 号刑事判决书。

择最轻的刑罚；德国法官通常在法定刑中最轻的 1/3 区间量刑，这些都值得我们借鉴。

前已述及，责任刑和预防刑的关系是：刑罚同时受责任和预防必要性的双重制约，一方面，刑罚的严厉性不能超过责任的严重性。另一方面，如果对被告人没有预防必要的，可以不科刑；如果预防必要性较小，从有利于罪犯社会化的角度看，可以对其判处比责任刑更为轻缓的刑罚。按照这种逻辑，"顶格判刑"的提法就是不妥当的，因为一旦确定责任刑上限后，该上限一定是低于法定刑上限的；在大量案件中，由于很多被告人都有情有可原的表现，用预防刑调节责任刑之后，刑期实际上是应该从责任刑上限往下调整的。因此，"顶格判刑"无从谈起。

此外，在实务中还应当强调：不能为了满足一般预防的需要对被告人判处重刑。对被告人判得准，才能真正实现积极的一般预防，民众也才认同规范。一般预防要受到报应的制约。所谓的积极的一般预防在很多案件中是不需要特别考虑的，对报应刑的确定很重要，从根本上还是要衡量法益侵害的大小。

对于一般预防，仅仅在少数案件中才需要考虑，而且大多从限制重刑的角度"反向地"进行考», 比如，就"许霆盗窃案"的量刑而言，被告人许霆自己卡里只有 1 000 余元，但后来其故意输错数字取款，非法获得了 175 000 元，其行为属于盗窃金融机构，按当时的刑法规定就应当判处无期徒刑。但是，许霆的行为从责任刑的角度看是有问题的，其行为的客观危害和主观责任都没达到被判处无期徒刑的程度。在确定许霆责任刑轻重的时候，要考虑其所实施的盗窃金融机构的行为和通常讲的盗窃金融机构的手段还不太一样，不是破坏性手段，这样的情节实际上是定罪情节之外的量刑上的"犯罪情节"；主观上，许霆是临时起意的，并不是一开始就想去偷，主观责任小，而客观危害和主观责任都是与本次犯罪有关联的犯罪情节。在判处预防刑的时候要考虑许霆犯罪前并没有不良表现，在许霆来之前，机器就有故障了，这是犯罪前就存在且和许霆无关的事实，这是影响预防刑的情节。所以，无论从责任刑还是预防刑的角度，都有对许霆有利的情节。此外，在确定预防刑时需要特别考虑：银行的设备有故障，这是并不常见的情形。对许霆判得很重,无论是从特别预防还是一般预防的角度看,都没有必要。许霆的窃取行为,他本人要再次实施注定很困难;对一般人来说,更不太可能碰到这样的机会,即便碰到也未必去模仿。所以,对许霆预防刑判得很重,无论是对许霆还是对公众都没有必要,本案事实的发生概率极低,且与金融机构自身原因紧密关联,此时对被告人基于一般预防的考虑判刑相对较轻就是合理的。本案重审对许霆减轻处罚,判处有期徒刑5年就是可以接受的。① 因此,一般预防只有在这样的案件中才需要反向地予以考虑。对绝大多数案件而言,不需要从重罚的角度予以特别考虑。

(二)尽量区分主从犯

在实践中,对于有些共同犯罪案件,法官可能会区分主从犯。例如,在聚众斗殴案件中,判决认为一部分被告人系首要分子,其他被告人系积极参加者,均构成聚众斗殴罪,属共同犯罪。对于到现场着手实施斗殴行为的聚众犯罪的积极参加者,法院认定各被告人之间的作用大小有所不同,因此,仍然应当区分主从犯,在量刑时应有所区别。②

但是,也有许多案件,法官相对消极,不愿意区分主从犯。在【案例12-3"夫妻店"案】中,法院以两被告人在共同犯罪过程中均积极参与、相互配合为由不区分主从犯③,这一做法在实践中很有代表性。

对此,法官分析认为:"在审判实践中,对于涉财产类共同犯罪,主犯往往会控制犯罪所得,整个犯罪过程中得到的赃款赃物一般都会交给主犯管理,然后由主犯分给其他人一部分犯罪所得,自己留着较大部分犯罪所得。因此,根据共同犯罪人在共同犯罪中的收益分配情况来区分主犯和从犯,不失为一种有效方法。本案中,两被告人是夫妻关系,长期以家庭作坊为单元进行生产、销售,犯罪所得的收益被视为夫妻共同财产和家庭重要

---

① 参见广东省广州市中级人民法院(2008)穗中法刑二重字第2号刑事判决书。
② 参见江苏省金坛市人民法院(2014)坛刑初字第0079号刑事判决书。
③ 参见河南省三门峡市中级人民法院(2014)年三刑终字第13号刑事裁定书。

的收入来源,均由两被告人共同管理、共同受益。综上分析,区分共同犯罪中的主从犯,应综合考量共同犯罪人在实施犯罪行为时的角色分工、对法益的侵害程度和对犯罪收益的管理分配等因素。本案中两被告人以家庭作坊形式,实施生产销售有毒有害食品犯罪,无论是分工的角色和地位,还是侵害法益的程度和结果,抑或是双方对犯罪收益的管理和分配,均符合主犯的判定标准。故对于夫妻双方以家庭作坊式生产销售有毒有害食品犯罪的量刑情节,不宜区分主从犯。"①

对此,我的疑问是:首先,多个被告人虽均为实行犯,但也需要查明作案工具、原材料由谁采购,销售渠道由谁联系?如果被告人在上述行为中的作用大小能够分清楚,在共同犯罪中作用大的人就是主犯,另外一人是"次要的实行犯",区分主从犯也是应该的。其次,对于这种家庭成员"一锅端"的案件,区分主从犯对其中一人判重一点,宽恕另外一人更符合情理和常识。再次,我们一般都认可"男主外",伪劣产品要对外销售,就需要去采购、跑市场,这些工作如果是丈夫做的,对其判重一点,对妻子判轻一点,为什么不可以?最后,本案中,被告人的行为所对应的最高法定刑为 3 年有期徒刑,判两个被告人 2 年 6 个月本身就是量刑偏重的,如果不区分主从犯,量刑过重的嫌疑就更为明显。因此,对于共同犯罪案件,应当克服司法懒惰情绪,在对共同犯罪理论合理运用的前提下尽可能准确区分主从犯。

(三)禁止重复评价

禁止重复评价,说起来容易,一旦作为定罪情节使用了,就不能再作为量刑情节使用,但有的判决还是在量刑时再次使用已经在定罪时考虑过的情节,从而造成"一事两头沾"。

在量刑实务中,可能存在重复评价的情形有很多,这里略举几例:(1)对于受贿后滥用职权的,有的一审法院认定被告人构成徇私舞弊滥用

---

① 王建锋:《家庭作坊式生产销售有毒有害食品犯罪不宜区分主从犯——王回某、陈秀某生产销售有毒食品案》,载《中国法院 2016 年度案例(刑法总则案例)》,中国法制出版社 2016 年版,第 91 页。

职权,对滥用职权罪的判刑较重。二审法院认为,徇私情节已被评价在受贿罪的"为他人谋取利益"中,故对滥用职权罪改判较轻的刑罚。对此,二审判决可能更有道理。(2)对于行贿后非法采矿的,采矿取得的不法利益如果同时作为非法采矿罪和行贿罪(造成直接经济损害)的数额,就可能违反禁止重复评价原理。(3)受贿150万元后滥用职权,使人民群众的重大利益受损的,造成损害的这一情节归责于哪个罪名比较合理?如果使人民群众重大利益受损这一情节已经在滥用职权里评价,就不能说被告人的受贿行为造成了严重后果,不能适用受贿罪的升格法定刑;如果将这一情节归责于受贿罪,滥用职权罪的法定刑就不能升格。对这类案例怎么处理比较好,确实值得研究。(4)在交通肇事罪中,被告人发生交通事故后逃逸,但被害人存在过错的,如果不把逃逸行为作为入罪的要件,就无法认定被告人构成交通肇事罪。但是,有的法院在认定被告人成立犯罪后,又将肇事后逃逸作为法定刑升格条件,就属于对逃逸行为的重复评价,属于法律适用错误。

(四)刑满后发现漏罪的量刑

刑满后发现漏罪和《刑法》第70条所规定的判决宣告以后、刑罚执行完毕以前发现漏罪的情形略有不同,因而存在讨论空间。例如,甲非法吸收公众存款800万元,被判处有期徒刑3年。甲刑满释放后,司法机关又发现其之前另外几起非法吸收公众存款行为,犯罪数额是1 500万元,应当对其判处有期徒刑3年半。如果甲的两次犯罪行为被同时发现,当地对非法吸收公众存款2 300万元的判刑,最多不超过有期徒刑6年,现在对甲应如何处理?其实,这还不是特别极端的情形,如果前后罪都应判处有期徒刑10年以上,比如罪犯甲分别收受了乙400万元、丙500万元,办案部门一开始只发现了甲受贿400万元的事实,对甲判处有期徒刑10年;甲刑满释放后,之前受贿500万元的事实又被发现,法院又判处甲有期徒刑10年。但是,如果对甲受贿900万元的事实一次判决,其刑期可能只有12年左右。但是,分两次判刑,其刑期就成为20年。由于办案部门没有及时查清全案事实,导致被告人要多被判8年左右,这是与罪刑相适应原则相背离的。

对此,我的观点是:在作后一个判决时,应当撤销原判,按照被告人多次犯罪的数额累加起来确定一个刑期,再减去他之前已经服刑的刑期,宣告刑就是剩余刑期("先并后减"),被告人只需要服够剩余刑期就可以了,从而准确实现罪刑相适应原则。①

因此,对前面提到的发现甲非法吸收公众存款1 500万元漏罪一案,最好的处理办法是撤销原判,将其前后两次非法吸收公众存款的行为累加,确定其犯罪金额是2 300万元,其刑期是6年,进而对其在后罪的3年半以上、总和刑期6年以下,决定一个刑期,比如5年,减去已经服刑的3年,剩下的2年就是甲还需要服刑的期限。

(五)关于减轻处罚的适用

《刑法》第63条规定:"犯罪分子具有本法规定的减轻处罚情节的,应当在法定刑以下判处刑罚;本法规定有数个量刑幅度的,应当在法定量刑幅度的下一个量刑幅度内判处刑罚。犯罪分子虽然不具有本法规定的减轻处罚情节,但是根据案件的特殊情况,经最高人民法院核准,也可以在法定刑以下判处刑罚。"

1. 对被告人减轻处罚时能否减两档?我认为可以。从字面含义上看起来似乎不能减两档。但是,如果被告人有多个可以减轻处罚的情节,而且是足以影响预防刑、责任刑的情节,减两档刑罚是没有问题的。"本法规定有数个量刑幅度的,应当在法定量刑幅度的下一个量刑幅度内判处刑罚",可以理解为仅指被告人只有一个减轻处罚情节的情形。如果被告人同时有两个以上减轻处罚情节的,可以减两档刑罚。例如,被告人甲入户抢劫,但其不满18周岁,又有重大立功表现的,未成年和重大立功这两个情节的存在,使得实务上对甲减轻两档量刑,从10年以上有期徒刑减到3年以下,就是合理的。否则,对只有一个情节(例如不满18周岁)的犯罪人乙减一档,对具有两个情节(不满18周岁,又有重大立功表现)的犯罪人甲

---

① 参见周光权:《论禁止重复评价:以刑满后发现同种余罪的处理为切入点》,载《人民检察》2012年第9期。

也减一档,就对甲显得不公平,减轻处罚的功能就不能很好地发挥。

2.对于"特殊减轻"制度需要激活。我认为,对于"特殊减轻"制度应当激活,不能让其成为"僵尸条款"。如果不激活,有些问题就很难解决。一方面,数额特别巨大的财产犯罪如果不适用"特殊减轻",有时候显得不合理。例如,被告人甲诈骗 50 万元,但认罪认罚且全部退赃的,根据法律规定对其还是要在有期徒刑 10 年以上量刑,此时,如果要体现认罪认罚从宽制度"优待"被告人的功能,就应该报请最高人民法院减轻处罚。另一方面,对司法解释中的量刑数额规定明显不合理的,需要适用"特殊减轻"。例如,行为人甲听人说犀牛制品可以治病,就花了 25 万元托人收购了犀牛茶杯、犀牛手链、犀牛水壶等,给父母用于日常生活、治病等。如何处理本案? 行为人甲主观上对这些制品属于犀牛制品是明知的,但其辩解不知道犀牛是国家重点保护的野生动物。如果其真的缺乏违法性认识可能性,确实会影响非法收购野生动物制品罪的成立。

但是,他愿意花大价钱去买,知道该财物很值钱,被告人就至少有违法性认识可能性,因此,其无罪辩解很难成立。因为对于对象的特殊性"明知可能是"就可以了;对于某种动物是否在保护名录内,也不需要有特别认识,违法性只要求具有认识可能性,而且在国外关于违法性认识的辩解,法院也基本不予采纳(如果这种辩解成立,这个罪名几乎没有适用空间,被告人都会这样辩解,被告人觉得动物制品有特殊疗效,就有对于行为对象及违法性的认识)。一旦犯罪成立,按照现行有效的司法解释,对甲的量刑起点就是 10 年以上有期徒刑。这种案件确实难处理,法官也经常觉得判不下去,问题主要出在量刑数额的司法解释不合理上。

目前有效的司法解释对收购、走私珍贵动物制品罪和非法收购珍贵野生动物制品罪的量刑标准差异很大。根据最高人民法院、最高人民检察院《关于办理走私刑事案件适用法律若干问题的解释》(2014 年 8 月 12 日发布)第 9 条的规定,走私珍贵动物制品罪情节较轻(数额 20 万元以下)的,处 5 年以下有期徒刑;情节严重(数额 20 万元以上 100 万元以下)的,处 5 年以上 10 年以下有期徒刑;情节特别严重(数额 100 万元以上)的,处 10 年以上有期徒刑或无期徒刑。同时,该司法解释还特别规定,不以牟利为目的,为留作纪念而走私珍贵动物制品进境,数额不满10万元的,可以免予刑事处罚;情节显著轻微的,不作为犯罪处理。但是,按照最高人民法院《关于审理破坏野生动物资源刑事案件具体应用法律若干问题的解释》(2000年11月17日发布)第5条的规定,非法收购珍贵动物制品罪情节较轻(价值10万元以下)的,对被告人处5年以下有期徒刑;情节严重(价值10万元以上20万元以下)的,处5年以上10年以下有期徒刑;情节特别严重(价值20万元以上)的,处10年以上有期徒刑。

由此可见,走私珍贵动物制品犯罪数额为25万元的,其刑期是5年以上10年以下有期徒刑;非法收购珍贵动物制品20万元以上的,其刑期是10年以上有期徒刑。其实,要说起来,走私珍贵动物制品罪侵害双重法益:既侵犯海关监管制度,还破坏动物及其制品的管理秩序,危害比非法收购珍贵动物制品罪要大,但同样数额的犯罪,对走私珍贵动物制品罪的判刑要比非法收购珍贵动物制品罪轻很多。要克服司法解释在罪和罪之间数额规定失衡的弊端,做到对非法收购珍贵动物制品罪的量刑均衡,比较好的思路是按照《刑法》第63条报最高人民法院对非法收购珍贵动物制品犯罪数额达到20万元以上者尽可能适用"特殊减轻",甚至可以减轻处罚到3年后再对被告人判处缓刑。所以,对于这种因司法解释之间不协调而导致的量刑失衡问题,就需要通过"特殊减轻"制度来解决。

结束语

通过本讲我想表达的意思主要是以下三点:(1)量刑,从来就复杂,一直被低估。(2)量刑的关键是:首先,要能够梳理出犯罪情节和其他情节。其次,根据犯罪情节确定责任刑(刑罚上限)。最后,要根据其他情节确定预防刑,在责任刑幅度内调节刑期(通常是往下调节;无论如何不能超过责任刑幅度)。(3)如果量刑没有理念和方法,不懂得瞻前顾后,精准量刑就无从谈起。

总而言之,尺子拿稳,量刑精准。

第十三讲
"刑民交叉"案件的分析思路

【案例13-1 卖房诈骗案】

1996年4月至1999年6月,被告人韩伟旭在经营容县永丰汽车修理厂期间,因资金短缺,先后向韩某、罗某等十余人共借款200余万元。因未能偿还借款,自1999年6月开始,韩伟旭被韩某、罗某等十余人相继起诉至法院,请求判令韩伟旭偿还借款,部分债权人还对韩伟旭进行威胁,逼迫韩伟旭还款,韩伟旭遂产生将其所有的容县容州镇大市场115号、116号房屋卖掉后到外地逃避债务,利用卖房所得作为逃避债务期间费用的念头。同时,韩伟旭认为其欠债过多,卖房必然会被债主阻止,无法将房子卖掉,且连其收取的房款也会被债主抢走,遂决定以出卖上述房屋为名骗得房款后立即出逃。1999年7月中旬的一天,韩伟旭在其修理厂遇见梁某全时,向梁某全提出,其愿意以40万元将上述房屋卖给梁某全,梁某全信以为真。同月21日,韩伟旭邀请梁某全到上述房屋实地察看后,二人口头约定,韩伟旭以40万元将上述房屋卖给梁某全,梁某全先预付20万元,余款待办理过户手续后付清,同时,韩伟旭承诺于次日与梁某全到房产部门办理房屋过户手续。当天下午,韩伟旭在梁某全经营的碾米铺里收取了梁某全交付的20万元房款,并立下收条,连同房屋的土地使用证、房产证一起交给梁某全收执。当天晚上,韩伟旭携带20万元房款与其妻儿一起逃到上海市,后又逃到浙江省常山县,并更换手机号码,再没有联系过梁某全。2013年2月13日,韩伟旭在上海市被公安机关抓获。另查明,1999年8月至10

月,法院相继对韩某、罗某等十余人诉韩伟旭借贷纠纷案进行判决,判令韩伟旭偿还借款本金 200 余万元及支付利息。2000 年 6 月 7 日,因韩伟旭未履行清偿义务,法院对上述房屋进行拍卖,得款 34.6 万元,由债权人韩某、罗某等十余人按比例分配。对韩伟旭能否以诈骗罪追究刑事责任?

【案例 13-2　强行索债案】

1997 年,被告人陈帮蓉在做虫草生意时认识了史可蓉。此后,两人在生意上互有往来。同年 8 月,史可蓉要陈帮蓉帮她收购 100 余公斤虫草。陈帮蓉即以自己所有的积蓄并向亲友借了一些钱,着手收购虫草。由于组织得当,当月陈帮蓉就收购了 154 公斤虫草。同月 25 日,陈帮蓉将收购的虫草交给史可蓉,史可蓉验货后才向陈帮蓉表示,自己目前资金紧张,估计要缓两个月才能支付货款。迫不得已,陈帮蓉只得答应,史可蓉当即出具一张 78 万元的欠条,约定在当年 10 月 25 日付清货款。约定期限届满后,史可蓉一直未履行债务且下落不明。陈帮蓉多次追债未果。1999 年 9 月,陈帮蓉获知史可蓉仍然在成都做虫草生意。得知这个消息后,陈帮蓉很想立即找她要求还钱,但又怕打草惊蛇,使史可蓉再次失踪。跟家人一番商量后,陈帮蓉让女婿李某充当货主,以出售一批虫草作诱饵,通过中药材生意中介人张某与史可蓉取得了联系。同年 9 月 17 日,李某让史可蓉看了样品及全部货物,双方对价格进行了协商。同年 9 月 21 日上午,史可蓉带着现金到成都市新都区天回镇一农家院内交易,而陈帮蓉此时已暗地里带着亲友等 10 余人埋伏在该农家院内。当天下午 3 时许,史可蓉、朱文斌、陈英明等一行 3 人携带现金 55 万元驾车来到交易地点正准备提货时,陈帮蓉突然带领数人出现在院内。她出示了史可蓉当年写下的欠条后,要求史可蓉立即还钱。史可蓉当即表示,自己这次是帮别人购货,所携货款是别人的,自己身上没有钱,同行的朱文斌、陈英明亦声明该款是其帮助别人购买虫草的货款。陈帮蓉要史可蓉出示货款来源的相应凭证,但史可蓉无法提供。陈帮蓉即以语言对史可蓉等人进行威胁并上前打了史可蓉两耳光,令驾驶员打开车门,从车上拿出现金 55 万元。在让史可蓉点数后,陈帮蓉给史可蓉写了一张 55 万元的收条,并让史可蓉写下还欠陈帮蓉货款 23 万元的欠条一张,而后离开现场。拿到这笔钱后,陈帮蓉于当日即将其中大部分用于归还债务,并到成都市新都区公安局城西派出所备案。史可蓉等人离开现场后,即向公安机关报案,声称自己被抢劫。次日,公安机关将陈帮蓉抓获。随后,公安机关经调查发现,史可蓉携带的 55 万元现金确实是港商翁某汇过来让史可蓉帮其联系虫草业务的。

债权人为索取债务,而设置圈套使债务人上钩,然后强取财物的,是否构成抢劫罪?换言之,主张权利的行为,在何种情况下构成犯罪,在何种情况下应当作无罪处理?

【案例 13-3 收藏品诈骗案】

公诉机关指控,某商贸公司在被告人李某的组织下,在公司内部先后设立邀约部、维护部(销售部门)、后勤部等部门,进行收藏品销售。该公司通过邀约部打电话、发传单等方式邀请客户(主要针对老年人群)来店里领取小礼品,由店长、副店长、维护部人员负责接待客户,以夸大销售的收藏品价值,虚构收藏品会升值,且公司会对收藏品进行回购,从而赚钱为由,诱骗客户购买该公司的收藏品。如客户发现购买的收藏品没有升值空间,并且市场上无人购买,回到店内退货时,该公司会以扣除销售价格 17% 到 30% 的手续费、购买的收藏品不全、不好拍卖,承诺帮助客户进行拍卖、销售为由,推脱、延迟退货,并且让客户继续购买新的收藏品,继续实施诈骗。李某等人是否构成诈骗罪?

需要预先交代的是:所谓"刑民交叉"的说法,其含义是不太清晰的。一方面,如果仅仅在刑法和民法都对某种社会关系进行调整的意义上讨论刑民交叉,那么,几乎所有的刑事案件都涉及"刑民交叉"问题。故意杀人罪、故意伤害罪、交通肇事罪都同时与刑法和侵权责任法有关;侵犯公民个人信息罪也势必同时违反刑法和人格权法,在这个意义上讨论"刑民交叉"的意义很有限。另一方面,对于同一个案件,在法秩序统一性原理下,刑事和民事各自有其判断规则,原本就没有什么交叉问题。不过,考虑到"刑民交叉"这个说法几乎约定俗成,这里姑且还使用这个概念。被广泛使用的

第十三讲 "刑民交叉"案件的分析思路

"刑民交叉",大致所针对的似乎是案件处于刑事和民事的临界点上,是构成犯罪还是民事侵权、违约并因此难以被决断的情形。本文中的"刑民交叉"也大多是在这个意义上进行理解的。所谓"刑民交叉"案件,特指某种行为究竟应当被作为犯罪处理,还是应认定为民事违法而性质不明、"难办"的情形。因此,所谓"刑民交叉"案件,也就是实践中的"难办案件"。①

对于"刑民交叉"案件的处理,其实并不太容易发展出非常精致和体系化的理论。一方面,在认定犯罪时,必须考虑各个犯罪的构成要件。实务上,只要将"刑民交叉"案件的事实和对应犯罪的构成要件仔细比对,就基本能够对行为的罪与非罪准确定性。所以,犯罪构成要件的观念、对各个构成要件的审查、对构成要件该当性的确定才是最为重要的。另一方面,由于社会生活高度复杂,每一个涉及犯罪和民事违法相区分的案件都不可能相同,因此,要提出"一路通吃"的裁判规则原本就不太现实;即便勉强提出了,其指导意义也是相对的、有限的。事实上,只要司法人员坚守罪刑法定原则,重视案件的主客观事实,尊重常识和生活经验,运用好办案人员通常的智力、情感和判断力,基本就能够对案件性质作出较为准确的判断。

当然,如果说一定要对"刑民交叉"案件的处理提出判断规则,比较重要的判断标准可能就是:如果民商事法律认为某种行为违法,被害人存在值得动用刑罚进行保护的财产损失,且其通过民事途径主张权利极其困难的,特定行为就可能具有犯罪性。由此决定了实务中对"刑民交叉"案件的分析步骤大致是:首先,要考察民商法对当前案件的处理态度究竟是什么;其次,要检验被害人有无损失;最后,要审查被害人是否可以主张权利,其权利的实现是否特别困难。这个检验逻辑是递进式的思维,每个步骤对应不同的法理。按照这个步骤依次对某一个行为进行检验,司法上出错的概率相对降低。当然,这样一个判断逻辑,在很大程度上也不过是对生活经验和司法常识的重申,并不是所谓的高深理论。

---

① 对于刑事犯罪和行政违法难以决断的所谓"刑行交叉"问题,也应该在这个意义上加以理解。

一、考察民商法对于当下案件的态度(法秩序统一性原理)

处理"刑民交叉"案件,当然绕不开法秩序统一性原理。要遵循法秩序的统一性,就要防止将前置法上不具有违法性的行为,在刑法上认定为犯罪。法秩序统一性原理要求在处理某一件事情时,所有的规范秩序不能相互矛盾,如果民法上合法的行为在刑法上被认定为犯罪,公众就不知道该如何行事。法秩序统一性原理是处理不同部门法之间的矛盾时应遵守的基本规则,具有不可动摇的性质,所有部门法的执行都应当贯彻该原理。

对于法秩序统一性原理,在与本文有关联的意义上,绝对不能偏离的规则是:在民商法上合法的行为,不可能成为刑法上的犯罪。反过来说,唯有民商法所要反对的行为,才有可能成为犯罪行为(当然,由于刑法的构成要件设计上存在缩小处罚范围的政策考虑,因此,民商法上的违法行为中只有极小部分最终被作为犯罪处理)。在刑法与民法规范的保护目的相一致的场合,刑法应当绝对从属于民法,这是法秩序统一性原理的当然要求。① 换言之,在民事违法不存在时,应当断然否定待处理案件中行为的犯罪性;行为具有民事违法性,也只不过是为定罪提供了"底限支撑",这个意义上的民事违法和刑事犯罪是"烟"和"火"的关系。这样说来,如果某一个行为的性质在民商法上有争议,甚至该行为被民商法所允许或容忍,就可能成为"出罪"的理由。

(一)民商法上的权利归属能否被确定

在实践中,由于很多民事权利不是一眼看上去就能够确认的,如果被害人的权利难以被民商法所认可,要判定另一方当事人的行为属于侵权性质的犯罪行为就极为困难。这一点,在侵犯知识产权犯罪等侵权类案件中表现得特别明显。

在某委托研发案中,检察机关指控:乙药业公司委托甲公司研发"6工

---

① 参见于改之:《法域冲突的排除:立场、规则与适用》,载《中国法学》2018年第4期。

位"半自动发药机,并约定该发药机的图纸、软件及专利知识产权归乙药业公司所有,甲公司不得以任何方式方法转让给第三方或与任何第三方开展有关此半自动发药机的生产及合作。后甲公司违反约定向他人提供约定研发的设备,给乙药业公司造成巨大的经济损失,因此,甲公司构成侵犯商业秘密罪。

在这类犯罪中,如果商业秘密的权利归属存在争议,定罪基础就当然地被动摇。正所谓"皮之不存,毛将焉附"。如果在案证据表明,相关技术信息是由被告单位甲公司自行研发和设计出来的,研发者和委托人之间存在权利争议,要指控被告单位甲公司构成犯罪就存在很大障碍。

因此,要确定甲公司是否有罪,就不能无视民法上按照何种逻辑确定技术信息的权利归属这一问题:(1)需要判断技术信息由谁研发?在本案中,甲公司按照乙药业公司提供的要求,对发药机进行设计和生产。甲公司后来应乙药业公司的要求,将相关图纸、软件交给了乙药业公司。在交给乙药业公司图纸之前,甲公司还有多版图纸的初稿,包括每一版更新的图纸,而乙药业公司据以报案的图纸,系由甲公司移交的三维图还原而成,且资料、数据均残缺不全,难以与甲公司掌握的全套图纸相提并论。据此,可以认为该"6工位"半自动发药机是由甲公司研发设计出来的。(2)需要进一步审查委托研发合同的效力?乙药业公司与甲公司之间签署了《6工位半自动发药机制造合同》,该制造合同具有批量购买甲公司设备的内容,可以评价为买卖合同。但由于甲公司并非按照图纸生产发药机,6工位半自动发药机技术也非凭空产生,而需要投入大量研发设计在其中,所以,该合同又具有"委托技术开发"内容,也可以将其评价为委托开发合同。乙药业公司委托甲公司研发设计并批量生产发药机的合同包括了研发设计和批量购买两个阶段,在性质上属于委托开发合同和买卖合同,该合同具有双重性,应属于民法上的"混合合同"。(3)需要再进一步确定争议双方对商业秘密归属的约定,是否绝对限制甲公司主张权利?争议双方确实在签署的《6工位半自动发药机制造合同》中约定,该6工位半自动发药机图纸、软件及专利知识产权归乙医药公司所有,甲公司不得以任何方式方法转让给第三方或与任何第三方开展有关此半自动发药机的生产及合作,否则,甲公司每对外提供一台设备,应向乙药业公司赔偿该类设备同等价格的违约金,由此造成的其他经济损失由甲公司全部承担。同时,委托开发或者合作开发完成的技术秘密成果的使用权、转让权以及利益的分配办法,由当事人约定。根据本案当事人之间的合同,如果仅仅从形式上判断,似乎就可以认为:由于双方当事人之间就商业秘密的归属在合同中有过约定,依照该约定,商业秘密就应归属于乙药业公司,甲公司有成立犯罪的可能性。

但是,这一观点从实质判断的角度看就可能是站不住脚的。甲公司根据本案相关证据,也可以主张商业秘密归属于本公司,主要理由是:本案中的乙药业公司没有支付研发的对价。即便认为上述混合合同中包含了委托开发合同和买卖合同,但乙药业公司并未就委托技术开发支付相应的对价,也就是说,在研发设计的投入价值并没有被计算的情况下,双方就约定了所有知识产权归属于乙药业公司。按照权利义务相一致的原则,没有履行义务就无法主张权利,该商业秘密实质上难以归属于乙药业公司。事实上,研发设计的成本没有进行过核算,乙药业公司采购甲公司产品的价格其实仅为机器设备本身的价格,这就很难认为乙药业公司为此支付了相应的研发对价。

从民法的立场看,在未支付研发对价的情况下,尽管双方就商业秘密归属存在约定,但由于客观给付上已经显失公平,合同法中关于显失公平的条款就有适用余地。如果上述约定未显失公平,那么双方约定的商业秘密归属条款一直有效;如果上述约定显失公平,受损害方就有权请求人民法院或者仲裁机构予以撤销,当事人均有使用和转让该技术信息的权利。《民法典》第151条规定:"一方利用对方处于危困状态、缺乏判断能力等情形,致使民事法律行为成立时显失公平的,受损害方有权请求人民法院或者仲裁机构予以撤销。"显失公平条款中的"等"包括双方当事人之间谈判能力不平等、议价能力存在明显悬殊等类似情形。在本案中,难以否认的事实是,乙药业公司为了控制甲公司所生产的新机器不外流,要求在合同中约定知识产权归属于乙药业公司。尽管甲公司知晓这一约定的含义,但考虑到乙药业公司是甲公司的最大买家,处于买方优势地位,且格式合同本身就是由乙药业公司单方提供的,虽然里面嵌入了这一条不平等条款,但甲公司为了取得大买家的订单,在双方谈判地位、能力不平等的情况下也被迫接受了这一约定。在该信息技术商业价值巨大、研发设计未支付相应对价,且双方谈判地位存在明显悬殊的情况下,可以认为乙药业公司利用了甲公司处于谈判劣势地位的情形,技术信息的权利归属至少存在争议。

上述分析表明,在涉及侵权行为的犯罪案件认定中,关于知识产权的权利归属并非不证自明。如果对于商业秘密权利人究竟是谁在民事上存在较大争议,就不宜通过刑事案件予以处理,否则将冲击法秩序统一性原理。

(二)民商法对于行为性质的取向

民商法对于行为性质有明确界定时,刑法上的判断就可能受到一定程度的制约,此时,刑法判断的独立性可能无从谈起。

来看这个非法吸收公众存款案:A公司系民营企业,主要经营钢材销售业务,田某系该公司法定代表人。田某以个人或个人与A公司共同的名义,向亲属朋友及本公司员工吸收存款。因存款利息较银行高,经互相介绍和口口相传,社会公众也到A公司存款,经田某认可,A公司均予接收。存款利息大部分为月息6‰或8‰,少部分为15‰,A公司能够按时付息。截至2014年10月,田某及A公司共吸收34人累计存款1 233.5万元。这些款项均汇入A公司账户,部分款项随后又转入田某的房地产公司,主要用于正常生产经营活动。2014年12月,田某与房地产项目的合伙人发生纠纷,回避了十余日。外界传言田某"跑路",集资参与人遂集中要求A公司偿还吸收的资金。田某因其公司财产主要是固定资产,又因其与合伙人的纠纷一时难以解决,遂在集中还款上发生困难,部分集资参与人因此报案。2014年12月31日,公安机关以A公司、田某涉嫌非法吸收公众存款立案侦查。2015年1月5日,田某主动到公安机关说明情况,公安机关责令其随传随到、退赃退赔,决定暂不采取强制措施。案发时,田某及A公司未偿还的集资本金为939.8万元,此后陆续归还,截至 2018 年 5 月尚欠 138.5 万元。

2018 年 6 月 6 日,公安机关对田某先行刑事拘留后提请检察机关批准逮捕。检察机关经审查未予批准逮捕,并建议公安机关慎重采取扣押、冻结等追缴措施。2018 年 9 月 26 日,公安机关以 A 公司、田某涉嫌非法吸收公众存款移送审查起诉。此时,田某及 A 公司尚欠集资本金 55 万元,后在审查起诉期间还清。

在审查起诉阶段,检察机关认为,田某及 A 公司吸收存款后主要用于生产经营活动,违法所得已全部退清,有自首情节且认罪认罚,可以适用最高人民法院《关于审理非法集资刑事案件具体应用法律若干问题的解释》第 3 条第 4 款"非法吸收或者变相吸收公众存款,主要用于正常的生产经营活动,能够及时清退所吸收资金,可以免予刑事处罚"的规定。2019 年 3 月 18 日,江苏省泰州市姜堰区人民检察院作出决定,分别对 A 公司、田某不起诉。

按照现行有效的司法解释,本案从处理结局上看是不错的,贯彻了宽严相济刑事政策,对于将集资款主要用于正常的生产经营活动的,在处理上尽量从宽。但是,如果考虑商法尤其是《商业银行法》的立场,对本案被告人是否可以进行无罪处理,也还是值得研究的。由于非法吸收公众存款罪是破坏金融秩序犯罪,行为人非法吸收的是公众的"存款",而不是非法吸收公众的"资金",所以,按照法益保护的原理,行为人必须是将吸收的存款用于信贷目的,即吸收存款后再发放贷款(用于货币、资本的经营)、有进有出的,才有可能构成本罪。惟其如此,该行为才是仿照金融机构的模式运作(根据《商业银行法》第 3 条的规定,商业银行的运营模式是吸收公众存款,发放短期、中期和长期贷款),也才可能对合法的金融机构即银行正常发放贷款这一业务的开展有冲击、有影响,才能危及金融秩序,因而,才应以犯罪论处。如果行为人非法吸收来的资金不是用于从事金融业务,而是用于正常的生产、经营活动的,即便资金用途有所改变,也不应当构成非法吸收公众存款罪。所以,吸收资金的用途是否改变,并不足以影响定罪,司法上不能以此为由将合法的募集资金行为认定为非法吸收公众存款罪。① 最高人民法院《关于审理非法集资刑事案件具体应用法律若干问题的解释》第 3 条第 4 款的相关规定("非法吸收或者变相吸收公众存款,主要用于正常的生产经营活动,能够及时清退所吸收资金,可以免予刑事处罚;情节显著轻微的,不作为犯罪处理"),其实也是为了表明审判机关的下述立场:即便是非法吸收公众存款,改变其用途的,通常也不定罪。如果是依法募集的资金(例如,依法发行私募基金等),其用途被改变的,应该在民事违约的范围内解决,实务中不应当仅以资金用途被改变这一孤立事实去反推犯罪的成立。

二、确定被害人有无财产损失(法益保护主义)

刑法的任务是确认规范效力,进而保护法益。行为不存在法益侵害性的,不构成犯罪。在财产犯罪或经济犯罪中,法益侵害性通常具体化为被害人的财产损失。在被害人没有财产损失、损失很轻微或损失难以确定时,均不值得动用刑法予以保护,无法得出被告人构成犯罪的结论。

对此,桥爪隆教授指出,一般认为,要成立诈骗罪,除欺骗他人而使之交付财物之外,作为不成文的构成要件要素,还要求发生了财产性损害。不过,司法上近年来将诈骗罪的认定重心提前,不是刻意去审查损害结果是否存在,而是重点对欺骗行为进行限定解释,来划定诈骗罪的界限。如果对被告人实施欺骗的作为或者不作为行为很容易判断,其是否就交易的"重要事项"进行欺骗也不存在争议时,被害人就交易的"重要事项"陷入错误认识,且基于有瑕疵的意思而实施交付行为的,该交付活动本身就能够被评价为诈骗罪的法益侵害,那么,成立诈骗罪就未必以发生了财产性损害为必要。② 但是,在对被告人的行为是否属于诈骗罪的实行行为,该行为

---

① 参见周光权:《刑法各论》(第三版),中国人民大学出版社 2016 年版,第 259 页。
② 参见〔日〕桥爪隆:《论诈骗罪的欺骗行为》,王昭武译,载《法治现代化研究》2020 年第 1 期。

是否属于就交易的"重要事项"的欺骗有争议,财产犯罪成立与否的判断不是那么显而易见时,财产损害的有无就是定罪与否的重要"补强"指标。

(一)对于被害人不存在损失的情形,不能定罪

这里有一个骗取贷款案:被告人邵某使用他人名义申请贷款并提供足额有效担保,取得贷款 240 万元后用于生产经营,检察机关指控其构成骗取贷款罪。一审法院对被告人宣告无罪,检察机关提出抗诉。二审判决认为,被告人邵某在办理贷款过程中,在信用社工作人员的要求下,以刘某等人的名义申请并提供足额有效担保,取得贷款 240 万元用于生产经营,贷款到期后正常还本付息,其行为属于正常的民事行为,不应承担刑事责任。关于抗诉机关所提被告人邵某使用他人信息获取银行贷款并私自改变贷款用途,属于以欺骗手段取得贷款的抗诉意见,经查该行为由银行工作人员提出并要求被告人实施,其目的是为了规避从信用社贷款不得超过 60 万元限额的限制,并不是邵某主动决定实施的行为。从办理贷款及办理催款转贷的过程看,银行对邵某为贷款的实际使用人自始至终是明知的,并没有产生错误的认识,故被告人邵某使用他人信息取得银行贷款的行为不能认定为骗取手段。关于邵某改变贷款用途的抗诉意见,经查邵某取得贷款后用于浴池经营,并未用于贷款合同约定的购买工程器械的用途。但邵某将贷款用于浴池经营的行为依旧属于用于生产经营的行为,并未挥霍取得的贷款,其在贷款存续期间一直按照约定偿还贷款利息,后又全额归还贷款本金,没有给信用社造成任何损失和风险。故被告人邵某虽然改变贷款用途,但不能认定为骗取手段,对抗诉机关的抗诉意见,不予支持。①

对于上述案件的定性,尤其是对改变贷款用途的性质认定,可能实务上还会有不同看法。但是,这一判决在两方面值得肯定:一方面,在银行职员知情或认可的情形下,不能认定被告人有诈骗行为。如果银行明知借款人提供的是虚假借款资料仍对其发放贷款,就具有自担风险、自我答责的性质。"由于受害人的自我答责已经切断了将引发结果的举止客观地归属

---

① 参见辽宁省葫芦岛市中级人民法院(2014)葫刑抗字第 14 号刑事裁定书。

于他人的链条,因此,他人到底是故意还是过失地做这些事情,都是根本不重要的。"①另一方面,在被害人没有财产损失时,不能成立财产犯罪或经济犯罪。由于法益侵害是犯罪构成要素解释的指针,骗取贷款罪保护的不是抽象的金融秩序,而是金融机构的贷款资金安全。该罪的被害人是发放贷款的金融机构,无论是"骗取"行为还是"严重情节",都需要从有无侵害金融机构贷款安全方面进行实质认定。在有足额担保并且未造成贷款人实际损失或者案发前归还贷款的情况下,行为人的贷款行为不构成骗取贷款罪。②

(二)对于财产损失无法确定的情形,定罪必须慎重

例如,侵犯商业秘密的行为,必须给权利人造成重大损失,才构成侵犯商业秘密罪。由于这里的损失是客观构成要件要素,如果该数额难以准确认定,就无法得出有罪结论。

对足以影响定罪的损失额的计算,值得考虑的仅为权利人遭受的直接损失额(被侵权后所减少的销售额),侵权人非法获利数额的大小仅为量刑时附带考虑的指标("直接损失说")。在我国司法实务中,有人主张以侵权人生产、销售侵权产品获利额认定"重大损失"("侵权人获利说"),其理由是:侵权人非法获取商业秘密后自行进行产品生产和销售,实际是用侵权产品抢占了权利人的市场份额,使权利人的利润遭受损失,大多数情况下两者相差无几,故在无法直接确定权利人的经济损失时,推定侵权人所获得的利益为权利人的损失,是一种相对合理的选择。然而,侵权人的获利并不直接等同于权利人市场竞争利益的丧失,由于经济形势、国家政策以及销售领域等各种因素的影响,权利人的损失程度与侵权行为远不可能形成直接对应关系,因此将侵权人获利直接认定为权利人的损失,与存疑有利于被告人原则不符。

此外,在司法实务中,有少数判决提出应以较易鉴定评估出确切数额

---

① 〔德〕乌尔斯·金德霍伊泽尔:《刑法总论教科书》(第六版),蔡桂生译,北京大学出版社2015年版,第102页。

② 参见孙国祥:《骗取贷款罪司法认定的误识与匡正》,载《法商研究》2016年第5期。

的、反映商业秘密自身价值的市场评估价、研发成本、许可使用费等为标准,确定"重大损失"("商业秘密成本、价值说")。但商业秘密本身的价值原则上不能作为权利人的损失数额,其研发成本亦不能作为损失数额。原因在于:对无形财产的犯罪只是破坏了权利人的独占使用权,权利人并未丧失商业秘密中的技术信息和经营信息,该信息对权利人仍有实用性和价值性,只是竞争优势有所下降。在商业秘密尚未泄露时,认为权利人商业秘密的财产性价值遭受完全的损失明显不妥。同时,商业秘密的研发费用与遭受的损失是两个不同的概念,两者基本没有等同性。所以,在那些侵犯商业秘密行为客观存在的案件中,对于权利人的重大损失无法确定的,也无法得出有罪结论。

(三)准确把握被害人财产损失的时点

在财产犯罪中,被害人是否存在损失的确定非常重要,损失在哪一时点产生也很重要,因为被告人虽然实施了危害行为,但在被害人的财产损失实际产生之前,如果被告人及时进行"止损"的话,财产犯罪仍然有可能不成立。

对于【案例 13-1 卖房诈骗案】,法院经审理后认为,韩伟旭基于自己欠债过多,卖房必然会遭到债主的阻止,无法将房屋卖掉,且连其收取的房款也会被债主抢走的认识,产生以卖房为名骗取房款后立即逃跑的犯意,其主观上明显具有非法占有的目的。韩伟旭以卖房为名,虚假承诺为梁某全办理房屋过户手续,骗使梁某全自愿交付房款,在收取梁某全的房款后立即逃跑,并将房款非法占为己有,客观上韩伟旭实施了隐瞒事实真相,骗取他人财物的行为。被告人韩伟旭以非法占有为目的,采用隐瞒事实真相的方法,骗取他人财物,数额巨大,其行为已触犯刑律,构成诈骗罪,法院判处其有期徒刑 3 年 6 个月,并处罚金 5 万元;责令被告人韩伟旭退赔被害人梁某全的经济损失 20 万元。[①]

---

① 更为详尽的判决内容,参见广西壮族自治区玉林市容县人民法院(2013)容刑初字第 174 号刑事判决书。

从犯罪客观构成要件上看,被告人的行为应当成立诈骗罪:(1)行为人实施了欺骗行为。被告人韩伟旭向被害人梁某全口头约定,韩伟旭以40万元将房屋卖给梁某全,梁某全先预付20万元,余款待办理过户手续后付清,同时,韩伟旭承诺于次日与梁某全到房产部门办理房屋过户手续。然而,韩伟旭的真实意思是以出卖上述房屋为名骗得房款后立即出逃,并没有真正要将房子卖掉的打算。因此,韩伟旭虚构了自己想要与梁某全买卖房屋的意愿,隐瞒了自己想要携款出逃的真实意愿,实施了虚构事实、隐瞒真相的欺骗行为。(2)欺骗行为使他人产生或继续维持错误认识。本案中,梁某全将韩伟旭的话信以为真,以为韩伟旭愿意以40万元将上述房屋卖给自己,并于次日到房产部门办理房屋过户手续,其基于被骗而陷入错误认识。(3)被害人由此实施处分(或交付)财产行为。基于认识错误,梁某全支付了20万元购房款。(4)行为人获得财物。韩伟旭在梁某全经营的碾米铺里收取了梁某全交付的20万元房款,并立下收条,连同房屋的土地使用证、房产证一起交给梁某全收执。(5)被害人遭受财产损失。当天晚上,韩伟旭携带20万元房款与其妻儿一起逃到上海市,后又逃到浙江省常山县,并更换手机号码,再也没有联系过梁某全。一方面,由于两人之间仅有口头约定,除立下收条外,并没有订立书面合同,在韩伟旭消失不见的情况下,梁某全仅凭手中房屋的土地使用证、房产证难以向人民法院通过民事途径主张自己的债权。另一方面,2000年6月7日,法院对上述房屋进行拍卖,得款由债权人韩某、罗某等十余人按比例分配,这样一来,梁某全已经无法获得他和韩伟旭之间的交易标的物房产,由此可以认为梁某全已经遭受了20万元的财产损失。

在本案中,值得讨论的是被害人财产损失的时点。被告人韩伟旭卖给梁某全的房屋价值40万元,其在只收到20万元的情况下,即将房产证件交给购房者,单纯从其携带20万元逃离这一行为本身还难以判断诈骗罪的实行行为是否具备(如果其逃匿之后,在法院审理相关民事案件或者拍卖房产之前返回,再与梁某全商讨卖房事宜的,诈骗罪难以成立),因此,需要特别借助于被害人的财产损失"印证"被告人的行为性质。如果在2000年6月7日法院对上述房屋进行拍卖之前,被告人对梁某全进行补偿,本案仍然可能仅成立民事违约行为，不构成犯罪。可以认为，本案属于诈骗行为和损害后果有所分离的情形，被害人的财产损失是否存在、发生于何时，对于犯罪成立的判断也非常关键。

（四）必须确定谁有损失

在不少案件中，被害人究竟是谁，可能影响罪与非罪、此罪与彼罪的判定。

来看一个骗取担保案：2011年8月，被告人吴孔华为获得担保公司担保，将能建公司、扩丰公司已被质押的钢材重复质押给担保公司，并通过五泰公司（吴孔华控制）出具了相应的库存清单，担保公司根据上述相关证明材料向银行提供了担保。银行根据担保公司出具的担保函和吴孔华提交的虚假贸易合同等，向能建公司、扩丰公司开具了共计5 625万元的银行承兑汇票，吴孔华将汇票贴现后用于归还债务以及其他支出。后吴孔华通过向他人借款并加上自有资金按期归还了上述银行汇票到期款。2012年2月，吴孔华又以相同方法再次从银行申请了5 625万元的银行承兑汇票后，将该汇票用于归还前债等，银行承兑汇票到期后，其未能归还贷款。担保公司为此向银行代偿了4 499万余元，在扣除吴孔华向担保公司交纳的保证金后，担保公司的实际经济损失为3 374万余元。

在本案中，如果认为金融机构是被害人，其在发放贷款时被假材料所欺骗，被告人就构成贷款诈骗罪；如果认为担保人是被害人，被告人就构成合同诈骗罪。考虑到发放贷款时，金融机构虽然被欺骗，但是，因为借款人提供的担保财物真实、足额，其权利可以及时向担保人主张，因此不存在损失问题。实践中，司法机关也大致持此立场。上海市第二中级人民法院认为，被告人吴孔华以非法占有为目的，在签订和履行合同过程中，通过重复质押等方式获得担保公司担保后，又向银行提供虚假贸易合同骗得了贷款，其行为构成合同诈骗罪，判处其有期徒刑15年。一审宣判后吴孔华提出上诉，认为原判认定其非法占有目的证据不足，且原判量刑过重。上海市高级人民法院经审理后裁定驳回上诉,维持原判。①

在侵吞他人财产的案件中,也有需要确定被害人究竟是谁的问题。2011年上半年,某公司开发楼盘后,通过售后返租形式对外销售了一半房产后,公司法人代表意识到该销售模式难以维持长久,意欲转让公司全部股份并退出公司经营。2013年,杨某、邱某因自身负债缠身,急于寻找资金填补亏空,便于2013年5月以600万元的价格(实际未支付)受让了该公司全部资产和债务。后杨某、邱某合谋将公司未售房产抵押(债权人自行评估价值2.53亿元)后向他人借款共计1.7亿余元,并将该款全部用于归还二人个人债务、投资以及出借他人,未用于公司经营。公司资产被抵押后,公司无力继续履行对大批早期业主的售后返租协议,业主们陆续于2014年向公安机关报案,集中于2015年向法院提起民事诉讼,法院判决公司构成根本性违约,应当向业主进行赔偿。本案中,被害人是公司还是已售房产的客户?对杨某等人能否定罪?

对于本案,实务上可能将公司的客户作为被害人。一般认为,被告人一开始受让公司就是出于要把公司未出售房产予以侵吞的目的。客观上,被告人把公司未出售资产抵押后,导致已售房产的返租没有办法继续进行,对已售客户的根本性违约提早发生,已售客户根据返租协议的收益没有办法兑现,从而造成了已售客户的损失。由于被告人在受让前就预谋不履行返租协议义务,将公司未售的房产抵押,所以,是一种隐瞒真相行为,因此,被告人构成合同诈骗罪。

但是,对于杨某等人的行为认定为合同诈骗罪的不合理之处在于:(1)在转让股权时,被告人杨某等人就股份价值支付对价即可,返租收益未必要考虑在内。投资者的风险具有被害人自担风险、自我答责的性质。(2)即便在股权转让后被告人不抵押、不借款,公司仍然可能无法兑付投资者收益,投资者风险始终存在,该风险与被告人的行为之间未必存在因果关系。(3)股权转让、抵押借款都是公司的经营行为,自身没有问题。因为有一个公司法上所允许的股权转让行为存在(即便未付股权款,该转让行

---

① 参见上海市高级人民法院(2016)沪刑终字67号刑事裁定书。

为也有效),定合同诈骗罪就存在难度。对于被告人行为的性质,有疑问的是公司借款所得被用于非公司目的。(4)客观归责论重视规范保护目的,本案中对于被告人是否定罪,似乎不应该考虑投资者利益,而应该考虑公司利益是否因为被告人的行为受损。(5)如果以被告人一开始的内心意思作为定罪根据,可能导致有关定罪证据依赖于口供,有刑法主观主义的倾向。因此,合同诈骗罪的定罪基础站不住脚。

如果不是将投资者而是将公司作为被害人,就可以考虑对杨某等人定挪用资金罪,因为通过贷款方式取得的财物属于公司,将其用于归还个人债务或进行个人的投资就是挪用行为。此时,不能认为犯罪嫌疑人是公司的控制人,对于公司财物具有支配权,因此其难以构成挪用资金罪。在公司法上,公司财物和个人财物是严格区分的,即便犯罪嫌疑人是公司控制人,对于公司财物具有支配权,该支配行为也必须为了公司利益,该财物也是他人(公司)的财物,将他人的财物归自己使用构成挪用资金罪是理所当然的。

三、分析被害人主张权利的难度(程序正义)

被害人是否能够通过相对容易的民事途径主张权利、伸张正义,对于刑事犯罪和民事违法的区分是很重要的。

根据最高人民法院《关于审理非法集资刑事案件具体应用法律若干问题的解释》第4条第2款的规定,使用诈骗方法非法集资,具有下列情形之一的,可以认定为"以非法占有为目的":(1)集资后不用于生产经营活动或者用于生产经营活动与筹集资金规模明显不成比例,致使集资款不能返还的;(2)肆意挥霍集资款,致使集资款不能返还的;(3)携带集资款逃匿的;(4)将集资款用于违法犯罪活动的;(5)抽逃、转移资金、隐匿财产,逃避返还资金的;(6)隐匿、销毁账目,或者搞假破产、假倒闭,逃避返还资金的;(7)拒不交代资金去向,逃避返还资金的;(8)其他可以认定非法占有目的的情形。对于被告人所实施的上述行为,如果单纯从被害人的角度切入,就属于其通过民事途径主张权利特别困难的情形,所以,司法解释才将其正面解释为被告人具有非法占有目的的情形。

在司法实践中,对于被告人是否存在携带赃款赃物逃匿,将赃款赃物用于违法犯罪活动,抽逃、转移、隐匿财产,逃避返还财物等行为,需要认真审查,以确定被害人通过民事途径主张权利是否困难。此外,还需要依次审查以下内容。

(一)将被告人的抗辩权和被害人的权利进行比较,确定被害人的权利空间

成立犯罪的前提是被害人存在全部的或者绝对重要的权利。在这些权利主张起来很困难的场合,通过民事途径解决纠纷已经不太现实,所以,需要按照犯罪来处理,由公权力机关出面通过刑事程序挽回被害人的损失。但是,在有的案件中,如果被告人有可以对抗被害人的权利,有进行抗辩的理由,那么,被害人的权利空间就会被压缩。当被害人的权利空间原本就很有限时,其主张权利在民事上都会受限,即便其主张权利困难,也不宜认定被告人有罪。所以,在被告人可以提出抗辩权的场合,对犯罪的成立需要进行特别审慎的判断。

对于【案例13-2 强行索债案】,一审四川省成都市中级人民法院对该案审理后认为,陈帮蓉在收取债务过程中,对方一再声明该款不属于债务人史可蓉所有,陈帮蓉即应当知道自己的行为会侵犯其债务人以外的第三人的财产所有权,但被告人陈帮蓉执意不听申辩,亦不采取其他相应措施,仍当场采用威胁和暴力手段强行劫取他人财物,主观上具有非法占有他人钱财的故意,客观上有抢劫的行为,因此构成抢劫罪。一审法院最终判处其有期徒刑10年,并处罚金10万元。

宣判后,陈帮蓉以其行为是合法索债,主观上不具有占有他人财物的非法占有目的,不构成抢劫罪为由,提出上诉。辩护人提出,原判认定被告人强行索取的款项是他人所有财物的证据不足;陈帮蓉从其债务人处强行索取债务的方式虽有不妥,但其主观上不具有非法占有他人财物的目的,不具有社会危害性,其行为不构成犯罪。

二审四川省高级人民法院经审理后认定,该案认定事实正确,但适用法律错误,陈帮蓉的行为不构成抢劫罪。二审判决书指出:"抢劫罪是指以非法占有为目的,当场以暴力、胁迫或者其他方法强行夺取公私财物的行为。该罪在主观方面是故意犯罪,行为人具有把公私财物非法转归自己或第三人占有的目的,有无非法占有的目的,是构成抢劫罪的必备要件。根据本案查明的事实,上诉人陈帮蓉作为债权人,在债务人史可蓉不履行还债义务的情况下强行索债,其行为在客观上使用了暴力及胁迫手段,也侵害了第三人的财产权利,但其行为仅针对欠其巨款的史可蓉,目的是实现自己的合法债权,在主观上没有非法占有公私财物的目的。虽然从史可蓉处拿走的55万元事后查明系他人所有,史可蓉等人亦予声明,但当时的情况不足以使陈帮蓉确认这一事实。陈帮蓉根据史可蓉几次直接出面看货、商定价格,又向货主及中介人表明是其本人收购货物等情况,确信此款属史可蓉所有而将该款充抵债务。因此,陈帮蓉索债的方式虽有不当,但其行为不具备抢劫罪的构成要件,不构成抢劫罪。至于陈帮蓉的行为客观上侵害了第三人的财产权利,系基于民法意义上的重大误解所致,属民法调整的范畴,不应以犯罪论处。此外,陈帮蓉在讨债过程中的暴力、胁迫行为的情节显著轻微,亦不构成其他犯罪。"[①]据此,二审法院最终宣判陈帮蓉无罪。

  在本案中,陈帮蓉基于主张债权的意思,夺取史可蓉占有的财物。在当时情况下,由于史可蓉无法提供有效证据证明该财物属于他人所有,陈帮蓉根据史可蓉长期与自己从事虫草生意、出面联系、商定价格等事实推定史可蓉就是该财物的主人,这种推定是基于生活常识作出的,在夺取财物的当时,并无相反事实足以使陈帮蓉改变这种判断,这种推定就具有相当程度的合理性。在此前提下,陈帮蓉夺取财物的行为,始终服务于其自己主张债务的意思。在陈帮蓉看来,史可蓉长期未履行78万元到期债务,自己夺取55万元财物,只是主张了一部分债权。换言之,陈帮蓉认为,这55万元是史可蓉早就应当支付给自己的财物,所以它实质上应当属于"自己的财物",所有权早就应当归属于自己。所以,对陈帮蓉而言,其只

[①] 四川省高级人民法院(2002)川刑终字第907号二审刑事判决书。

存在主张自己合法债权的意思,即通过一定手段将自己的财物收回,而不具有对他人财物以所有人自居,然后遵从财物的用途加以利用、处分的意思,即非法占有目的欠缺。这从陈帮蓉事后立即到当地公安派出所备案,并用从史可蓉处取得的财物清偿自己债务等事实可以清楚地看出。

在这一点上,外国法院的类似判决可供借鉴。英国在很早的时候就有过这样的判决:被告人是一家酒店的主人,被害人曾经向他借过 5 英镑,某日被害人到被告人的酒店饮酒,被告人要求其立即还钱,但遭到拒绝。于是,被告人就把被害人拖到室内殴打,被害人被迫开出了 4 英镑的支票,但被告人进一步殴打他要求其全部付清,此时,被告人又夺取了从被害人的口袋里掉出来的钱。法院认为,债权人强迫债务人还债的行为具有不法性质,但不构成犯罪。因为抢劫罪必须要有犯罪的意思,而本案的被告人不具有这种意思,因而不构成犯罪。① 德国联邦法院于 1955 年在对一件债权人行使权利强取债务人金钱案进行判决时,法官指出:为了恢复财产的合法状态而夺取财物,并不具备抢劫罪构成要件要素的"非法取得的意思",因此不可能构成抢劫罪。②

所以,对于被告人是否具有非法占有目的,需要结合案件事实仔细判断。当然,在主张债权的场合,如果债权人索要财物超过债务总额的,可以认定其具有非法占有目的。在本案中,陈帮蓉和史可蓉之间的债权债务总额是 78 万元,在陈帮蓉认定财物属于史可蓉所有的场合,陈帮蓉只索要了 55 万元,索取的财物总额远远低于债权总额,也就无法认定被告人具有非法占有目的。

(二)被害人应当接受风险的,无权利可以主张

1. 对特殊行业交易规则的接受

桥爪隆教授认为,诈骗罪是以财物或者利益的转移作为处罚对象的犯罪,对行为是否成立诈骗罪的审查,必须考察行为人虚构的内容是否属于

---

① 转引自刘明祥:《财产罪比较研究》,中国政法大学出版社 2001 年版,第 84 页。
② 参见〔日〕木村光江:《财产犯论的研究》,日本评论社 1988 年版,第 370 页。

"判断是否交付的重要基础事项"。这种"重要事项",是从交易的性质或者目的来看一般性地、类型性地具有重要性的事实。被害人仅因这种"重要事项"陷入错误认识进而基于有瑕疵的意思而交付财物的,才谈得上被欺骗和遭受法益侵害。如果行为人不是就这种基础性的重要事项进行欺骗,诈骗罪的成立就无从谈起。①

被害人在参与某些特殊交易(如购买文物、收藏品、珠宝)时,需要接受特定行业的交易规则,存在风险自担的问题,其谈不上在"重要事项"上被欺骗而陷入错误认识。如果被告人只是声称某种文物或收藏品将来会升值,只涉及对投资产品的价值判断,并不是就基础事实或关键事实的欺骗;如果其声称某种投资很安全,一定会获得价值回报,也是表达被告人的主观价值判断,不涉及可验证的客观事实②,此时,被告人均不构成诈骗罪,被害人需要自我答责。

就【案例13-3 收藏品诈骗案】而言,虽然公诉机关以诈骗罪对李某等人进行指控,但是,被告人是否构成诈骗罪,是值得研究的问题。③ 在本案中,被告人就收藏品会升值所进行的宣传,涉及价值判断而不是对重要事项的欺骗。不过,其声称公司会对收藏品进行回购的说法涉及事实,如果其事后完全不回购的,可能构成诈骗罪。值得注意的是,如果客户回到店内退货时,该公司以扣除销售价格17%到30%的手续费退货,也就不存在诈骗犯罪的问题,因为其兑现了承诺。至于退货时公司扣除的手续费是高还是低,是客户和公司在民事领域可以协商处理的问题,不需要刑法介入。

2. 对长期以来的交易惯例的遵循

根据《民法典》第10条的规定,处理民事纠纷,应当依照法律;法律没有规定的,可以适用习惯,但是不得违背公序良俗。在民事交往中,当事人双方长期以来如果已形成某种交易惯例的,在认定犯罪成立与否时必须尊

---

① 参见〔日〕桥爪隆:《论诈骗罪的欺骗行为》,王昭武译,载《法治现代化研究》2020年第1期。

② 参见王钢:《德国判例刑法(分则)》,北京大学出版社2016年版,第195页。

③ 参见山西省太原市小店区人民检察院晋小检刑诉字[2019]1210号起诉书。

重这种交易惯例,刑事手段不能无视交易惯例而介入纠纷处理过程。

这里有一个提货未付款被控诈骗犯罪的案件:被告人赵明利因涉嫌4次隐瞒其诈骗故意,提走货物不付款,骗取被害公司财物13万余元,而被辽宁省鞍山市中级人民法院于1999年6月3日二审判处有期徒刑5年,并处罚金20万元。此后20年间,其家属一直坚持申诉。

在最高人民法院再审本案期间,最高人民检察院提交的书面意见提出:(1)原二审判决认定事实不全面、不客观。1992年至1993年间,赵明利与东北风冷轧板公司存在多次购销冷轧板业务往来,其中大部分货款已结算并支付。在实际交易中,提货与付款不是一次一付、一一对应的关系。赵明利的4次提货仅是多次交易中的一小部分,应当将4次交易行为放在双方多次业务来往和连续交易中进行评价。(2)依据现有证据,不能认定赵明利对4次提取的货物具有非法占有的目的。案发时双方未经最终结算,交易仍在持续,涉案4次提货后,赵明利仍有1次提货结算和2次转账付款行为。赵明利在交易期间具有正常履行支付货款义务的能力,在双方交易中积极履行了大部分支付货款义务,4次提货未结算后亦未实施逃避行为。(3)赵明利的4次未结算行为不符合虚构事实、隐瞒真相的诈骗行为特征。涉案4次提货前,双方已有多次交易,且4次提货前赵明利已预交支票,正常履行了提货手续。东北风冷轧板公司相关员工给赵明利发货,并未陷入错误认识,也非基于错误认识向赵明利交付货物。

最高人民法院再审判决指出,由于赵明利承包经营的集体所有制企业鞍山市立山区春光铆焊加工厂,与全民所有制企业东北风冷轧板公司建立了持续的冷轧板购销业务往来,赵明利多次从东北风冷轧板公司购买数量不等的冷轧板,并通过转账等方式多次向东北风冷轧板公司支付货款。在实际交易中,提货与付款不是一次一付、一一对应的关系,即提货与付款未一一对应符合双方的交易惯例,双方亦是按照该交易惯例持续进行交易。赵明利在被指控的4次提货行为发生期间及发生后,仍持续进行转账支付货款,并具有积极履行支付货款义务的意思表示。事实上,赵明利也积极履行了大部分支付货款的义务,从未否认提货事实的发生,更未实施逃匿行为。①

应当说,最高人民法院对于本案再审的说理是比较充分的。赵明利未及时支付货款的行为,既未实质上违反双方长期认可的合同履行方式,也未给合同相对方造成重大经济损失,尚未超出普通民事合同纠纷的范畴,被害单位对赵明利未及时付清货款是否符合双方认可的合同履行方式持有异议,或者认为赵明利的行为构成违约并造成实际损害,应当通过调解、仲裁或者民事诉讼方式寻求救济,不应当借助刑事司法力量处理民事纠纷。

(三)权利义务关系是否特定化、清晰化

权利义务关系是否特定化、清晰化,当事人提起民事诉讼救济自己的权利是否较为容易,这也是刑事责任和民事责任界分的重要标准之一。对此,张明楷教授指出,《刑法》第 140 条规定了生产、销售伪劣产品罪,只要销售金额在 5 万元以上的,就以犯罪论处。问题是如何理解这里的"销售"? 假如双方当事人签订买卖合同或者承揽合同,合同约定了产品的质量标准、违约责任。如果出卖人、承揽人提供不合格产品的,是否属于《刑法》第 140 条规定的"销售"。既然合同明确约定了产品质量标准和违约责任,那么,当出卖人、承揽人提供了不合格产品时,就完全可以通过合同约定的退款、退货、支付违约金等民事方式处理,根本不需要适用《刑法》第 140 条。也就是说,在这样的场合,民事方式是比刑事方式更加有效的案件处理方式。如果将上述行为认定为销售伪劣产品罪,就必然导致大量的民事责任转化为刑事责任,也必然导致生产厂家不敢与对方签订合同,进而严重阻碍经济发展。所以,这就需要把《刑法》第 140 条规定的"销售"限定为向不特定人的销售,因为只有在行为人向不特定人销售产品时,被害人

---

① 参见最高人民法院(2018)最高法刑再 6 号刑事判决书。

才难以通过民事途径获得救济。① 在这里,权利义务关系的特定化、清晰化成为出罪标准。

再来看一个抵押借款案:被告人乔某以已经出售给甲的房屋向典当行抵押借款 50 万元,在还款 3 万余元后藏匿,拒不归还剩余欠款,即便乔某与甲之间的买卖合同后来被认定为无效,也应该认为被告人将已经出卖的房屋进行抵押借款的行为成立针对典当行的合同诈骗罪,法院据此判处被告人乔某有期徒刑 4 年 6 个月。②

法院对于本案的判决是正确的,主要因为乔某与甲之间的房屋买卖已经设置了一重民事关系,其再将该房屋用于抵押,使得法律关系不清晰,其后来与典当行之间的抵押借款关系就变得比较复杂,被害单位所享有的权利实现起来很困难,由此认定被告人具有非法占有目的,成立合同诈骗罪是符合构成要件要求的。

这里还有一个涉及"套路贷"的案件:甲借了乙 50 万元以后,跑到外地躲债。后来乙打听到甲外债很多,害怕通过诉讼无法保障自己的债权,就拿出 300 万元,偿还了甲在银行的房贷,然后把甲的该套房产过户到了自己名下。甲借给乙的只有 50 万元,这是债权债务关系的总额,乙偿还甲的 300 万元房贷后得到了一套房子。过了几年,甲回来以后报案称被乙"套路贷",侦查机关对乙以诈骗罪移送起诉。在这里,难以认定乙构成犯罪。被告人的放贷行为是否属于"套路贷",不能只听被害人讲。被害人讲他是否被"套路"了,这个说法的意义有限。

陈兴良教授指出:"在'套路贷'案件中,被害人在犯罪分子的诱骗下,一步一步地落入陷阱,并且主动配合犯罪分子制造虚假证据,使自身陷于不利地位,最终造成重大的财产损失。'套路贷'是一个精心设计的圈套,犯罪分子以民事借贷关系掩盖诈骗犯罪的事实。只有揭开其民事借贷

---

① 参见张明楷:《避免将行政违法认定为刑事犯罪:理念、方法与路径》,载《中国法学》2017 年第 4 期。

② 参见浙江省台州市中级人民法院(2016)浙 10 刑终字 382 号刑事裁定书。

的面纱,才能认清其诈骗犯罪的本质。"① 而在本案中,需要认真审查的是,被告人的行为是否符合犯罪构成的客观要件。在这个案件里,权利义务关系很清晰,乙借给甲 50 万元,之后因为甲不还钱,乙为了主张自己的权利才把甲的房贷还了,把房子过户到其名下。虽然乙得到的财物价值大,但是,其付出了 300 万元才能得到对应财物。即便认为乙的付出和获取的对价这两者不相当,甲通过民事途径也完全可以行使返还请求权。必须要明确的是:最高人民法院、最高人民检察院关于打击"套路贷"以及"扫黑除恶"的一些司法解释也从来没有说过,在"套路贷"的场合认定诈骗罪构成要件的标准可以降低,因为刑法关于诈骗罪构成要件的规定从来没有改变过。

(四)通过民事途径是否足以妥善处理纠纷

刑法必须具有谦抑性(最后手段性),必须在民事、行政等其他制裁手段的保护力度不充分或不足以保护法益时,才能加以适用。例如,违约行为侵犯他人的财产权,在民法保护已经足够时,刑法必须保持克制和谦抑。

最后,再举一个案例:蒋某系山东 A 公司的法定代表人。2014 年 11 月 27 日,A 公司与山东 B 公司签订《关于 A 公司研发生产基地建设的合作协议书》,约定双方在 A 公司所属地块上合作建设楼房,B 公司总出资 1 亿元,不得挪作他用。协议签订前后,B 公司共向 A 公司转款 4 000 万元。A 公司得款后用于偿还公司债务,未用于合作项目。后蒋某长时间失去联系,A 公司的电脑、财务资料等被欠薪员工拿走遗失。

2015 年 3 月 11 日,B 公司提起民事诉讼,要求 A 公司返还合同款项、蒋某承担连带责任;2015 年 8 月 6 日获胜诉判决。在此期间,B 公司又于 2015 年 6 月 2 日以蒋某诈骗为由向公安机关报案,公安机关经立案追逃,于 2016 年 12 月 2 日将蒋某抓获。被抓获时,蒋某正在上海市与他人合作开展地产项目。2017 年 9 月 21 日,B 公司与蒋某就执行民事判决达成协议,至审查起诉时蒋某已偿还 2 200 万元,余款至 2019 年 9 月 30 日前偿清即可。另外,A 公司所属涉案地块的使用权,在本案侦查期间被转至他

---

① 陈兴良:《刑民交叉案件的刑法适用》,载《法律科学(西北政法大学学报)》2019 年第 2 期。

人名下,具体情况不明;本案刑民并行,对其必要性难以进行合理解释;针对突然失去联系的原因,蒋某先称系配合有关部门工作,后又改称系在外要账,存在事实不清。

对于本案,侦查机关移送审查起诉认为,蒋某在合同签订时提供的公司资产负债表和应收账款等都是虚构的,蒋某及 A 公司对外有大量欠款,资不抵债,根本没有偿还能力;蒋某收款后逃跑,并将款项用于偿还公司其他债务,没有用于合作开发,构成合同诈骗罪。蒋某则辩解称,合同签订前出示的公司资料都是真实的,当时公司能够正常经营,盈亏持平;公司固定资产的价值远超债务总额,具备偿还能力;没有携款潜逃,不构成犯罪。

本案属于当事人以经济纠纷为由提起民事诉讼,人民法院经审理未作为犯罪线索移送的情形。当事人优先选择民事程序,后提出刑事控告的,在处理上必须特别慎重,以防止当事人把刑事程序当作施压讨债的工具,寻求办案机关插手经济纠纷,谋取不当保护。检察机关对于本案经审查后认为,蒋某在签订、履行合同过程中没有专款专用,有一定的欺骗行为,但合同款大部分已用于偿还公司的经营债务,A 公司有正常的经营活动且有固定资产,蒋某与 B 公司已就民事判决的执行达成和解,并已开始履行,因此,认定其具有非法占有目的证据不足;侦查期间涉案地块的处理情况、刑民交叉问题的解决情况,事实不清,认定为刑事犯罪必须慎之又慎。本案经二次退回公安机关补充侦查,仍然证据不足,不符合起诉条件。2018 年 7 月 27 日,山东省济南市高新技术产业开发区人民检察院决定对蒋某不起诉。

对于本案,检察机关的处理是较为妥当的,因为借款类合同的主义务是还款,款项用途属于次义务,单纯未按约定用途使用款项的,主要是违约或合同欺诈的问题,即借款人未按照约定的借款用途使用借款的,贷款人可以停止发放借款、提前收回借款或者解除合同,当事人之间的争议还是停留在民事领域。对于这种平等主体之间发生的权利义务冲突,当事人可以自愿选择和解、调解、仲裁等方式予以解决,也可以通过民事诉讼方式保护其合法权益。

由此看来,还有必要重申的常识是:对于市场经济中的正常民事、商事纠纷,如果通过民事诉讼方式可以获得司法救济的,就应当指引当事人双方通过民事诉讼中平等的举证、质证、辩论来实现权利、平衡利益,而不应动用刑罚这一最后救济手段。

当然,在理解刑法谦抑性时还应当注意,对谦抑性并不能简单地理解为定罪越少越好。在罪刑法定原则的指导下,对于符合犯罪构成要件的行为,就应当以犯罪论处,尤其是在民事侵权和刑事犯罪竞合的场合,不能以某种行为属于民事调整为由而否认该行为构成犯罪;在被害人难以向人民法院提起诉讼从而通过民事途径挽回自己财产损失的情形下,刑罚应当成为保护法益时不可缺位的手段。

第十四讲
经济犯罪认定的共性问题[*]

【案例 14-1 "荐股诈骗"案】

2010 年 5 月,被告人周文强为实施诈骗活动,承租了江西省南昌市红谷滩新区红谷经典大厦某楼层,并通过中介机构注册成立了江西三合科技有限公司。周文强将招聘来的数十名公司员工分配至公司下属的三个部门,并安排专人负责财务、后勤等事务。三个部门又各下设客服部、业务组和操盘部。其中,客服部负责群发"经公司拉升的某只股票会上涨"等虚假手机短信,接听股民电话,统计股民资料后交给业务组。业务组负责电话回访客服部提供的股民,以"公司能调动大量资金操纵股票交易""有实力拉升股票""保证客户有高收益"等为诱饵,骗取股民交纳数千元不等的"会员费""提成费"。操盘部又称证券部,由所谓的"专业老师"和"专业老师助理"负责"指导"已交纳"会员费"的客户购买股票,并负责安抚因遭受损失而投诉的客户,避免报案。2010 年 7 月至 2011 年 4 月间,周文强诈骗犯罪团伙利用上述手段诈骗了 344 名被害人,骗得钱款共计 370 余万元。对于本案,检察机关起诉了主犯、从犯一共 51 人。本案是否存在起诉的共犯范围过广问题?对其中的某些参与者能否做无罪处理?

---

[*] 2019 年 8 月 18 日至 21 日,清华大学法学院举办为期 4 天的"金融犯罪法律实务高级研修班"。我于 20 日下午授课,主讲题目是"金融犯罪的司法认定难题",本讲是在该授课录音稿的基础上修改而成的,特此说明。

【案例14-2 中饱私囊案】

2013年10月28日,前海融资租赁(天津)有限公司(以下简称"前海公司")与深圳市贷帮金融信息服务有限公司(以下简称"贷帮公司")签订《委托债权流转协议》,将经营的车贷等债权以债权流转、转让的名义,委托贷帮公司在互联网金融交易平台贷帮网上发布、宣传并由贷帮网会员认购(贷帮公司将每个债权等额分成若干份并对每名会员的购买比例作出限制),约定年化收益14.5%并承诺债权逾期回购。前海公司的收款账户为刘某甲尾号为8899的账户。此外,公司业务员袁某杰有时候还用他母亲宗某的银行账户为公司收款,在数百笔业务中,有几笔发送给公司经理刘某鹏审查过,有3 000多万元资金由袁某杰支配。前海公司是否构成非法吸收公众存款罪,如何认定单位犯罪?

【案例14-3 期货交易案】

被告人王某等10余人通过某黄金珠宝交易中心等交易平台,以电子商务名义,采取联合竞标、电子撮合、匿名交易等集中交易方式进行白银制品的标准化合约交易。在交易过程中,讲师不断地向投资者预言白银制品价格上涨或者下跌,操盘手则反向高抛低买,业务员不断鼓动被害人抄底,给众多投资者造成巨大损失。王某等人构成何罪?

这一讲,主要想探讨一下经济犯罪认定中的几个宏观问题。

众所周知,经济安全和国家安全紧密关联,金融创新和国家治理能力现代化有关,精准打击经济犯罪的重要性不言而喻。而经济犯罪的准确认定事关刑法谦抑性和刑事政策的合理与否,事关国家经济政策和形势政策,不能等闲视之。因此,如何准确判断经济犯罪的客观构成要件,划定共犯成立犯罪,区分经济犯罪中自然人犯罪与单位犯罪的关系,处理好经济犯罪的交叉和竞合关系,是很值得研究的问题。

一、经济犯罪客观构成要件的判断

社会上每天都会发生很多"使人心冲动"的金融犯罪案件。只有坚持刑法客观主义,才能对那些案件慎重地进行处理,防止一发现被告人"跑路"的情形,就推定其具有诈骗犯罪的主观恶性,从而认定其构成危害经济秩序的集资诈骗罪或其他诈骗型犯罪。因此,认定经济犯罪必须在客观要件的判断上着力。

(一)对违反国家规定的理解

在实践中,涉众型经济犯罪发案率最高。但是,审判实务中大大弱化了"违反国家规定""违反国家金融管理法规"等要素的约束功能,甚至在这些要素的判断上"虚晃一枪"。很多判决书中用被告人"未经有关部门批准",或者"借用合法经营的形式吸收资金"来替代对违反国家规定的判断。这是有疑问的。

例如,对于非法吸收公众存款罪的认定,在确定被告人筹集资金行为没有经过有关部门批准这一事实的同时,还需要判定其行为违反了金融管理法律、法规的哪一条、哪一项,而不能抽象地去讲被告人的行为不被许可或未经批准。

比如,一个企业向 20 多人借款共计 1.5 亿元,约定的利息可能比较高,被告人用房产等财物抵押做担保,然后将集资款用于公司生产经营,最后出现了资金缺口,出借人报案。我认为,这样的行为是否构成"违反国家金融管理法规",是一个疑问。因为要认定类似行为违反金融管理法规,最后要绕到《商业银行法》那里。《商业银行法》禁止一般性企业以商业银行的运作模式吸收资金。但是,商业银行的运作模式是把别人的资金吸收进来,同时要放贷出去。指控被告人非法吸收公众存款,违反了国家金融管理法规,实际上最终的指向就是,其违反了《商业银行法》。但是,要说被告人违反了《商业银行法》,像金融机构一样在活动,按照这个逻辑要指控一个人构成非法吸收公众存款,其就必须同时符合把钱吸收进来,然后再把钱放贷出去。由此一来,向不特定的人吸收资金,将吸收的资金完全用于企业发展的,就只违反了《商业银行法》中吸收资金的相关规定,被告人并没有从事像商业银行一样的活动。所以,从学理上看,非法吸收公众存款罪真正应该禁止的是,以金融机构的名义同时吸收资金和发放贷款。

(二)对实行行为的实质解释

对于经济犯罪,需要仔细检验客观的实行行为是否存在。而这一判断在有的案件中并非易事。

例如,认定非法经营罪需要考虑客观上的经营行为是否存在,这是客观性思考的必然要求。被告人甲用人民币归还赌债,但因为赌博公司在境外,所以,其在境内将人民币交给某地下钱庄,然后在境外兑换成外币还给赌博公司的行为,不宜认定其构成非法经营罪。因为用特定的钱去偿还特定的债务这样一个行为,看起来像是兑换外币,但是行为并不具有反复实施可能性,不具有经营性质;资金流向特定化,并不是面向公众、面向市场的扰乱外汇管理秩序行为,由于客观上的经营行为不存在,定罪缺乏根基。

又如,骗取出口退税罪要求行为人在没有出口业务,或者出口数量较少的情形下,伪造有关凭证骗取出口退税款。行为人的出口业务如果是真实的,按照相关行政管理法规应该得到出口退税款,就不能认定行为人实施了该罪的实行行为。例如,甲在内地设厂生产所谓高性能导线,实际上为白银含量73%的白银导线,以高性能导线的名义出口到香港特别行政区,在香港特别行政区设立工厂将导线中的白银回炉重锻后卖给银行,从中获取数百万元的巨额经济利益的,构成何种犯罪?根据海关管理规定,对白银含量为80%以下的导线,允许出口并可以获得出口退税款。因此,行为人通过名义上出口导线的行为取得了出口退税款。由于进出口中存在很多这样的做法,海关工作人员对其出口导线的真实用途知情,认定其符合海关管理规定而准予出口,因而无法认定其构成走私贵金属罪。于是,检察机关便指控甲的行为成立骗取出口退税罪。应当认为,这种"钻法律空子"的行为既不属于违反法律或其他国家规定的行为,也不能认定为"骗取"出口退税款的行为,因为按照现行有效的法律法规,该退税款是被告人甲应当得到的退税款。将海关管理法规认定为合法的行为以犯罪论处,违背法秩序统一性原理。因此,行为是否被法律规定为犯罪,是否具有实行行为性,需要严格依照法律规定判断,规则不严密而被行为人"钻空子"的风险应由规则制定者承担,而不能将不利后果转嫁给行为人。

再如,骗取贷款罪要求行为虚构事实欺骗金融机构,从而获得贷款。在实践中,有一些骗取贷款的案件,检察院起诉后,法院判决无罪。大致有三种类型:第一,被告人确实在贷款资料中作假,但是,案发时贷款还清的。第二,贷款资料有假,但是,被告人提供了真实、足额担保的。第三,银行工作人员没有被骗,比如,银行工作人员指导贷款企业如何虚构公司业绩才能贷款,被告人据此修改有关数据取得贷款的。这些案件要么属于被告人没有欺骗行为,要么属于被害人不可能有财产损失的危险性,因此难以认定被告人的行为属于欺骗。至于被告人取得贷款以后改变用途,并未用于贷款合同所约定特定用途的,只要能够认定被告人的行为还是在从事生产经营活动,就难以认定犯罪成立。

如果不考虑行为的危险性,不进行实质解释,仅仅从贷款申请资料是否有假的角度出发去认定骗取贷款罪,就会带来明显不合理的结论。比如,被告人叶某开办了一个公司,公司股东有多人,他是其中之一。公司有一笔贷款800万元,叶某用个人财产做担保,后来公司没有经济能力还款,另外,公司股东之间发生纠纷,谁也不想把公司办好去还款。银行直接起诉担保人叶某,叶某知道刑民交叉案件的办理程序是"先刑后民",为免除自己的担保责任,去公安机关投案自首,主动承认自己骗取贷款的犯罪行为。但检察机关经审查认为,叶某等人所办理的贷款有真实、足额的担保,即便贷款资料有假,也不构成骗取贷款罪,从而作出不起诉决定。如果在本案中认可只要贷款资料有假就是骗取贷款行为的逻辑,叶某的"如意算盘"就成功了。

所以,对于那些担保真实的案件,即便贷款资料作假,金融机构也完全可以通过民事途径实现其抵押权,其信贷资金安全没有受到侵害,对类似行为不定罪是完全可行的。

至于虚开增值税发票罪,不具有抵扣税款目的的虚开行为,不可能造成国家税款流失,不属于本罪的实行行为。因此,企业为了显示自身的实力的虚开行为,或者为了把公司业务产生资金往来的"流水"做得更好看的虚开行为,以及甲公司与乙公司存在货物买卖关系,原本收款方乙公司需要向甲公司开具增值税专用发票,但乙公司委托丙公司就其与甲公司的购销业务往来开具发票的,虽然开具发票者不是特定商品交易的一方,但只要有证据能够证明出具发票行为背后确实存在对应的货物买卖关系,第三人为特定真实交易开具发票的,就不宜定罪。

(三)对危害后果的判断

就经济犯罪而言,被害人有无财产损失或者造成损失的危险,是认定犯罪客观构成要件时绕不过去的问题。这里结合一起贷款购车案进行分析。

一审法院认定,被告人肖某某、孙某某向银行申请贷款。2012 年 11 月 21 日,某工商银行宜宾分行将 14.3 万元打到被告人孙某某相应信用卡上,二被告人当天便在 POS 机上全部刷卡消费。被告人肖某某、孙某某在归还了几期透支款后,变更了留给银行的联系电话,从 2013 年 10 月起便未再还款。之后,经银行多次催收,二被告人仍拒不还款。据此,一审法院判决被告人肖某某犯信用卡诈骗罪,判处有期徒刑 2 年,并处罚金 2 万元;被告人孙某某犯信用卡诈骗罪,判处有期徒刑 1 年 6 个月,缓刑 2 年,并处罚金 2 万元。

二审法院查明:2012 年 11 月 21 日,张某某和孙某某、肖某某来到天梭公司用新办理的信用卡刷卡透支 14.3 万元用于购买汽车。2013 年 1 月 28 日缴清车辆购置税。同年 2 月 1 日,天梭公司经办人员黄某某与孙某某、肖某某来到宜宾市交警支队车辆管理所(以下简称"车管所")对该车进行初次登记,核发牌号为川 QL7217。黄某某将车管所发放的该车机动车登记证书扣留后交给张某某审核。2013 年 8 月 9 日,宜宾分行委托天梭公司到车管所对孙某某所购汽车进行了抵押登记,抵押权人为宜宾分行。原审被告人孙某某在归还了几期透支款后,变更了留给工商银行珙县支行的联系电话,从 2013 年 10 月起未再还款。之后,经工商银行多次短信及人工催收,孙某某仍未还款。

二审法院认为,上诉人(原审被告人)肖某某、原审被告人孙某某提供的不实收入证明仅获得信用额度为零的信用卡,其获得高额信用透支额度是基于将拟购买的汽车抵押给银行;该购车行为真实存在,且系在银行工作人员监管下直接透支授予的信用额度资金用于购车。因此,二原审被告人没有非法占有此透支款的目的。二原审被告人在履行分期还款数月后,因无力还款而更换联系方式,并离开经常居住地,致使银行未能获得到期应还款。但因银行属抵押权人,在发放信用额度时已经获得足额担保,并约定了抵押权的效力及于抵押物的从物、从权利、代位物、衍生的保险金、赔偿金、补偿金等,截至案发,涉案车辆亦未无故灭失或进行非法交易,该抵押物状态并无不安。故二原审被告人未如约还款仅属民事违约行为,银行可通过民法相关途径得以实现抵押权从而挽回经济损失。综上所述,二原审被告人向银行提供不实收入证明后,银行未尽审查义务,轻率发放高额度信用卡;二原审被告人通过汽车抵押担保获得的银行信用透支额度金用于购车,以信用卡方式分期还款的行为,实质上是抵押贷款行为,不属于以非法占有为目的的恶意透支行为。因此,二原审被告人的行为不构成犯罪,原判认定事实及适用法律错误,予以纠正,遂撤销一审判决,宣告被告人肖某某、原审被告人孙某某无罪。①

在有些案件中,被告人的行为造成被害人的损失是显而易见的。但是,在被害人有多人时,究竟谁遭受了财产损失,有时候需要仔细判断。

在认定骗取贷款罪时,有的法院直接将担保人所遭受的损失认定为被害人的财产损失。例如,被告人何某为偿还公司外欠债务,利用虚假购货合同及其他申请资料向某建设银行申请贷款 300 万元。上述贷款到期后,公司未予偿还。担保人偿还了上述全部贷款。法院审理后认定,在该起犯罪事实中,从表面上看,被告人何某的行为对银行确实未造成重大损失,但是其在担保公司履行全部义务后,一直无能力偿还担保公司款项,担保人成为银行债务的实际承担者,被告人何某不能因为侵害结果的转嫁而逃脱法律制裁,据此认定何某构成骗取贷款罪。②

但是,将担保人作为骗取贷款罪的被害人以及将担保人的损失纳入该罪的损失范围是缺乏依据的。立法上关于骗取贷款罪的规定已经清楚地

---

① 参见四川省宜宾市中级人民法院(2014)宜中刑二终字第 169 号刑事判决书。
② 参见安徽省马鞍山市雨山区人民法院(2014)雨刑初字第 217 号刑事判决书。

表明,该罪的犯罪对象是银行等金融机构的贷款,设立该罪旨在保护银行等金融机构信贷资金的安全,即金融机构及其贷款是该罪的保护对象,只有金融机构才能成为本罪的被害人。担保人或者担保企业不是金融机构,担保财产也不是贷款,担保财产的安全已经超出该罪保护的范围,不能也不应成为该罪的犯罪对象。相反,担保人用于担保的财产,是行为人偿还债务能力的一个有机组成部分,当担保人承担了担保责任时,应视为行为人履行了还款责任,担保人履行了本来应该履行的担保责任。因此,在担保人已经代偿债务的情况下,对行为人而言,或者认定为没有造成损失而不构成犯罪,或者认定因骗取担保而构成合同诈骗罪。①

(四)经济犯罪的非法占有目的

在经济犯罪中,有一个要害问题是:一旦行为人存在资金缺口,无法返还被害人的投资本金或利息,或者无法归还银行贷款,又"跑路"的,司法机关大多会推定行为人有诈骗的主观故意和非法占有目的。从这些主观要素出发,去考虑给被告人定罪,这在实践中有很大的问题。

关于非法占有目的的认定,最高人民法院、最高人民检察院有多个司法解释进行规范。最近的一个司法解释性文件是最高人民检察院《关于办理涉互联网金融犯罪案件有关问题座谈会纪要》(高检诉〔2017〕14号),其中规定:"以非法占有为目的,使用诈骗方法非法集资,是集资诈骗罪的本质特征。是否具有非法占有目的,是区分非法吸收公众存款罪和集资诈骗罪的关键要件,对此要重点围绕融资项目真实性、资金去向、归还能力等事实进行综合判断。犯罪嫌疑人存在以下情形之一的,原则上可以认定具有非法占有目的:(1)大部分资金未用于生产经营活动,或名义上投入生产经营但又通过各种方式抽逃转移资金的;(2)资金使用成本过高,生产经营活动的盈利能力不具有支付全部本息的现实可能性的;(3)对资金使用的决策极度不负责任或肆意挥霍造成资金缺口较大的;(4)归还本息主要通过借新还旧来实现的;(5)其他依照有关司法解释可以认定为非法占有目的

---

① 参见孙国祥:《骗取贷款罪司法认定的误识与匡正》,载《法商研究》2016年第5期。

的情形。"

在具体的司法实务中,判断被告人是否具有非法占有目的,对于犯罪的认定至关重要。就经济犯罪而言,被告人通常具有非法占有目的的典型情形大致有:(1)通过公司将集资款数亿元存入私人账户用于个人投资,如公司购买基金、期货的金额很少,与筹集资金规模明显不成比例,导致款项不能归还,可认定具有非法占有目的。(2)集资近千万元后,用于生产经营活动的仅有100余万元,与筹集资金规模明显不成比例,肆意挥霍,可认定具有非法占有目的。(3)隐瞒自身真实的负债额度大肆举债,明知没有偿还能力会严重损害被害人合法权益,用新债还旧债的,可认定具有非法占有目的。(4)将筹集资金用于赌博、毒品买卖等违法犯罪活动的,可认定具有非法占有目的。如此等等,不一而足。

二、经济犯罪的共犯处罚范围

(一)不处罚经济犯罪的中立帮助行为

在金融诈骗以及其他经济犯罪中,究竟共同犯罪处罚到什么范围比较好?这是当下司法实务中比较突出的问题。有些案件动辄抓捕几十人甚至数百人,把对犯罪多少有点参与的人都作为共同犯罪人,对其在犯罪中的作用不作实质评价,造成处罚范围很广,甚至可以说广到"没有边际"。那么,在非法集资、传销等共同犯罪中,限制共犯处罚范围就是必须要考虑的。

此时,按照客观归责论的分析路径限缩共犯处罚范围,尤其是对中性业务活动的参与者不予定罪,就是需要考虑的。对于【案例14-1 "荐股诈骗"案】,检察机关全案起诉了主犯、从犯共51人,可能存在打击范围过于广泛问题,对其中的某些参与者不作为犯罪处理是可以考虑的。对此,江西省南昌市中级人民法院一审认为,被告人周文强等人采用虚构事实、隐瞒真相的方法,以"股票服务"的手段骗取他人钱款,其行为已构成诈骗罪。其中,被告人周文强以实施诈骗犯罪为目的成立公司、招聘人员,系主犯。

据此，以诈骗罪判处被告人周文强有期徒刑15年，并处没收财产100万元；以诈骗罪判处陆马强等21名被告人10年至2年6个月不等有期徒刑。周新中等6人参与犯罪的情形属于《刑法》第37条"犯罪情节显著轻微不需要判处刑罚的，可以免予刑事处罚"的情形，依法对他们免予刑事处罚。陈媛霞等23人在本案中参与"股票服务"的行为属于《刑法》第13条"情节显著轻微危害不大的，不认为是犯罪"的情形，依法宣告无罪。一审判决后，南昌市人民检察院提起抗诉，部分被告人提出上诉。江西省高级人民法院二审驳回抗诉、上诉，维持原判。①

本案一审、二审法院对23名共犯宣告无罪的理由为：(1)整个犯罪由主犯周文强一手策划，该23人完全按主犯的意思具体执行；(2)当前就业总体上较为困难，该23人在犯罪单位仅领取基本工作报酬；(3)该23人涉世未深，辨别公司业务真假"确实困难"；(4)该23人参与公司工作时间均较短，在犯罪中的作用小。法院在判决书说理部分所指出的"该23人涉世未深，辨别公司业务真假'确实困难'"，以及他们"仅领取基本工作报酬"的说法，其背后的逻辑是：该23人介入犯罪的程度浅，其业务行为仅属于通常的公司业务，具有中立性，行为人对正犯危险性缺乏特别认知，因而难以进行客观归责。我认为，法院对于周文强等人"荐股诈骗"案的判决是值得赞同的。

本案的处理特别提示我们：对于无相关职业经历、专业背景，且从业时间短暂，在单位犯罪中层级较低，纯属执行单位领导指令的犯罪嫌疑人提出无罪辩解，如确实无其他证据证明其对正犯的危险性有特殊认知的，不应当作为共犯处理。

实务上特别需要反思的是，在某些集团犯罪(如传销组织、非法集资犯罪组织、诈骗犯罪组织以及黑社会性质组织犯罪)中共犯定罪范围是否过大的问题。在这些案件中，有的参与者的行为简单地看似乎有一定危险性，参与行为与正犯结果之间也存在一定的促进关系，但是，从规范的角度看，很难认定其强化、促进了正犯去制造法所不允许的风险。因为有些被

---

① 参见江西省高级人民法院(2014)赣刑二抗字第4号刑事裁定书。

告人在作为犯罪组织的公司、企业中从事的是"底层业务",其实际工作(比如文字打印、通过公开信息资料汇集他人信息、对公开的数据进行收集并撰写分析报告等)确实是中性或边缘性的,既不能认为这些"帮助"行为扩大了正犯的具体结果,或提早危害结果的发生时点;也不能认为这些"帮助"行为提升了结果发生的盖然性,使得正犯以此为前提引起了结果的发生。因此,实务中有为数不少的判决把受雇到企业从事电镀加工的一般工人,以及按照单位领导的安排倾倒废水的工人作为污染环境罪的其他直接责任人员定罪处罚,也就未必恰当。

但是,在实践中,像【案例14-1"荐股诈骗"案】那样,法院对于许多共犯人敢于作无罪判决的案件毕竟为数极少,相反,法院对于处于边缘地位的共犯不成立犯罪的辩解予以驳回的案件是大多数。例如,被告人阮某甲在庭审中对起诉书指控的事实和罪名均无异议,表示自愿认罪。但其辩护人认为,现有证据指控被告人阮某甲构成诈骗罪是存在疑问的,被告人阮某甲系通过正常招聘程序进入公司,按照公司的要求开展工作,其没有理由怀疑公司的合法性;被告人阮某甲在工作期间感觉到公司有不正常之处,在询问老板获得解释后即不再怀疑,她已经尽到了一定的注意义务,不能认定阮某甲与老板达成共同的诈骗故意;被告人阮某甲是为了基本生活而去工作,没有犯罪意图,对这样的行为用刑法来处罚是没有必要的。而法院判决被告人阮某甲犯诈骗罪,判处有期徒刑1年5个月,并处罚金3 000元。①

把阮某甲案判决和【案例14-1"荐股诈骗"案】相比较,就不能发现本案判决结论未必合理,在犯罪由主犯一手策划、操控,处于边缘的人必须按主犯的意思操作、执行,参与者为了维持自己的基本生活去工作,所领取的基本工作报酬与社会上其他从事合法业务的人没有差异,主犯通过各种途径掩饰公司业务的非法性,行为人无法辨别公司业务合法与否,或参与公司工作时间不长,在整个共同犯罪中作用极小的,其实完全可以作为无罪处理。

---

① 参见上海市浦东新区人民法院(2015)浦刑初字第3757号刑事判决书。

以上是裁判的依据,最高人民检察院《关于办理涉互联网金融犯罪案件有关问题座谈会纪要》可以作为辩护的依据。对于无相关职业经历专业背景,且从业时间短,在单位中层级低,纯属执行单位领导指令的犯罪嫌疑人提出辩解,如确实无其他证据证明其有主观故意的,可以不作为犯罪处理。该座谈会纪要说得有点文绉绉的,不像法院判决讲得那么清楚。

(二)分案处理与主从犯的认定

在经济犯罪中,还有一个共性问题是:这类犯罪往往是需要多人参与的共同犯罪,对于共同犯罪分案处理的,主从犯如何认定?因为有些案件是对多个主犯先行判决,在后续的某一判决中,如果人数众多,是否还需要从共犯当中挑出一两个人作为主犯?换言之,在一个判决中,被告人有多人时,都以从犯论是否合适?另外,对于一个金融共同犯罪案件,由不同法院审理的,是否需要注意共犯人认定的协调问题?还有,有些案件是先审理从犯,因为从犯参与的犯罪简单明了,只有两三起,而主犯的犯罪事实有几十起,不容易查清楚,所以先对从犯定罪量刑。但是,从犯有多人,他们和待审的主犯作用大小的比较,也是一个问题。因为主从犯的区分涉及判刑,所以显得很重要,例如,诈骗数额在 50 万元以上的,如果认定为主犯,其起刑点是 10 年以上有期徒刑,而一旦认定为从犯,就可能减轻处罚,在 10 年以下量刑,刑期降到 3 年以下再宣告缓刑也有可能。

例如,被告人赵某、黄某共同投资设立某融资平台非法吸收公众存款,招聘陈某、吴某和郑某等 30 人到公司从事相关具体事务。法院先对赵某、黄某进行判决,认定该二人系共同犯罪的主犯。在陈某、吴某和郑某三人中,陈某是业务经理,其对公司非法集资行为进行宣传,对共同犯罪参与度比较深;吴某和郑某是业务员,负责通过电话和互联网聊天工具寻找客户。三人诱导被害人投资,骗取钱财,工资按照诈骗金额的一定比例提成,陈某的工资高于吴某和郑某。检察机关对陈某、吴某和郑某三人的共同犯罪移送起诉时区分了主从犯,把陈某作为主犯,理由主要是:虽然整个案件所非法吸收的资金归属于赵某和黄某,但是,在后续起诉的三个被告人当中,陈某的作用最大,其所获取的提成比例最高,因此,应作为主犯从重处罚。

在法院审理过程中,对于陈某的作用有两种观点:第一种观点赞成检察机关的主张,认为陈某系非法吸收公众存款犯罪组织的骨干成员,作用较另外两个人要大,应当认定为主犯,也就是说矮子当中"拔"一个高的,陈某就算最高的,所以他是主犯。第二种观点主张,陈某虽然在到案共犯中的作用较大,但是,其在整个共同犯罪中的作用要放到整个案件中去比较,这样就有可能把他认定为从犯。

应当说,第二种观点更符合共同犯罪原理。对于行为人在共同犯罪中的作用,应当把他放到整体犯罪中去进行评价。行为人在到案共犯中的作用相对比较大,但是,相较于分案处理的犯罪组织者,如果所发挥的作用相对较小的,应认定为从犯。在整个犯罪过程中,赵某和黄某两个人先产生犯意,而且整个犯罪的资金归属于该二人,所以,他们是主犯。陈某三人在共同犯罪中的作用相对较小,而且其收益都是靠业务提成,所以,其作用都小于前面两个人,认定为从犯是合适的。因此,判断主从犯,不能单纯考虑其在当下正在审理的这个案件中的作用,而是要考虑他在整个案件中的角色,如果其与主犯的作用有很大的差距,就应当认定为从犯。① 对于分案处理的案件,在某一起判决中,认定所有参与人都是从犯,这是完全可能的。

三、经济犯罪中的单位犯罪

(一)单位犯罪的成立条件

对于经济犯罪中单位犯罪的认定,需要重点考虑以下内容:(1)是否由单位决策机构经过一定决策程序作出决定后,以单位名义实施;(2)行为是否为了单位利益;(3)犯罪所得是否归单位享有、支配,即违法所得究竟归属于谁。

---

① 参见卢祖新、贺志伟:《共同犯罪分案处理中从犯的认定与量刑》,载《人民法院报》2017年5月18日,第7版。

在上述三点中,第三点即违法所得的归属能否确定最为重要。实践中,某公司有独立法人资格,其中的自然人按照公司意志实施犯罪,该公司下属的没有法人资格的分支机构也在实施犯罪,最后究竟是认定为下属分支机构的犯罪还是有独立法人资格的某公司的犯罪,实践中存在争议。但是,最后归结起来就是一点:违法所得究竟归属于谁?例如,有一起传销犯罪案件,其总公司在浙江省某市,设有多个没有法人资格的分支机构在天津市等地。天津市分支机构的工作人员王某代表天津市分支机构开展业务,但是,天津市分支机构的犯罪所得全部由浙江省的总公司收取,按照前述逻辑,就只能是在浙江省的总公司构成单位犯罪,再把王某作为浙江省总公司单位犯罪的其他责任人进行处理,而不是把天津市的分支机构认定为单位犯罪。

因此,违法所得归谁支配,由谁控制,对于存在分支机构的单位犯罪的判断至关重要。对此,最高人民检察院《关于办理涉互联网金融犯罪案件有关问题座谈会纪要》予以认可:对参与涉互联网金融犯罪,但不具有独立法人资格的分支机构,是否追究其刑事责任,可以区分两种情形处理:一种是,全部或部分违法所得归分支机构所有并支配,分支机构作为单位犯罪主体追究刑事责任。另一种是,违法所得完全归分支机构上级单位所有并支配的,不能对分支机构作为单位犯罪主体追究刑事责任,而是应当对分支机构的上级单位(符合单位犯罪主体资格)追究刑事责任。

(二)单位行为和个人行为的混杂

在单位行为和个人行为混杂在一起的场合,究竟认定为单位犯罪还是个人犯罪,需要考虑的是,如果单位组成人员在业务活动中引起了侵害法益的危害结果,这种结果是在单位操纵、支配甚至胁迫之下实施的,应当成立单位犯罪;如果单位组成人员在业务活动中引起了侵害法益的危害结果,但这种结果既不是单位教唆、鼓励甚至默许之下进行的,也不是单位疏于管理而导致的话,单位自身不承担刑事责任,由其组成人员的个人负责。①

在对个案的具体处理中,需要分别检验以下内容:(1)个人是否超越职权,擅自作出决定或改变单位决定;(2)单位内部审批、信息传递情况;(3)资金到账转出情况;(4)资金实际使用情况;(5)单位发现个人行为后的态度。也就是说,如果个人超越职权,擅自作出决定或改变单位决定,资金到账或转出由个人决定,资金实际由个人使用的,应当成立自然人犯罪,反之,则很有可能成立单位犯罪。

在【案例14-2 中饱私囊案】中,被告单位前海公司将其拥有的小微借款债权放在贷帮网平台上,提供给贷帮网的注册会员(不特定的投资人以及将债权分成若干份,单个投资人投资其中一项债权的比率不能超过50%)购买,并在固定期限内由被告单位回购债权支付本息,同时支付给贷帮公司1.5%手续费。涉案业务虽名为债权流转、转让,但其通过网络平台向社会不特定公众进行公开宣传并承诺给予回报和逾期回购,按现行有效的司法解释的精神,符合非法吸收公众存款罪的构成要件,法院的定罪似乎也存在一定根据。

但是,在学理上也可以认为:(1)前海公司转让真实债权意在回笼资金,扩大车辆抵押业务,该活动是否属于正常的生产、经营行为,是否侵犯非法吸收公众存款罪所保护的法益,这是一个疑问。(2)前海公司及刘某鹏转让真实债权的行为,是否对社会公众的资金造成风险?(3)前海公司的行为性质?如果投资关系和借贷关系很明显是两种不同的关系,资金期限错配,其实是前海公司对自己合法债权的二次分配,如果其将相关的产品出售给投资人,在释明风险的前提下,投资人理论上应该对自己的投资行为承担风险评估责任并承担盈亏后果。当然,如果前海公司的债权存在虚假,该虚假部分有犯罪嫌疑。根据最高人民法院《关于审理非法集资刑事案件具体应用法律若干问题的解释》第2条之规定,如果行为人有虚构债权的行为,同时还承诺还本付息,那就会被认定为不具有销售商品、提供服务的真实内容,而是有以商品回购、寄存代售等方式非法吸收资金的行

---

① 参见黎宏:《单位犯罪论的现状和展望》,载《人民法院报》2020年5月14日,第6版。

为,从而被认定为非法吸收公众存款罪。但如果并未发生虚构债权的问题,仅仅是资金、期限错配的问题,即便有风险备付金或保本承诺,此种行为可能更多只是属于违规运营的问题。(4)根据最高人民法院《关于审理非法集资解释》的相关规定,对前海公司及刘某鹏的行为,不宜以非法吸收公众存款罪来论处。该非法集资解释第3条第3款明确规定:"非法吸收或者变相吸收公众存款,主要用于正常的生产经营活动,能够及时清退所吸收资金,可以免予刑事处罚;情节显著轻微的,不作为犯罪处理。"前海公司及刘某鹏对于通过刘某甲的账户所获得的114万余元,均按期予以归还,属于"情节显著轻微"的情形,按司法解释也不应作为犯罪来处理。

在这里想重点讨论的是单位犯罪和个人犯罪的辨析问题。目前,已经形成共识的是:盗用单位名义实施犯罪,违法所得由实施犯罪的个人私分的,不是单位犯罪,而应按自然人犯罪的有关规定定罪处罚。因此,直接负责的主管人员或直接责任人员只有在为了单位利益,以单位名义实施犯罪时,其行为才体现出单位意志和为单位利益的实质,才得认定其行为属于单位行为。

在本案中,袁某杰在负责该项目期间,通过电子邮件向贷帮公司发送了增加由其控制的其母亲宗某的银行账户为前海公司收款账户的《信息变更确认函》。此后,袁某杰有时候还用他母亲的银行账户为公司收款,在数百笔业务中,有几笔发送给公司经理刘某鹏审查过,有3 000多万元资金由袁某杰支配。对于未发送给刘某鹏的数百笔债权材料,无法证实袁某杰就刘某甲银行账户所收资金之外的款项与刘某鹏进行过沟通、交流、汇报;无其他证据直接证实袁某杰就增加宗某银行账户和资金使用向刘某鹏进行了汇报。据此,法院认为,现有证据尚不足以证实前海公司或刘某鹏知道、同意袁某杰通过增加宗某银行账户私自收取相关资金并支配使用的事实,也不足以证明刘某鹏及前海公司实际控制、支配宗某银行账户内资金并据此获利,根据证据裁判和存疑有利于被告人原则,前海公司及被告人刘某鹏不应对宗某尾号为7181的账户内吸收的资金承担刑事责任。①

---

① 参见广东省深圳市福田区人民法院(2016)粤0304刑初518号刑事判决书。

在这个判决中,法院对自然人的哪些行为与单位犯罪无关、哪些是个人犯罪的分析,我觉得是有道理的。业务员袁某杰打着为公司收款的幌子从事业务活动,但大量资金由自己使用,资金并未流向公司,对于犯罪所得的收益,单位并未享受,无法就该起事实认定为单位犯罪。至于该行为是否经过单位决策层同意,是否代表单位意志,都不是判断关键。

四、经济犯罪与其他犯罪之间的竞合关系

狭义经济犯罪和传统财产犯罪之间存在交叉、竞合关系是常态。刑法学中的大量问题都是相互关联的,都必须体系性地或者一体地进行思考,没有独立的经济犯罪的问题。因此,要树立一种广义经济犯罪理念,将破坏金融管理秩序罪、金融诈骗罪等经济犯罪和财产犯罪关联起来进行理解,同时将经济犯罪和共犯、单位犯罪、既遂未遂一体考察。例如,违法发放贷款行为可能和滥用职权、收受贿赂交织在一起,如果在思考经济犯罪时,只盯住狭义经济犯罪的那些罪名,不利于刑法思维的训练,将经济犯罪问题与传统财产犯罪理论有机结合起来才能对于司法难题的解决提供实质帮助。

(一)经济犯罪中的想象竞合犯问题

对于类似于【案例 14-3 期货交易案】的案件,如果行为人在交易平台从事非法电子期货交易,虽有夸大宣传等一定程度的欺骗,但其欺骗手段并未让投资者在交易中作出错误判断,或未实施篡改行情数据、故意延退交易或人为操纵客户交易的行为,仅赚取手续费的,其非法占有目的难以认定,仅构成非法经营罪。

但是,如果在非法经营过程中,行为人又采用虚构事实、隐瞒真相的方法操纵价格,诱骗被害人投资,骗取投资者财产的行为,理应构成诈骗罪,成立诈骗罪和非法经营罪的想象竞合犯,应当从一重罪处理。

从现有证据看,被告人王某等人在非法从事期货交易过程中,通过讲师的虚假预言和操盘手的反向操作,导致不明真相的众多投资者遭受巨大损失,其行为同时符合诈骗罪和非法经营罪的构成要件,应当从一重罪处断。

(二)经济犯罪与转化犯

许多人可能会认为,经济犯罪和传统财产犯罪之间的界限是很清晰的。但是,如果将二者对立起来,对于刑法的适用未必是一件好事。尤其是立法上针对传统财产犯罪的法律拟制问题,能否适用到经济犯罪中,可能就成为问题。

例如,甲站在乙的身后排队等待从 ATM 机上取款,在乙离开后,利用乙遗忘在 ATM 机上的银行卡取款 4 000 元,乙返回现场要求甲退钱时,甲把乙打成轻伤,甲随后被抓获的,应如何处理?

本案首先涉及与信用卡有关的诈骗犯罪是否成立的问题。甲在后面排队取款,发现前面的乙取款离开后,把卡忘在机器里了,甲不需要输密码就直接把钱取出,在乙返回现场要钱的时候,把乙打成轻伤的,对甲如何定罪在很大程度上取决于对甲的取款行为如何定性。

对于甲的行为,如果坚持机器不能被骗的理论,其就只能构成盗窃罪。如果定盗窃罪,定罪起点是 1 000 元,甲取得财物 4 000 元就足以构成犯罪。如果说甲的行为是普通盗窃罪的话,为拒绝返还而使用暴力的定抢劫罪,案件就很好处理。

如果考虑到《刑法》第 196 条规定的信用卡诈骗罪的实行行为包括"冒用他人信用卡"的情形,对"冒用"不进行特别限定,包括在银行职员那里冒用以及在机器上冒用的话,就可以认为甲在机器上发现他人的信用卡已插入取款机中,以他人的名义使用信用卡这样一个行为,也是信用卡诈骗罪的"诈骗"。显而易见,这里的冒用就包括两种情形,一种是对银行职员的人的欺骗,一种是对机器的欺骗。这样就把《刑法》第 196 条理解为法律拟制。对此,最高人民检察院《关于拾得他人信用卡并在自动柜员机(ATM机)上使用的行为如何定性问题的批复》规定,拾得他人信用卡并在 ATM 机上使用的,也属于冒用他人信用卡,定信用卡诈骗罪。所以,被告人的行为究竟是金融犯罪还是财产犯罪,有时候是"一纸之隔"。

如果认为甲的行为性质属于信用卡诈骗,那么本案未达到犯罪起点数额,因为信用卡诈骗罪的起点是 5 000 元,所以,如果单纯考虑信用卡诈骗罪的话,应当对被告人做无罪处理。

但是,作为转化抢劫的前提的盗窃罪、诈骗罪、抢夺罪,原本就不要求都达到犯罪的标准。当然,本案能否转化的障碍主要不在于数额,而在于如果对甲先前的行为定性为信用卡诈骗,就会涉及《刑法》第 269 条中的诈骗罪是否包括金融诈骗罪的问题。如果认为该条中的诈骗罪仅指侵犯财产罪中的诈骗罪,那么,信用卡诈骗转化为抢劫的可能性就不存在,对甲就只能定故意伤害(致人轻伤)罪,但如果这样定罪,很多人都会觉得不合适。因为金融诈骗罪除侵害市场经济秩序之外,也同时侵害他人的财产权,因此,从法益保护的角度看,认为《刑法》第 269 条的诈骗罪中包括金融诈骗罪,就是合理的。金融犯罪和普通财产罪之间不能人为划定区分界限,而应多考虑它们之间的交叉、竞合。

结束语

经济需要健康发展,金融需要创新,创新需要鼓励。对经济领域的违法行为尤其是金融违规行为在刑事政策上要尽可能"容忍",定罪务必要慎重;认定经济犯罪要随时关注国家经济和金融政策的变化;法律人应该特别注意培养自己的刑法基本功,促进刑法与经济管理、金融管理法律法规的深度融合。

总之,要办好经济犯罪案件,掌握好刑法基本理论注定是绕不开的问题。

第十五讲
危险驾驶罪的认定

【案例 15-1　乡间小路醉酒驾驶案】

被告人谢某在北京市顺义区仁和镇河南村西口处,醉酒驾驶一辆红色金陵无牌照摩托车,后被查获。经法医鉴定,谢忠德血液中的酒精含量为 144.7mg/100mL。乡间小路是否属于危险驾驶罪中的道路?

【案例 15-2　小区内醉酒驾驶案】

被告人廖某于某日 21 时许,酒后坐三轮车回到小区,发现三菱汽车停放的位置离其居住单元楼有一段距离,决定将车开到其居住的 6-7 栋楼下停放。廖某驾车行驶约 50 米到其楼下,在倒车入库时,汽车尾部与停放在旁边的汽车前部发生碰撞。发生事故后,被撞汽车车主报警,公安人员即赶到现场将廖某抓获,并认定廖某负事故全部责任。经鉴定,廖某血液中的酒精含量大于 300mg/100mL。案发后,廖某赔偿被害人经济损失 800 元。小区内部道路是否属于危险驾驶罪中的道路?对廖某的行为是否有必要定罪?

【案例 15-3　醉酒后挪车案】

某晚,被告人唐某和朋友赵某等人在某餐厅吃饭时饮酒。当日 21 时许,唐某的女友郑某驾驶双环牌越野车载唐、赵等人回家,行驶至某医院附近时,与一辆出租车发生刮擦。郑某将车开至福红路交巡警平台接受处理。郑某停车时挡住了阳光华庭小区的后门车库,民警催促其挪车。唐某因郑某驾驶技术不好,便自己驾车挪动位置(车上另有一人)。在此过程中,其驾驶车辆撞上停靠在路边的起亚牌汽车。民警立即将唐某抓获。经鉴定,唐某血液中的酒精含量为206.7mg/100mL。案发后,唐某赔偿起亚牌汽车车主车辆维修费2 600余元。唐某是否构成危险驾驶罪?

【案例15-4 醉酒驾驶电动车案】

某日19时许,被告人林某醉酒驾驶一辆台铃牌超标电动自行车,行至某村路口时被当场查获。经鉴定,林某血液中的酒精含量为179.04mg/100mL。林某是否构成危险驾驶罪?

【案例15-5 救子心切醉酒驾驶案】

2017年5月8日3时许,被告人赵某酒后驾驶汽车行驶到北京市西城区莲花池东路天宁寺桥到白云桥路段时被民警查获,经北京市公安交通司法鉴定中心检验,被告人赵某血液中的酒精含量为143.2mg/100mL,系醉酒驾驶机动车。进一步查明的事实是:赵某于案发之前的晚上饮酒,因其子生病,遂于次日凌晨3时驾车拟赴北京儿童医院就医。北京市西城区人民法院经审理后,以危险驾驶罪判处赵某拘役1个月,并处罚金1 000元。赵某能否以紧急避险为由辩解其无罪?

【案例15-6 醉酒驾驶妨害公务案】

被告人于某酒后驾驶汽车行驶至某治安检查站时遇民警检查。于某拒不配合检查,推搡、拉扯民警,阻碍民警对其检查,将民警俞某的警服撕破,并致其受轻微伤。经鉴定,于某血液中的酒精含量为206mg/100mL。案发后,于某赔偿民警俞某2 900元。于某构成一罪还是数罪?

【案例15-7 情急醉酒驾驶案】

2011年7月27日1时35分许,吴某驾驶汽车途经深圳市龙岗区某路段时,被交警当场查获。经鉴定,吴某血液中的酒精含量为89.4 mg/100mL。另查明,吴某的女儿吴某绮于2010年12月1日出生,病历材料显示,2011年7月27日至28日其因发热在龙岗区中心医院就诊,案发当晚聚会结束后,吴某得知其未满周岁的女儿发烧,情急之下才自行驾车回家。对吴某能否免予刑事处罚?

【案例 15-8　醉酒驾驶"顶格判刑"案】

2011 年 5 月 9 日 22 时许,被告人高晓松酒后驾驶英菲尼迪牌小型越野客车(车牌号:京 NXS114),行驶至北京市东城区东直门外大街十字坡路口东 50 米处时发生交通事故,致 4 车追尾、3 人受伤。他人报警后,被告人高晓松在案发现场等候处理,后民警赶至现场将其查获。经司法鉴定,被告人高晓松血液中的酒精含量为 243.04mg/100mL。在对高晓松定罪没有争议的情况下,如何妥当量刑?

危险驾驶罪,是指以危险方式在道路上驾驶机动车,尚未造成交通事故的行为。根据《刑法》第 133 条之一的规定,在道路上驾驶机动车,追逐竞驶,情节恶劣的;醉酒驾驶机动车的;从事校车业务或者旅客运输,严重超过额定乘员载客,或者严重超过规定时速行驶的;以及违反危险化学品安全管理规定运输危险化学品,危及公共安全的,处拘役,并处罚金。危险驾驶罪保护的法益是道路上不特定多数人的生命、身体和重要财产安全。

关于危险驾驶罪,实践中问题最多的是醉酒驾车的情形。因此,这一讲拟对醉酒驾驶型危险驾驶罪中的部分争议问题进行探讨。

一、客观构成要件

危险驾驶罪的客观方面表现为,在道路上醉酒驾驶机动车,对公共安全造成抽象危险的行为。

(一)道路的含义

这里的主要问题是:追逐竞驶时的"道路"是否与醉酒驾车的道路相同;乡村道路、小区内部道路等是否属于醉酒驾车时的道路。对道路的理解不同,会对定罪范围有影响。

1. 乡间小道

根据《道路交通安全法》第 119 条第(一)项的规定,道路,是指公路、城市道路和虽在单位管辖范围但允许社会机动车通行的地方,包括广场、公共停车场等用于公众通行的场所。危险驾驶罪既处罚在道路上驾驶机动车追逐竞驶的行为,也处罚在道路上醉酒驾驶机动车的行为,但两种行为发生的场所应该有所不同。追逐竞驶时的"道路",主要是《道路交通安全法》第119条所规定的范围。这是因为当道路过于狭窄、场所过于有限时,难以实施追逐竞驶行为。但是,对醉酒驾车所通过的道路,不应该作过于严格的限制。即某些"道路"虽然不属于《道路交通安全法》所规定的范畴,但按照通常的社会观念,即便仅能供一辆机动车通行(不可能进行追逐竞驶),在行为人醉酒后驾驶机动车通过时,该场所也应该被认定为危险驾驶罪中的道路,例如,居民小区或农村村庄内的道路、校园内的道路、体育场(操场)等空旷场所、景区道路、大型厂矿区内或施工工地的道路等。在这些公共区域内醉酒驾驶的,仍然能够产生抽象的公共危险。该公共区域就是可供醉酒者驾驶机动车通行的道路。

在【案例15-1 乡间小路醉酒驾驶案】中,对于谢某在乡间小路醉酒驾驶摩托车的行为,法院认为,被告人谢某属于在道路上无证醉酒驾驶机动车,其行为侵犯了公共交通安全,构成危险驾驶罪,判处其拘役2个月,并处罚金1 000元。[①] 本案的主要问题是,危险驾驶罪中的"道路"应如何理解?被告人谢某的醉酒驾驶行为发生在农村的乡间小道(某村西口处)。"乡间小道"能否被认定为危险驾驶罪中的"道路",值得探讨。

危险驾驶罪的保护法益是道路交通的公共安全,是公共危险犯。因此,"道路"的含义不应完全依照行政法规来理解。行政法规在划分"道路"时出于行政管理的目的,对"道路"进行了一定级别的划分。但是,在理解危险驾驶罪中的"道路"时,应以公共危险为衡量标准,而不应以行政法规的道路级别为衡量标准。因此,认定危险驾驶罪中的"道路",应考虑驾驶行为发生路段是否具有"公共性",只要具有"公共性",就应当认定为"道路"。

---

① 参见最高人民法院刑事审判第一、二、三、四、五庭主办:《中国刑事审判指导案例2:危害国家安全罪・危害公共安全罪・侵犯公民人身权利、民主权利罪》(增订第3版),法律出版社2017年版,第195页以下。

近年来,随着经济的发展,农村的一些道路出现了明显的公路化演变,行驶的机动车数量急剧增加,机动车在农村道路上发生的交通事故也大幅增加。因此,将农村中具有一定规模和较强公共性的道路纳入"道路"范畴不仅符合规范保护目的,而且也顺应了司法实践发展的需要。本案发生在某村西口处,公安交通管理部门实地调查后,为此地的"公共性"出具了相关证明:"谢某危险驾驶案发地为空旷地,可以通行社会车辆,根据《道路交通安全法》第119条第(一)项的规定,符合道路范畴。"因此,将案发地认定为"道路",具有合理性。

2. 小区内部道路

小区内部道路是否属于危险驾驶罪中的"道路"?有观点认为,根据《道路交通安全法》的规定,小区内部道路不属于危险驾驶罪中的道路。但是,如前所述,判断危险驾驶罪中的道路应当以公共性为判断依据。有观点主张,以公共性为依据,应当看小区是否允许社会车辆随便进出,如果允许社会车辆随便进出,则小区内部道路具有公共性,属于危险驾驶罪中的道路。然而,这种看法过于狭隘地理解了危险驾驶罪中的公共危险。若依该看法,则进出管理制度相对严格的小区便不受危险驾驶罪的规制。道路的公共性具有相对性。危险驾驶罪是危害公共安全犯罪。公共安全是指涉及多数人或不特定人的安全,广义的公共安全包括小区内居民及小区外居民的安全。而小区内居民的安全属于狭义的公共安全,因为小区内居民也属于多数人或不特定人,小区是公共居住区域。与此相对,某个私人庄园内的安全不属于公共安全的范畴。因此,小区内部道路应属于危险驾驶罪中的道路。

在【案例15-2 小区内醉酒驾驶案】中,法院认定被告人廖某驾车在小区内行驶约50米并倒车入库引发事故的行为构成危险驾驶罪。① 法院肯定小区内部道路属于危险驾驶罪中的道路,这个判断是正确的。

---

① 参见最高人民法院刑事审判第一、二、三、四、五庭主办:《中国刑事审判指导案例2:危害国家安全罪·危害公共安全罪·侵犯公民人身权利、民主权利罪》(增订第3版),法律出版社2017年版,第197页以下。

不过,对本案被告人是否有必要定罪,却值得探讨。危险驾驶罪是抽象的公共危险犯,要求存在抽象的公共危险,但即使是抽象的公共危险,也有程度之分,只有达到值得科处刑罚的程度,才值得定罪。就本案而言,应考虑以下因素:(1)居民小区内部道路虽然属于危险驾驶罪中的道路,但是,其与小区外的公路还是有所区别的,小区内的车流量小,行车速度较低,所面临的公共危险比小区外的公路要小一些。本案案发时间是晚上9点多,小区内的车流量应更小,行人也更稀少,所面临的公共危险更小。(2)被告人仅仅行驶了50米,行驶距离很短。这意味着醉酒驾驶状态很短暂,制造的公共危险相对较小。(3)被告人驾车目的是为了倒车入库。一般而言,倒车入库时的行车速度相对缓慢,而非快速或高速行驶,因此所制造的公共危险相对较小。综合以上考虑,被告人虽制造了抽象公共危险,但是,该危险程度相对较小,尚未达到值得科处刑罚的程度,不宜定罪。

(二)醉酒驾驶

醉酒驾驶,是指醉酒状态下在道路上驾驶机动车的行为。

1. 醉酒

相关司法解释最高人民法院、最高人民检察院、公安部《关于办理醉酒驾驶机动车刑事案件适用法律若干问题的意见》规定,在道路上驾驶机动车,血液中酒精含量达到 80mg/100mL 以上的,属于醉酒驾驶机动车,以危险驾驶罪定罪处罚。血液酒精含量检验鉴定意见是认定犯罪嫌疑人是否醉酒的依据。犯罪嫌疑人经呼气酒精含量检验达到上述醉酒标准,在抽取血样之前脱逃的,可以以呼气酒精含量检验结果作为认定其醉酒的依据。犯罪嫌疑人在公安机关依法检查时,为逃避法律追究,在呼气酒精含量检验或者抽取血样前又饮酒,经检验其血液酒精含量达到前述醉酒标准的,应当认定为醉酒。

2. 驾驶

醉酒驾驶的实行行为是驾驶行为,而非醉酒状态。如果驾驶员醉酒后在车内睡觉,并未实施驾驶行为,且车子停在路边,未妨碍交通秩序,不会产生抽象的公共危险,不构成危险驾驶罪。如果行为人在醉酒驾驶一段距离之后,为了休息或为了逃避检查而停车睡觉的,则其醉酒驾驶行为构成危险驾驶罪。

醉酒驾驶的着手应是在道路上进入行驶状态。有观点认为,发动引擎尚未进入行驶状态时,就已经是醉酒驾驶的着手。"热车准备上路"作为开始驾驶阶段,应当属于驾驶人驾驶机动车的行为。① 然而,这种观点值得商榷。发动引擎只是进入行驶状态的准备工作,属于预备阶段的行为。行为人虽然发动引擎,但车辆尚未发生位移,而是处于静止状态,虽然对公共安全会产生潜在的危险,但不会产生紧迫的危险。虽然危险驾驶罪是抽象危险犯,但该危险是指紧迫危险,而非缓和危险。何况,有些危险驾驶罪的情形并不需要发动引擎。例如,甲将汽车停在坡道上,坐在车里喝酒,却不拉上手刹,汽车自行滑坡行驶,甲放任这种状态。这种行为也应属于醉酒驾车。

3.抽象的公共危险

在司法实践中,是否成立醉酒后驾驶,其认定标准大多仅仅按照行为人血液中的酒精含量这一项掌握,而没有综合考虑个人的身高、体重、健康状况、平时的酒量、醉酒的表现等因素,这种做法是否符合抽象危险犯的法理,很值得探究。

从逻辑上说,犯罪是值得科处刑罚的行为,刑罚与行政处罚具有本质区别,既然如此,行政违法与犯罪就具有本质区别。因为行政法强调合目的性,而不注重法的安定性,故可能为了达致目的而扩张制裁范围。刑法必须以安定性为指导原理,不能随意扩张处罚范围。概言之,在认定犯罪时,对构成要件要素可以进行独立判断,不需要依附行政法规。② 对危险驾驶罪中的"醉酒",必须从刑法的立场,而不是从行政取缔的立场来进行解释。这里的"醉酒",不是一般性的醉酒,而是指达到"不能安全驾驶程度"的醉酒。其判断,除参考行政法规中的数量指标以外,还应当结合行为人

---

① 参见谢望原、何龙:《"醉酒驾驶型"危险驾驶罪若干问题探究》,载《法商研究》2013年第4期。

② 参见张明楷:《避免将行政违法认定为刑事犯罪:理念、方法与路径》,载《中国法学》2017年第4期。

醉酒驾驶当时的具体事实来加以判断。具体来说,除具体的数值即"每100mL血液中的酒精含量大于或者等于80mg"的标准之外,还必须结合当时的具体事实情况进行判断,甚至可以通过步行回转、单体直立等人体平衡实验来进行评价。①

醉酒驾驶型危险驾驶罪虽然是抽象危险犯,但这并不意味着对这种危险完全不需要进行司法上的判断。需要明确的是,对抽象危险的判断,只需要一般性的、类型性的判断;而对具体危险的判断,需要个别的、具体的判断。详言之,具体危险犯与抽象危险犯是以对事实的抽象程度为标准的:具体危险犯中的危险,是"在司法上"以行为当时的具体情况为根据,认定行为具有发生侵害结果的可能性;抽象危险犯中的危险,是"在司法上"以行为本身的一般情况为根据或者说以一般的社会生活经验为根据,认定行为具有发生侵害结果的可能性。因此,不管是具体危险犯中的危险,还是抽象危险犯中的危险,都是现实的危险,因而都是需要在司法上认定和考察的,只是对作为认定根据的事实的抽象程度不同:认定具体危险犯中的危险时,对作为判断基础的事实进行的抽象程度低;反之,认定抽象危险犯中的危险时,对作为判断基础的事实进行的抽象程度高。例如,放火罪是具体危险犯,根据行为当时的具体情况,认定使对象物燃烧的行为具有公共危险时,才能成立放火罪。盗窃枪支、弹药、爆炸物罪是抽象危险犯,根据一般社会生活经验,认定窃取枪支、弹药、爆炸物的行为具有公共危险时,便成立盗窃枪支、弹药、爆炸物罪。又如,在荒无人烟的道路上醉酒驾车,因为不具有抽象的公共危险,不构成危险驾驶罪。②

对于前述分析,相关司法解释也予以认可。2017年5月1日最高人民法院《关于常见犯罪的量刑指导意见(二)》(试行)"一、八种常见犯罪的量刑"之"(一)危险驾驶罪"第3条规定:"对于醉酒驾驶机动车的被告人,应当综合考虑被告人的醉酒程度、机动车类型、车辆行驶道路、行车速度、是否造成实

---

① 参见黎宏:《结果本位刑法观的展开》,法律出版社2015年版,第75页以下。
② 参见张明楷:《危险驾驶罪的基本问题——与冯军教授商榷》,载《政法论坛》2012年第6期。

际损害以及认罪悔罪等情况,准确定罪量刑。对于情节显著轻微危害不大的,不予定罪处罚;犯罪情节轻微不需要判处刑罚的,可以免予刑事处罚。"

在【案例 15-3 醉酒后挪车案】中,法院将唐某酒后挪车的行为认定为违反道路交通安全法规,醉酒后驾驶机动车辆在道路上行驶,判决其构成危险驾驶罪。唐某血液中酒精含量为 206.7mg/100mL,醉酒程度特别严重,且具有发生事故、搭载他人的酌定从重处罚情节。案发后,唐某如实交代犯罪事实,且积极主动赔偿,可从轻处罚。综合考虑本案具体情节,唐某不具备适用缓刑的相关条件,不宜适用缓刑,遂判处其拘役 4 个月,并处罚金 2 万元。一审宣判后,被告人唐某提出上诉,基于以下理由请求二审改判缓刑并降低罚金数额:(1)其撞车后没有逃跑,配合民警查处,如实供述了犯罪事实,应当认定为自首;(2)其挪车行为情节轻微,社会危害不大,且已积极赔偿被害人经济损失,取得谅解;(3)原判量刑过重,罚金数额过高。重庆市第五中级人民法院经审理认为,原判认定事实不清,证据不足,裁定发回重审。后重庆市南岸区人民检察院撤回起诉。①

本案的主要问题是,醉酒后在道路上驾车挪动位置的行为是否属于醉酒后的驾驶行为,是否构成危险驾驶罪? 肯定意见认为,危险驾驶罪属于抽象危险犯,即立法上根据一般人的社会生活经验,将在道路上醉酒驾驶机动车的行为类型化为具有发生危害结果的危险。该危险不需要司法上的具体判断,只要行为人实施了在道路上醉酒驾驶机动车的行为,就推定其具有该类型化的危险,符合危险驾驶罪的客观要件。

然而,这种看法值得商榷。第一,法律推定包括不可反驳的法律推定与可以反驳的法律推定。可以反驳的法律推定是分配证明责任的一种立法技术。如果反驳一方能够提供反证,就可以推翻原来的推定结论。② 抽象危险虽然是立法上推定的危险,但是,这种法律推定应属于可以反驳的

---

① 参见最高人民法院刑事审判第一、二、三、四、五庭主办:《中国刑事审判指导案例 2:危害国家安全罪·危害公共安全罪·侵犯公民人身权利、民主权利罪》(增订第 3 版),法律出版社 2017 年版,第 202 页以下。

② 参见〔德〕魏德士:《法理学》,丁晓春、吴越译,法律出版社 2005 年版,第 64 页。

法律推定,而非不可反驳的法律推定。第二,抽象危险既包括缓和的危险,也包括紧迫的危险。例如,盗窃枪支罪是抽象的公共危险犯,该危险属于缓和的危险。而醉酒驾驶所构成的危险驾驶罪,虽然也是抽象的公共危险犯,但该危险属于紧迫的危险。

具体到本案,虽然在立法上可以推定被告人唐某的行为制造了抽象的公共危险,但是,这种危险是可以反驳的,而且这种危险并不属于紧迫危险。第一,被告人的驾驶距离很短,只是为了挪车。这与在道路上长时间、长距离的醉酒驾驶不可相提并论。第二,被告人的驾驶速度很慢,挪车时的驾驶速度不会很快。这与在道路上快速行驶不可等量齐观。第三,被告人虽然有醉酒驾驶的故意,但是缺乏制造公共危险的动机。其醉酒后驾车挪动位置,是因为车辆挡住小区车库门口,而女友驾驶技术不好,民警又催促挪车。被告人在此情境下挪车,缺乏制造公共危险的动机,其醉酒驾驶的动机具有可宽宥性。综合以上因素,被告人的行为虽然制造了公共危险,但并没有制造紧迫的公共危险,因此不构成危险驾驶罪。

(三)机动车

这里的"机动车",根据《道路交通安全法》第 119 条第(三)项的规定,是指以动力装置驱动或者牵引,上道路行驶的供人员乘用或者用于运送物品以及进行工程专项作业的轮式车辆。机动车包括:汽车、挂车、汽车列车、摩托车、轻便摩托车、拖拉机运输机组、轮式专用机械车等车辆。

在【案例 15-4 醉酒驾驶电动车案】中,法院认为:被告人林某在道路上醉酒驾驶机动车,其行为构成危险驾驶罪。公诉机关指控的罪名成立。林某归案后如实供述自己的罪行,认罪态度较好,可以从轻处罚。据此,法院判处林某拘役 2 个月,并处罚金 2 000 元。一审宣判后,被告人林某未提出上诉,公诉机关亦未抗诉,该判决已发生法律效力。[①]

[①] 参见最高人民法院刑事审判第一、二、三、四、五庭主办:《中国刑事审判指导案例 2:危害国家安全罪·危害公共安全罪·侵犯公民人身权利、民主权利罪》(增订第 3 版),法律出版社 2017 年版,第 199 页以下。

本案的主要问题是,电动自行车及超标电动自行车是否属于危险驾驶罪中的"机动车"?可以明确的是,根据现有法律法规,电动自行车属于非机动车。根据《道路交通安全法》第119条的规定,非机动车,是指以人力或者畜力驱动,上道路行驶的交通工具,以及虽有动力装置驱动但设计最高时速、空车质量、外形尺寸符合有关国家标准的残疾人机动轮椅车、电动自行车等交通工具。

在实践中,对于类似于本案的"超标"电动自行车,是否属于机动车,存在不同意见。肯定意见的理由是,超标电动自行车符合机动车类别中摩托车的技术条件。2012年9月1日施行的《机动车运行安全技术条件》(GB 7258—2012,以下简称《机动车国标》)将摩托车界定为由动力装置驱动,具有两个或者三个车轮的道路机动车,其中,最大设计车速不大于50km/h的属于轻便摩托车,最大设计车速大于50km/h的属于普通摩托车,并将电驱动、最大设计车速不大于20km/h、具有人力骑行功能,且整车整备质量、外廓尺寸、电动机额定功率等指标符合国家标准规定的两轮车辆等排除在摩托车之外。本案中,被告人林某醉酒后驾驶的电动自行车设计最高车速大于20km/h,整车质量超过40kg,已达到轻便摩托车的技术标准,属于机动车,据此应当认定林某构成危险驾驶罪。

但是,我认为,对醉酒后驾驶"超标"电动自行车的行为,不宜认定为危险驾驶罪。主要理由是:

第一,现实难题。一旦将超标电动自行车认定为轻便摩托车,属于机动车,那么就需要依照机动车标准来管理。根据机动车管理的相关规定,机动车在上路行驶前,应当通过公安机关交通管理部门的登记审查,获得机动车登记证书、号牌和行驶证,申请机动车交通事故责任强制保险,机动车驾驶人还应当考取机动车驾驶证。然而,实践中的电动自行车大多数都存在超标问题,也即时速大于25km/h。将这些超标电动自行车纳入机动车管理,需要投入大量的人力、物力和时间,而且纳入机动车管理后,这些超标电动自行车便有权利在机动车道上行驶,如此可能会产生重大交通隐患。因此,将生活中大量的超标电动自行车纳入机动车管理,不具有现实性。

第二,处罚不合理。将大量超标电动自行车视为机动车,会产生"赵春华非法持有枪支案"的类似问题,亦即赵春华以为自己持有的不是《枪支管理法》上禁止个人持有的枪支,但行政法规、枪支管理部门的规范性文件将其规定为枪支。① 同样,生活中骑着超标电动自行车的驾驶者一般不会认为自己骑的是机动车,会认为不需要考取驾驶证,从而欠缺违法性认识。

第三,规范目的需要考虑。刑法在判断构成要件要素时具有独立的考虑因素,也即规范保护目的。危险驾驶罪的保护目的是道路公共安全,防止的是道路公共危险。超标电动自行车主要是时速超标,即便其整车结构、重量等超越了电动自行车的范畴,醉酒后驾驶"超标车"所制造的主要是骑行者本人摔伤的风险,而不像醉酒后驾驶汽车那样极可能会撞击他人而司机本人通常并无大碍。因此,"超标车"的公共危险毕竟有限,尚未达到值得科处刑罚的程度。综合以上考虑,不宜将超标电动自行车视为危险驾驶罪中的"机动车",对醉酒后的相关驾驶行为不宜认定为危险驾驶罪。

第四,标准具有变动性。例如,实施了很长时间的《电动自行车通用技术条件》(GB 17761—1999)是强制性国家标准,其规定电动自行车最高车速不超过20km/h,整车重量不超过40kg。2018年5月17日,国家市场监督管理总局、国家标准化委员会批准发布的《电动自行车安全技术规范》(GB 17761—2018)则规定,电动自行车的最高车速不超过25km/h,整车重量不超过55kg。这说明为让消费者获得比普通脚踏自行车更大的出行半径,减轻对骑行者的体力要求,提高出行效率,对电动自行车的安全技术标准有可能是经常进行调整的,机械地以当下的行政管理标准替代刑法上对机动车的认定,将"超标车"一律认定为机动车,将醉酒后驾驶"超标车"的行为一概认定构成危险驾驶罪,并不合适。

二、主观构成要件

危险驾驶罪的主观要件是故意,行为人对自身行为是危险驾驶有认

---

① 参见天津市第一中级人民法院(2017)津01行中41号刑事判决书。

识,对自己的行为可能对公共安全产生危险持希望或放任态度。

(一)危险驾驶罪在主观上不应该是过失

有争议的是醉酒驾驶这种行为类型的罪过形式。有观点认为,本罪的罪过形式是过失,如果行为人持故意则构成以危险方法危害公共安全罪。①

这种观点值得商榷。一方面,我国刑法中的过失犯罪都是结果犯,以造成实害结果为前提。换言之,过失行为制造抽象危险的,不值得刑罚处罚,只有产生实害结果的,才可能构成犯罪。成立危险驾驶罪不要求产生实害结果,本罪不是实害犯,而是危险犯,而且是抽象危险犯。故将本罪的罪过形式界定为过失,并不合适。另一方面,若将本罪的罪过形式界定为过失,势必将故意醉酒驾驶作为以危险方法危害公共安全罪论处。然而,以危险方法危害公共安全罪属于重罪,将故意的醉酒驾驶均作为以危险方法危害公共安全罪处理,既不符合司法实践,也会导致刑罚畸重。

还有观点认为,本罪是过失的抽象危险犯,但故意醉酒驾驶的行为没有发生具体公共危险的,依然成立危险驾驶罪。② 这种观点认为危险驾驶罪既可以由过失构成,也可以由故意构成。如此,会导致故意犯与过失犯适用相同的法定刑,有违罪刑相适应原则;此外,对公共安全威胁更大的重大飞行事故罪等都是结果犯,认为本罪是过失的抽象危险犯的说法,与我国《刑法》分则的立法体例不符。

应当认为,醉酒驾驶型危险驾驶罪应属于故意犯罪,行为人必须认识到自己是在醉酒状态下驾驶机动车。但是,对于醉酒状态的认识不需要十分具体,亦即不需要认识到血液中的具体酒精含量,只要有大体上的认识即可。一般来说,只要行为人知道自己喝了一定量的酒,事实上又达到了醉酒状态,并驾驶机动车的,就可以认定其具有醉酒驾驶的故意。认为自己只是酒后驾驶而不是醉酒驾驶的辩解,不能排除故意的成立。即使行

---

① 参见冯军:《论〈刑法〉第133条之1的规范目的及其适用》,载《中国法学》2011年第5期。
② 参见梁根林:《〈刑法〉第133条之一第2款的法教义学分析——兼与张明楷教授、冯军教授商榷》,载《法学》2015年第3期。

为人没有主动饮酒,例如饮料中被他人掺入酒精,但驾驶机动车之前或者驾驶之时意识到自己处于醉酒状态,仍继续驾驶的,也应认定具有醉酒驾驶的故意。如果没有主动饮酒,也没有意识到自己处于醉酒状态而驾驶的,不具有本罪故意。①

有人认为,醉酒驾驶是故意犯,在造成死伤后果的场合,如成立交通肇事罪,则成为过失犯,因此,可能出现轻罪是故意犯,而重罪是过失犯的情况。还有人认为,危险驾驶罪的设立使交通肇事罪呈现两种类型:单纯的过失犯,以及作为危险驾驶罪的结果加重犯的交通肇事罪,其对基本犯持故意态度,对结果持过失态度。这两种观点都值得商榷。理由在于:(1)在个罪中,故意犯、过失犯认识的内容各不相同,不能认为故意犯一定比过失犯重。(2)危险驾驶罪是抽象危险犯,犯罪成立标准低,成立时间早。在该故意犯罪成立之后,行为人实施独立的过失犯罪,属于两个罪过、两个行为,成立数罪的情形。两罪之间从规范的意义上(而非事实的意义上)看,不存在联系。因此,对属于两个阶段的两个犯罪,分别评价为故意犯罪、过失犯罪,完全没有问题。(3)危险驾驶,可能是发生交通肇事的起因之一(在很多时候,交通肇事和行为人之前是否实施危险驾驶行为无关),但两罪相对独立。所以,不能认为规定了危险驾驶罪,就需要对交通肇事罪的罪过进行重新解释,也不应该存在单纯过失实施的交通肇事罪和作为危险驾驶罪的结果加重犯的交通肇事罪(即对基本犯持故意态度,对结果持过失态度)的分类。因为所谓"作为危险驾驶罪的结果加重犯的交通肇事罪",实际上是在危险驾驶罪独立成立之后,在抽象危险之外,出现实害结果而成立的新罪。危险驾驶和交通肇事结果之间,不存在结果加重犯关系,也没有故意伤害通常立即会导致死伤后果这样的"类型化"的联系,将交通肇事罪作为危险驾驶罪的结果加重犯,和理论上关于结果加重犯的界定并不相符。②

---

① 参见张明楷:《危险驾驶罪的基本问题——与冯军教授商榷》,载《政法论坛》2012年第6期。

② 参见周光权:《刑法各论》(第三版),中国人民大学出版社2016年版,第195页。

行为人明知危险驾驶会危害公共安全,却在醉酒后驾车横冲直撞,特别是在肇事后继续驾车冲撞,造成重大伤亡的,说明行为人主观上对持续发生的危害结果持放任态度,具有危害公共安全的故意。对此类危险驾驶造成重大伤亡的,应按照以危险方法危害公共安全罪定罪处罚。

(二)过失陷于危险驾驶状态的处理

由于危险驾驶罪只能由故意构成,因此实践中因过失而处于危险驾驶状态的情形需要注意具体分析。例如,有些食品或饮料中添加了一定量的酒精或含有酒精的制品,但没有明确标识告知消费者这一情况。消费者在食用或饮用后驾驶汽车,导致处于醉酒驾驶状态。对此,由于驾驶者不存在醉酒驾驶的故意,不能认定其构成危险驾驶罪。林东茂教授指出,驾驶人可能不知道自己呼气中的酒精含量超过标准值,属于过失酗酒驾车,不成立犯罪。例如,漱口水的酒精含量很高,据说是啤酒的 4 倍有余。假设驾驶人开车前使用大量的漱口水,呼气中的酒精含量就可能超过标准,但由于主观上出于过失,刑法不干涉。吃过姜母鸭之后,血液中也可能含有较高浓度的酒精。如果开车遇上路检,也许通不过检测。驾驶人很可能不知道自己是酒后驾车,主观上出于过失,理论上不能处罚。①

此外,实践中发生了不少"隔夜醉酒驾驶"的情形。行为人在前一天醉酒但并未驾驶机动车,在时隔一个夜晚后的第二天才驾驶机动车,但是仍被查明属于醉酒驾驶机动车。对此需要具体分析。如果机动车驾驶人没有认识到自己仍处在醉酒状态,则不具有醉酒驾驶的故意,不构成危险驾驶罪。如果驾驶人明知自己仍处于醉酒状态而执意驾驶车辆的,则构成危险驾驶罪。②

---

① 参见林东茂:《刑法综览》(修订五版),中国人民大学出版社 2009 年版,第 392 页。
② 参见王志祥、敦宁:《危险驾驶罪探析》,载《中国刑事法杂志》2011 年第 7 期。

三、紧急避险与危险驾驶罪

按照《刑法》第 21 条的规定,紧急避险是违法阻却事由之一。在危险驾驶案件中,被告人能够以紧急避险作为违法阻却事由加以辩护的情形比较少见,但是,也不排除存在基于紧急情况能够排除其违法性的案件存在。然而,实践中,司法机关经常对这样的违法阻却事由不予认可,仍然认定被告人构成犯罪,至多在量刑时予以适度考虑。

(一)实务的做法

在【案例 15-5 救子心切醉酒驾驶案】中,北京市西城区人民法院以危险驾驶罪从轻判处赵某拘役 1 个月。被告人以其具备免予刑事处罚的条件为由提出上诉。北京市第二中级人民法院经审理后认为,赵某醉酒后在道路上驾驶机动车,其行为已构成危险驾驶罪,依法应予以惩处。经查其到案后如实供述罪行,案发前晚饮酒,因其子生病,遂于次日凌晨 3 时驾车赴北京儿童医院就医。途中在民警夜查时归案,未造成实际危害后果,社会危害性小,系初犯,主观恶性小,经审判委员会讨论,认为其犯罪情节轻微,不需要判处刑罚,依法对其予以免除处罚。对于赵某所提到案后如实供述犯罪事实、未发生实际危害后果、社会危害性较小等上诉理由予以采纳,据此,撤销一审判决,对赵某改判免予刑事处罚。①

在本案中,二审法院对于赵某免予刑事处罚,是结合本案的量刑情节,单纯从量刑的角度讲的:首先,考虑到赵某血液中的酒精含量并不是特别高,而且醉酒驾驶时间是在凌晨 3 时,路上车辆、行人很少。其次,赵某饮酒后并未直接驾车上路,主观恶性小,案发前晚与朋友饮酒,然后返回家中休息,不是酒后直接驾车上路,凌晨时其子突发高烧,情急之下没有选择打车、找代驾或者乘坐其他交通工具,而是自驾,其救子心切,可以得到社会公众的广泛理解和宽容,符合人之常情,其主观恶性与其他持侥幸心理

---

① 参见北京市第二中级人民法院(2017)京 02 刑终 460 号刑事判决书。

的醉酒驾驶行为相比较小。再次,赵某未造成醉酒驾驶撞伤人员或汽车追尾等实际损害后果,机动车车况很好,符合安全技术条件,没有其他违反道路交通安全法的行为,社会危害性较小,到案后能够如实供述其罪行。最后,庭审中,赵某具有真诚的认罪悔罪态度,而且其以往表现良好,人身危险性较小。基于上述考虑,法院对他从宽处罚。在司法实务人员看来,这样处理案件,就是贯彻了宽严相济的刑事政策。

(二)紧急避险是否成立

我认为,【案例15-5 救子心切醉酒驾驶案】的被告人赵某能够成立紧急避险,应认定其行为无罪。

紧急避险,是指为了保护较大的合法利益,而不得已牺牲较小利益的情形。通说认为,紧急避险阻却违法性的根据在于法益衡量说,即在价值较高的法益陷入紧急的危险状态时,为了保全法益,在紧急情形下牺牲其他较小法益以保全价值较高的法益。

危险处于紧急状态,是避险的时间条件。这里的危险,是指自己或他人的生命、健康、自由、财产等法益受到侵害或处于有侵害的危险状态。本案中,孩子生病对于被告人赵某来说,就是一种危险。紧急,是指危险正在发生而又没有结束的状态。对于家长来说,孩子高烧就属于危险已经出现并对一定的法益形成现实的、迫在眉睫的威胁,如果不把发烧势头降下来,危险继续威胁孩子的身体健康,甚至会对生命法益造成损害。无论出现哪种情形,都要求行为人立即采取避险措施,否则就无法阻止损害的发生。

紧急避险是为保护某一法益而损害另一较小合法权益的行为,避险行为超过必要限度造成不应有的损害的,应当负刑事责任。此时,就需要进行利益衡量。在衡量紧急避险是否超过必要限度时,应当考虑:在一般情况下,凡是紧急避险行为所造成的损害小于或者等于所避免的损害的,就是没有超过必要限度的行为。就利益大小的比较而言,一般来说,人身权利大于财产权利。在人身权中,生命权大于健康权,健康权大于自由权以及其他权利。在财产权中,以财产价值的大小作为衡量的标准。在本案中,赵某为了避免儿子发烧引发的身体健康或生命危险而危险驾驶,其行为可能引发公共安全方面的危险,似乎不存在优越法益。但是,赵某儿子发烧已经是一定程度的现实侵害,同时,孩子发烧到一定程度就可能有更大的危及生命的危险,而醉酒驾驶所产生的危险连现实危险都不存在,仅有抽象危险,即便危险现实化,也可能仅造成财产损害。将被告人自身所遭受的现实危险与其行为可能造成的抽象危险相比,可以认为被告人利益具有优越性,属于损害较小法益来保全较大法益的情形。与此大致类似的情形是,甲在地震发生时为逃命而撞翻乙、丙,致二人重伤的,如果认为甲是为了在紧急情况下保全生命,该行为就是紧急避险,而不是犯罪。

根据《刑法》第 21 条第 1 款的规定,不得已采取的紧急避险行为,才能够正当化。"不得已"是相对于需要保护的利益而言的,即保护该利益是否还存在其他措施,只有在避险行为成为唯一的方法时,被告人才能主张违法阻却。如果被告人还有报案、寻求第三人帮助、逃跑等其他可行的方法足以避免危险,就不是不得已,不能成立紧急避险。对于本案,实务上可能认为既然赵某可以打车、可以找代驾,也还可以乘坐公共交通工具,醉酒驾驶就不是送孩子去医院的唯一方法。但是,这种结论没有考虑到孩子突然发烧这一事实的紧急性以及危险发生时点(凌晨 3 时)的特殊性,打车、找代驾、乘坐公共交通工具在白天不存在困难,行为人也应当优先选择这些方式送孩子去医院,但是,在凌晨自己驾车送孩子去医院基本就是唯一选择,而且孩子生病的状况容不得行为人再耽误时间。如果考虑到这些情况,在本案中,可以认为除醉酒驾驶之外,别无其他紧急送医的有效措施,故应认定赵某的行为符合避险的可行性要件,可以成立紧急避险。因此,对赵某的行为可以作无罪处理,而不是定罪免刑的问题。

四、危险驾驶罪的特殊形态

(一)罪数形态

《刑法》第 133 条之一第 3 款规定:"有前两款行为,同时构成其他犯罪的,依照处罚较重的规定定罪处罚。"行为人一开始实施追逐竞驶或醉酒驾驶行为,就造成严重危害后果的,成立想象竞合犯。想象竞合犯的成立条件是行为人只有一个行为,但触犯数个罪名。在行为人的危险驾驶行为刚开始实施就造成严重后果的情况下,符合一个行为触犯数个罪名的条件,应当按照想象竞合犯处理,以重罪论处。例如,行为人醉酒驾驶刚起步就撞死人的,按照想象竞合犯的法理,依照处罚较重的规定定罪处罚是正确的。

  危险驾驶行为实施后,并不马上发生死伤结果的,从理论上讲,就有成立数罪的可能。如果承认危险驾驶罪是抽象危险犯,一旦在道路上驾驶机动车追逐竞驶,情节恶劣的,或者在道路上醉酒驾驶机动车的,就构成犯罪。此后,在驾驶机动车通行过程中,因为追逐竞驶或醉酒驾驶出现交通事故,后一行为如符合交通肇事罪、以危险方法危害公共安全罪的构成要件的,理当属于行为人有数个罪过、数个行为的情形,成立数罪。因此行为人危险驾驶导致严重后果的,行为发生在前后相继的两个不同阶段,符合数个构成要件。其实,对绝大多数危险驾驶行为而言,并不是危险驾驶行为刚实施就会造成死伤后果,因此,导致死伤后果的行为独立成罪的可能性很大,危险驾驶又构成其他罪的,如果没有特别规定,实行数罪并罚,并不会导致刑法上的重复评价,与犯罪构成原理并不相悖。① 只是考虑到危险驾驶和后一行为及其结果的发生存在时空条件下相对紧密的关联,立法上才特别规定为从一重罪处断,而不实行数罪并罚。

  当危险驾驶行为具有与放火、爆炸等相当的具体公共危险时,行为人对该具体的公共危险具有故意的,应当认定为以危险方法危害公共安全罪。例如,被告人王英权在醉酒后与他人发生交通事故,为逃离现场而慌不择路、高速驾驶,置他人死伤于不顾,最终造成1人死亡、1人重伤、多人轻伤,法院对其按照以危险方法危害公共安全罪判处有期徒刑10年6个月。② 再比如,被告人肖某因与前妻存在感情纠纷而醉酒后驾车到某加油

---

① 参见周光权:《刑法各论》(第三版),中国人民大学出版社2016年版,第194页。
② 参见北京市第二中级人民法院(2017)京02刑终442号刑事裁定书。

站,寻找在该处工作的前妻,双方发生口角纠纷。随后,被告人肖某驾驶自己停放在加油站对面的车辆冲进加油站,直接撞击加油站内的一台加油机,造成车辆、加油站起火,造成该加油站内的加油机、摩托车、柴油机等财物损失,法院以危险方法危害公共安全罪判处肖某有期徒刑4年。① 这一判决是合理的。当然,对以危险方法危害公共安全罪的认定必须采取严格的限制态度。危险驾驶行为具有与放火、爆炸等相当的具体公共危险,且造成人身伤亡等严重后果(如在高速公路上逆向追逐竞驶或者醉酒高速驾驶造成他人死亡),行为人对该具体的公共危险或者人身伤亡等严重后果具有故意的,应当适用《刑法》第115条第1款的规定。

此外,实施危险驾驶行为,以暴力、威胁方法阻碍公安机关依法检查,又构成妨害公务罪等其他犯罪的,依照数罪并罚的规定处罚。② 在【案例15-6 醉酒驾驶妨害公务案】中,法院认为,于某以暴力方法阻碍国家机关工作人员依法执行职务,其行为构成妨害公务罪。于某醉酒驾驶机动车,其行为又构成危险驾驶罪。对其所犯数罪依法应当并罚。法院以被告人于某犯妨害公务罪,判处拘役5个月;犯危险驾驶罪,判处拘役2个月,并处罚金2 000元;决定执行拘役6个月,并处罚金2 000元。一审宣判后,于某未提出上诉,公诉机关未抗诉,该判决已发生法律效力。③

本案的主要问题是,醉酒驾驶并抗拒执法检查的,是应当从一重罪论处还是数罪并罚? 本案在审理过程中,对于某的行为分别构成危险驾驶罪和妨害公务罪没有异议,但在罪数处理上存在争议。有意见认为,被告人于某的行为符合《刑法》第133条之一第3款的规定"有前两款行为,同时构成其他犯罪的,依照处罚较重的规定定罪处罚",应从一重罪论处。然而,这种意见并不合理。

《刑法》第133条之一第3款的规定,是指想象竞合犯或吸收犯的情

---

① 参见福建省福州市闽清县人民法院(2017)闽124刑初34号刑事判决书。
② 参见张明楷:《刑法学(上)》(第五版),法律出版社2016年版,第728页。
③ 参见最高人民法院刑事审判第一、二、三、四、五庭主办:《中国刑事审判指导案例2:危害国家安全罪·危害公共安全罪·侵犯公民人身权利、民主权利罪》(增订第3版),法律出版社2017年版,第216页以下。

形。就想象竞合犯而言,要求行为人仅实施了一个行为,同时触犯两个罪名。例如,行为人驾驶车辆运输毒品的同时处于醉酒状态,行为人的一个行为同时触犯危险驾驶罪和运输毒品罪,想象竞合,从一重罪论处。就吸收犯而言,要求前后两个行为具有吸收关系,也即两个行为在发生的原因、时间上具有紧密联系,而且只定一个重罪,能够包括评价另一罪所侵害的法益。例如,行为人醉酒驾驶,由于醉酒导致控制力减弱,不慎撞死行人,行为人先构成危险驾驶罪,后构成交通肇事罪,二者在发生的原因、时间上具有紧密联系,只定一个重罪也即交通肇事罪,能够包括评价危险驾驶罪所侵害的法益。

在本案中,被告人先实施了危险驾驶行为,后实施了妨害公务行为。二者在发生的原因、时间上没有紧密联系,而且二者所侵害的法益完全不同,危险驾驶罪侵害的法益是道路的公共安全,妨害公务罪侵害的法益是国家机关工作人员依法执行的职务,二者不能相互包括评价。因此,二者不具有吸收关系,不能择一重罪论处。如果只定危险驾驶罪,则妨害公务罪所制造的法益侵害便未得到评价;如果只定妨害公务罪,则危险驾驶罪所制造的法益侵害便未得到评价;由此导致遗漏评价,违反了法益保护原则。因此,对被告人应数罪并罚。最高人民法院、最高人民检察院、公安部《关于办理醉酒驾驶机动车刑事案件适用法律若干问题的意见》也认可了这一点,其第3条规定:"醉酒驾驶机动车,以暴力、威胁方法阻碍公安机关依法检查,又构成妨害公务罪等其他犯罪的,依照数罪并罚的规定处罚。"

(二)共犯问题

醉酒驾驶不是身份犯,也不是亲手犯,非机动车驾驶者可以构成危险驾驶罪的间接正犯,例如,甲明知乙即将开车,暗中在其车内的饮料中掺入酒精,乙不知情而饮用并开车,乙不构成危险驾驶罪,甲构成危险驾驶罪的间接正犯。此外,教唆或帮助他人醉酒驾驶的,构成危险驾驶罪的教唆犯、帮助犯。

五、危险驾驶罪的处罚

实践中,交通肇事罪的缓刑适用率并不低,但是,行为人实施比该罪更轻微的危险驾驶罪的,基本都被判处拘役实刑,实践中检察机关不起诉,或者法院判处缓刑或者免予刑事处罚的情形相对比例低。这种处罚状况没有考虑到危险驾驶罪和交通肇事罪的平衡问题,也没有充分关注量刑情节的权重问题;此外,对于危险驾驶罪"顶格"判处拘役 6 个月的做法,我认为是不妥当的。

(一)关于量刑情节

根据《刑法》第 133 条之一的规定,构成危险驾驶罪的,处拘役,并处罚金。依照最高人民法院、最高人民检察院、公安部《关于办理醉酒驾驶机动车刑事案件适用法律若干问题的意见》第 2 条的规定,醉酒驾驶机动车,具有下列情形之一的,从重处罚:(1)造成交通事故且负事故全部或者主要责任,或者造成交通事故后逃逸,尚未构成其他犯罪的;(2)血液酒精含量达到 200mg/100mL 以上的;(3)在高速公路、城市快速路上驾驶的;(4)驾驶载有乘客的营运机动车的;(5)有严重超员、超载或者超速驾驶,无驾驶资格驾驶机动车,使用伪造或者变造的机动车牌证等严重违反道路交通安全法的行为的;(6)逃避公安机关依法检查,或者拒绝、阻碍公安机关依法检查尚未构成其他犯罪的;(7)曾因酒后驾驶机动车受过行政处罚或者刑事追究的;(8)其他可以从重处罚的情形。

根据最高人民法院《关于常见犯罪的量刑指导意见(二)》(试行)"一、八种常见犯罪的量刑"之"(一)危险驾驶罪"的规定:第一,构成危险驾驶罪的,可以在 1 个月至 2 个月拘役幅度内确定量刑起点。第二,在量刑起点的基础上,可以根据危险驾驶行为等其他影响犯罪构成的犯罪事实增加刑罚量,确定基准刑。第三,对于醉酒驾驶机动车的被告人,应当综合考虑被告人的醉酒程度、机动车类型、车辆行驶道路、行车速度、是否造成实际损害以及认罪悔罪等情况,准确定罪量刑。对于情节显著轻微危害不大的,不予定罪处罚;犯罪情节轻微不需要判处刑罚的,可以免予刑事处罚。

在【案例15-7 情急醉酒驾驶案】中,吴某及其辩护人对指控的犯罪事实和罪名无异议,但基于以下理由请求法庭对其免予刑事处罚:吴某醉酒驾驶的原因特殊,情有可原。案发当晚聚会结束后,吴某安排专职司机驾车送参加聚会的同学回家,后接到家人电话,得知其女儿发烧,才自行驾车回家;吴某血液中的酒精含量不高;吴某驾车时段为行人稀少的凌晨,驾车距离和时间较短;未发生交通事故;犯罪情节轻微,且吴某归案后认罪态度好。法院认为:吴某在道路上醉酒驾驶机动车,其行为构成危险驾驶罪。吴某血液中的酒精含量不高,其醉酒驾驶的距离和时间较短,且未造成实际危害后果。经查,案发当晚吴某系因听到未满周岁的女儿生病,心里着急而自行驾车回家,故其体现的主观恶性不深。吴某归案后积极配合司法机关办案,庭审中对自己的错误亦有深刻认识。综合这些情节,吴某的犯罪情节轻微,不需要判处刑罚,故相关辩解与辩护意见予以采纳。据此,法院判处吴某构成危险驾驶罪,免予刑事处罚。①

本案的主要问题是,如何认识被告人醉酒驾驶的犯罪情节?被告人构成危险驾驶罪,应无异议。存在争议的是,能否适用《刑法》第37条规定的"犯罪情节轻微不需要判处刑罚的,可以免予刑事处罚"?

在醉酒驾驶型危险驾驶案件中,量刑情节可以分为两类。第一类,在行为方面,主要有以下四种情节:(1)醉酒驾驶的时空环境,即时间、路段、距离等。具体而言,醉酒驾驶的时间是深夜车辆较少时还是白天车流高峰期,醉酒驾驶持续的时间有多长,饮酒与驾驶之间间隔的时间长短;醉酒驾驶的路段是繁华闹市还是人迹稀少的区域,是普通道路还是城市快速路、高速公路;被查获时醉酒驾驶的里程,离目的地的剩余距离。(2)醉酒驾驶的机动车车况。具体而言,是"铁包肉"的汽车还是"肉包铁"的普通摩托车;是私家车还是正在营运的客车;是符合安全技术条件的机动车还是改

---

① 参见最高人民法院刑事审判第一、二、三、四、五庭主办:《中国刑事审判指导案例2:危害国家安全罪·危害公共安全罪·侵犯公民人身权利、民主权利罪》(增订第3版),法律出版社2017年版,第205页以下。

装车、报废车;是独自醉酒驾驶还是搭载亲友醉酒驾驶。(3)是否还有其他违反道路交通安全法的行为,如无证驾驶或者准驾车型不符;严重超速、超载、超员;违反交通信号;吸毒后驾驶;伪造、变造、遮挡号牌等。(4)醉酒驾驶的后果,即是否发生交通事故以及造成后果的严重程度。

第二类,在行为人方面,主要有以下五种情节:(1)醉酒程度,即行为人血液中的酒精含量是刚超过认定醉酒驾驶的标准 80mg/100mL,还是超出很多。(2)犯罪态度。具体而言,是否有主动停止醉酒驾驶、自首、坦白、立功或者积极赔偿等法定或者酌定从宽处罚情节;是否有拒不配合检查、弃车逃匿,甚至殴打、驾车冲撞执法人员、冲卡等恶劣行为。(3)犯罪动机。具体而言,是否误以为休息数小时或者隔夜之后会醒酒而醉酒驾驶;是忽视醉酒驾驶对公共安全造成的危险而执意醉酒驾驶,还是出于救助他人的原因而不得已醉酒驾驶;是否采取避免危险发生的措施等。(4)行为人的一贯表现。如是否有醉酒驾驶、酒后驾驶以及其他前科劣迹。(5)期待可能性。期待可能性是免除责任或减轻责任的事由。对此可考察案件是否存在降低期待可能性的情节,比如存在突发状况或情况紧急,无法及时获得其他交通工具,没有其他可能的合理选择等。

上述诸多因素,可以反映醉酒驾驶行为的法益侵害性、非难可能性以及行为人的人身危险性和再犯可能性。法益侵害性和非难可能性体现了责任刑的根据,人身危险性和再犯可能性体现了预防刑的根据。对这些因素应综合考虑。

在本案中,被告人具备多个法定或者酌定从轻处罚的量刑情节:第一,未发生实害后果,法益侵害性较小。吴某血液中的酒精含量为 89.4mg/100mL,刚达到醉酒驾驶标准,且其醉酒驾驶时间在凌晨 1 时许,行驶路线非城市主干道,路上车辆和行人稀少,相比于醉酒程度高或者在交通繁忙时段和路段的醉酒驾驶行为,发生交通事故的风险较低,对道路公共安全造成的威胁很小。

第二,非难可能性较小,存在降低期待可能性的事由。案发当晚,吴某由其司机驾车送至酒店参加同学聚会,说明其对酒后驾车的危险性已有一定认知,并作了相应防范。聚会结束后,吴某派司机去送同学回家,在此期间突然得知未满周岁的女儿发高烧,情急之下没有选择打车或者乘坐其他交通工具回家,而是选择自己醉酒驾驶,其救女心切的情形可以得到社会公众广泛理解和宽容,亦是人之常情,故其主观恶性与其他醉酒驾驶行为人相比要小。

第三,人身危险性较小。被告人吴某具有正当职业,以往表现较好,无犯罪前科,是初犯,且到案后如实供述罪行,庭审中具有认罪、悔罪表现。

综合考虑,可以认定被告人吴某的醉酒驾驶行为属于"犯罪情节轻微",可依照《刑法》第 37 条的规定,对被告人宣告有罪,但免予刑事处罚。

(二)关于个别案件中"顶格判刑"的疑问

在【案例 15-8 醉酒驾驶"顶格判刑"案】中,法院以危险驾驶罪判处高晓松拘役 6 个月,罚金 4 000 元。① 法院如此量刑的理由是:事发路段为繁华地段,虽然当时已是 22 时许,但路上车辆、行人不断,高晓松因醉酒驾驶发生交通事故,导致 4 车追尾、3 人受伤,且其血液中的酒精含量已达到醉酒认定标准的 3 倍以上。虽然其认罪态度较好,且赔偿部分被害人经济损失,但其醉酒驾驶的行为情节恶劣,实际危害后果严重,应从重处罚,故顶格判决。法院认为对高晓松从重处罚,符合刑法最真实的价值追求和内在精神,是较全面客观的结论。② 但是,我认为,该"顶格判刑"的做法并不合适。在量刑时,应当优先考虑的是那些足以影响量刑的、与本次犯罪有关的量刑情节,其决定责任刑上限。那么,血液中的酒精含量达到醉酒认定标准的 3 倍以上,以及因醉酒驾驶发生交通事故导致 4 车追尾、3 人受伤等,都未必是导致其责任刑可以达到该罪法定刑顶点的情节。更何况,在被告人赔偿被害人损失、认罪态度好的情况下,其预防刑调节责任刑的功能更应该发挥作用,对其应当酌定从轻处罚,"顶格判刑"就更是无从说起。

---

① 参见北京市东城区人民法院(2011)东刑初字第 296 号刑事判决书。
② 参见最高人民法院刑事审判第一、二、三、四、五庭主办:《刑事审判参考》(总第 119 集),法律出版社 2019 年版,第 120 页。

在实践中,比【案例 15-8 醉酒驾驶"顶格判刑"案】情节更为严重的情形大量存在:(1)醉酒驾驶机动车,血液中酒精含量达到 300mg/100mL 以上①,发生非单方交通事故且负事故全部或者主要责任,造成 5 车以上追尾、4 人以上受伤的;(2)醉酒驾驶强行进入城市特殊繁华路段(如步行街等),或强行驶入行人过街天桥的;(3)醉酒驾驶造成交通事故后逃逸的;(4)醉酒后追逐竞驶的;(5)醉酒后在高速公路、城市快速路上驾驶的;(5)醉酒后驾驶校车、危险品运输车、中(重)型货车、工程运输车,或者载有乘客的营运机动车的;(6)严重超员、超载或者超速驾驶,或者明知是不符合安检标准或者已经报废的机动车而驾驶的;(7)醉酒驾驶后逃避或者拒绝、阻碍公安机关依法检查(尚未构成妨害公务等其他犯罪)的;(8)曾因酒后驾驶机动车受过行政处罚或者刑事追究,又醉酒驾驶的;(9)醉酒后教唆、指使、强迫无驾驶资格的未成年人驾驶机动车高速行驶的。

上述这些行为,哪一个单独看都并不比高晓松醉酒驾驶的情节更为轻微,但是,实践中对前面列举的九种情形并未"顶格"判处拘役 6 个月,而是在 1 个月以上 6 个月以下的幅度内处刑。这充分说明,"顶格判刑"的做法既违背量刑原理,也不符合宽严相济的刑事政策。

---

① 例如,在"吕金某醉酒驾车案"中,被告人血液中的酒精含量为 350.32mg/100mL,法院判处吕金某拘役 4 个月。参见河北省唐山市丰润区人民法院(2017)冀 0208 刑初 133 号刑事判决书。

第十六讲
过失致人死亡罪的关键问题

【案例 16-1 挑梁断落案】

被告人朱家平为了获得更多拆迁款,从拆迁市场购买旧砖头、旧钢筋、旧楼板后交给无建筑资质的于全门建两层楼房,并嘱咐于全门为其节省资金。2004 年 5 月中旬的一天,于全门带领王顶玉、王顶宝、王玉喜、王桂莲等人开始施工,在施工过程中未采取安全防范措施。2004 年 5 月 28 日下午 2 时许,被告人朱家平经于全门同意将两桶烂泥浆调到二楼廊檐顶部后不久,在楼板自重和施工操作等负荷作用下,挑梁断落,致使王顶玉被砸当场死亡;王顶宝被砸伤后抢救无效死亡;王进喜、王桂莲被砸成轻微伤。经鉴定,该房建造标准很低,泥浆强度为零,主要承重构件构造连接和整体性很差,挑梁不符合现行建筑结构设计规范的有关要求。对于朱家平的行为应当如何定性?

【案例 16-2 拉拽车门致死案】

2008 年 12 月 4 日 14 时许,被告人杨春驾驶一辆轻型货车至江苏省无锡市某小区车库内吴雪琴经营的杂货店送桶装净水,杨春将水卸在吴雪琴店门口,吴雪琴要求杨春将桶装水搬入店内,遭杨春拒绝。随后,杨春驾驶车辆欲离开,吴雪琴遂用右手抓住汽车的副驾驶室车门、左手抓住车厢挡板,阻止杨春离开。杨春见状仍驾车向前低速行驶数米并向右转弯,致吴雪琴跌倒后遭汽车右后轮碾轧,吴雪琴因腹部遭重力碾轧造成左肾破裂、多发骨折致失血性休克,经送医院抢救无效于当日死亡。对于被告人杨春应当如何处理？

【案例 16-3　推人一掌致死案】

被告人罗某在打麻将过程中讲粗话，莫某对罗某进行劝止，在二人为此争吵过程中，莫某推了一下罗某，罗某即用右手朝莫某的左面部打了一拳，接着又用左手掌推莫某右肩，致使莫某在踉跄后退中后脑部碰撞到门框。莫某前行两步后突然向前跌倒，约两三分钟后即死亡。经鉴定，莫某后枕部头皮下血肿属钝器伤，系后枕部与钝性物体碰撞所致，血肿位置为受力部位。莫某的死因是生前后枕部与钝性物体碰撞及撞后倒地导致脑挫伤、蛛网膜下腔出血所致，其口唇、下颌部及额下损伤系伤后倒地形成。

罗某自首后，辩称自己的掌推行为只是争吵中的一种本能反应，不是想故意伤害被害人，其行为不应构成故意伤害罪。某市人民法院认定被告人罗某犯故意伤害罪，判处其有期徒刑 6 年。一审宣判后，被告人未上诉，检察院也未提出抗诉。① 法院对本案的定性是否正确？

【案例 16-4　校车着火案】

被告人高知先(幼儿园园长)明知幼儿园用于接送幼儿的松花江牌面包车车况差，油路不畅，急需检修，仍要求司机乔永杰驾驶该车接送幼儿。某日 19 时许，乔永杰驾驶该车送幼儿回家途中，车辆出现故障，打不着火，经简单维修后，继续行驶。途中因油路不畅，乔永杰让孟辉军用手扶着一塑料油壶，采取用油壶直接向该车汽化器供油的违规操作方法继续行驶，由于汽化器回火，造成汽车着火，烧死 4 人、烧伤 2 人，面包车被烧毁。对于高知先、乔永杰的行为应当如何定性？

过失致人死亡罪，是指由于过失而导致他人死亡的行为。本罪看起来很简单，但属于实务中使用率最高、疑难问题最多的过失犯罪；对许多案件

---

① 参见最高人民法院刑事审判第一、二、三、四、五庭主办：《中国刑事审判指导案例 3：侵犯公民人身权利、民主权利罪》，法律出版社 2012 年版，第 285—288 页。

的处理,初看似乎和本罪无关,但最终可能会"绕回"本罪来。例如,对防卫过当往往以本罪论处。又如,许多结果加重犯以过失致人死亡为加重结果。再如,本罪与许多具体领域的过失犯罪存在法条竞合关系,例如交通肇事罪、医疗事故罪、重大责任事故罪等。因此,妥当解释本罪的构成要件,具有重要实务价值。

一、犯罪客观要件

（一）制造法所不允许的风险

1. 过失犯罪实行行为的定型性较弱

我国传统理论对过失犯罪的构成要件行为研究不多,这大致存在两方面的原因。一是刑法以处罚故意犯为原则,以处罚过失犯为例外,因此,理论界往往以故意犯为刑法思考的原型。二是认识上的误解,认为过失犯主要是主观罪过的问题,而且以造成实害结果为处罚条件,没有犯罪未完成形态,因此容易忽视过失犯的构成要件行为。

这种认识很容易导致对过失犯构成要件行为认定的简单化和宽泛化。例如,将交通肇事罪的行为仅仅描述为"违反交通法规的行为",将重大责任事故罪的行为仅仅描述为"违反安全管理规定的行为"。这种做法容易不当扩大过失犯的处罚范围,不利于妥当处理比较疑难的过失犯罪案件。因此,有必要对过失犯的构成要件行为进行深入分析。

不可否认的是,由于过失犯不像故意犯有比较明确的犯意起点,而且往往是造成了实害结果才回头追溯过失行为,因此,过失犯的构成要件行为的定型性特征没有故意犯的实行行为那么明确。但是,不能因此否认构成要件行为也是过失犯的构成要件要素。例如,农民甲让儿子乙冒着雷雨抢收庄稼,乙在抢收时遭雷击身亡。即使甲对结果有预见可能性,也不构成过失致人死亡罪,因为其行为不是过失犯的构成要件行为。

过失犯的构成要件行为,是指制造法所不允许的风险的行为,即对法益具有实质、紧迫危险的行为。不过,由于故意犯的实行行为的危险是行为人有意创设的,过失犯的构成要件行为的危险不是行为人有意创设的,因此需要对过失犯的行为危险进行限定,否则会严重限制民众的正常生活。这就需要合理地界定何为法所允许的风险。

一种是广义的理解,将法所允许的风险理解为日常生活中的一般危险。这些危险之所以存在,是因为它是我们日常生活所必需。例如,驾驶汽车的行为尽管很危险,但由于是人们工作生活的必要行为,所以属于法所允许的危险。另外一种是狭义的理解,将法所允许的危险理解为实质的危险,认为某种行为具有引起危害结果的实质危险,本应被禁止,但是为了救济其他利益,而不得已允许其存在。例如,闯红灯或超速驾驶是危险行为,但为了抢救病人,允许救护车闯红灯或超速行驶。传统理论往往从广义上理解过失犯的构成要件行为,但是,这会不当扩大过失犯构成要件行为的认定范围。认定过失犯的构成要件行为,应当在构成要件范围内进行,以保护法益为指导。因此,应当从狭义上理解法所允许的危险。

2. 过失致人死亡罪构成要件行为的认定

认定过失犯构成要件行为的困难在于,在过失犯的场合,引起结果的行为往往不止一个,该选择哪个行为作为构成要件行为?例如,甲酒后驾车,因疏忽大意没有注意到前方有人,发生交通事故致一人死亡。这里就有酒后驾车和疏忽大意没注意到前方有人两个行为,应将哪个行为认定为过失行为?

过失并存说认为,凡是与结果的发生具有因果关系的行为,都是过失犯的构成要件行为。数个过失的构成要件行为可以同时存在。酒后驾车行为对结果的发生起到一定作用,没有注意到前方对结果的发生也起到一定作用,因此,二者都是过失犯的实行行为。问题是,酒后驾车行为与结果的发生不具有"无 A 则无 B"的条件关系,即使没有酒后驾车,甲也有可能因疏忽大意没注意到前方而轧死人,或者即使酒后驾车,甲也不一定就会因疏忽大意没注意到前方而轧死人。可见,过失并存说的观点没有严格遵守因果关系的判断。

过失单独说("直近过失说")认为,只有和发生结果最接近的阶段上的行为才是过失犯的构成要件行为。首先将结果作为起点,沿着因果关系的链条往回追溯,确定最近的对结果的发生具有决定意义的行为。基于此,只能将没有注意到前方有人作为过失犯的构成要件行为。问题是,只将过失犯的构成要件行为限定为最近的一个行为,在客观归责上有时会不充分。例如,如果先前行为对结果的发生危险性很大,后面行为对结果的发生危险性很小,只将后面行为视为构成要件行为,不符合实际情况。而且,如果两个行为没有先后顺序,而是同时存在,就会出现选择障碍。例如,甲如果既超速行驶又不注意前方是否有人,发生车祸轧死人,应将哪个行为视为过失犯的构成要件行为,便有了疑问。①

过失并存说与过失单独说的问题在于,都狭隘地根据时间先后来认定构成要件行为。② 认定过失犯的构成要件行为,在本质上是一个客观归责问题,也即实害结果发生了,看是哪个行为造成的,能归责于哪个行为。

结合客观归责理论,在筛选过失犯的构成要件行为时,需要具备三项条件:(1)发生的实害结果处在构成要件保护范围或保护目的之内。(2)某个行为对结果的发生制造了法所不允许的风险。(3)该行为制造的危险通常地实现为该结果。所谓通常地(相当性地)实现,是指行为制造的危险演变为实害结果具有很高程度的盖然性,并且没有被异常的介入因素中断该因果流程。如果符合这些条件,那么该行为与该结果之间具有因果关系,该结果应归责于该行为,该行为便属于造成该结果的构成要件行为。至于该行为是先前行为还是后面行为,则无关紧要。例如,甲在装货时很马虎,不遵守装货要求,在高速公路上又野蛮驾驶,不时地超速或超车,导致货物掉落,造成后面车辆出现事故,司机死亡。马虎装货这种行为本身就蕴含着在高速驾驶时货物掉落的危险,货物掉落是该危险的现实化结果。同样,野蛮驾驶本身也隐藏着货物掉落的危险,货物掉落也是该危险的现实化结果。在这些因果流程中,没有介入很异常的因素,都属于危险相当程度的实现。所以,前后两个行为都是过失犯的构成要件行为。又如,甲酒后驾车,因疏忽大意没有注意到前方有人,发生交通事故致一人死

---

① 参见黎宏:《刑法总论问题思考》,中国人民大学出版社2007年版,第272页。
② 参见〔日〕山口厚:《刑法总论》(第三版),有斐阁2016年版,第251页。

亡。酒后驾车和没注意到前方有人,都会制造法所不允许的风险,而且都很容易最终造成实害结果,因此都是过失犯的构成要件行为。再如,甲既超速行驶又不注意前方是否有人,发生车祸轧死人。这两种行为都会制造法所不允许的风险,而且都相当性地实现为实害结果,因此都是过失犯的构成要件行为。

(二)实现法所不允许的风险

1. 因果流程的异常介入

在介入因素很异常或者对结果发生起到很大作用时,都不能认为行为实现了法所不允许的风险。例如,甲乘坐公交车时和司机章某发生争吵,狠踹章某后背一脚。章某被迫返身用手臂抵挡,身体没有离开座位,由于此刻未能看清路况,撞死了骑车人程某。甲殴打司机的行为本身是故意而为,但对于公交车撞死人的结果而言属于过失行为。能否将程某的死亡归责于甲的行为?

本案中,甲狠踹司机章某的行为严重干扰司机的正常驾驶,对安全驾驶创设了现实危险。就此而言,甲的行为与程某的死亡有因果关系。这里的介入因素是章某返身抵挡甲,这种抵挡行为属于本能反应,并不异常。就此而言,甲的行为与程某的死亡有因果关系。当然,如果司机起身离开座位与甲厮打起来,全然不顾汽车行驶,则属于很异常的反应,对车祸的发生就具有很大作用,此时,甲的行为与程某的死亡没有因果关系。综合判断,在本案中,甲的行为与程某死亡有因果关系,甲属于过失致人死亡。由于案件发生领域为公共交通领域,对甲应以交通肇事罪论处。

2. 结果避免可能性与结果归属

过失致人死亡的行为与结果之间存在结果归属关系,其实还蕴含一个前提条件,就是实害结果具有避免发生的可能性。也即,如果没有过失行为,结果本来是可以避免的,正是因为有了过失行为才导致结果的发生。换言之,即使没有过失行为,结果也无法避免,那么过失行为与结果之间便不存在结果归属关系。例如,虽然客船的船长驾驶船只的操作方法存在失误,但是即使正常驾驶,由于台风来临,也无可避免地导致船只沉没,乘客死亡无数。在这种情况下,船长的过失行为不需要对死亡结果的发生负责,因为死亡结果不具有避免发生的可能性。传统理论通常将该问题作为不可抗力在主观责任阶层处理,其实这种问题属于客观问题,应在客观阶层判断。如果结果不具有避免可能性,那么行为人即使有过失行为,也与结果的发生没有因果关系,在客观阶层就应宣布行为人无罪。有些观点将该问题作为期待可能性的问题在责任阻却事由里处理,认为此时对行为人不具有期待可能性,因此可以免责。这种无罪处理过于延后,会增加行为人被认定有罪的风险。

需要注意的是,结果避免可能性的判断时点不是危险导致结果的临界时,而是危险产生时。例如,甲是长途客运司机,已经极度疲劳,但是为了赶时间仍疲劳驾驶,30分钟后行至转弯处,因无力控制汽车而发生车祸。在判断结果避免可能性时,不能从行至转弯处来判断是否具有结果避免可能性,因为祸到临头,一般都无法避免,而应从极度疲劳时来判断是否具有结果避免可能性,显然此时是可以避免的,因此甲是过于自信过失,而非不可抗力。

二、犯罪主观要件

(一)疏忽大意过失

1. 疏忽大意过失的具体判断规则

疏忽大意过失,是指应当预见自己的行为可能发生危害结果,因为疏忽大意而没有预见,以致发生危害结果。其结构是:应当预见→疏忽大意→没有预见→发生危害结果。应当预见是前提,疏忽大意是原因,没有预见是事实。刑法处罚疏忽大意过失,是因为行为人违反了结果预见义务。也即,行为人本应该预见到结果可能发生,因为疏忽大意而没有预见到。

就过失致人死亡罪而言,在判断结果预见可能性时,需要注意以下问题:

(1)预见对象的限定。应当预见的结果,不是泛指一切可能的危害结果,而是具体过失犯罪中作为构成要件的危害结果。《刑法》分则规定的每一个具体过失犯罪,其成立都要求造成一个具体特定的危害结果。应当预见的结果就是成立该过失犯罪所要求的具体特定的危害结果。就过失致人死亡罪而言,如果是疏忽大意过失,则应当预见的危害结果是指致人死亡的结果,而不是指致人重伤的结果,更不包括其他危害结果。

(2)判断资料。判断资料包括主客观两方面,一是主观预见能力,二是客观环境条件。不能仅考虑行为人的预见能力和认识水平,也不能仅考虑客观状况,应将二者结合起来考虑。例如,张某和赵某是工地工友,长期一起赌博。某日两人在工地发生争执,张某推了赵某一把,赵某倒地后后脑勺正好碰到石头上,导致颅脑损伤,经抢救无效死亡。结合张某的认识能力和工地环境,张某对结果具有预见可能性。

(3)判断基准。判断基准应以具体的行为人为准,同时将一般人作为参考资料。具体而言,应先将具体的行为人进行类型化考虑,假如行为人是一名医生,就以医生这个职业群体来考虑,看像行为人这样的医生职业群体能否预见类似结果的发生。这个职业群体对类似结果具有预见能力,而行为人的认知能力并不低于这个职业群体的平均水平,如果行为人没有预见到,则可以认为行为人存在过失。如果这个职业群体对类似结果没有预见能力,而行为人却具有这种预见能力,但没有预见到,也可以认为行为人存在过失。但是,此时需要十分慎重,必须有足够证据证明行为人具有这种预见能力。例如,驾驶机动车的人只要认识到前方道路会经过一座中学门前,就应当预见到可能会有学生冲到道路上。又如,某电器制造商只要认识到该电器在设计上存在缺陷,可能漏电,就应当预见到可能会造成消费者伤亡。

2. 疏忽大意过失致人死亡与意外事件致人死亡的区分

二者的相同之处在于客观上都造成了他人死亡的结果;主观上都没能预见到他人死亡的结果。二者的区别在于:行为人在当时的情况下是否应当预见自己的行为可能导致他人死亡的结果发生。也即,二者的行为人都有预见义务,但是,在疏忽大意中,行为人具有预见可能性;在意外事件中,行为人没有预见可能性。

实务中在判断行为人对死亡结果有无预见可能性时,存在许多不妥当的做法,值得警惕。

(1)不能从结果倒推行为人的预见可能性。有些实务人员的做法是,一旦发生被害人死亡的结果,就从结果倒推,认为行为人对死亡结果有预见可能性。这里面暗含的思维是,危害结果越严重,行为人的预见可能性就越高。然而这个结论并不完全成立。有时,行为人对自己行为的严重性有很清楚的认识,但是并没有发生危害结果;有时,行为人行为的危害性很轻微,行为人也认为很轻微,但却发生严重后果。所以,不能根据结果的严重性来倒推行为人的预见可能性。当然,结果可以作为参考资料,但不能作为决定性因素。过度倚重结果来判断行为人的预见可能性,是结果责任的残余,违反责任主义原则。正确的做法是,从分析行为入手,根据行为本身的危险程度、行为时的客观环境以及行为人的认知能力,判断行为人在当时情形下能否预见结果的发生。

(2)行为人即使实施了不法行为,也并不意味着对被害人的死亡结果就一定有预见可能性。有些实务人员的做法是,只要行为人实施了不道德行为、违法行为或其他犯罪行为,就认为行为人对被害人的死亡结果有预见可能性。这种做法也是不妥当的。行为人对自己行为危险性的认识大致局限于行为本身所蕴含的类型化的危险。如果危害结果不是行为所创设的类型化的危险的实现,而是介入因素所导致的,则行为人对该危害结果并不一定具有预见可能性。

(3)不能将"没有预见"当作"没有预见可能性"。"没有预见"不等于"没有预见可能性"。例如,陈某与李某之间有深仇大恨,早就想杀了李某,但李某对陈某的恨意毫不知情。某天晚上,陈某为上山打猎在院子里擦枪,这时,李某偶然路过,和陈某闲聊。陈某毫无耐心地听着,继续擦枪,不慎触动扳机,打中李某腿部,李某因失血过多死亡。虽然陈某没有预见到会打死李某,但是,并不意味着没有预见可能性。结合陈某的认知水平和当时情景,陈某具有预见可能性,属于疏忽大意过失。

(4)不能将"应当预见"当作"已经预见"。"应当预见"是应然要求,"已经预见"是实然事实。例如,某位护士因为厌烦婴儿啼哭,便将婴儿翻过来,让其俯卧,然后蒙上被子,去值班室休息。半小时后想起此事,赶来查看,发现婴儿已经窒息死亡。该护士拥有护理知识,具有预见能力,应当预见,但不能依此直接认为该护士已经预见自己的行为可能会发生死亡结果。是否已经预见无法从预见能力推导出,只能依靠当时的事实来判断,例如,看护士有没有采取避免措施,如果采取了避免措施就表明其已经预见到危险。该护士并没有采取任何避免措施,并没有预见到自己的行为可能会发生死亡结果,没有预见的原因是疏忽大意。该护士属于疏忽大意过失,而非过于自信过失。

对于【案例 16-1 挑梁断落案】,一审法院认为,被告人朱家平建设两层楼房,购买的是旧材料,为了获得更多拆迁款,嘱咐于全门尽量节省,其由于疏忽大意没有预见到后果发生的可能性,并且亲自用吊车将两大桶烂泥浆吊到二楼,最终导致楼房崩塌,进而致两死两伤的后果,被告人主观上具有疏忽大意过失,客观上其行为与两死两伤的后果有因果关系,其行为符合过失致人死亡罪的法律特征。考虑到被告人朱家平在整个事故中起次要作用,其犯罪情节轻微,不需要判处刑罚,对其免予刑事处罚。[①]

本案的主要问题是被告人朱家平在主观方面属于疏忽大意过失、过于自信过失还是意外事件?在案件审理之中,被告人朱家平及其辩护人均提出,朱家平主观上无过失、无法预见到死伤后果,系意外事件。

首先需要明确的是,朱家平对死亡结果的发生有没有预见到。如果已经预见到,则朱家平便不会构成疏忽大意过失或意外事件,而应是过于自信过失。从形式上看,朱家平建造房屋,会预见到这种作业存在一定风险,可能会发生事故,所以已经预见到死亡结果。其实,这种预见到的风险只是一般生活中被允许的风险。例如,司机驾驶机动车在道路上行驶,也会预见到开车行为带有一定风险性,具有发生车祸的可能性,但不能因此认为,只要发生车祸导致人死亡,肇事司机对死亡结果都已经预见到,均构成过于自信过失。建造房屋的道理是一样的,同样存在风险,但这种风险

[①] 参见最高人民法院刑事审判第一、二、三、四、五庭主办:《中国刑事审判指导案例3:侵犯公民人身权利、民主权利罪》,法律出版社2012年版,第201页。

是被允许的风险,这种风险不属于过于自信过失中所预见的风险。过于自信过失所预见的风险是法所不允许的且针对具体被害对象的风险。朱家平并没有预见到挑梁断落,致使王顶玉被砸当场死亡。

接下来需要判断被告人朱家平有没有预见义务和预见的可能性。如果没有预见可能性,则被害人的死亡只能属于意外事件。在本案中,朱家平为了非法获得房屋而建房,购买的是旧的建筑材料,委托的是无建房资质的人员,明显违反了房屋建设一般活动所应遵循的义务,建房的材料及人员均不符合安全性的要求。基于这些因素,朱家平具有注意义务。而且,朱家平购买旧建筑材料,委托无建筑资质的于全门,还嘱咐于全门尽量少用水泥以节省资金,同时,在施工过程中没有采取任何安全防范措施,因此朱家平的建房行为是一种容易导致施工人员伤亡的危险行为。对此,普通人都能够加以认识,至于朱家平,一方面,具有完全刑事责任能力,其智能水平不低于普通人,另一方面,由于他平时用自家的吊车帮别人上下楼板,朱家平对建房安全性的认知应高于普通人,所以对自己行为可能导致施工人员伤亡的危险性是完全能够认识的。因此,朱家平属于疏忽大意过失,构成过失致人死亡罪。

(二)过于自信过失

1. 过于自信过失的判断

过于自信过失,是指已经预见自己的行为可能发生危害结果,但轻信能够避免,以致发生危害结果。其结构是:已经预见→轻信能够避免→发生危害结果。刑法处罚过于自信过失,是因为行为人违反了结果回避义务。也即,行为人本能够避免结果发生,因为过于自信而没有避免。

结果回避义务的来源根据在于,行为人的行为对法益创设了实质危险,并且行为人也预见到了行为的危险性,那么行为人便有消除危险、阻止结果发生的义务。但是,现代社会要正常运行,必须容忍许多危险行为。所以,行为人是否具有结果回避义务,需考虑危险的分配。例如,驾驶汽车的人撞倒行人,致其重伤,就这一事故判断有关人员的过失时,要考虑驾驶者与行人各自负有怎样的注意义务:要求驾驶者的义务多,要求行人的义务就少;相反,要求行人的义务多,要求驾驶者的义务就少。我国司法实务中也考虑了危险分配的原理。例如,2000年11月15日最高人民法院《关于审理交通肇事刑事案件具体应用法律若干问题的解释》中考虑了被害人责任对行为人责任的影响。如果被害人负担全部危险,例如,在高速公路上溜冰,则驾驶者不会承担过失责任。但是也不能将结论推至极端,认为驾驶者看到有行人闯红灯而故意驾车撞死行人也不负刑事责任。设置红绿灯只是为了维持交通秩序,人的生命价值高于交通秩序,不可能以牺牲人的生命来维护交通规则的权威。

行为人有结果回避义务,还需考察有无结果回避可能性。对此需要注意结合行为人的回避能力和客观环境条件。过于自信过失致人死亡与不可抗力致人死亡的相同点是,二者都预见到可能会发生死亡结果,区别在于有无结果回避可能性,过于自信过失中存在结果回避可能性,而不可抗力中不存在结果回避可能性。

2. 过于自信过失致人死亡与间接故意杀人的区分

二者的相同点为行为人都预见到可能会发生死亡结果;区别在于意志因素,过于自信过失致人死亡中死亡结果的发生违背行为人的意志,间接故意杀人中死亡结果的发生没有违背行为人的意志,行为人对死亡结果持放任态度。

(1)判断客观危险。间接故意中行为人对危险的认识和相信程度,会决定其能否形成反对动机。客观危险是认识因素判断过程中要考虑的重要指标。

间接故意等于有高度危险意识,经过认真地计算,然后容认结果的发生;过于自信过失是不认真地计算或者相信可以避免。过于自信过失中行为人虽然认识到危险,但其要么不认真对待这种危险,因为违反注意义务而否定对行为客体的具体危险;要么认真对待危险,但仍然违背义务地相信危害结果可以避免。

放任是否存在,与行为人认识到结果发生的盖然性高低有关。判断盖然性高低,与行为的风险性大小有关。行为风险性的大小,又取决于法益的重要性。生命法益属于最重要的法益,如果行为人毫不在意而低估其重要性,则不能排除间接故意。当然,对可能引起日常性危险的行为不能评价为间接故意。例如,交通肇事行为是一种法所不允许的风险,它由每日必须进行的交通行为所引起。基于维持必要社会生活的需要,使用交通工具所带来的危险必须被人们忍受,人们在日常生活中已学会如何避免、应对这些危险。这种危险在生活领域不是必须被避免的,行为人的行为如果是这些与日常风险有关的,例如醉酒驾车、超速行驶、为赌气超越他人车辆而有意不保持安全距离行驶,即使行为人对自己行为的反规范性质有明确认识,也不能认为其容认死亡结果的发生,不能评价为间接故意杀人。①

(2)行为人的态度。间接故意中行为人对死亡结果抱有无所谓态度,而过于自信过失的特点是轻纵。对结果产生抱有无所谓态度和相信结果能够避免,是具有互补性的概念,即二者彼此相连、互为补充:谁相信结果可以避免,并本着该认识行动的,就不是放任;谁放任结果的产生,就不会相信结果可以避免。是否能认定为放任,而不是轻率,弗兰克公式可以作为试金石:行为人自己已经发现结果可能这样,也可能那样,但发生这样的结果也好,发生那样的结果也好,无论如何他都要"干到底"。

所以,在区别间接故意和过于自信过失时,需要特别注意:行为人除其意识上对结果的发生可能性有认识之外,还需要对结果的发生有特别的评价。当行为人严肃地认为结果可能发生并进而行动时,其行为决定中已然包含对结果的预见,这种对结果的预见已经具有目的支配性。而当行为人对结果的预见和应受负面评价的结果在作出行为决定时结合在一起,就表现出行为人个人不法的特质。相反,如果行为人并不认真地认为结果会发生,就等于不认为结果有发生可能性。因此,认真地认为结果有发生的可能性,进而行动,表示在行为决定之时就预见了结果。例如,在年会射击表演时,未受过专门训练的甲与人打赌,射击女演员头顶的酒杯而击中女演员,致其死亡。一方面,生命法益是最重要的法益,甲这样的举动对他人生命具有很高的危险性。另一方面,甲也认为死亡结果是有可能发生的,仍实施射击行为,表明甲对死亡结果持放任态度。甲

---

① 参见周光权:《刑法总论》(第三版),中国人民大学出版社2016年版,第173页。

的行为应属于间接故意杀人。

在【案例 16-2 拉拽车门致死案】中,被告人杨春辩称,其不知道被害人在车下,只是在感觉车子颠簸后,下车才发现被害人被车碾轧了。一审法院认为,被告人杨春因琐事与被害人吴雪琴争吵后,为摆脱吴雪琴的纠缠,欲驾车离开现场。在低速行驶中,杨春从驾驶室窗口处看到吴雪琴抓着汽车,已经预见到自己继续驾驶的行为可能发生危害社会的结果,但因过于自信认为吴雪琴会自动撒手,不会发生危害结果,最终导致汽车缓行转弯时,被害人吴雪琴倒地,并遭汽车后轮碾轧致死。法院据此认定杨春的行为构成过失致人死亡罪,判处其有期徒刑 4 年。

一审宣判后,检察机关提出抗诉称:被告人杨春的行为构成故意伤害罪,因为其主观上具有伤害的间接故意,客观上实施了伤害他人身体的行为,最终产生致人死亡的结果。

江苏省无锡市中级人民法院经审理认为,被告人杨春明知被害人吴雪琴悬吊在其车窗外,已经预见到其低速行驶可能致使吴雪琴倒地受伤,但轻信吴雪琴会自动放手而避免严重后果的发生,最终造成吴雪琴死亡的严重后果,其行为构成过失致人死亡罪。杨春与吴雪琴虽因琐事发生口角,但无明显的争执与怨恨;杨春关于案发当时急于脱身,且驾车低速行驶,认为吴雪琴会自己松手,不可能造成严重后果以及未能及时意识到吴雪琴倒地后可能会被右转过程中的车后轮碾轧的辩解符合情理;综合法医鉴定以及杨春在事发后积极协助抢救被害人等行为,应当认定被害人吴雪琴的死亡并非杨春的主观意愿,杨春主观上不具有伤害的故意,因此抗诉机关的抗诉理由和意见不予采纳,裁定驳回抗诉,维持原判。①

这里需要探究的是,被告人杨春有没有预见到自己的行为可能会发生致人死亡的危害结果?杨春辩称,不知道被害人在车下,其是在感觉车子颠簸后,下车才发现被害人被车碾轧了。案发时,杨春驾驶车辆欲离开,吴雪琴遂用右手抓住汽车的副驾驶室车门、左手抓住车厢挡板,阻止杨春离

---

① 参见最高人民法院刑事审判第一、二、三、四、五庭主办:《刑事审判参考》(总第 75 集),法律出版社 2011 年版。

开。杨春见状仍驾车向前低速行驶数米并向右转弯。既然杨春看到了被害人吴雪琴的阻止行为,仍然驾驶车辆前行,就表明杨春预见到自己的行为对他人生命具有危险性。在此前提下,需要判断杨春对被害人死亡结果持放任态度还是反对态度。

首先,杨春采取了一定的避免措施,这些措施足以表明,死亡结果的发生违背杨春的意愿。间接故意不反对、不排斥危害结果的发生,不会凭借条件或采取措施避免危害结果的发生;而过于自信过失其核心在于避免危害结果的发生,行为人综合考虑到了能够避免危害结果发生的有利因素,甚至往往能采取一定措施,或调整自己的行为方式,或采取一定的预防措施,设法避免危害结果发生。在危害结果发生后,行为人事后的态度也在一定程度上反映出行为时的心理态度,过于自信过失中行为人不希望危害结果发生,所以,一旦发生危害结果,行为人非常懊悔,往往采取各种补救措施,如防止危害结果的扩大、尽量减少损害等;而间接故意中行为人对危害结果的发生往往无动于衷,一般不采取任何补救措施。具体联系本案,杨春驾驶汽车时车速较慢,且没有实施加速行为,说明其采取了自认为能够避免危害结果发生的措施,相信自己稳速慢行,被害人会自动放手,不致对被害人造成什么伤害。被害人被碾轧时汽车仅驶出数米,杨春发现后车轮不正常跳动后随即下车查看,事发后留在现场积极协助抢救被害人直至被抓获,并支付了即时发生的抢救费用,其采取的上述补救措施表明其内心懊悔,被害人死亡的结果完全违背其主观愿望,而非放任危害后果的发生。

其次,从案件的起因考察,被告人杨春没有放任危害结果发生的现实动因。判断行为人对危害结果持怎样的态度,应当先考察案件的起因,从被告人与被害人的关系,双方之间冲突的程度,是否存在足以使被告人放任危害结果发生的心理因素等方面进行判断。对于本案,可以从以下一些情况进行分析:被告人杨春与被害人吴雪琴初次相识,二人不存在积怨;吴雪琴要求杨春将卸在店门口的桶装水搬入店内,杨春明确表示拒绝,为此吴雪琴产生不满,但二人之间并没有发生明显的争执,双方不曾恶言相向或实施过激行为;杨春为避免被害人纠缠,卸完水后随即离开,二人接触的时间很短,从见面到案发的时间间隔也较短,彼此不至于产生过大的仇恨。

综合上述情况,被告人杨春驾车离开应该是急于脱身,试图逃避被害人要求的加重的劳动负担,没有放任对被害人身体造成伤害的现实动因。

最后,被告人杨春虽然采取了避免危害结果发生的措施,但是对结果的发生存在过于自信的心理。间接故意不反对、不排斥危害结果的发生,是因为如果阻止其发生,将直接影响行为人所追求的目的结果的实现,所以,间接故意中行为人不仅没有防止危害结果发生的打算,对有利于避免危害结果发生的因素也不予理睬。过于自信过失中行为人已经预见到危害结果发生的可能性,还要坚持实施既定行为,是因为行为人根据一定条件相信自己可以避免危害结果的发生。行为人的这种自信不是毫无根据的,而是具有一定现实有利条件的,如果行为当时根本就不具备避免危害结果发生的客观条件,或者行为人没有认识到这些条件,或者行为人不想利用这些条件避免危害结果的发生,则说明行为人对危害结果的发生持放任的态度,即存在间接故意。为此,需要通过行为当时的条件和特点判断行为人是否认识到存在能够避免危害结果发生的客观条件,这些条件是否确实客观存在从而足以使行为人产生"轻信"。本案案发时,被告人杨春刚刚发车,车速较慢,加上车身不高,被害人完全能够双脚着地,这些情况充分表明杨春是在试图摆脱被害人的纠缠,希望自己稳速慢行的过程中被害人能自动放手。基于社会一般人的认识标准,被害人应当知道行驶中的车辆严禁攀爬、悬吊及此行为可能导致的后果,杨春据此认为,被害人会主动放弃这种违反交通法规、妨碍交通安全的行为,采取适当措施避免自己遭受伤害,并估计汽车在缓慢行驶过程中被害人放手着地不会造成什么伤害后果。综合这些情况,应当认为,杨春认识到了行为时能够避免危害结果发生的一些条件,这些条件也确实客观存在,因此,杨春在主观上不具备间接故意的特征,至多具有过于自信过失。

三、犯罪之间的界限

(一)本罪与故意伤害(致人死亡)罪、故意杀人罪的界限

实务中,故意杀人罪、故意伤害(致人死亡)罪、过失致人死亡罪这三个罪名非常容易混淆,需要厘清其区分方法。

1. 应遵循从客观到主观的判断路径,先判断客观行为再判断主观要件。这是由刑法客观主义立场所决定的。

2. 在判断客观行为时,应注意以下三个方面:(1)重视构成要件的定型机能。每个犯罪的构成要件都是特定的。应判断客观行为是否符合具体犯罪的构成要件,是不是符合该罪构成要件的行为,也即实行行为。(2)重视保护法益的指导机能。应以具体犯罪的保护法益为指导来判断客观行为,符合构成要件的行为应是对保护法益产生实质的、类型化危险的行为。(3)重视因果关系的论证。一个人只需对与自己行为有因果关系的结果负责。因此,需要判断该危害结果与行为人的行为之间是否存在因果关系,该危害结果是不是行为人的行为所蕴含的类型化危险的相当程度的实现。

3. 在判断主观要件时,一方面应结合行为人主观认识能力和客观环境条件,另一方面应结合一般人标准和行为人标准。

4. 判断各个犯罪时应遵循由重到轻的顺序。如果先判断轻罪,即使行为符合了轻罪的构成要件,仍需判断行为是否符合重罪的构成要件。重罪有可能包容轻罪,而轻罪不可能包容重罪。就故意杀人罪、故意伤害(致人死亡)罪、过失致人死亡罪而言,应先判断行为是否符合故意杀人罪的构成要件,再判断是否符合故意伤害罪的构成要件,最后判断是否符合过失致人死亡罪。

具体而言,在被害人死亡的场合,大致分析步骤应该是:

第一步,先判断行为是否符合故意杀人罪的构成要件,是不是故意杀人罪的实行行为。故意杀人罪的实行行为必须具有导致他人死亡的实质的类型化危险。例如,向被害人的小腿划一刀,不能评价为杀人行为,向被害人的心脏刺一刀,无论行为人如何辩解,都属于杀人行为。又如,以为碘盐能够杀死人而向被害人水杯中投放食盐,不能评价为杀人行为。如果判断结论是行为不属于故意杀人罪的实行行为,就没有必要判断行为人是否具有杀人故意,因为即使有杀人故意,也不能认定行为人构成故意杀人罪。如果判断结论是行为属于故意杀人罪的实行行为,然后再判断行为人主观上有无杀人的故意。如果有,则行为人构成故意杀人罪。

例如,被告人官其明在其恋人张爱华提出分手后,明确表示不同意,两人由此发生争吵。官其明一时气愤,用手捂张爱华的口鼻,被张爱华推开后,又将张爱华推倒在床上,并坐在张爱华的肚子上,用双手猛掐张爱华的脖子,致张爱华窒息死亡。经法医鉴定,张爱华是被他人捂口鼻及压迫颈部致机械性窒息死亡。一审、二审法院均认为,被告人官其明目无国家法律,因恋爱之中女方提出与其分手而心怀愤恨,采用捂口鼻和掐脖子的方法,非法剥夺被害人生命,构成故意杀人罪。①应当说,法院的判决是有道理的:在争吵中,官其明一时气愤、临时起意,但是攻击的部位是张某的脖子,手段是掐住,而且是长时间掐住,直至其窒息身亡。这些因素足以表明,官其明认识到自己的客观行为会发生他人死亡的结果,并且放任这种结果发生。因此,官其明具有杀人故意,构成故意杀人罪。

如果结合在案证据,经审查认定被告人的行为不属于故意杀人罪的实行行为,那么,判断工作就需要往下进行。

第二步,判断行为是否符合故意伤害罪的构成要件,是不是故意伤害罪的实行行为。故意伤害罪的实行行为必须具有导致他人生理机能受到轻伤程度的实质的类型化危险。例如,将他人推搡一把的行为,不能评价为故意伤害罪的伤害行为,而向他人腿部划一刀的行为,属于故意伤害罪的伤害行为。如果判断结论是行为属于故意伤害罪的实行行为,然后再判断行为人主观上有无伤害的故意。如果有,则行为人构成故意伤害罪。在此基础上,如果伤害行为导致被害人死亡,就判断行为人对死亡结果有无过失;如果有,则行为人构成故意伤害(致人死亡)罪。如果判断结论是行为不属于故意伤害罪的实行行为,那么判断工作进入第三步。

第三步,判断行为是否符合过失致人死亡罪的构成要件,是不是过失致人死亡罪的实行行为。过失致人死亡罪的实行行为是违反注意义务,并对他人生命产生实质危险的行为。如果判断结论是行为属于过失致人死

---

① 参见最高人民法院刑事审判第一、二、三、四、五庭主办:《中国刑事审判指导案例 3:侵犯公民人身权利、民主权利罪》,法律出版社 2012 年版,第 108 页。

亡罪的实行行为,然后再判断行为人主观上对死亡结果有无过失。如果有,则行为人构成过失致人死亡罪;如果没有,就只能认定为意外事件。

上述三个检验步骤看起来很简单,但是真正用起来极为不易,尤其是对于故意伤害致人死亡罪和过失致人死亡罪的区分,在实践中显得十分困难。

在【案例 16-3　推人一掌致死案】中,要认定被告人罗某是否构成故意伤害罪,应坚持从客观到主观的路径。具体到故意伤害罪的判断,首先判断行为人的行为是不是符合故意伤害罪构成要件的行为;如果有,则接下来判断该符合构成要件的行为(也即故意伤害罪的实行行为)与危害结果之间有无因果关系;如果有,则接下来判断行为人对其行为和结果在主观上是否持有犯罪故意;如果是,则可以得出行为人构成故意伤害(致人死亡)罪的结论。

可以看出,法院认为,被告人罗某的掌推行为是故意伤害罪的伤害行为,同时该行为与被害人莫某的死亡之间具有因果关系,并且罗某对该死亡结果存在故意,因此罗某构成故意伤害罪。然而,这种结论值得商榷。

其一,是否存在故意伤害罪的实行行为?

故意伤害罪的实行行为并不包括日常生活中的轻微殴打行为。判断一个行为是否符合故意伤害罪的构成要件,必须以本罪的保护法益为指导。理论上的通说认为,故意伤害罪保护的法益是生理机能的健康,而非身体完整性。剪掉他人头发、指甲等行为不属于故意伤害罪的伤害行为。只有对人的生理机能的健康造成实质损害的,才属于伤害行为。同时,根据刑法的谦抑性,极其轻微的伤害行为不属于故意伤害罪的实行行为,例如拔掉他人一根头发。我国刑法也将轻微伤排除在故意伤害罪的实行行为范围之外,只有轻伤及以上的伤害行为才属于故意伤害罪的实行行为。

问题是,如何认定符合故意伤害罪构成要件的轻伤害行为?实务中的常见做法是根据实害结果来认定,也即只要行为造成轻伤结果,那么行为就是轻伤害行为;只要行为造成重伤结果,那么行为就是重伤害行为。

然而,这种做法并不严谨。这种做法是用结果来倒推行为的属性,颠倒了行为与结果引起与被引起的关系。先有行为,后有结果,结果只是行为危险性的表现。在逻辑关系上，是行为的危险性决定了结果的有无，而不是结果的有无决定了行为的危险性。

如果一味根据结果来认定行为的危险性，容易导致结果责任或偶然责任。一个危险性很严重的伤害行为，有可能没有造成严重后果；一个危险性很轻微的伤害行为，有可能造成严重后果。在这种境况下，行为人是否承担刑事责任就完全依赖运气了。这显然是违背责任主义的。

因此，对结果的作用和地位不应过分夸大。结果是考察行为危险性的重要素材、证据，但不是行为危险性的决定性因素。行为的危险性蕴含在行为本身之中，因此考察行为的危险性需要具体考察行为本身的一些特征，例如行为人所使用凶器的杀伤力、打击的部位等。

概言之，故意伤害罪的构成要件对故意伤害罪的实行行为具有定型机能，符合故意伤害罪构成要件的行为必须对他人的生理机能具有实质的、类型化的危险性。日常生活中的轻微殴打行为对他人的生理机能健康不具有实质的、类型化的危险性，因此不属于故意伤害罪的实行行为。当这种轻微殴打行为偶然地引起严重后果时，不能以此认定行为就属于故意伤害罪的实行行为。本案中，莫某与罗某发生争吵。莫某推了一下罗某，罗某朝莫某的左面部打了一拳，又用左手掌推莫某右肩，致使莫某在踉跄后退中后脑部碰撞到门框。这种行为本身仅属于轻微伤害行为，不属于轻伤害行为，对对方的生理机能健康不具有实质的、类型化的危险性，因此不属于故意伤害罪的实行行为。此时，不能因为该行为偶然地引起严重后果，就认为该行为属于故意伤害罪的实行行为。

其二，行为和结果之间的因果关系是否存在？虽然被告人罗某的行为不属于故意伤害罪的实行行为，但属于过失致人死亡罪的实行行为，也即违反注意义务的疏忽大意行为。罗某是否构成过失致人死亡罪，就需要先判断其过失行为与被害人莫某的死亡有无因果关系。

第一种观点认为，不能确认罗某的掌推行为与莫某的死亡之间具有因果关系。因为导致莫某死亡的原因是多方面的，包括莫某大量饮酒、罗某的掌推行为、莫某碰撞门边以及跌倒等。这几个因素相结合共同导致莫某死亡，无法认定罗某的掌推行为是莫某死亡的主要原因。莫某自己前行两步后跌倒是距离死亡最近的因素,可以认作莫某死亡的原因。

第二种观点认为,罗某的掌推行为与莫某的死亡之间具有因果关系。罗某的掌推行为本来不会产生莫某死亡的结果,但该行为直接导致莫某头部碰撞门边及撞后倒地,这两个原因的介入引起了莫某的死亡,因此罗某的掌推行为与莫某的死亡之间具有偶然因果关系。

实际上,第一种观点采用了原因说来分析因果关系。原因说主张以某种规则为标准,从导致结果的条件中挑选出应当作为原因的条件,只有这种原因与结果之间才存在因果关系。例如,有人主张最后一个条件是原因,有人认为最有力的条件是原因。但是,要从对结果起作用的诸多条件中挑选一个条件作为原因,不仅极为困难,也不现实,而且选择的结果避免不了随意性。所以,原因说在大陆法系国家刑法理论中已经失去了地位。

应当说,第二种观点的结论是正确的,但是其说理并不十分充分。实际上,根据条件说可以对此进行论证。判断罗某的掌推行为与莫某的死亡之间有无因果关系,主要是看二者是否存在"无前者则无后者"的条件关系,如果存在,则二者具有因果关系。根据法医鉴定,莫某的死亡是生前后枕部与钝性物体碰撞及撞后倒地导致脑挫伤、蛛网膜下腔出血所致。这表明,如果没有罗某的掌推行为,则莫某头部后枕部不会与钝性物体发生碰撞,也就不会出现莫某倒地及脑挫伤的结果,符合"无前者则无后者"的条件关系。因此,罗某的掌推行为与莫某的死亡具有刑法上的因果关系。

其三,是否存在伤害故意?虽然被告人罗某的行为与被害人莫某的死亡有因果关系,但是不能依此直接得出罗某需承担刑事责任的结论。确定因果关系只是解决了犯罪客观要件的问题,行为人是否承担刑事责任,还需看是否具备主观要件。

需要注意的是,司法实务中容易出现的错误是:某个日常轻微殴打行为一旦有死亡结果发生,就反过来看被告人是否"有意"地实施该殴打行为,如果是有意实施的,就认为被告人具有故意伤害罪所要求的伤害故意,最终得出被告人构成故意伤害罪的结论。其实,即便殴打、推搡行为是有意实施的,但这种有意性和故意伤害罪中基于故意实施的、应当达到一定程度的伤害并不相同。行为人即使有通过殴打让被害人遭受皮肉之苦的意思,但很难说其具有严重伤害他人生理机能健康的故意。①

在本案中,被告人罗某并没有追求造成被害人莫某伤害或死亡结果的故意,其并没有预见到莫某会死亡,因此其并没有故意伤害罪所要求的犯罪故意。但罗某对莫某的死亡结果是否存在过失?对此,需考察罗某对莫某的死亡是否具有预见可能性。这需要考察案发时的客观条件和罗某本人的主观认识能力。当时,罗某用右手朝莫某的左面部打了一拳,接着又用左手掌推莫某右肩,致使莫某踉跄后退。在这种情形下,罗某虽然没有预见到其行为对莫某会造成严重危害结果,但具有预见的可能性。因此,罗某存在疏忽大意过失,应当构成过失致人死亡罪。

(二) 法条竞合

《刑法》第233条在规定本罪时,同时规定"本法另有规定的,依照规定"。这一规定表明,本罪与具体领域发生的过失致人犯罪存在法条竞合关系,本罪属于普通法条,"另有规定"属于特别法条。

特别法条的存在,意味着某种行为类型从外观、形式上看,只要是属于立法上所预设的特别法条所规范的,就应该排斥普通法条的适用可能性。此时,选择普通法条并不符合犯罪竞合论的法理。法条竞合的基本法理显然不是为了尽可能地实现处罚,而是在行为具有处罚必要性时选择法条适用。在行为连按照特别法条都没有处罚必要性时,退而求其次,以普通法条定罪,是将没有处罚必要性的行为进行刑法处罚,这种做法并不合适。

有人认为,既然按照普通法条可以处罚,就应该适用普通法条,认为这就是坚持了构成要件的观念。但是,这只是看到了问题的一面——普通法条的有效性,而没有看到问题的另外一面——特别法条的"特别性"、限缩性。坚持特别法条的"特别性",也是坚持构成要件的观念。而且,在特别法条的"特别性"和普通法条的有效性相冲突时,普通法条的有效性最终应该丧失,就不再具有有效性。否则,立法上制定特别法条时限缩处罚范围的旨趣就会落空。特别法条的存在,意味着普通法条的效力被"冻结"、被

---

① 参见周光权:《刑法各论》(第三版),中国人民大学出版社2016年版,第21页。

排斥,即便普通法条的法定最高刑更重,除法律有明确规定之外,也没有适用的余地。①

基于上述理由,《刑法》第233条中的"本法另有规定"是指,本法对"是否"处罚的"定型性"另有规定,而非仅仅包括本法对"需要"处罚的特殊行为有规定之"另有规定"。《刑法》分则对某些作为特别类型来看待的行为,只要是在"定型性"上"另有规定",那么,在决定是否按照该特殊类型来加以处罚时,需要考虑本法是否"另有规定",行为在类型化上属于该特别规定,但尚未达到追究标准(定罪门槛)时,不对该行为进行追究,也需要考虑该"另有规定"。所以,《刑法》第233条的"另有规定",一方面,是指需要定罪的"另有规定",即当特别法条规定了定罪处罚条文时,必须适用特别法条,禁止适用普通法条;另一方面,也包括不需要定罪时要类型化地加以考虑的"另有规定"。

对于【案例16-4 校车着火案】,检察机关以过失致人死亡罪对被告人高知先、乔永杰提起公诉,律师以重大责任事故罪辩护。一审法院认为,根据《刑法》第233条的规定,过失致人死亡,本法另有规定的,依照规定。被告人高知先、乔永杰对面包车起火后烧死4人、烧伤2人这一严重危害结果虽然都有过失,但《刑法》第133条规定了交通肇事罪,根据最高人民法院《关于审理交通肇事刑事案件具体应用法律若干问题的解释》第7条的规定,单位主管人员、机动车辆所有人或者机动车辆承包人指使、强令他人违章驾驶造成重大交通事故的,以交通肇事罪定罪处罚。涉案面包车起火时,位于公共交通管理范围内,因此,本案是交通工具起火后造成4人死亡、2人受伤危害结果的重大交通事故,二人均应构成交通肇事罪。

重大责任事故罪在客观方面表现为不服管理、违反规章制度,或者强令工人违章冒险作业,因而发生重大伤亡事故或者造成其他严重后果的行为。被告人乔永杰是在驾车行驶过程中,违反交通运输管理法规,直接向汽化器供油,才导致在道路上发生车辆损毁、人员伤亡的事故。这个行为

---

① 参见周光权:《法条竞合的特别关系研究——兼与张明楷教授商榷》,载《中国法学》2010年第3期。

侵犯的法益是交通运输安全,而非工厂、矿山、林场、建筑企业或者其他企业、事业单位的生产安全,因此,对乔永杰辩护人提出的乔永杰行为构成重大责任事故罪的辩护意见不予采纳。

一审宣判后,高知先不服判决,提出上诉,理由是:其不懂驾驶,没有实际驾车,在得知汽车有故障后,叫司机去修车,没有强令其驾驶;发生事故,完全是司机违规操作引起的,与其无关,其行为不构成交通肇事罪。

二审法院认为,原审认定被告人乔永杰违反交通运输法规,驾驶机动车发生重大交通事故,以交通肇事罪定罪处罚,是正确的。主管人员、肇事车辆的管理人,只有在指使、强令他人违章驾驶而造成重大交通事故的情况下,才能以交通肇事罪定罪处罚。上诉人高知先既不是交通事故中的直接肇事者,本案证据也不能证明高知先指使、强令乔永杰违规操作,却能证明在得知车辆出现故障后,高知先租用其他车辆将故障车上的幼儿送走,并告知乔永杰修理故障车。可见,一审认定高知先指使乔永杰违规驾驶,缺乏证据支持,高知先的行为不应构成交通肇事罪。

由于本案事故车辆是月亮船幼儿园专用于接送幼儿的工具,是教育教学设施。上诉人高知先作为月亮船幼儿园园长,对该教育教学设施的安全负有直接责任。高知先明知该车油路堵塞急需检修,不履行职责将该车交给专业人员检修以便排除危险,却让原审被告人乔永杰使用已确定存在安全隐患的教育教学设施接送幼儿。本案车辆损毁、人员伤亡的危害结果,固然是乔永杰违反交通运输法规的行为直接造成的,但其中3名幼儿被烧死、2名幼儿被烧伤,与高知先明知教育教学设施有危险而将其继续投入使用的行为有因果关系。高知先的行为有严重的社会危害性,应当以教育设施重大安全事故罪追究其刑事责任,遂以该罪判处其有期徒刑4年。[①]

在本案中,被告人乔永杰明知校车存在严重问题,不符合上路要求,仍驾驶该车上路,当该车发生故障后,又违反交通运输管理法规的规定,采用直接为汽化器供油的办法继续行驶,以致造成车辆损毁、人员伤亡的严重

---

① 参见《郑州市中原区人民检察院诉高知先、乔永杰过失致人死亡案》,载《中华人民共和国最高人民法院公报》2005年第1期。

后果。这种行为一方面触犯过失致人死亡罪,另一方面触犯交通肇事罪。由于过失致人死亡罪与交通肇事罪是法条竞合关系,交通肇事罪是特别法条,根据特别法优于一般法的适用原则,对被告人乔永杰应以交通肇事罪论处。

被告人高知先不是交通事故中的直接肇事者,也不能证明其指使、强令乔永杰违规操作,因此,不构成交通肇事罪。但高知先是否构成教育设施重大安全事故罪,需要仔细论证。

第一,该罪的行为对象是教育设施,本案事故车辆,是月亮船幼儿园专用于接送幼儿的工具,属于教育设施。可能有人认为这种解释是类推解释,应当被禁止。扩大解释是被允许的解释。类推解释与扩大解释的区分在于:(1)扩大解释得出的结论没有超出民众的预测可能性;类推解释得出的结论明显超出民众的预测可能性。(2)扩大解释得出的结论在用语可能的含义范围内(词语文义的"射程"之内);类推解释得出的结论在用语可能的含义范围外(词语文义的"射程"之外)。(3)扩大解释没有提升概念的位阶;类推解释提升了概念的位阶。(4)扩大解释是对规范的逻辑解释;类推解释是对类似事实的比较。就"教育设施"而言,需要具备两个要件,一是设施,二是用于教育。本案事故车辆属于月亮船幼儿园专用于接送幼儿的工具,属于用于教育事业的工具。问题的关键在于车辆是否属于"设施"?有人可能认为,设施应是指固定的、静止不动的某些物体,如建筑物等,而车辆属于运动中的运输工具,不应被视为设施。其实,对"设施"这一概念不应添加不动性要件,设施包括运动性的物体。例如,抢劫罪中有抢劫"金融机构"的规定,有关司法解释认为,使用中的运钞车属于"金融机构"。虽然从字面上理解,"机构"好像是静止不动的物体,但其实不然,可以包括运动中的运钞车。同理,运输工具可以被视为某种设施。其实,教育设施不仅限于设施,还包括设备。而设备不需要具有不动性,本案的车辆就属于一种用于教育的设备。

第二,该罪的行为方式是不作为,也即在教育设施存在危险的情况下,不采取措施消除危险,以致发生重大伤亡事故。应注意的是,采取措施履行作为义务,要求具有有效性,也即避免危害结果发生的可能性,否则视为没有采取措施,没有履行作为义务。例如,甲交通肇事致乙重伤,甲故意不用车送乙去医院,而是背着乙跋山涉水去医院,乙因为未得到及时救助而死亡。在此,甲貌似履行了救助义务,但是没有真诚努力履行,视为没有履行,构成不作为的故意杀人罪。所以该罪的不作为,也即"不采取措施",既包括没有采取任何措施,也包括没有采取任何有效措施。本案中,被告人高知先作为月亮船幼儿园园长,对该幼儿园的教育设施的安全负有直接责任。高知先明知该车油路堵塞急需检修,不履行职责将该车交给专业人员检修以便排除危险,却让乔永杰使用该已确定存在安全隐患的教育设施接送幼儿。表面上看,高知先采取了一定措施,但是该措施并不具有有效性和避免危害结果发生的可能性,因此,仍然属于没有履行作为义务的不作为。而且,这种不作为与危害结果的发生存在因果关系。

第三,该罪的主观方面是过失。虽然该罪条文规定"明知",但这种"明知"不等于故意犯罪中的"明知",只是表明行为人已经预见到有发生危害结果的危险。由此可以看出,该罪所要求的过失是指过于自信过失。本案中,当乔永杰驾驶的车辆出现故障后,打电话将此事通知给高知先。高知先与孟辉军骑摩托车赶到现场后,见车辆仍未修好,由于时间较晚,高知先就到附近租了一辆车,将留置在故障车内的儿童全部送走,要求乔永杰和孟辉军继续修车,修好后送园内其他幼儿。这表明,高知先已经认识到车辆存在安全隐患,采取了一定措施后轻信能够避免危害结果的发生,属于过于自信过失,能够成立教育设施重大安全事故罪。

值得进一步讨论的是教育设施重大安全事故罪与过失致人死亡罪的关系。从法律条文规定上看,二者属于法条竞合关系。过失致人死亡罪中的过失属于普通过失,教育设施重大安全事故罪中的过失属于管理过失。普通过失,是指行为人在日常生活中发生的过失。管理过失,是指行为人没有采取必要的防范措施,或者没有指示他人采取措施,导致危害结果的发生。管理过失者的注意义务,是管理者为了在企业经营上、事务管理上保护人的生命、身体安全而负有的义务。这里的管理包括两种情况:(1)对人的管理。例如精神病院的护士负责看管精神病患者,但疏于管理,导致精神病患者杀了人。(2)对物(设备、设施、动物等)的管理。例如,行为人甲负责看管烟花爆竹仓库,但对仓库大门经常不上锁,导致乙擅自闯入乱丢烟头,酿成火灾。又如,在因旅馆发生火灾而烧死住宿客人的场合,就旅馆的从业人员而言,其违反了关于灭火活动和引导住宿客人避难等注意义务;同时,就旅馆的经营、管理人员而言,也必须追究其有关确立旅馆建筑物的防火设备、从业人员的防火体制等注意义务的违反责任。管理过失不是疏忽大意过失和过于自信过失之外新的过失种类,仍然可以被归入疏忽大意过失和过于自信过失之中,只不过相比普通过失,在方式上具有一定特殊性而已。就通常发生于宾馆、商场的火灾事故的管理过失而言,裁判的理由是:需要采取措施防范、消除隐患,只要不消除这些管理体系上的不完善,"一旦发生火灾",就会造成死伤危险。这里的"一旦发生火灾"属于"附条件的预见可能性",并不能确保对结果的预见可能性。管理责任就和"危惧感说"、新过失论很接近。① 即便认可这种质疑,也可以认为,高知先在现场知道车辆存在危险性后,对其简单修理后还存在的危险性具有具体的预见,其已经充分认识到车辆所存在的安全隐患,因此,肯定其管理过失是没有问题的。

因此,在本案中,被告人高知先同时触犯了过失致人死亡罪和教育设施重大安全事故罪。由于二者存在一般法条与特别法条的竞合关系,根据特别法条优于一般法条的适用原则,对被告人高知先应以教育设施重大安全事故罪论处。

---

① 参见〔日〕松原芳博:《刑法总论重要问题》,王昭武译,中国政法大学出版社2014年版,第231页。

第十七讲
黑社会性质组织的非法控制特征

【案例17-1　村委会"涉黑"案】

　　侦查机关查明,1997年1月,被告人张更生被选为闻喜县桐城镇中社村村主任,1999年4月2日当选闻喜县城关镇第12届人大代表。1997年1月,被告人张更生、贾恺、王海忠、李王官当选中社村村委,研究以村委会、村支委会名义制作一批牌匾,由被告人张更生、陈吉云率人向驻在中社村区域内的单位送牌匾。次年,中社村村委会、村支委会又成立锣鼓队,每逢节日向中社村区域内的单位敲锣鼓、闹社火,获取钱财66笔,共计108 800元,收款记入村委会账上后,给参加者发工资、提成共计71 958.78元。张更生1997年担任村主任后,研究成立村治安联防队,该队对过往该村车辆收取费用3 000余元。在张更生担任村主任期间,对在该村区域内的许多单位索要土地补偿费、道路维修费等,共计19万元,均入了中社村村委会账。2000年4月1日,被告人张更生承包了闻喜县桐乡宾馆。其间,张更生招收、容留卖淫女并免费提供食宿,卖淫女最多时有20余人。1998年3月28日,张更生为索取债务纠集多人到刘治屹家,将刘治屹带走,非法限制其人身自由6天。检察机关对被告人张更生等人以组织、领导、参加黑社会性质组织罪提起公诉,法院经审理后认为,被告人张更生等人组成的中社村村委会不属于黑社会性质组织。① 如何区分黑社会性质组织与有违法犯罪行为的单位?

【案例 17-2 运煤老板"涉黑"案】

被告人谢某经营的公司在某电厂所在区域煤炭运输行业内占据了 60% 的市场份额,经营过程中多次因为超车、抢占装煤位等日常琐事而产生寻衅滋事和故意伤害的违法犯罪行为,法院据此判定其达到非法控制一定区域或者行业的严重程度,具备了黑社会性质组织的非法控制特征。② 法院的判决是否妥当?

【案例 17-3 联营体"涉黑"案】

被告人杨某等人被控以联营实体为依托从事长途货运经营,在经营过程中实施了一些不正当经营活动,法院认定其行为具备黑社会性质组织的所有特征。③ 该判决是否妥当?

组织、领导、参加黑社会性质组织罪,是指组织、领导以暴力、威胁或者其他手段,有组织地进行违法犯罪活动,称霸一方,为非作恶,欺压、残害群众,严重破坏经济、社会生活秩序的黑社会性质的组织,或者其他参加黑社会组织进行违法犯罪活动的行为。关于黑社会性质组织的认定标准,2002 年 4 月 28 日全国人大常委会公布的《关于〈中华人民共和国刑法〉第二百九十四条第一款的解释》规定了四项特征,2011 年 5 月 1 日施行的《刑法修正案(八)》吸收了该四项特征,为此增设了《刑法》第 294 条第 5 款,规定黑社会性质组织应当同时具备组织特征、经济特征、行为特征、非法控制特征(危害性特征)。

打击黑社会性质组织犯罪是一项复杂的系统工程。由于黑社会性质组织犯罪的构成要件和所涉及的法律关系较为复杂,在办案过程中对法律规定的理解不尽相同,为此,必须严格坚持法定标准,切实贯彻落实宽严相

---

① 参见最高人民法院刑事审判第一、二、三、四、五庭主办:《中国刑事审判指导案例 5:妨害社会管理秩序罪》(增订第 3 版),法律出版社 2017 年版,第 142 页以下。

② 参见安徽省淮北市相山区人民法院(2011)相刑初字第 158 号刑事判决书。

③ 参见广东省汕头市澄海区人民法院(2011)汕澄法一初字第 147 号刑事附带民事判决书。

济的刑事政策。司法机关应当严格依照刑法、刑事诉讼法及有关法律解释的规定办理案件,确保认定的事实清楚,据以定案的证据确实、充分,黑社会性质组织的认定准确无误。决不能因为强调严厉打击而将不构成此类犯罪的一般共同犯罪案件"拔高"认定,造成新的不稳定因素。① 在实务中,如果被告人组织、领导、积极参加的组织不符合黑社会性质组织的特征,将其作为黑社会性质组织加以严厉打击,会和罪刑法定原则相悖,导致刑法适用偏差。在这一前提下,深入思考黑社会性质组织的四个特征,对于确保对类似案件的慎重认定、公正查处,依法保障被告人的合法权益具有重大意义。

黑社会性质组织是为了与正统社会相对抗而存在的,只有在一定区域、行业内形成了非法控制才意味着在正统社会之外还存在一个非法的、地下的"黑"社会。是否在一定区域、行业内形成了非法控制,是认定黑社会性质组织是否成立的决定性标志,其与其他三个特征紧密关联,也是黑社会性质组织与恶势力团伙的重要区别点,因此,厘清黑社会性质组织的非法控制特征无论在理论上还是实务上都意义重大。

一、黑社会性质组织非法控制特征的流变

(一)对黑社会性质组织非法控制特征理解的变化

1997年修订的《刑法》第294条将黑社会性质组织的非法控制特征规定为"称霸一方,为非作恶,欺压、残害群众,严重破坏经济、社会生活秩序"。这一立法在一定程度上影响了司法解释的明确性。2000年12月5日最高人民法院《关于审理黑社会性质组织犯罪的案件具体应用法律若干问题的解释》(以下简称"2000年《解释》")第1条第(四)项规定了黑社会性质组织的其中一个特征,即"在一定区域或者行业范围内,以暴力、威胁、

---

① 参见最高人民法院刑三庭:《在审理故意杀人、伤害及黑社会性质组织犯罪案件中切实贯彻宽严相济刑事政策》,载《人民法院报》2010年4月14日,第6版。

滋扰等手段,大肆进行敲诈勒索、欺行霸市、聚众斗殴、寻衅滋事、故意伤害等违法犯罪活动,严重破坏经济、社会生活秩序"。这一规定可以说并未对非法控制特征进行特别明确的限制性规定,其主要内容是对行为特征的规定,只不过中间夹杂了"在一定区域或者行业范围内"严重破坏经济、社会生活秩序这一相对抽象的非法控制特征的内容。当然,在一定区域或者行业范围内破坏经济、社会生活秩序的规定相较于立法上的"称霸一方"明显更为具体化。

自2002年4月28日全国人大常委会公布《关于〈中华人民共和国刑法〉第二百九十四条第一款的解释》,以及2011年颁布《刑法修正案(八)》之后,司法解释上关于非法控制特征中"一定区域""一定行业"和具体控制行为的理解总体上朝着限制解释的方向进行,其内容趋向于明确,但中间存在一些反复。

1. 关于"一定区域"的理解

2009年12月9日最高人民法院、最高人民检察院、公安部《办理黑社会性质组织犯罪案件座谈会纪要》(以下简称"2009年《座谈会纪要》")规定,"区域的大小具有相对性,且黑社会性质组织非法控制和影响的对象并不是区域本身,而是在一定区域中生活的人,以及该区域内的经济、社会生活秩序。因此,不能简单地要求'一定区域'必须达到某一特定的空间范围,而应当根据具体案情,并结合黑社会性质组织对经济、社会生活秩序的危害程度加以综合分析判断"。

2015年10月13日最高人民法院《全国部分法院审理黑社会性质组织犯罪案件工作座谈会纪要》(以下简称"2015年《座谈会纪要》")则明显对非法控制特征进行了限制解释。

2018年1月16日最高人民法院、最高人民检察院、公安部、司法部《关于办理黑恶势力犯罪案件若干问题的指导意见》(以下简称"2018年《指导意见》")中规定,鉴于黑社会性质组织非法控制和影响的"一定区域"的大小具有相对性,不能简单地要求"一定区域"必须达到某一特定的空间范围,而应当根据具体案情,并结合黑社会性质组织对经济社会生活秩序的危害程度加以综合分析判断。由此可见,2018年《指导意见》中对"一定区域"的规定回到了 2009 年《座谈会纪要》的立场上,对于区域的空间大小、范围不再作特殊要求。如此一来,如果涉案犯罪组织的控制和影响仅存在于一座酒店、一处娱乐会所等空间范围有限的场所或者人口数量和流量、经济规模较小的其他区域,也可能被认定为对"一定区域"的控制和影响。

2. 对于"一定行业"的把握

根据 2009 年《座谈会纪要》的规定,黑社会性质组织所控制和影响的行业,既包括合法行业,也包括黄、赌、毒等非法行业。这些行业一般涉及生产、流通、交换、消费等一个或多个市场环节。但其并未明确这些行业是否属于同类行业。根据 2015 年《座谈会纪要》的规定,黑社会性质组织所控制和影响的"一定行业",是指在一定区域内存在的"同类"生产、经营活动。这样一来,对于一定行业的范围就作了限制。2018 年《指导意见》对于"一定行业"未作规定,其应当认同 2015 年《座谈会纪要》所规定的"一定行业",即在一定区域内存在的"同类"生产、经营活动。

3. 关于非法控制的八种情形

对于非法控制的具体情形,2009 年《座谈会纪要》规定了八种,2015 年《座谈会纪要》以及 2018 年《指导意见》都大致维持了这一标准。和 2009 年《座谈会纪要》相比较而言,2015 年《座谈会纪要》明显朝着限缩的方向进行解释。例如,2009 年《座谈会纪要》规定的第一种情形是"对在一定区域内生活或者在一定行业内从事生产、经营的群众形成心理强制、威慑,致使合法利益受损的群众不敢举报、控告",2015 年《座谈会纪要》(以及 2018 年《指导意见》)则规定为:致使在一定区域内生活或者在一定行业内从事生产、经营的"多名"群众,合法利益遭受犯罪或严重违法活动侵害后,不敢"通过正当途径举报、控告"。这一限制等于缩小了黑社会性质组织的认定范围,因为仅侵害极个别人的合法权益,或者貌似侵害了多人的权益,但所谓的被侵害方的行为具有非法性,并不能通过正当途径进行举报、控告的,都不能认为行为人具有非法控制性。不过,和 2015 年《座谈会纪要》相比,2018 年《指导意见》对个别非法控制具体情形的认定标准在一定程度上又有所放宽,似乎又回到了 2009 年《座谈会纪要》的取向上。

(二)重视黑社会性质组织非法控制特征的意义

通过对上述立法和司法解释流变的梳理,不难发现以下三点:(1)黑社会性质组织的非法控制,是指"通过实施违法犯罪活动,或者利用国家工作人员的包庇或者纵容,称霸一方,在一定区域或者行业内,形成非法控制或者重大影响,严重破坏经济、社会生活秩序"。(2)没有形成非法控制或重大影响的,就不可能成立黑社会性质组织犯罪。非法控制特征是黑社会性质组织的本质特征,也是黑社会性质组织区别于一般犯罪集团、恶势力团伙的关键所在。(3)不可否认的事实是,多个司法解释对非法控制特征的理解前后虽有细微差别,但无论如何都承认这一要素的重要性,都在为贯彻罪刑法定原则作出努力。

重视非法控制特征具有以下意义:(1)符合保护法益的要求。本罪保护的法益是一定范围内社会秩序的平稳。黑社会性质组织之所以冠以"黑社会"之名,是因为其与一般的犯罪组织相比,具有社会性。所谓具有社会性,是指该犯罪样态已经不是个体性现象,而是一种社会性现象,亦即在一定区域或行业内,通过非法手段控制形成一种非法的社会秩序,确立内部治理规则,最终达到非法控制效果。所以,非法控制特征使一定范围内的社会治安和经济社会管理秩序受到极大威胁,社会秩序的平稳变得不可能,且严重冲击了法规范的有效性,威胁合法政权的治理秩序,若长期放任黑社会性质组织存在,就会使民众丧失法律规范认同意识和忠诚信赖意识,因此,惩罚本罪行为,也是为了重塑法规范的效力。这样说来,强调非法控制特征就和法益保护之间存在紧密关联。(2)有助于准确区分普通犯罪集团、恶势力团伙和黑社会性质组织。普通犯罪集团,是指3人以上为共同实施犯罪而组成的较为固定的犯罪组织。普通犯罪集团与黑社会性质组织的相似之处是,二者都具有较稳定的组织形式,犯罪成员之间联系都较为紧密,都具有相当的经济实力。但是,在非法控制特征方面,二者差异极大,黑社会性质组织通过违法犯罪手段,在一定区域或一定行业形成了非法控制或重大影响,具有了非法的社会性特征。但是,犯罪集团不可能有这样的非法控制能力。恶势力团伙是在从一般团伙犯罪向黑社会性质组织犯罪的动态发展过程中处于较高级阶段的有组织犯罪形态,是黑社会性质组织的雏形(有少数可能发展为黑社会性质组织)。恶势力不追求也无法实现对社会的非法控制,不符合非法控制特征。恶势力的基本特点是:经常纠集在一起,以暴力、威胁或者其他手段,在一定区域或者行业内多次实施违法犯罪活动,为非作恶,欺压百姓,扰乱经济、社会生活秩序,造成较为恶劣的社会影响,但尚未形成黑社会性质的违法犯罪组织。恶势力一般为3人以上,纠集者相对固定,违法犯罪活动主要为强迫交易、故意伤害、非法拘禁、敲诈勒索、故意毁坏财物、聚众斗殴、寻衅滋事等,同时还可能伴随实施开设赌场、组织卖淫、强迫卖淫、贩卖毒品、运输毒品、制造毒品、抢劫、抢夺、聚众扰乱社会秩序、聚众扰乱公共场所秩序和交通秩序以及聚众"打、砸、抢"等。但无论如何,恶势力团伙对一定区域和行业的非法控制力是不存在的。对于恶势力团伙犯罪,在司法实践中应当按照行为人实施的单个行为所构成的具体犯罪进行处罚(仅对组织、领导犯罪集团的首要分子按照集团所犯的全部罪行进行处罚)。在有的案件中,虽然检察机关指控被告人"涉黑",但是,从在案证据看,黑社会性质组织的四个特征均不具备,尤其是非法控制特征欠缺,难以认定涉案组织在一定区域或者行业范围内形成非法控制,并称霸一方和严重破坏经济、社会生活秩序,不能认定该团伙为黑社会性质组织。但是,以其中一人为首的犯罪团伙纠结多人,以暴力、威胁或者其他手段,在一定区域内多次实施故意伤害、寻衅滋事、开设赌场等犯罪,为非作恶,扰乱经济、社会生活秩序,造成较为恶劣的社会影响的,可以认定为恶势力团伙,符合恶势力团伙的表现特征。例如,在"何某光等人涉黑案"中,法院认为该组织仅有个别成员较为固定,无法证实被告人何某光与其他被告人之间属于组织、领导与被领导、积极参与与一般参与的关系;从经济特征上看,能认定涉案组织存在经济来源的,仅为开设赌场犯罪,但现有证据无法证实涉案赌场与涉案组织的具体关系,也无法认定涉案赌场所获经济利益全部或部分用于违法犯罪活动或者维系犯罪组织的生存发展;本案涉及暴力特征的犯罪事实有故意伤害和寻衅滋事,但除其中故意伤害犯罪致一人轻伤外,其余五宗寻衅滋事导致的损伤程度均为轻微伤,涉案组织行为特征的暴力性不强,与黑社会性质组织的暴力特征有较明显的区别;尤其是非法控制特征完全不具备。法院认定,以被告人何某光为主的犯罪团伙,仅符合恶势力团伙的组织特征,即有3名以上的组织成员,有明显的首要分子,重要成员较为固定,成员经常纠结在一起,共同故意实施3次以上恶势力惯常实施的犯罪活动或者其他违法犯罪行为。① 我认为,这一判决是妥当的,没有把尚未形成黑社会性质组织的恶势力、恶势力团伙人为地拔高认定为黑社会性质组织。(3)重视非法控制特征,有助于分析和把握黑社会性质组织的其他特征。例如,认定组织特征时就需要考虑到从普通犯罪集团、恶势力团伙向黑社会性质组织发展是一个渐进的过程,没有明显的性质转变的节点,因此,对于那些已存在一定时间,且成员人数较多的犯罪组织,在定性时要根据其是否已具备一定的经济实力,是否"已在一定区域或者行业内形成非法控制或重大影响"等情况综合分析判断。再如,在认定黑社会性质组织的行为特征时,"多次进行违法犯罪活动"只是认定黑社会性质组织的必要条件之一,最终能否认定其为黑社会性质组织,还要结合非法控制特征来加以判断。即使有些案件中的违法犯罪活动已符合"多次"的标准,但根据其性质和严重程度,尚不足以形成非法控制或者重大影响的,也不能认定为黑社会性质组织。

二、黑社会性质组织非法控制的含义及理解

(一)非法控制的实质是支配

犯罪事实支配说认为,正犯能够以自己的意思对其他犯罪人进行命令或者阻止,把犯罪进程、法益侵害范围掌握在自己手上,是犯罪实施过程中的"灵魂人物"。② 黑社会性质组织中的非法控制和这里的犯罪事实支配有实质上的相同含义,而且其支配的范围更广,即组织、领导、积极参加黑社

---

① 参见广东省广州市中级人民法院(2018)粤01刑终1039号刑事裁定书。
② 参见周光权:《行为无价值二元论与犯罪事实支配说》,载《法学》2015年第4期。

会性质组织的人不仅能够支配自己手下的黑社会性质组织成员,而且能够支配同业竞争者,对其进行打压,其不法支配力、控制力能够排斥合法权力的支配和控制,使得其势力范围不断扩大。

借鉴共同犯罪中犯罪事实支配说的法理,可以清晰看出非法控制的实质是进行支配,不能形成对他人(团伙成员以及其他同类行业竞争者)的功能性支配、行为支配或意思支配,不能在相当程度上形成对社会秩序和合法社会管控权冲击的,谈不上在一定区域或者行业内形成非法控制,也就不可能严重破坏一定区域或者行业的经济、社会生活秩序。例如,在"纪某组织、领导黑社会性质组织案"中,被告人在村集体范围内仅从事零星工程,其所从事的竞争性业务并未占据所谓垄断地位,与同村其他人相比,所占的也是较小份额,无法控制特定业务,无法支配他人,也无法决定其所在特定行业的产品及服务价格,谈不上形成了非法控制或者重大影响。按照该案判决书所记载的事实,纪某等人反而多次被他人追至其家中殴打,多次被他人持枪射伤,有时甚至被动到需要其80多岁的奶奶向对方下跪求饶,才能逃避斗殴。① 对于这种无法从行为上、意思上支配他人,不具备非法控制特征的团伙,不应被认定为组织、领导、参加黑社会性质组织罪,仅应在法治立场下,根据其参与和实施的犯罪行为按照共同犯罪的规定进行定罪处罚,将犯罪团伙人为"拔高"为黑社会性质组织并不合适。

(二)非法控制特征的具体理解

黑社会性质组织的非法控制,是指"通过实施违法犯罪活动,或者利用国家工作人员的包庇或者纵容,称霸一方,在一定区域或者行业内,形成非法控制或者重大影响,严重破坏经济、社会生活秩序"。

1. 非法控制特征的文义理解

(1)"一定区域"。必须承认,区域的大小具有相对性,且黑社会性质组织非法控制和影响的对象并不是区域本身,而是在一定区域中生活的人,以及该区域内的经济、社会生活秩序。因此,不能简单地要求"一定区

---

① 参见福建省厦门市同安区人民法院(2010)同刑初字第399号刑事判决书。

域"必须达到某一特定的空间范围,而应当根据具体案情,并结合黑社会性质组织对经济、社会生活秩序的危害程度加以综合分析判断。当然,黑社会性质组织所控制和影响的"一定区域",应当具备一定空间范围,并承载一定的社会功能:既包括一定数量的自然人共同居住、生活的区域,如乡镇、街道、较大的村庄等,也包括承载一定生产、经营或社会公共服务功能的区域,如矿山、工地、市场、车站、码头等。对此,应当结合一定地域范围内的人口数量和流量、经济规模等因素综合评判。如果犯罪组织的控制和影响仅存在于一座酒店、一处娱乐会所等空间范围有限的场所或者人口数量和流量、经济规模较小的其他区域,则一般不能视为是对"一定区域"的控制和影响。

(2)"一定行业"。黑社会性质组织所控制和影响的行业,既包括合法行业,也包括黄、赌、毒等非法行业。这些行业一般涉及生产、流通、交换、消费等一个或多个市场环节。这是因为,通过介入社会经济生活来攫取不法利益,不仅是黑社会性质组织发展壮大的必要手段,也是其反社会性的具体表现。因此,"一定行业"一般应与市场经济活动直接相关。

实务中,常见的在一定区域、一定行业内形成非法控制或重大影响的情形有:把持基层政权、操纵破坏基层换届选举、垄断农村资源、侵吞集体资产;利用家族、宗族势力横行乡里、称霸一方、欺压残害百姓,形成"村霸";在征地、租地、拆迁、工程项目建设等过程中煽动闹事;在建筑工程、交通运输、矿产资源、渔业捕捞等行业、领域,强揽工程、恶意竞标、非法占地、滥开滥采;在商贸集市、批发市场、车站码头、旅游景区等场所欺行霸市、强买强卖、收保护费,形成"市霸""行霸";操纵、经营"黄赌毒"等违法犯罪活动;非法高利放贷、暴力讨债;插手民间纠纷,充当"地下执法队";等等。

(3)"非法控制或重大影响"。这是指黑社会性质组织对于经济、社会生活的干预度和影响力。非法控制或重大影响在控制程度上有所不同。"重大影响",是指对于一定区域或者行业内的人们虽然还没有达到非法控制的程度,但能够产生很大的影响,该区域或者行业内的人们之所以会按照对方的要求实施一定的行为或者不实施一定的行为,或者接受对方提出的条件,或者对于对方的违法犯罪活动不举报,很重要的原因也是害怕对方会采取殴打、伤害、杀害、毁坏财物等报复手段。因此,这里的"重大影响"不是侧重从违法犯罪活动所造成的客观危害结果上来说的,不应将"重大影响"仅仅理解为具体违法犯罪活动所造成的严重后果或者在社会上造成的轰动效应,否则,只要是严重的犯罪都可能造成"重大影响",而是侧重于从对一定区域或者行业内人们的心理影响程度上来说的,即行为对于一定区域或者行业内公众的心理压力和影响,仅与非法控制之间存在程度上的差别。① 换言之,这里的"重大影响",应当理解为行为人能够在相当程度上操控、左右、支配这些区域或行业,能够产生决定性影响。有的学者认为"非法控制"和"重大影响"之间存在较大差异,主张前者具有支配性,后者不具有操控性和支配性。② 但是,这一主张与立法上将"非法控制"和"重大影响"并列规定的事实相悖,并不具有合理性。从客观解释和目的解释的角度看,"非法控制"和"重大影响"的实质都是支配,只是在表现形式上有所不同而已。

(4)"严重破坏经济、社会生活秩序"。这是对非法控制一定区域或者行业所造成的客观危害结果的具体体现或进一步判断。行为虽然在一定的区域或者行业内形成了非法控制或者重大影响,但如果尚未达到严重破坏经济、社会生活秩序的程度的,还不能认定其属于黑社会性质组织。在判断某一犯罪团伙或集团的行为是否严重破坏经济、社会生活秩序时,应当综合考虑非法控制的人口数量和流量、经济规模及所造成的伤亡人数、经济损失、社会影响等因素,就具体案件进行审慎分析。

2. 非法控制特征的常见情形

通过实施违法犯罪活动,或者利用国家工作人员的包庇、纵容,称霸一方,并具有以下情形之一的,可认定为"在一定区域或者行业内,形成非法控制或者重大影响,严重破坏经济、社会生活秩序":

(1)对一定区域内生活或者在一定行业内从事生产、经营的群众形成心理强制、威慑,致使合法利益受损的群众不敢举报、控告。这里的"致使

---

① 参见古加锦:《黑社会性质组织的司法认定新探》,载《法律适用》2018年第6期。
② 参见王俊平:《黑社会性质组织认定若干疑难问题研析》,载《学术交流》2010年第1期。

合法利益受损的群众不敢举报、控告",是指致使多名合法利益遭受犯罪或者严重违法活动侵害的群众不敢通过正当途径维护权益;就其程度而言,应认定为"重大影响"。如果犯罪组织采用拉拢腐蚀国家工作人员,收买、威逼证人等手段,致使那些敢于举报、控告的群众也不能通过正当渠道有效保护自己权利的,应认定为"非法控制"。

(2)对一定行业的生产、经营形成垄断,或者对涉及一定行业的准入、经营、竞争等经济活动形成重要影响。这里的"形成垄断",是指可以操控、左右、决定与一定行业相关的准入、退出、经营、竞争等经济活动。"形成重要影响",是指对与一定行业相关的准入、退出、经营、竞争等经济活动具有较大的干预和影响能力,或者具有在该行业内占有较大市场份额、通过违法犯罪活动或以其他不正当手段在该行业内敛财数额巨大(最低数额标准由各高院根据本地情况在20—50万元的幅度内自行划定),给该行业内从事生产、经营活动的其他单位、组织、个人造成直接经济损失100万元以上等。

(3)插手民间纠纷、经济纠纷,事实上等于取代司法机关处理矛盾和纠纷,在相关区域或者行业内造成严重影响。

(4)干扰、破坏他人正常的"同业"生产、经营、生活,并在相关区域或者行业内造成严重影响,使他人无法通过合法程序和途径反映其正当诉求。

(5)干扰、破坏公司、企业、事业单位及社会团体的正常生产、经营、工作秩序,在相关区域、行业内造成严重影响,或者致使其不能正常生产、经营、工作。

上述第(3)(4)(5)种情形中的"造成严重影响",是指具有致人重伤或致多人轻伤、通过违法犯罪活动或以其他不正当手段敛财数额巨大(数额标准同上)、造成直接经济损失100万元以上、多次引发群体性事件或引发大规模群体性事件等。

(6)多次干扰、破坏国家机关、行业管理部门以及村委会、居委会等基层群众自治组织的工作秩序,或者致使上述单位、组织的职能不能正常行使。例如,以拉拢、收买、威胁等手段多次得到国家机关工作人员包庇或纵容,或者多次对前述单位、组织中正常履行职务的工作人员进行打击、报复。

（7）利用组织的势力、影响，使组织成员获取政治地位，或者在党政机关、基层群众自治组织中担任一定职务。这里的"获取政治地位"不同于取得一般的政治身份，主要是指成为各级人大、政协的代表、委员。这里的"担任一定职务"，是指在各级党政机关及其职能部门、基层群众自治组织中担任具有组织、领导、监督、管理职权的职务。

（8）其他形成非法控制或者重大影响，严重破坏经济、社会生活秩序的情形。

3. 非法控制特征的实务掌握

在实务中如何准确理解非法控制特征并非易事。这里结合"刘烈勇等组织、领导、参加黑社会性质组织案"①进行分析。被告人刘烈勇2001年刑满释放后，纠集、网罗"两劳"释放人员和社会闲散人员陈小辉、杨威、韦文辉、黄学志、刘双才、韦文龙、曾扬眉、陈勇兵、曹忠艳、杜勇、杨勇、危金旭、周刚、马少波（以上均为同案被告人）等人，购买枪支、刀具等作案工具，在湖北省仙桃市境内大肆进行故意杀人、故意伤害、寻衅滋事等违法犯罪活动，逐步形成人数众多，有明确的组织者、领导者，骨干成员基本固定的犯罪组织。刘烈勇利用该组织在当地形成的恶势力和影响，开设赌场，强行入股烟花爆竹市场，插足公交运营市场，入股仙桃市远达物资贸易有限公司和仙桃市九珠食品有限责任公司等经营经济实体，安排组织成员采取暴力、威胁手段，打压、排挤竞争对手，非法控制仙桃市的水泥、肉品销售市场和特定线路的公交运营市场，大肆非法聚敛钱财为组织成员提供生活费用，或者为组织及组织成员的犯罪活动提供资助；形成了以刘烈勇为组织者、领导者，杨威、陈小辉、韦文辉、黄学志、刘双才等人为积极参加者，韦文龙、曾扬眉、陈勇兵、曹忠艳、杜勇、杨勇、危金旭、周刚、马少波等人为参加者的黑社会性质组织。几年来，为了组织及组织成员的利益，该组织大肆进行故意杀人、故意伤害、敲诈勒索、寻衅滋事等违法犯罪活动，肆意欺压、

---

① 参见最高人民法院刑事审判第一、二、三、四、五庭主办：《中国刑事审判指导案例5：妨害社会管理秩序罪》（增订第3版），法律出版社2017年版，第118页以下。

残害群众,为非作恶,称霸一方,严重破坏了仙桃市的社会、经济生活秩序。

  本案需要讨论的核心问题是如何认定黑社会性质组织的非法控制特征。非法控制是黑社会性质组织的本质特征。实践中,各种批发、零售市场及娱乐、运输、建筑等行业,容易成为黑社会性质组织控制和争夺的目标。刘烈勇所组织、领导的黑社会性质组织自2003年起,先后通过入股仙桃市远达物资贸易有限公司、兴发烟花爆竹专营有限公司、九珠食品有限责任公司、1号公交线路经营权,垄断了仙桃市的水泥销售市场、烟花爆竹销售市场、生猪屠宰销售市场及1号公交线路的运营权。为实现非法控制,其所使用的违法犯罪手段主要如下:(1)通过入干股或强行以少量股金霸占多数股权的形式加入某一市场运营主体,凭借其犯罪组织树立的恶名不劳而获。如在强行入股兴发烟花爆竹专营有限公司时,刘烈勇以5万元获取了30万元的股金,且以暴力、威胁等手段为后盾,通过改组当选公司董事长,操纵了公司事务。在入股其他公司时,均是因经营者看中刘烈勇的"黑"势力背景,以丰厚酬劳拉拢、允诺其入股,为该公司的经营提供黑势力保护,从而获取巨额利润。(2)以暴力、威胁为手段,阻断同类产品进入流通领域或强迫消费者只能选择其提供的产品,从而打压同业竞争者,逼迫对手退出市场,进而垄断该行业。如在控制水泥销售市场时,一方面通过殴打司机、扎破轮胎等方式对外地来的运送水泥的车辆进行拦截,使外地水泥不能进入仙桃市销售;另一方面威胁各水泥销售商只能销售远达物资贸易有限公司代理的华新水泥,从而使华新水泥成为在仙桃市唯一能销售的水泥产品。又如,在控制生猪屠宰销售时,一方面多次到竞争对手绿生公司门前闹事,扰乱该公司的生产秩序;另一方面对消费者购买的非九珠食品有限责任公司提供的猪肉制品,动辄没收、销毁,非法处罚,并对消费者进行殴打,使消费者不敢行使选择权。(3)利用组织成员组成稽查队或看护队,非法行使政府相关执法部门维护市场秩序的权力,使政府原职权部门职能和威信严重受损。如刘烈勇在控制水泥、猪肉行业及1号公交线路运营时,均成立了稽查队,打着替政府相关部门检查违法行为的旗号,公然非法行使稽查和公共交通管理职能,社会影响极为恶劣,相关管理部门也因职能行使不畅无法维护正常的市场经营秩序。由此可见,刘烈勇黑社会性质组织对仙桃市的水泥销售市场、烟花爆竹销售市场、生猪屠宰销售市场等行业的生产、经营形成了垄断,多数生产企业因产品无法进入而被迫退出当地市场;多数经营者因无法销售其他产品而放弃了经营多年的代理权;多数上游企业因无法购买到质优价廉的原材料及原材料短缺不足,提高了经营成本,蒙受了巨大的经济损失;相关政府职能部门如质量技术监督局、屠管办、建委及运管处,其工作人员均因惧怕刘烈勇等人的打击报复而不敢维持正常的市场经营秩序。基于以上理由,可以认定该组织在水泥销售、烟花爆竹销售、生猪屠宰销售及公交线路运营(1号公交线路)等行业已形成了非法控制。

三、认定非法控制特征需要注意的特殊情形

(一)将单位犯罪行为认定为黑社会性质组织的非法控制必须慎重

实践中,有些单位实施犯罪行为,而有些黑社会性质组织也具有单位的外观,对二者需要进行区分。

根据《刑法》第30条的规定,单位犯罪具有以下特征:第一,实施违法犯罪行为的单位,应当是依法设立的公司、企业等合法组织,其以履行一定社会职责或者从事一定的生产经营活动为存在的前提条件。第二,实施了刑法明文规定为单位犯罪的危害社会行为。第三,行为以单位名义实施且通常是为了谋取单位的经济利益。单位犯罪与黑社会性质组织犯罪在内容与手段上存在区别。

与黑社会性质组织相比,单位犯罪危害社会行为的范围极为有限,从《刑法》分则的规定来看,主要存在于危害公共安全罪、破坏社会主义市场经济秩序罪、妨害社会管理秩序罪、危害国防利益罪和单位受贿等罪中,并且手段一般不具有暴力性。而黑社会性质组织所实施的违法犯罪的范围更为广泛,主要包括故意杀人、故意伤害、绑架、抢劫、敲诈勒索、故意毁坏财物等人身犯罪、财产犯罪,而且手段主要是暴力、威胁等,犯罪活动具有经常性特征。但是以上区别不具有绝对性。这两种组织在概念上不是对

立排斥关系。

实务中需要具体分析:(1)有些单位完全按照合法程序设立,也从事合法的经营活动,但在后来发生了变化,在遇到一些经济纠纷或者开展经营活动的时候,常常凭借暴力、威胁或者其他类似手段来解决问题,并且符合有关黑社会性质组织的其他要求,此时该组织已经演变为黑社会性质组织。(2)某些组织在成立之初就以暴力、威胁作为获取经济利益或者解决经济纠纷的手段,在逐渐独霸一方或者牢固控制了某个行业之后,尽管暴力色彩有所减弱,但仍然以暴力作为其后盾,在处理问题上具有浓厚的暴力色彩,或者利用国家工作人员的包庇、纵容独霸一方,具备非法控制特征的,在性质上属于黑社会性质组织。(3)合法成立的经济组织,在开展业务活动过程中,偶尔有暴力、威胁犯罪行为,或者具有其他非暴力犯罪行为的,不能将其视为黑社会性质组织,只能视为单位犯罪。①

此外,有些单位实施犯罪并不以单位犯罪论处,而以个人犯罪论处,此时如果具备了黑社会性质组织的特征尤其是非法控制特征的,也属于黑社会性质组织实施的犯罪。根据相关立法解释、司法解释②,以下情形,不以单位犯罪论处:(1)个人为进行违法犯罪活动而设立的公司、企业、事业单位实施犯罪的,不以单位犯罪论处。(2)公司、企业、事业单位合法设立后,以实施犯罪为主要活动的,不以单位犯罪论处。(3)盗用单位名义实施犯罪,违法所得由实施犯罪的个人私分的,不以单位犯罪论处。(4)公司、企业、事业单位等单位实施犯罪行为,《刑法》分则未规定追究单位刑事责任的,对实施犯罪行为的个人追究刑事责任。换言之,单位实施只能由个人构成的犯罪的,不以单位犯罪论处。

如何准确区分单位犯罪行为和黑社会性质组织的非法控制行为,在实务中有时比较困难,通常需要考虑:第一,成立目的不同。有违法犯罪行为的单位,一般都是依法设立的公司、企业等合法经济实体或者社会组织,从

---

① 参见黎宏:《刑法学各论》(第二版),法律出版社2016年版,第383页。

② 参见2014年4月24日全国人大常委会《关于〈中华人民共和国刑法〉第三十条的解释》,以及1999年6月25日最高人民法院《关于审理单位犯罪案件具体应用法律有关问题的解释》。

事一定的生产经营活动或者履行一定的社会职责。第二,经济特征不同。有违法犯罪行为的单位,自成立开始便有其正当的经营或职能范围以及较为稳定的运作方式和营收模式,违法犯罪所得不会成为其主要的、稳定的收入来源。第三,行为特征不同。有违法犯罪行为的单位实施违法犯罪行为一般不具有经常性,违法犯罪并非单位获取经济利益或者解决纠纷的主要手段。第四,非法控制性不同。单位犯罪通常仅谋取不法经济利益,且不通过暴力手段非法获利,当然就不可能对一定区域和行业进行非法控制。即"有违法犯罪行为的单位,并不具有非法控制社会的意图,亦无法形成对一定区域或行业内社会、经济的严重破坏"①。

就【案例17-1 村委会"涉黑"案】而言,以被告人张更生为首的中社村村委会不属于黑社会性质组织,该村委会属于实施了违法犯罪行为的单位。首先,由张更生等人组成的中社村村委会系依据《村民委员会组织法》规定的条件和程序选举产生,具有合法的组织架构及权力运作机制。中社村村委会并不是为了实施违法犯罪而成立的。该村委会成立后不是以实施违法犯罪为主要活动的。其次,张更生等人通过送匾、闹社火、收取土地补偿费、污染费、道路维修费等方式获取钱财,大多是经村委会或村支委会研究决定,所得钱款绝大部分记入了村委会大账,且其中多数是用于村里的公共开支,并非张更生等人从事违法犯罪活动的物质保障。最后,本案中,张更生等人所犯的组织卖淫罪、非法拘禁罪等,均是个人犯罪行为,与村委会无关。

(二)未与他人形成竞争关系的行为不可能成立非法控制

黑社会性质组织应当具备经济特征和非法控制特征,而且二者时常纠缠在一起,即为了非法取得经济利益而进行非法控制,那么,某一组织或团伙未与他人形成竞争关系的,不可能被认定为非法控制。例如,针对被告人傅某6年内以借款本息4 000余万元的资金规模实施违法犯罪的情

---

① 最高人民法院刑事审判第一、二、三、四、五庭主办:《刑事审判参考》(总第74集),法律出版社2010年版,第107页。

形,法院判决其构成组织、领导、参加黑社会性质组织罪,非法买卖枪支罪,非法持有枪支罪,故意伤害罪,寻衅滋事罪,非法拘禁罪,决定执行有期徒刑18年,并处没收非法所得4 000余万元。[①] 但在这样的案件中,被告人傅某是否与他人形成竞争关系,是否对相关特定行业真正形成了控制,值得仔细推敲。从行业特征来看,近几年民间资金活跃,民间借贷行为遍地开花,发展势头迅猛。被告人傅某的行为在当地无论是从资金量,还是借贷次数而言,相比于其他放贷人,以及银行、小额贷公司、担保公司动辄单笔几千万甚至上亿元的借款,其"行业影响"都可以忽略不计,更不可能对该行业形成控制,未与他人形成不正当竞争的放贷关系,未排挤他人从事高利放贷,在该领域、行业未形成垄断性地位,也没有产生非法控制和重大影响,认定其构成黑社会性质组织犯罪显得比较牵强。

(三)重大危害结果不能归属于行为人的,无法认定为非法控制

在很多案件中,尽管被告人实施的违法犯罪行为在一定程度上造成了重大危害结果,但该结果只能归属于他人的,不能认定被告人对当地的社会和经济秩序造成了组织、领导、参加黑社会性质组织罪意义上的非法控制或重大影响。例如,在某犯罪集团中,个别人的行为因为超越共同犯罪故意而实施了故意杀人、纵火等导致严重危害结果的行为的,其与犯罪集团或组织的行为之间不具有刑法上的因果关系,即便个别犯罪人故意杀人、纵火的犯罪行为系恶性刑事案件,该案也在当地造成了恶劣的社会影响,但此"影响"是指该故意杀人、纵火案的"社会危害性"这一犯罪后果,而非认定黑社会性质组织非法控制或"影响力"的依据。超越共同犯罪故意的行为人作为一个完全刑事责任能力人,有独立的自由意志,应该对该结果负责,与该组织的行为并不具有必然联系,二者之间不成立刑法上的因果关系,故不应该将共犯中个人行为造成的后果作为认定黑社会性质组织的依据。但是,实践中存在为数不少将个人超越共同犯罪故意造成的后果不当归结到组织体身上,从而牵强地认定黑社会性质组织非法控制的情

[①] 参见湖南省衡阳市中级人民法院(2011)衡中法刑一初字第58号刑事附带民事判决书。

形,这样的做法明显违背因果关系、客观归责的一般法理,并不妥当。

(四)被告人一直本着大事化小的态度处理矛盾的,难以认定具有非法控制性

实务中,黑社会性质组织达到非法控制程度的情形通常表现为垄断了某区域或本行业的市场,使得其他企业或者市场主体无法进入,也使得政府职能部门执法威信严重受损;或者与国家机关工作人员相勾结,寻求公权力的庇护;通过一系列违法犯罪活动,在当地树立起强势地位和非法权威,建立势力范围,其犯罪行为严重影响社会稳定和人民群众的安全感。

以此作为标尺来衡量,被告人如果一直本着大事化小的态度处理矛盾的,难以认定具有非法控制性。对于【案例17-2 运煤老板"涉黑"案】,法院在非法控制特征的认定方面存在值得推敲之处。非法控制,是指黑社会性质的组织谋求在一定区域范围内或者特定行业内形成一种非法控制或者重大影响,使正常的社会管理秩序和行业管理制度在其势力范围内不能运行,借以公然排斥、否定正常的社会秩序。在本案中,谢某经营的公司在从事煤炭购销、运输业务过程中,虽然出现了一些寻衅滋事等违法犯罪活动,但是,这些违法犯罪活动的危害程度相对较小,不仅没有引发过"命案",而且连一起故意伤害致人重伤犯罪都不存在,远远未达到能够对一定区域内煤炭运输行业进行非法控制,使社会管理和行业管理制度无法运行的程度,也没有对当地的社会秩序造成重大影响。更为重要的是,根据判决书所列事实,谢某所在公司驾驶员在与其他驾驶员发生纠纷殴斗后,谢某通常是通过委托中间人或公安机关向被害人赔偿医药费、调解了结;谢某所在公司在为某电厂运煤的过程中,均依照合同履行,没有出现非法控制、强迫对方交易的情形。虽然谢某及其所在公司实施的犯罪行为会对经济秩序产生某种干扰,但是,其在具体矛盾发生后,总是试图寻求合法力量和程序进行解决,试图大事化小,难以认定其达到了对某一行业或领域进行非法控制的程度,不宜将被告人所在犯罪团伙"升格"为黑社会性质组织。

(五)所谓的"联营体"为维护经营活动结成联盟的,不存在非法控制

实践中,有的被告人发现以自己个人或者所在公司名义从事经营活动缺乏竞争力而组成较为松散的"联营体",并在其经营过程中实施了一些不法行为的,是否可能成立黑社会性质组织的非法控制?

这种联营体实施犯罪和前面的单位犯罪略有不同,但其与黑社会性质组织又有差异。黑社会性质组织本质上是通过实施违法犯罪活动称霸一方,在一定区域或行业内形成非法控制或者重大影响,从而严重破坏经济、社会生活秩序。非法控制特征是连接其他三个特征的纽带,正是在"非法控制"这一点上,使得黑社会性质组织与所谓的联营体区别开来。黑社会性质组织在对内部成员进行严格控制的基础上,通过对一定行业或者区域的控制最终实现对社会的控制;而联营体并不具有非法控制社会的意图,亦无法形成对一定区域或行业内社会、经济的严重破坏。

在【案例17-3 联营体"涉黑"案】中,联营体本身是一个合法成立的经济组织。2007年6月1日杨某等12人签订了协议书,该12人共同投资经营货运线路,其目的是为了提高经济效益。同日,12人还另外签订了协议,对经营方式及相关各方面的权利义务作出具体规定。在该协议中,被告人杨某被指派担任现金管理员进行财务管理。从以上事实可以看出,联营体的成立目的在于从事长途货物经营活动,提高经营效益。在联营体中对相关人员进行职责分工,也是为了更好地对联营活动进行管理,不能因此把联营体等同于黑社会性质组织。即使该联营体在运作中实施了一定的违法犯罪活动,也应当与黑社会性质组织加以区别,对个别违法犯罪行为加以处罚。在这里,最主要的理由是,联营体不具备黑社会性质组织的非法控制特征。非法控制是黑社会性质组织的根本特征,对本行业或社会的非法控制是相对于合法控制而言的,政府对社会实施的管理是一种合法控制,而黑社会性质组织对一定行业或者区域的控制是非法控制,这种非法控制对抗合法控制并削弱合法控制,这就是黑社会性质组织犯罪的反社会性与反政府性。黑社会性质组织的组织性、经济性与暴力性都是实施非

法控制的手段。本案中,联营体并不存在非法控制的问题,其对司机没有形成实际控制;对于同业经营者没有形成实际控制;对于货主没有形成实际控制,因此不能认定联营体具备非法控制特征。

对此,"张宝义等组织、领导、参加黑社会性质组织案"可以参考。该案中,河北省石家庄市中级人民法院认定行为人对运输线路等非法控制,具体表现为强行收取"保护费"。判决指出:"该组织通过有组织活动或者其他手段获取巨额经济利差,具有一定的经济实力。该组织采取威胁、扣车等不正当手段,向河北省石家庄至保定市安新县三台镇、张家口、廊坊、唐山鸭鸿桥及山东省临清市、山西省长治市等地多条线路的客运业主强行收取'保护费'。2003年2月,张宝义借机承包'国贸跳舞会'。同年10月,张宝义授意高跃辉协助何丕东等人强行霸占石家庄火车站行李房至'由由水鲜城'和'华北鞋城'的托运生意。2006年3月,何丕东、张志玉等人对广州批发发往北京、郑州、西安、太原的鲈鱼、鳜鱼的价格和数量进行控制,强行提成。张宝义、高跃辉、何丕东等人利用聚敛的钱财支持其组织活动。"①以上非法控制运输线路的犯罪事实中都包括了向客运业主收取"保护费"或者向有关营业人员强行提成等内容,这些行为是非法控制的客观表现。但在【案例17-3 联营体"涉黑"案】中,联营体是货运经营者自发成立,自愿提取一定费用对货物运输经营进行管理,基于自由意思的费用缴纳就谈不上被迫交"保护费"以及被非法控制的问题。即使被告人在联营体经营过程中实施了某些非法行为构成犯罪的,也应以其所触犯的罪名论处,不宜由此认为联营体具备黑社会性质组织的非法控制特征。

---

① 最高人民法院刑事审判第一、二、三、四、五庭主办:《刑事审判参考》(总第74集),法律出版社2010年版,第87页。

第十八讲
受贿罪的情节

【案例 18-1　用贪污款行贿案】

国有公司经理甲为解决儿子就读某重点小学的难题，用贪污所得的公款 2 万元向该小学校长乙行贿，并特别说明这笔钱是"自己本月的奖金"，乙推脱不过予以收下。按照现行有效的司法解释，甲构成行贿罪。如果将甲的行贿罪和贪污罪并罚是否违反禁止重复评价原则？接受财物的乙是否构成受贿罪？

【案例 18-2　擅自审批案】

某县财政局局长甲收受某民营养殖场负责人乙 2 万元贿赂后，未履行正常讨论、审批程序，直接指令其下属划拨专项支持经费 30 万元，该款被乙挪作理财资金使用。甲是否同时构成受贿罪和滥用职权罪？

【案例 18-3　招标滥权案】

王某系某市发改委副主任，在该市组织的国有医院大型医疗设备招投标过程中，其全权负责此项工作。在接受 5 家投标单位负责人请托后，王某私自篡改标书，致使该 5 家不符合条件的单位顺利进入投标环节。王某共收取请托人贿赂 160 万元。后因标书露出破绽，引起其他 40 余家合格投标人抗议、举报，导致该次投标活动被取消，严重侵犯了其他投标人合法权益，破坏了国家机关公信力，造成了恶劣社会影响。对王某应以受贿罪、滥用职权罪数罪并罚，在有期徒刑 10 年以下处刑；还是认定其受贿 160 万元并"造成恶劣社会影响",进而对其判处 10 年以上有期徒刑?

2016 年 4 月 18 日最高人民法院、最高人民检察院《关于办理贪污贿赂刑事案件适用法律若干问题的解释》(以下简称《贪污贿赂解释》)充分评估了反腐败工作的复杂性、艰巨性,针对贪污贿赂犯罪认定中的司法难题,结合当时职务犯罪的新情况、新特点,对贪污、受贿、挪用公款、行贿等犯罪的定罪量刑问题作出了明确回应,有助于消除实务争议、严密刑事法网。《贪污贿赂解释》中的许多规定还比较粗疏,在理解和适用上很值得仔细研究,亟须学理上的再解释。这一讲主要结合《贪污贿赂解释》的相关规定对受贿罪的情节规定及其适用问题进行讨论。

一、对受贿罪情节相关司法解释的理解

(一) 主要规定

根据《贪污贿赂解释》第 1 条第 3 款的规定,可能影响受贿罪定罪或量刑的特殊情节包括八种情形:(1)多次索贿的;(2)为他人谋取不正当利益,致使公共财产、国家和人民利益遭受损失的;(3)为他人谋取职务提拔、调整的;(4)曾因贪污、受贿、挪用公款受过党纪、行政处分的;(5)曾因故意犯罪受过刑事追究的;(6)赃款赃物用于非法活动的;(7)拒不交待赃款赃物去向或者拒不配合追缴工作,致使无法追缴的;(8)造成恶劣影响或者其他严重后果的。其中,前三种是受贿罪所独有的特殊情节,后五种是贪污、受贿犯罪共有的特殊情节。上述关于受贿罪情节的规定综合考虑了索贿行为的次数,受贿行为使公共利益、国家和人民利益遭受损失的程度,犯罪发生的特殊领域,被告人的认罪悔罪态度,犯罪前后的表现等因素。

《贪污贿赂解释》还规定,受贿罪的通常定罪数额是 3 万元。虽然单纯从数额上看,受贿数额并未达到较大(3 万元以上)的起点,但数额在 1 万元以上不满 3 万元的,只要具有上述特殊情形之一的,就应当认定为"其他较重情节"予以定罪,适用受贿数额 3 万元以上 20 万元以下这一档法定刑;

受贿数额在 10 万元以上不满 20 万元,具有上述情形之一的,应当认定为"其他严重情节",与受贿数额巨大(20 万元以上不满 300 万元)的法定刑幅度相同;受贿数额在 150 万元以上不满 300 万元,具有上述情形之一的,应当认定为"其他特别严重情节",与数额特别巨大(300 万元以上)的量刑标准相同。由此可见,和 1997 年《刑法》的相关规定相比,情节在受贿罪定罪处刑中的权重明显加大。

(二)理解

要准确适用《贪污贿赂解释》第 1 条第 3 款关于受贿罪情节的规定,有很多问题值得仔细讨论。

1. 多次索贿

这是指 3 次以上主动向他人勒索、索要财物的情形。对于多次索贿的理解,必须考虑很多复杂情形。

(1)多次索贿是只强调次数,还是同时要求每次索贿都要达到一定数额(例如,是否要求达到 1 万元以上)?我认为,多次索贿表明行为人的主观恶性较重,行为自身严重违反规范,值得在定罪量刑时特别予以考虑,因此,多次索贿以次数为基本考察标准,一般而言没有数额限制,更不要求每次都达到数额较大的程度,这和多次盗窃、多次抢劫原则上没有数额限制的认定方法是相同的。当然,在实践中,如果某次索贿行为所取得的财物数额确实极其微小(例如,受贿人之前没有向对方提出数额较大或巨大的索贿要求,对方给多少受贿人都收下,但某次主动索贿仅得到几百元或者一两千元)的,可以认为该次索贿行为没有达到值得刑罚惩罚的程度,不计入"多次索贿"的总次数中,这和多次盗窃中某一次取得财物数额极其低微,因而该次盗窃不作为多次盗窃的一部分予以考虑是相同的道理。

(2)多次索贿的所得额在整个受贿犯罪中所占的比例较小的,如何处理?例如,行为人受贿总数为 160 万元,虽索贿 3 次,但每次都仅取得 1 万元,索贿数额在犯罪总额中所占的比例极其有限,对其是否还应当认定为具有其他特别严重情节,适用 10 年以上有期徒刑这一档法定刑?实务部门目前有观点认为,只有多次索贿的数额已经达到 150 万元以上的,才能将法定刑升格到有期徒刑10年以上;还有主张指出,应当对通过多次索贿所取得的财物进行折算,例如,可以进行翻倍折算,只有多次索贿经折算后的数额加上被动收受的数额共计达到300万元的,才能适用10年以上有期徒刑这一档法定刑。例如,受贿总数为160万元,其中,索贿3次得款145万元的,对其索贿部分翻倍计算为290万元,再加上其被动收受的15万元,其受贿总数额就成为305万元,应当适用升格后的法定刑;如果受贿总数额为160万元,虽索贿3次,但每次都仅取得1万元的,经对索贿数额翻倍折算后其受贿总数额也仅为163万元,对其就不能适用10年以上有期徒刑这一档法定刑。我认为,索贿数额必须达到150万元以上才能适用升格法定刑,对索贿数额进行折算等主张都过于重视犯罪数额,与《刑法修正案(九)》的立法主旨不符,是将受贿罪这种渎职犯罪简单等同于财产犯罪,且没有重视索贿行为自身的严重危害性,缺乏充分的理论和实践支撑。因此,对多次索贿,即便其所得数额在受贿总数额中所占的比例有限,也应当依情形认定为较重情节、严重情节和特别严重情节。行为人受贿总数为160万元,索贿3次且每次都仅取得1万元的,也应当适用10年以上有期徒刑的规定,因为多次索贿原则上只强调次数,如果要求索贿数额在犯罪总额中必须占较大比例或进行折算,都等于是将危害性很严重的索贿犯罪降格进行处理。①

(3)多次索贿的"多次"是否有时间间隔上的限制?关于多次盗窃,司法解释有时间限制性规定,即"2年内盗窃3次以上"的,才是多次盗窃。如果超过了这个时间限制,就不再成立多次盗窃,例如,3年内才盗窃3次的,等于行为人在2年内只盗窃了1次或2次,不是多次盗窃。但多次索贿的,司法解释没有作如此限制,体现了司法上从严惩治受贿犯罪的意图,这和多次抢劫没有时间间隔的限制是相同的道理。

---

① 与此类似的问题是,被告人受贿180万元,其中一笔20万元是为他人谋取职务提拔而收受的,虽然该受贿金额在被告人的犯罪总额中所占比例有限,但也应当适用升格后的法定刑,在10年以上有期徒刑的档次内处刑,而不要求该特殊情节相对应的数额达到相应数额幅度的底线(150万元)。当然,如果为他人谋取职务提拔所收受的财物在整个受贿犯罪中所占比例过低的(例如,受贿总额为280万元,但"卖官"所得仅为1万元),也可以认为被告人不具有法定刑升格的量刑情节。

(4)针对同一人或同一请托事项的多次索贿能否认定为"一次"索贿？对此,要根据案件情况具体分析:在同一天或者间隔很短的时间内,向同一人索贿的,可以考虑认定为"一次"索贿,即行为人一次索贿,对方分多次提供贿赂物①;虽然是向同一人索贿,但多次索贿之间时间间隔很长的,可以认定为多次索贿;针对同一个为他人谋取利益的事实,事前、事后多次向他人索贿,且间隔时间不长的,原则上不应当评价为多次索贿。这样的处理思路,和认定多次抢劫的法理相同:在前后紧密关联的时间、同一空间对多人实施多次抢劫行为的,认定为一次抢劫。例如,罪犯某晚在某路口或居民楼内,先后连续不断地对多人实施抢劫的,由于抢劫时间、空间条件具有紧密关联性,故不会认定其为多次抢劫。

(5)多次实施索贿行为,其中有2次既遂,1次未遂的,是否属于多次索贿？我认为,如果考虑索贿行为的严重危害性,对明确提出数额较大及其以上的索贿要求但未遂的,也完全应当认定为1次索贿,不能硬性要求每次索贿都达到既遂状态。

(6)多次索贿对量刑的影响究竟有多大？在多次索贿成为法定刑升格条件的情形下,多次索贿情节的存在并不意味着对行为人就一定要在升格后法定刑的最高限或接近最高限的限度内确定宣告刑期,正确的处理方式应该是:由于有多次索贿的情节,法定刑可以升格,但被告人如果没有其他情节的,原则上应该在尽可能接近升格后法定刑的起刑点这一级处刑。例如,行为人受贿19万元,但其中存在多次索贿行为的,对其应该在有期徒刑3年以上10年以下的法定刑幅度内处罚,如果其无其他犯罪情节,判决宣告的刑期就应当在法定刑幅度的"中线以下"且尽可能接近3年这一级,而不是朝着10年这一侧靠近,否则,就会导致受贿19万元,因有多次索贿这一个情节而被重处者的刑罚和受贿290万元的罪犯刑期相同的情形,从而与罪刑相适应原则产生抵触。

2. 为他人谋取不正当利益,致使公共财产、国家和人民利益遭受损失

关于为他人谋取"不正当利益",参考有关司法解释的精神,是指受贿

---

① 参见陈兴良:《贪污贿赂司法解释:刑法教义学的阐释》,载《法学》2016年第5期。

人为他人谋取的利益违反法律、法规、规章、政策规定,或者违反法律、法规、规章政策、行业规范的规定为行贿人提供帮助或者方便条件。违背公平、公正原则,在经济、组织人事管理等活动中,为他人谋取竞争优势或提供不确定利益的,都应当认定为受贿人为他人谋取不正当利益。实践中大量出现的在招投标、政府采购等商业活动或招生、干部提拔等职权行使活动中,违背公平原则,为行贿人提供竞争优势的,属于为他人谋取不正当利益。①

这里的"致使公共财产、国家和人民利益遭受损失",与滥用职权罪、玩忽职守罪危害结果的表述相同,但在具体内容上应该有所差别:受贿罪中致使公共财产、国家和人民利益遭受损失与行为人收受财物有关联,刑法惩罚的重点是其收受财物的行为,致使公共财产、国家和人民利益遭受损失不是问题的关键,只是作为情节之一予以考虑,因此,受贿罪中致使公共财产、国家和人民利益遭受损失应当仅有损害事实的要求,但不应有具体损害数额上的要求,没有必须致使公共财产、国家和人民利益遭受较大、重大或特别重大损失的区分问题;而渎职犯罪的成立要求行为致使公共财产、国家和人民利益遭受"重大损失",其定罪数额起点是 30 万元,且在法定刑升格时,对数额标准提出了更高要求。

需要指出的是,《贪污贿赂解释》第 13 条中"为他人谋取利益"作了极为宽泛的解释,但这里的"为他人谋取利益"和"致使公共财产、国家和人民利益遭受损失"紧密联系在一起,二者之间应当有条件因果关系,那么,该情节中的"为他人谋取不正当利益"就仅包括《贪污贿赂解释》第 13 条第(一)项中的"实际"为他人谋取利益的情形,因为单纯地承诺为他人谋取利益,或者仅仅对他人有请托事项心知肚明,但未做出任何实际的谋利举动的,不可能导致公共财产、国家和人民利益遭受损失的后果。当然,按照行贿人的要求,全部实现其不法请托或正在为实现行贿人的利益而做出各种实实在在努力的,也都属于这里的"实际"为他人谋取利益。

---

① 最高人民法院、最高人民检察院《关于办理行贿刑事案件具体应用法律若干问题的解释》(2012 年 12 月 26 日发布)第 12 条。

3. 为他人谋取职务提拔、调整

在理解为他人谋取职务提拔、调整这一情节规定时需要注意：(1)受贿人收受他人财物之后，为他人谋取职务提拔、调整的，属于为他人谋取违反法律、法规、规章、政策规定的不正当利益，为行贿人提供了竞争优势；或者属于为行贿人提供了帮助或者方便条件的情形，其最终会使得国家机关的形象受损，从行为性质上看，与《贪污贿赂解释》第1条第3款第(二)项所规定的"为他人谋取不正当利益，致使公共财产、国家和人民利益遭受损失"没有根本差别。即便《贪污贿赂解释》不对此项情节作出明确规定，也可以适用前项规定对受贿行为人进行处理。(2)《贪污贿赂解释》为了严惩实践中不时发生的"买官卖官"行为，提高刑罚的一般预防效果，特别规定了为他人谋取职务提拔、调整的情节。这里的谋取职务提拔，是使行贿人得到职务、级别上的晋升，获得明显不法利益的行为，包括在本部门、本地区提拔，也包括交换到其他单位、地区后提拔使用。调整和提拔之间只有相对的界限，因为提拔也是广义的职务调整。狭义的职务调整，是指虽然不晋升，但工作岗位、职责有所改变的情形。一般来说，行为人只要是客观上为他人谋取了职务上的变动、调整，行为性质属于"买官卖官"的，就符合受贿情节的要求。那么，在实务中，从经济条件和工作条件相对较差的地区、岗位调整到条件更好的地区或岗位的，当然是这里的谋取职务调整。此外，行贿人因为害怕被查处或者不敢承担管理职责而向国家工作人员提供贿赂，从重要职位、领导岗位调整到清闲部门、非领导岗位的，也是职务调整。但是，这不具有"买官卖官"性质、不是特殊情形下的"工作变动"，不属于这里的谋取"职务"上的调整，例如，为解决两地分居、为照顾生病的家人而要求调动，但在其需求未得到满足时向有关领导提供财物的，对行贿和受贿双方都可以不认定为谋取职务调整。(3)既然为他人谋取职务提拔、调整属于为他人谋取不正当利益的情形，而《贪污贿赂解释》第13条又对"为他人谋取利益"作了细致规定，那么，"为他人谋取职务提拔、调整"的，在实际、承诺为他人谋取职务提拔、调整的情形之外，还应当包括明知他人有谋取职务提拔、调整的具体请托而收受财物，以及为他人进行职务提拔、调整时未收受财物，但事后基于该履职事由收受他人财物等情形。

4. 曾因贪污、受贿、挪用公款受过党纪、行政处分

这是相对比较明确的规定。行为人之前所犯错误限定为贪污、受贿、挪用公款,并不包括这三种行为之外的其他渎职行为(例如私分国有资产、滥用职权等);行为人受到的处分是党纪、行政处分,如果所受处罚为刑事处罚,则适用其他情节规定;行为人之前受过党纪、行政处分和所犯受贿罪之间的时间间隔并无限制。

5. 曾因故意犯罪受过刑事追究

这是关于前科成为受贿罪的定罪或法定刑升格条件的特殊情节规定,其只包括故意犯罪,过失犯罪不在其列。故意犯罪发生后并未被查处,行为人没有受到刑事追究的,也只涉及受贿行为是否能够并罚的问题,不是这里的受贿情节。对作为前科的故意犯罪,并无法益侵害特定性方面的要求,即不要求是贪污、受贿、挪用公款以及其他职务犯罪,即便前科与受贿人等职务便利无关,也是受贿犯罪情节。

有人认为,按照现行公务员管理法律、法规的规定,因故意犯罪受过刑事追究的,就应该被开除公职,谈不上其还能够贪污、受贿的问题,司法解释对此的规定属于多此一举。但是,这是一种误解。实务中,存在有的国家工作人员(尤其是国有事业单位、国有企业工作人员)因为故意犯罪被判处缓刑后仍然在原单位工作的情形,其有故意犯罪前科受过刑事追诉后再贪污受贿的情形是存在的;还有的公务员被判处免予刑事处罚后,并未被开除公职,因而还有机会贪污受贿。而《贪污贿赂解释》中所明确的是曾因故意犯罪受过"刑事追究"而不是曾因故意犯罪受过"刑事处罚",被判处免予刑事处罚的人虽没有受过刑事处罚,但其行为被定罪,行为人受过刑事追究,其之后再犯贪污受贿罪的,都应该依法严肃处理。因此,《贪污贿赂解释》将"曾因故意犯罪受过刑事追究"的前科事实规定为受贿犯罪情节。

6. 赃款赃物用于非法活动

这里的非法活动,既包括违法行为,也包括犯罪行为,主要是指将受贿款物用于赌博、走私、非法经营、贩卖毒品、传销活动等不法行为,产生或可能产生收益的情形。实务上,要指控行为人将受贿款物"用于"非法活动,必须有证据证明行为人使用该财物,且行为人针对赃款赃物的使用行为违反经济、行政法规或刑法规定,造成了新的法益侵害。如果没有积极的利用行为,而是单纯转移、销售、掩饰、隐瞒受贿所得的,即便其通过金融机构由他人为其洗钱,也是对赃款赃物自身进行隐瞒的行为,不属于将赃款赃物"用于"非法活动。

7. 拒不交待赃款赃物去向或者拒不配合追缴工作,致使无法追缴

以不作为的方式,拒不交待赃款赃物去向或者拒不配合追缴工作的,符合这里的情节要求。虽然作过交待,但并无交待赃款赃物去向或者配合追缴工作的真实意思,乱说一气,司法机关费尽九牛二虎之力也无法获得赃款赃物,事实上根据其交待也不可能追缴到赃款赃物的,也属于这里的拒不交待赃款赃物去向或者拒不配合追缴工作,致使无法追缴。

8. 造成恶劣影响或者其他严重后果

一般认为,受贿行为影响国家机关的形象,使其公信力下降,影响司法公正性,导致人民群众产生不满情绪而引发群体性事件、集体上访和媒体特别报道、关注,或者损害国家经济安全的,就是这里的"造成恶劣影响"。

二、对受贿罪情节的司法解释规定的评价

(一)合理性[①]

1. 关于受贿罪情节的司法解释有助于推动量刑合理化

我国 1997 年《刑法》对贪污受贿罪的定罪基本不考虑情节,而是以犯罪数额为准,且对数额规定得相当具体,当时的考虑是从严惩处贪污贿赂犯罪,且尽量为司法提供明确、统一的标准,防止相同数额在不同地方、不同案件中量刑差异太大。但是,这一规定在实务中也出现了不少问题,最为突出的问题表现在:因为自由刑最高为 15 年,有期徒刑 10 年至 15 年之间的间隔距离有限,犯罪数额达 10 万元以上判处有期徒刑 10 年以上的规

---

① 这里关于受贿罪司法解释合理性的讨论,同时适用于贪污罪,故后面分析受贿罪的相关问题时,有时也一并论及贪污罪。

定,使得实务上对达到一定数额的贪污受贿行为难以在量刑上拉开差距,司法上回旋余地不大,被判处 10 年以上有期徒刑的罪犯"扎堆",与罪刑相适应原则有所抵触;立法上定性又定量使得司法自由裁量权的行使严重受限,与司法规律未必相符;从最终处罚效果上看,等于是将原本应当重罚的贪污贿赂罪与普通的侵犯财产罪混同。

《刑法修正案(九)》对于贪污受贿罪的规定采用数额和情节并重的思路,并不单纯考虑犯罪数额,而是同时兼顾犯罪情节,这就能够较为全面地反映个案中贪污贿赂行为的社会危害性,能够尽量减少实践中贪污受贿 10 万元、数十万元和贪污受贿上百万元、上千万元的案件判处刑期差别不大的现象,能够合理拉开有关犯罪的量刑档次,有利于惩治贪腐犯罪和实现量刑均衡。《贪污贿赂解释》根据上述立法精神,破除了贪污贿赂犯罪定罪量刑上的"唯数额论",对于犯罪数额虽未达到较大、巨大或者特别巨大的标准,但行为人具有"其他较重情节""其他严重情节"或者"其他特别严重情节"(以下简称"特殊情节")的,也明确规定判处对应档次的刑罚。《贪污贿赂解释》循此思路分别明确规定了影响定罪或法定刑升格的受贿犯罪情节,完整准确地落实了立法意图。

《贪污贿赂解释》能够改变以往大量存在的贪污受贿罪量刑不合理现象。有人认为司法解释提高贪污贿赂罪的定罪数额标准,仅仅是为了节约司法资源,因为国家不可能打击所有的贪污贿赂罪,否则司法成本过大。但是,我认为,对于提高数额标准的论证,不应该从这个角度切入,由于司法资源有限,刑罚成本高就放弃对贪污贿赂罪进行打击的说法,是法经济学的论点,是似是而非的说法,或者说是并无道理的主张。按理说,国家基于其使命,对于任何有相当危害的贪污受贿等反规范行为都应该进行惩治,才能不将"小贪"养成"巨腐",打击犯罪成本再高,国家也必须迎着困难上,显然不能算经济账,在刑事领域"亏本的买卖"也得做,这是刑法和民法、经济法处理违法行为时的重大差异。进一步讲,贪腐犯罪不是一般的危害行为,而是危害国家法益的犯罪行为,以司法资源、成本收益为切入点,论证对某些贪腐网开一面,难以自圆其说。当然,我也赞同《贪污贿赂解释》适度提高定罪门槛和量刑数额标准,但这不是基于节约司法资源的考虑,而主要是因为原来的量刑标准不合理,尤其是犯罪数额达10万元以上判处有期徒刑10年的规定,可能使得所有数额超过10万元的贪污贿赂犯罪的量刑从结局上看几乎没有差异,明显与罪刑相适应原则抵触,因此必须修改。这才是问题的关键。

2. 大致做到了妥当把握数额和情节的关系

关于《贪污贿赂解释》和《刑法修正案(九)》的关系,有人认为,既然《刑法修正案(九)》关于贪污受贿罪的规定重视情节,那么在具有特殊情节的贪污受贿行为的定性过程中,就根本不需要再考虑数额。《贪污贿赂解释》没有采纳这种观点,而是协调考虑了数额和情节之间的关系。《贪污贿赂解释》基于此先规定了受贿罪的数额标准(没有特殊情节的,通常起点数额为受贿3万元),但对于具有特殊情节的受贿行为的定性,《贪污贿赂解释》强调"数额与情节并重",即并非不要数额只考虑情节,而是规定了一定数额基础上的情节。这主要是考虑到:一方面,数额是贪污贿赂犯罪社会危害性的外在表现,在判断犯罪的法益侵害性时具有基础性作用;另一方面,对于情节无论规定得多么清楚,也总含有含混、模糊之处,在司法上对于完全脱离数额的情节能否准确量刑,对司法人员是一个严峻考验,实践中可能出现受贿数额极小而被重判的情形,司法恣意难以被控制。因此,《贪污贿赂解释》选择了一条折中道路:重视情节的作用并将情节具体化,但同时利用数额对情节判断进行一定程度的制约,形成了情节为主、数额为辅的解释模式。这样一来,我国刑法对受贿罪(包括贪污罪)采用了"两套处罚标准",规定了"三档罪刑规范"(数额较大或情节较重、数额巨大或情节严重、数额特别巨大或情节特别严重)。"两套处罚标准"中的一套标准是通常的定罪起点"数额标准",即在受贿达到相当数额时,定罪可以只考虑是否达到该数额起点,量刑时再考虑受贿情节。另外一套标准是(较低数额基础上的)定罪量刑的"情节标准",即在受贿未达到数额较大、巨大、特别巨大的起点时,情节具有决定性作用。《贪污贿赂解释》之所以不再单纯考虑数额,是因为受贿犯罪情况复杂,情节差别很大,单纯考虑数额,难以全面反映具体个罪的社会危害性。但是,定罪量刑时完全撇开数额也不行,只是在受贿的数额低于通常定罪或量刑标准的情况下,因为具有某些特殊情况,对行为人可以定罪或升格法定刑,此时的考虑是,受贿犯罪的社会危害性不仅仅体现为数额的大小,还表现在国家工作人员滥用权力的情形或者给国家利益造成重大损失等情节,在有些案件中,虽然行为人受贿的数额不大,但其给国家和人民利益造成的损害、恶劣的社会影响等其他情节的危害远远大于其受贿数额的危害,因而应该予以严惩。①

有学者认为,如果要合理处理数额和情节的关系,对于具有特殊情节的贪污受贿行为,司法解释就应该维持1997年《刑法》的贪污受贿罪起刑点(5 000元)的规定,没有必要提高具有特殊情节的贪污受贿行为的数额标准。这一观点考虑了严厉惩治腐败的要求,具有相当合理性。② 但《贪污贿赂解释》考虑了目前各地的司法实际。对贪污受贿犯罪的认定,各地根据办案的实际需要和发案情况,事实上已经在很大程度上提高了定罪的数额起点(有的地方甚至连贪污受贿5万元以下的案件都不立案),《贪污贿赂解释》考虑到了这一现实,从而将具有特殊情节的受贿案件的定罪起点从5 000元提高到了1万元,相对合理地把握了数额和情节的关系。③

3. 有助于实现罪刑法定原则

《贪污贿赂解释》落实惩治职务犯罪上的"数额与情节并重"的立法意图,将处罚标准明确化,为落实罪刑法定原则、实现积极的一般预防提供了

---

① 参见郎胜主编:《中华人民共和国刑法释义》,法律出版社2015年版,第654页。

② 参见刘仁文:《贪污受贿定罪量刑的修改与评析》,载《刑事法治体系与刑法修正理论研讨会论文集》(苏州大学法学院2016年4月),第228页。

③ 有的学者认为,1997年《刑法》规定贪污受贿罪的起刑点为5 000元是合适的,但是,近20年来,我国经济社会发展变化巨大,人均GDP自1997年至2014年增长了约6.25倍,而适用了近20年的贪污受贿罪5 000元的起刑点却仍未变化(参见赵秉志:《略谈最新司法解释中贪污受贿犯罪的定罪量刑标准》,载《人民法院报》2016年4月19日,第3版)。我认为,因为人均GDP提高了,贪污受贿等犯罪的定罪量刑标准就必须提高的论证并不具有说服力。贪污受贿犯罪的法益侵害表现为行为人在体制内部实施危害行为,损害国家机关公信力,危及国家政权的公正性。对贪污受贿行为危害性的评价不应该与GDP增减挂钩;要使民众走向富裕以及守住民众增加后的财富,都要求公职人员廉洁自律,应当维持较低数额的定罪量刑标准;欧美诸国以及亚洲的日本、韩国、新加坡,人均GDP都高于中国,但贪污受贿犯罪的定罪起点都远低于我国目前的3万元甚至1万元起点。

制度空间。《贪污贿赂解释》对受贿犯罪的定罪量刑标准分别作出规定,使得实践中对于受贿罪的处理有章可循,且有关解释规定尽可能明确,对定罪以及法定刑升格情形的描述没有使用以往司法解释中大量出现的"其他情形""其他情节"等概括性、抽象性表述,能够有效防止司法上处理案件时因人而异、因地而异,这既赋予了司法上的自由裁量权,又能够避免司法恣意,有助于推进法治反腐局面的逐步形成。此外,《贪污贿赂解释》还通过相对明确的规定,尽可能堵塞处罚漏洞。以往的司法实务中对许多问题(例如,收受财产性利益能否定罪;事前、事后受贿如何定性;收受下属财物时,何时属于为他人谋取利益;被告人辩解贪污贿赂款项用于公务支出时如何处理;如何区分礼尚往来与受贿罪;国家工作人员在特定关系人索取、收受他人财物后知晓有关事实但未退还或者上交不法财物的,是否能够认定为国家工作人员具有受贿故意;明知他人有具体请托事项而收受财物的,是否属于为他人谋取利益)存在争议,《贪污贿赂解释》一并予以解决,使得受贿犯罪的定性难题进一步被化解。

4. 实现犯罪认定标准和违纪行为的判断标准"无缝衔接"

有人认为,既然强调对腐败"零容忍",就不应该再规定贪污受贿罪的定罪起刑点数额。但这一观点过于绝对,对腐败零容忍不意味着定罪的"零起点",因为在刑法之外还有对违法的国家工作人员的党纪、行政处分手段,司法解释必须为其他惩治腐败措施的运用留出一定的制度空间。《贪污贿赂解释》充分考虑党纪处分、行政处分和刑罚制度之间的衔接,为落实党纪严于国法,"把纪律挺在前面"的反腐要求,在总结以往司法实践经验的基础上确定了贪污贿赂等犯罪的通常定罪起刑点为3万元,对特殊情形下的受贿犯罪,将其定罪数额从1997年《刑法》的5 000元提高到1万元;对于低于上述数额标准或没有特殊情节的受贿行为,则交由党纪、行政处理,确保刑事处罚与党纪、行政处分的有机衔接。《贪污贿赂解释》的规定使得原则性和灵活性有机结合,同时也使刑事处罚和党纪处分、行政处分之间的关系更为合理。

(二)《贪污贿赂解释》中值得研究的问题

1. 对受贿和行贿关系的把握是否妥当

这涉及对向犯的原理问题。对向犯,是指两个以上的犯罪人必须有相互对应的行为,犯罪才能成立的情形(必要共犯)。根据刑罚处罚规定的不同,对向犯可以分为三种类型:刑法同时处罚处于对向地位的两个行为人,且法定刑相同(如重婚罪);刑法规定只处罚某一方,对另外一方不处罚(如贩卖淫秽物品牟利罪、破坏军婚罪等);刑法对两个对向主体都处罚,但罪名和法定刑均不同,其典型例子就是这里所讨论的受贿罪、行贿罪。按理说,行贿和受贿二者虽为具有正犯性的对向关系,但是,对职务行为的不可收买性、公正性、廉洁性侵害最大的,仍然只是受贿行为。这一点从两罪法定最高刑的差异(受贿罪最高可以判处死刑,行贿罪的最高刑是无期徒刑)上可以清楚地看出来。此外,按照义务犯的法理,具有特殊身份和义务的国家工作人员才是职务犯罪的核心角色。相对于受贿人而言,行贿人的行为无论如何要通过受贿人的行为才能实质性地侵害法益,行贿人在共同犯罪中处于边缘地位,其行为又可以被评价为教唆或帮助国家工作人员使之得以收受贿赂的性质,因此,按照共犯处罚依据的惹起说以及共犯限制从属性说的法理,在行贿人和受贿人之间具有"一对一"关系的场合,如果受贿罪不成立,反过来追究行贿人的刑事责任,可能是不合适的。① 但按照《贪污贿赂解释》的规定,在行贿人和受贿人之间具有"一对一"关系时,可能存在行贿罪成立,但收受财物者不成立犯罪的情形。

对于行贿罪,根据《贪污贿赂解释》第 7 条第 1 款的规定,行贿数额在 3 万元以上的,应当追究刑事责任。《贪污贿赂解释》第 7 条第 2 款进一步规定,对于行贿数额在 1 万元以上不满 3 万元,具有下列情形之一的,亦应以行贿罪定罪处罚:(1)向 3 人以上行贿的;(2)将违法所得用于行贿的;

---

① 如果行贿人和受贿人之间不具有"一对一"关系,例如,行贿人甲分别向不具有共犯关系的乙、丙、丁分别行贿 1 万元,3 个收受财物的人并不具有《贪污贿赂解释》第 1 条第 3 款规定的情节之一的,受贿罪均不成立,但甲的行为可以成立行贿罪。这和正文中提到的情形不同。

(3)通过行贿谋取职务提拔、调整的;(4)向负有食品、药品、安全生产、环境保护等监督管理职责的国家工作人员行贿,实施非法活动的;(5)向司法工作人员行贿,影响司法公正的;(6)造成经济损失数额在50万元以上不满100万元的。《贪污贿赂解释》关于行贿犯罪情节的规定与受贿犯罪情节之间有些内容是对应的,充分考虑了对向犯的特点,因此,在行贿行为和受贿行为同时具有"对向性"的情节时,不会存在行贿罪成立但受贿罪不成立的情况。例如,行贿人通过行贿谋取职务提拔、调整,数额在1万元以上不满3万元的,成立行贿罪;受贿人为他人谋取职务提拔、调整,数额在1万元以上不满3万元的,成立受贿罪。此时的受贿罪、行贿罪是对向犯的标准形态。

但是,《贪污贿赂解释》第7条关于行贿犯罪情节的规定与第1条关于受贿犯罪情节之间在多数场合并不对应,由此带来处罚上以及学理上的一些难题。

一方面,按照《贪污贿赂解释》第7条第2款第(二)项的规定,将违法所得用于行贿,数额在1万元以上不满3万元的,成立行贿罪。这一解释在学理上存在疑问。如果坚守刑法客观主义立场,就可以认为《贪污贿赂解释》的这一规定实际上是将过多的伦理评价带到了刑法思考中。按照法秩序统一性原理,即便是行贿人的违法所得,其使用的该财物也是其占有和能够支配的财物(仅存在国家机关如何追缴的问题),行贿只不过是行为人支配财物的方式之一。行贿财物来源如何,对职务行为不可收买性的影响没有差异——用赌博还是正常经营所得的3万元去行贿,对受贿罪、行贿罪保护法益的侵害是相同的。此外,刑法学通说认为,用违法犯罪手段取得财物后,转移、使用该财物的行为,都是不可罚的事后行为,没有单独评价的必要。这一解释还会带来案件处理上的难题。在【案例18-1 用贪污款行贿案】中,甲将贪污所得用于行贿,按司法解释的规定构成行贿罪,但是,对应的受贿人乙完全不清楚该行贿款属于行贿人的违法所得,其也不可能在收受财物之前审查行贿款来源的合法性,其又不具有《贪污贿赂解释》第1条第3款规定的受贿罪八种特殊情节之一,乙就不可能成立受贿罪,这样就会成立没有受贿罪的行贿罪。进一步讲,将违法所得用于行贿成为甲构成行贿罪的定罪情节,但该违法行为又构成贪污罪,这样就势必造成该违法行为在先前的贪污罪定罪中被评价,这次又作为受贿罪定罪的情节予以评价的情形,从而与禁止重复评价的法理有冲突。

另一方面,按照《贪污贿赂解释》第 7 条第 2 款第(四)项的规定,向负有食品、药品、安全生产、环境保护等监督管理职责的国家工作人员行贿,实施非法活动,数额在 1 万元以上不满 3 万元的,构成行贿罪。此时,通常可以认为,因为行贿人"实施非法活动",对应的受贿人具有《贪污贿赂解释》第 1 条第 3 款规定的"为他人谋取不正当利益,致使公共财产、国家和人民利益遭受损失",或"造成恶劣影响或者其他严重后果的"等情节,因此,行贿罪和受贿罪之间具有对向关系。

但是,实践中出现了很多"收钱不办事"的案件,有的行为人甚至在收受财物后坚决要求行贿人"依法办事",明确表示不允许其实施非法活动且有相关客观证据证明的,按照因果关系的客观归责论或相当因果关系理论,都不能认为受贿人"为他人谋取不正当利益,致使公共财产、国家和人民利益遭受损失",或"造成恶劣影响或者其他严重后果"。而且实践中不能排除行贿人向负有食品、药品、安全生产、环境保护等监督管理职责的国家工作人员行贿后,自恃有人"罩着",便以很快速度、极其隐秘的方式实施非法活动,对于该非法行为,即便国家工作人员没有收受财物也难以发现或者及时查处的情形,这就不能将该活动所导致的后果归属于国家工作人员的受贿行为,国家工作人员也没有放纵该非法活动的故意,要求其对行贿人的非法活动及其所造成的结果负责,与法理不符。

对于上述行贿行为和受贿行为成立犯罪情形的不对应,有人以刑法只有严厉打击行贿犯罪才能遏制受贿犯罪为由①,认为出现行贿罪成立而受贿罪不成立的情形也是正常的。但是,我认为,试图将行贿罪作为严厉打击对象,认为以此就可以切断受贿罪来源进而有效遏制受贿犯罪的观点是似是而非的,从犯罪发生学上看,相关领域的管理漏洞、权力寻租机会的大

---

① 对此的代表性观点,参见李少平:《行贿罪执法困境及其对策》,载《中国法学》2015 年第 1 期。

量存在,是行贿受贿发生的根源,如果相关管理制度不健全,加大对行贿罪的处罚力度并不能有效遏制这类犯罪;从司法政策上考虑,如果对行贿犯罪处罚太严厉,势必使得受贿犯罪的查处更为困难①;从共犯理论上看,可以认为行贿行为和受贿行为都是正犯行为,但基于义务犯的法理,也可以把受贿作为核心行为,把行贿作为使对方实现受贿意图的帮助行为,从而将受贿罪作为刑罚处罚的重心。这些都说明在司法实务案件中,在受贿罪不能成立时,大量处罚行贿罪犯是不合适的。实务中,原则上应该在与受贿罪对应的意义上处罚行贿罪。

2. 受贿人"曾因故意犯罪受过刑事追究"的情节规定,与情理、法理之间均存在一定抵触

(1)从情理上看,如果收受财物的人曾经犯下的罪行与贪污受贿有关,其曾经犯罪的事实能够影响定罪(1万元以上3万元以下)或影响量刑还勉强能够说得过去,但如果某种行为和职务便利完全无关(如醉酒驾车、故意伤害等),将行为人曾经犯罪的情节作为定罪或量刑情节,在情理上讲就不具有十足的理由。在与此大致类似的定罪情节规定中,最高人民法院、最高人民检察院《关于办理盗窃刑事案件适用法律若干问题的解释》第2条第(一)项也仅规定了行为人曾因盗窃受过刑事处罚的,盗窃数额较大的标准可以按照通常标准的50%确定。该规定强调了行为人前后所实施的行为都必须是盗窃,而未泛泛地规定行为人"曾因故意犯罪受过刑事追究"的,盗窃罪的定罪数额标准就可以"减半"确定。

(2)从法理上看,刑法对累犯也只是规定从重处罚,而不能将累犯情节作为影响定罪和升格法定刑的条件。受贿人"曾因故意犯罪受过刑事追究"的事实很可能连累犯都不能成立。从法律效果上看,一个连从重处罚都谈不上的事实,反而成为定罪或升格法定刑的条件,在法理上讲不通。

(3)实务中可能重复评价被告人的行为。在受贿1万元以上3万元以下的情形中,受贿人"曾因故意犯罪受过刑事追究"的,如果成立累犯,该累犯情节就可能在实务中同时被作为定罪情节和《刑法》第65条所规定的从

---

① 参见刘宪权:《贪污贿赂犯罪最新定罪量刑标准体系化评析》,载《法学》2016年第5期。

重处罚情节,被评价和使用两次;在受贿人"曾因故意犯罪受过刑事追究"成为影响法定刑升格的情形下,累犯情节可能被作为法定刑升格的情节使用,又被作为升格后的法定刑幅度内从重处罚的情节再评价一次,这明显和禁止重复评价的法理不符。

3. 关于"造成恶劣影响"情节的规定存在明显不足

一方面,"造成恶劣影响"的内容不明确,这在渎职罪司法认定上就饱受批评。几乎所有关于造成恶劣影响的判断都缺乏客观标准;损害结果的出现往往是问题长时期累计、多种矛盾叠加所引发的;对特定事件的媒体报道往往在表达偏见,这都使得造成恶劣影响的认定较为随意。另一方面,"造成恶劣影响"的规定和"为他人谋取不正当利益,致使公共财产、国家和人民利益遭受损失"的关系不清晰。因为在滥用职权罪、玩忽职守罪中,刑法规定行为"致使公共财产、国家和人民利益遭受重大损失的",才构成犯罪。这里的"重大损失",包括经济损失和其他损失。根据最高人民法院、最高人民检察院《关于办理渎职刑事案件适用法律若干问题的解释(一)》第1条的规定,具有下列情形之一的,应当认定为致使公共财产、国家和人民利益遭受重大损失:(1)造成死亡1人以上,或者重伤3人以上,或者轻伤9人以上,或者重伤2人、轻伤3人以上,或者重伤1人、轻伤6人以上的;(2)造成经济损失30万元以上的;(3)造成恶劣社会影响的;(4)其他致使公共财产、国家和人民利益遭受重大损失的情形。由此可见,在渎职犯罪中,"造成恶劣社会影响"是"致使公共财产、国家和人民利益遭受重大损失"的下位概念。如果考虑到这一点,只要在司法解释上对受贿行为属于致使公共财产、国家和人民利益遭受重大损失作出规定即可,在此之外再规定"造成恶劣社会影响",从逻辑上看没有必要,也与以往立法、司法解释对"造成恶劣影响"和"为他人谋取不正当利益,致使公共财产、国家和人民利益遭受损失"关系的处理不相一致。

4. 将犯罪后的表现(影响预防刑的情节)"回溯性"地作为左右定罪的情节,与犯罪成立的一般原理相悖

按照《贪污贿赂解释》的规定,受贿数额并未达到较大(3万元以上)的起点,但数额在1万元以上不满3万元,只要具有八种特殊情节之一的,就

应当认定为"其他较重情节"而予以定罪,适用受贿数额3万元以上20万元以下这一档法定刑。此时,这八种情节成为定罪情节。按照犯罪论的一般原理,犯罪行为必须是"犯罪行为时"的行为,且行为必须与责任同在。那么,行为实施后出现的其他事实、行为人的态度等就不能成为左右定罪与否的事实。最高人民法院、最高人民检察院《关于办理盗窃刑事案件适用法律若干问题的解释》第2条规定的定罪情节中,也是将行为及其后果作为盗窃所得低于通常数额标准时的定罪情节予以特别规定,而未将犯罪行为实施后的其他事实作为足以影响定罪的情节看待;最高人民法院、最高人民检察院《关于办理诈骗刑事案件具体应用法律若干问题的解释》第2条规定了诈骗救灾、救济等特定款物,或诈骗行为导致被害人自杀、精神失常或者其他严重后果等五种情形,虽然有的情节属于犯罪后的事实,但该司法解释仅仅是将犯罪后的事实作为量刑情节予以规定。这与《贪污贿赂解释》的取向明显不同。《贪污贿赂解释》规定的八种情节多数属于受贿行为或结果,是行为时的事实,例如,多次索贿,为他人谋取不正当利益,致使公共财产、国家和人民利益遭受损失,为他人谋取职务提拔、调整,造成恶劣影响或者其他严重后果等,都属于行为(及其后果)的具体表现,将其作为定罪情节和行为理论保持了一致(至于其表述是否科学合理,则是另外的问题)。但除此之外的其他情节所涉及的,则多属于危害行为实施后的事实,例如,将赃款赃物用于非法活动和拒不交待赃款赃物去向或者拒不配合追缴工作,致使无法追缴的,都属于收受财物后行为人新的行为或主观心态,与之前的受贿行为是否能够成立犯罪无关,不应该回溯性地成为定罪情节。将赃款赃物用于非法活动和拒不交待赃款赃物去向或者拒不配合追缴工作,致使无法追缴的情形,如果要对实务产生影响且具有正当性,应当仅限于其作为量刑情节的情形,即受贿数额在10万元以上不满20万元,或受贿数额在150万元以上不满300万元,将赃款赃物用于非法活动以及拒不交待赃款赃物去向或者拒不配合追缴工作,致使无法追缴的,都可以升格法定刑。由此可见,《贪污贿赂解释》所存在的主要问题是对定罪情节和量刑情节作了相同规定,使得可能影响量刑的危害行为实施后的情节同时成为定罪情节,进而与犯罪论中的行为理论相冲突。

三、受贿情节与罪数关系

《贪污贿赂解释》中关于受贿罪定罪情节、量刑情节的规定为处理受贿罪与滥用职权、枉法裁判、挪用公款等犯罪的关系带来一些复杂问题。但无论如何需要坚持的一点就是:对罪数关系的判断不得违背禁止重复评价的法理。

(一) 禁止重复评价的基本要求

刑法上的重复评价是将一个定罪量刑事实反复进行评价,其所得出的结论可能违背罪刑相适应原则,使被告人承担明显不利的后果,因而在刑法解释和适用上应该被禁止。重复评价,包括定罪上的重复评价和量刑上的重复评价。定罪上的重复评价,是指对于某一事实,如果已经成为认定甲罪的构成事实,当然就不能再拿来作为认定乙罪的构成事实,即不得重复论罪。例如,使用暴力强制猥亵被害人,然后趁被害人穿衣物的瞬间拿走其财物的,对一个暴力行为不能同时评价为强制猥亵罪、抢劫罪的手段行为,而只能认定被告人不是通过暴力取财,最终对取得被害人财物的行为认定为盗窃罪,将其与强制猥亵罪并罚。量刑上的重复评价,是指犯罪构成要素(定罪情节)在定罪过程中已经被评价,将其再次作为裁量刑罚所应考虑的因素或情节重复使用的情形。例如,过失致人死亡罪中的死亡后果、强奸罪的暴力行为,都已经被评价为定罪事实,作为构成要件要素的一部分加以评判,如果再作为量刑事实评价,会得出对被告人双重不利的结论,就是重复评价。①

具体到贪污受贿罪中,数额较大或者具有其他较重情节的,处 3 年以下有期徒刑;数额巨大或者有其他严重情节的,处 3 年以上 10 年以下有期徒刑;数额特别巨大或者有其他特别严重情节的,处 10 年以上有期徒刑或者无期徒刑。贪污、收受数额较大的财物这一事实,一旦被作为认定犯罪的依据起作用之后,就不能再将其视作量刑情节加以评价;数额巨大或者

---

① 参见周光权:《刑法客观主义与方法论》,法律出版社 2013 年版,第 283 页。

有其他严重情节是法定刑升格条件,符合该条件的事实是对应于 3 年以上 10 年以下有期徒刑的情节,不能再将其作为这一档法定刑幅度内的从重处罚情节看待;同样,数额特别巨大或者有其他特别严重情节也是选择法定刑的情节。只有除此之外的其他情节,才有可能成为相应法定刑幅度之下影响量刑的情节。按照上述理解,应该认为,行为人贪污或者受贿同时符合"数额巨大"和"有其他严重情节"(例如,贪污救灾款 100 万元)这两个条件的,可以将数额巨大(100 万元)作为法定刑升格条件,将贪污救灾款这一"其他严重情节"作为在升格后的法定刑幅度内从重处罚的理由,这样做并不违反禁止重复评价原则。

(二)受贿罪的定罪情节不能再作为量刑情节使用

犯罪情节的性质不同,其功能也就有所区别,按照禁止重复评价的法理,不能将定罪情节和量刑情节混同,因此,在适用《贪污贿赂解释》的情节规定时,需要区分定罪情节和量刑情节,防止将某一情节同时在定罪和量刑时使用,从而陷入"一事两头沾"的误区,违反禁止重复评价原则。

《贪污贿赂解释》所规定的情节大多属于量刑情节。例如,在贪污受贿数额为 10 万元以上不满 20 万元、150 万元不满 300 万元的场合,又有特殊情节的,法定刑提升一档,该特殊情节就是足以引起法定刑升格的量刑情节,而非定罪情节。类似的量刑情节规定还很多,例如《贪污贿赂解释》第 15 条第 2 款规定的国家工作人员利用职务上的便利为请托人谋取利益前后多次收受请托人财物,受请托之前收受的财物数额在 1 万元以上的,应当一并计入受贿数额。"一并计入受贿数额"意味着行为人在受请托之前收受的财物并不能单独成立犯罪或独立影响定罪,而是在查明国家工作人员利用职务上的便利为请托人谋取利益,索取或收受财物,构成受贿罪的前提下,其"受请托之前收受的财物"才能计入犯罪总数额中,成为影响量刑的因素。再如,《贪污贿赂解释》第 16 条第 1 款规定的国家工作人员出于贪污、受贿的故意,非法占有公共财物、收受他人财物之后,将赃款赃物用于单位公务支出或者社会捐赠的,不影响贪污罪、受贿罪的认定,但量刑时可以酌情考虑。这一规定清晰表明将贪污受贿所得的赃款赃物用于单位公务支出或者社会捐赠的行为属于量刑情节。对于量刑情节的适用，一般不会涉及重复评价问题，因而在司法上争议不大。

《贪污贿赂解释》的情节规定中，少数情节足以影响定罪，例如，《贪污贿赂解释》第 1 条第 2 款、第 3 款规定的贪污受贿数额在 1 万元以上 3 万元以下，又有特殊情节的，应当定罪处罚，这里所规定的情节就是定罪情节。此外，《贪污贿赂解释》第 13 条第 2 款规定的国家工作人员索取、收受具有上下级关系的下属或者具有行政管理关系的被管理人员的财物价值在 3 万元以上，可能影响职权行使的，视为承诺为他人谋取利益。如果仅根据该事实对被告人定罪的，该规定所涉及的情节，应当属于定罪情节，即当事双方具有"上下级或管理关系"这一情形的存在足以影响定罪。

定罪情节的功能是该情节在确定罪与非罪时发挥作用，那么，其在量刑时就不能再被使用。因此，甲收受乙 1 万元，后为乙谋取职务提拔、调整的，甲"为他人谋取职务提拔、调整"，乙"通过行贿谋取职务提拔、调整"这一情节，都是在定罪时加以考虑的情节（如果不考虑这一情节，对甲的定罪数额就应当是 3 万元，对乙的定罪数额也是 3 万元），那么，在量刑时显然就不能认为甲居然受贿后还为他人谋取职务提拔、调整；乙通过行贿被提拔，其谋取的是非法利益，两个行为人的犯罪情节都比较严重，因此在量刑时要从重处罚。否则，就是将刑罚适用建立在相关事实或情节或多或少之前已经被评价的前提下，因此，将"买官卖官"作为量刑情节会明显加重被告人的刑罚负担，与罪刑均衡原则的内在精神不一致。把作为定罪事实的情节在量刑时再加以考虑，绝对违反禁止重复评价原则，这种倾向在司法实务中其实一直是存在的，但需要尽可能予以防止。

（三）禁止重复评价原则与罪数认定

1. 受贿罪与滥用职权罪等渎职犯罪的关系

根据《贪污贿赂解释》第 17 条的规定，受贿又构成渎职犯罪的，除法律有特别规定的以外，应当数罪并罚。值得注意的是，这一规定是以行为"同时构成"受贿罪和渎职犯罪为前提的。按照反对解释，如果行为并不"同时构成"受贿罪和渎职犯罪，当然不能数罪并罚。

渎职犯罪的构成要件中基本上都对危害结果有要求,即行为"致使公共财产、国家和人民利益遭受重大损失"。而1997年《刑法》关于受贿罪构成要件的规定中并无行为符合特定情节要求、造成一定后果的才构成受贿罪的限制,收受财物只要达到5 000元以上的,就构成受贿罪。这样一来,受贿又渎职造成损害的,该危害结果就可以一律被评价为渎职犯罪中的"致使公共财产、国家和人民利益遭受重大损失",受贿罪和渎职犯罪的数罪并罚关系就比较清晰。但是,在《刑法修正案(九)》将情节作为受贿罪定罪量刑的重要依据之后,问题就变得不一样了。按照《贪污贿赂解释》第1条第3款的规定,在数额为1万元以上3万元以下的案件中,受贿罪的定罪情节(客观构成要件要素)出现了,且某些情节就是以受贿造成特定危害结果或恶劣社会影响为成立条件的,没有这些情节,受贿罪就不能成立,受贿罪和渎职犯罪之间的关系变得比以前更为复杂,由此导致的问题是:如果某一情节在认定受贿罪时已被作为定罪情节考虑过,就不能再作为认定渎职犯罪危害结果的情节、事实来使用,否则,就违反禁止重复评价原则。这样就可能出现多种特殊情形。

这里以《贪污贿赂解释》第1条第3款第(二)项所规定的受贿人"为他人谋取不正当利益,致使公共财产、国家和人民利益遭受损失的"为例进行分析。

(1)在受贿数额高于通常的追诉标准(3万元以上),已经达到受贿罪的定罪起刑点要求,定罪情节完全齐备(不需要借助数额之外的情节就可以定罪)的情形下,受贿后利用职务便利所实施的滥用职权行为"致使公共财产、国家和人民利益遭受损失"的,该情节可以作为渎职犯罪的危害后果看待,行为人同时构成受贿罪和滥用职权罪,毫无疑问应当数罪并罚。

(2)不言而喻的是,行为人受贿2万元,且致使公共财产、国家和人民利益遭受损失的数额未达到滥用职权等渎职犯罪的第一档法定刑要求(30万元以下)的,行为人不构成滥用职权等渎职犯罪,但其造成损失的情节可以作为受贿罪的定罪情节使用,因为《贪污贿赂解释》第1条第3款第(二)项"为他人谋取不正当利益,致使公共财产、国家和人民利益遭受损失的"的规定并无损失数额的具体要求。

（3）行为人受贿 2 万元，且实施滥用职权等渎职行为，致使公共财产、国家和人民利益遭受重大损失的，应当如何处理？对于【案例 18-2　擅自审批案】，如果将受贿 2 万元之外的情节（致使公共财产、国家和人民利益遭受重大损失，本案中表现为使国有资产 30 万元流失）作为受贿罪的定罪情节使用，就不能再将这一情节作为滥用职权罪的危害结果看待。行为人只能成立受贿罪或滥用职权罪中的某一个犯罪，否则，就有可能将"为他人谋取不正当利益，致使公共财产、国家和人民利益遭受损失的"这一个情节在受贿罪成立条件、滥用职权罪的成立条件、滥用职权罪的法定刑升格条件（即《刑法》第 397 条第 2 款规定的徇私舞弊滥用职权）中先后被评价 3 次。按照我的理解，虽然此时受贿罪和滥用职权罪的法定刑相同（均为 3 年以下有期徒刑），但处理上也宜认定行为人构成受贿罪，惟其如此，才能同时评价行为人收受财物和造成损失这两个事实。虽然在处理上可以将致使公共财产、国家和人民利益遭受重大损失作为滥用职权罪的客观构成要件看待，似乎可以认定行为人构成滥用职权罪，但如此一来，该情节就不能再作为受贿罪的定罪情节使用，在司法上对行为人收受财物的情节就未进行评价，存在法律评价不充分的缺陷；同时，如果对收受财物一方定性为滥用职权罪而未定受贿罪，而对具有共犯（对合犯）关系的提供财物一方，则无论如何只能定行贿罪，这也会使得对权钱交易双方的定罪出现不对称的情形，与对向犯的法理相悖。换言之，在受贿数额低于 3 万元，行为人有特殊情节的场合且其成为定罪情节时，不能认为行为人同时构成受贿罪和滥用职权罪，以对行为人定受贿罪为宜。

（4）行为人受贿 150 万元，滥用职权造成国家损失 150 万元以上的，由于滥用职权罪造成损失 150 万元以上的，就属于情节特别严重，应当适用 3 年以上 7 年以下有期徒刑；而受贿数额在 150 万元以上不满 300 万元，按照《贪污贿赂解释》第 3 条第 3 款的规定，当受贿人"为他人谋取不正当利益，致使公共财产、国家和人民利益遭受损失的"时，对其就应当适用升格后的法定刑（10 年以上有期徒刑至无期徒刑、死刑）。此时，如果将滥用职权造成国家损失 150 万元以上仅仅看作受贿罪的法定刑升格条件，对于被告人就可以直接适用 10 年以上有期徒刑，从而不再对被告人认定滥用职权罪。但是,这一做法是否合理,还值得研究。对此,结合【案例 18-3 招标滥权案】进行分析。

对于【案例 18-3 招标滥权案】的处理,实务上有不同主张。

第一种观点认为,滥用职权罪的成立,以行为给公共财产、国家和人民利益造成重大损失为前提。王某的行为造成了恶劣社会影响,属于给公共财产、国家和人民利益造成重大损失的情形,应成立滥用职权罪,对其适用3年以下有期徒刑或者拘役这一档法定刑。对王某收受请托人好处费160万元的行为,不再适用"有其他特别严重情节"的条款,应该直接适用受贿数额巨大的规定,对其判处3年以上10年以下有期徒刑的法定刑。即便对王某数罪并罚,也应该在10年以下有期徒刑的范围内判刑。

第二种观点认为,王某滥用手中权力,造成恶劣社会影响,应成立滥用职权罪,对其适用3年以下有期徒刑;同时,王某收受请托人好处费160万元,且造成恶劣社会影响,应该适用受贿150万元以上不满300万元且有其他特别严重情节的规定,对其依法判处10年以上有期徒刑。最终处理结论是对王某数罪并罚,且应当在10年以上有期徒刑的范围内决定刑期。

第三种观点认定,由于将王某滥用职权造成恶劣社会影响的滥用职权罪,和受贿150万元(不考虑造成恶劣社会影响的情节)的受贿罪数罪并罚对被告人判刑较轻(10年以下有期徒刑),因此,应当将造成恶劣社会影响作为受贿罪的量刑情节看待,为坚持禁止重复评价原则,对王某不定滥用职权罪,而以受贿罪一罪处理,认定其受贿160万元且有其他特别严重情节,对其判处10年以上有期徒刑。

要正确处理【案例 18-3 招标滥权案】,涉及究竟是将造成恶劣社会影响这一情节放在滥用职权罪中还是受贿罪中予以评价的问题。

最高人民法院、最高人民检察院《关于办理渎职刑事案件适用法律若干问题的解释(一)》第3条明确规定了国家机关工作人员实施渎职犯罪并收受贿赂,同时构成受贿罪的,除刑法另有规定外,以渎职犯罪和受贿罪数罪并罚。

根据《刑法》第397条的规定,国家机关工作人员滥用职权,致使公共财产、国家或者人民利益遭受重大损失的,处3年以下有期徒刑或者拘役。由此可见,滥用职权罪是结果犯,以行为造成公共财产、国家或者人民利益的重大损失为构成要件要素,行为未造成前述结果的,不构成本罪。根据最高人民法院、最高人民检察院《关于办理渎职刑事案件适用法律若干问题的解释(一)》第1条的规定,造成恶劣社会影响的,应当认定为《刑法》第397条规定的"致使公共财产、国家和人民利益遭受重大损失"。本案中王某的行为造成恶劣社会影响是滥用职权罪的构成要件要素。第一种观点正是立足于此。

根据《刑法》第385条规定,国家工作人员利用职务上的便利,索取他人财物的,或者非法收受他人财物,为他人谋取利益的,是受贿罪。显然,"致使公共财产、国家和人民利益遭受重大损失"或者"造成恶劣社会影响"并非受贿罪的构成要件要素。根据《贪污贿赂解释》第3条第3款的规定,受贿数额在150万元以上不满300万元,具有本解释第1条第3款规定的情形之一的,应当认定为《刑法》第383条第1款规定的"其他特别严重情节",依法判处10年以上有期徒刑、无期徒刑或者死刑,并处罚金或者没收财产。根据该解释第1条第3款的规定,为他人谋取不正当利益,致使公共财产、国家和人民利益遭受损失的情形,应该认定为"其他特别严重情节"。而"造成恶劣社会影响"属于致使公共财产、国家和人民利益遭受损失的情形,应该认定为具有受贿罪的"其他特别严重情节"。根据该解释的规定,"其他特别严重情节"是受贿罪量刑情节,是法定刑升格条件。在本案中,王某受贿160万元,造成恶劣社会影响,符合受贿150万元又有其他特别严重情节的规定,似乎就应该对王某判处10年以上有期徒刑。但是,如果"造成恶劣社会影响"这一结果已经在滥用职权罪中予以评价,再将其作为能够影响受贿罪量刑的情节看待,就违反了禁止重复评价原则。因此,第二种观点的不合理性是显而易见的。

那么,为了不对同一个结果进行反复评价,是否可以仅在受贿罪中评价造成恶劣社会影响这一结果,而不将其作为滥用职权罪的结果看待,从而仅定一个受贿罪? 这是前述第三种观点所提出的问题。这种观点有助于实现重罚,似乎更符合罪刑相适应原则的要求。但是,如果考虑到刑法上的充分评价原理,对于被告人的行为符合数个犯罪构成的,尽量要对行为性质进行分别评价,独立宣告其所构成的罪名,从而实现一般预防效果,那么,对王某以滥用职权罪与受贿罪数罪并罚处理就更为妥当,对滥用职权行为不作否定评价,不利于实现行为规范的指引功能。因此,将造成恶劣社会影响作为滥用职权的危害结果看待,对王某以受贿罪和滥用职权罪数罪并罚,对其中的受贿罪适用第二档法定刑就是合理的。因此,我认为第一种观点更容易被接受。

2. 受贿罪与徇私枉法等罪的关系

根据《刑法》第399条第4款的规定,司法工作人员贪赃枉法而犯徇私枉法等罪,同时又构成受贿罪的,依照处罚较重的规定处罚,而不实行数罪并罚。这一规定不是注意性、参照性规定,而是特别规定。因为国家工作人员受贿又从事其他渎职犯罪行为,明显符合多个犯罪构成要件的,原本应该数罪并罚,但立法在这里特别规定按照竞合(牵连犯)的关系处理,不再数罪并罚。这一规定以行为"同时构成"受贿罪和《刑法》第399条前三款的徇私枉法等罪为前提,但前三款犯罪都对情节有要求,且其情节往往最终体现为司法裁判不公,进而造成司法公信力下降、司法权威受损的后果。

由于1997年《刑法》对于受贿罪的成立只有数额要求,受贿又徇私枉法损及司法公正的,该情节就可以一律被评价在徇私枉法等罪中,受贿罪和徇私枉法等罪的关系也相对比较清晰。但是,在行为人收受财物1万元以上3万元以下的场合,《贪污贿赂解释》中受贿罪的定罪情节以受贿"造成恶劣影响或者其他严重后果"为成立条件的,受贿罪和徇私枉法等罪之间的关系就变得比以前更为复杂。

对此,基本的处理原则是:如果"造成恶劣社会影响"这一情节在认定受贿罪时作为定罪情节已经考虑过,就不能再作为认定徇私枉法等罪的情节来使用;如果将其作为认定徇私枉法等罪的情节来使用,其就不再是受贿罪的定罪情节,否则,就违反禁止重复评价原则。只有在受贿数额达到通常定罪数额标准,不需要借助特殊情节而受贿罪也可以成立的场合,受贿行为损害司法公正造成恶劣社会影响的情节才能作为徇私枉法等罪的定罪情节看待;但如果该情节在徇私枉法等罪中被作为定罪情节适用,就不能再将其作为受贿罪的法定刑升格情节使用。

参考文献

一、著作

(一)中文著作

张明楷:《行为无价值论与结果无价值论》,北京大学出版社 2012 年版。

张明楷:《刑法的基本立场》(修订版),商务印书馆 2019 年版。

梁根林、〔德〕埃里克·希尔根多夫主编:《中德刑法学者的对话:罪刑法定与刑法解释》,北京大学出版社 2013 年版。

梁根林、〔德〕埃里克·希尔根多夫主编:《中德刑法学者的对话(二):刑法体系与客观归责》,北京大学出版社 2015 年版。

周光权:《行为无价值论的中国展开》,法律出版社 2015 年版。

车浩:《刑法教义的本土形塑》,法律出版社 2017 年版。

王钢:《德国判例刑法(分则)》,北京大学出版社 2016 年版。

汪丁丁:《思想史基本问题》,东方出版社 2019 年版。

〔德〕克劳斯·罗克辛:《刑事政策与刑法体系》(第二版),蔡桂生译,中国人民大学出版社 2011 年版。

〔德〕克劳斯·罗克辛:《德国最高法院判例刑法总论》,何庆仁、蔡桂生译,中国人民大学出版社2012年版。

〔德〕汉斯·海因里希·耶赛克、〔德〕托马斯·魏根特:《德国刑法教科书》(下),徐久生译,中国法制出版社2017年版。

〔德〕乌尔斯·金德霍伊泽尔:《德国刑法教科书》,蔡桂生译,北京大学出版社2015年版。

〔德〕约翰内斯·韦塞尔斯:《德国刑法总论》,李昌珂译,法律出版社2008年版。

〔德〕英格博格·普珀:《法学思维小学堂——法律人的6堂思维训练课》,蔡圣伟译,北京大学出版社2011年版。

〔法〕E.迪尔凯姆:《社会学方法的准则》,狄玉明译,商务印书馆1995年版。

〔日〕山口厚:《刑法总论》(第3版),有斐阁2016年版。

〔日〕山口厚:《从新判例看刑法》(第3版),付立庆等译,中国人民大学出版社2019年版。

〔日〕西田典之:《日本刑法总论》,王昭武、刘明祥译,法律出版社2013年版。

〔日〕西田典之:《日本刑法各论》(第6版),王昭武、刘明祥译,法律出版社2013年版。

〔日〕桥爪隆:《论承继的共犯》,王昭武译,《法律科学》2018年第2期。

〔日〕佐伯仁志:《刑法总论的思之道·乐之道》,于佳佳译,中国政法大学出版社2017年版。

〔日〕松原芳博:《刑法总论重要问题》,王昭武译,中国政法大学出版社2014年版。

〔日〕前田雅英:《刑法总论讲义》(第6版),曾文科译,北京大学出版社2017年版。

〔日〕西原春夫:《我的刑法研究》,曹菲译,北京大学出版社2016年版。

〔美〕理查德·波斯纳:《法官如何思考》,苏力译,北京大学出版社2009年版。

（二）外文著作

〔日〕藤木英雄:《刑法讲义总论》,弘文堂 1975 年版。
〔日〕平野龙一:《刑法总论Ⅱ》,有斐阁 1975 年版。
〔日〕前田雅英:《刑法总论讲义》(第 7 版),东京大学出版会 2019 年版。
〔日〕井田良:《讲义刑法学·总论》(第 2 版),有斐阁 2018 年版。
〔日〕丰田兼彦:《共犯の处罚根据と客观的归属》,成文堂 2009 年版。
〔日〕山中敬一:《刑法总论》(第 3 版),成文堂 2015 年版。

二、论文

（一）中文论文

陈兴良:《走向学派之争的刑法学》,载《法学研究》2010 年第 1 期。
陈兴良:《刑法教义学方法论》,载《法学研究》2005 年第 2 期。
陈兴良:《违法性认识研究》,载《中国法学》2005 年第 4 期。
陈兴良:《刑法知识的教义化》,载《法学研究》2011 年第 6 期。
陈兴良:《刑法教义学的发展脉络——纪念 1997 年刑法颁布二十周年》,载《政治与法律》2017 年第 3 期。
陈兴良:《注释刑法学经由刑法哲学抵达教义刑法学》,载《中外法学》2019 年第 3 期。
陈兴良:《形式解释论的再宣示》,载《中国法学》2010 年第 4 期。
陈兴良:《贪污贿赂司法解释:刑法教义学的阐释》,载《法学》2016 年第 5 期。
陈兴良:《刑民交叉案件的刑法适用》,载《法律科学(西北政法大学学报)》2019 年第 2 期。
冯军:《刑法教义学的立场和方法》,载《中外法学》2014 年第 1 期。
冯军:《论〈刑法〉第 133 条之 1 的规范目的及其适用》,载《中国法学》

2011年第5期。

冯军:《论刑法解释的边界和路径——以扩张解释与类推适用的区分为中心》,载《法学家》2012年第1期。

张明楷:《也论刑法教义学的立场:与冯军教授商榷》,载《中外法学》2014年第2期。

张明楷:《实质解释论的再提倡》,载《中国法学》2010年第4期。

张明楷:《论偶然防卫》,载《清华法学》2012年第1期。

张明楷:《法条竞合中特别关系的确定与处理》,载《法学家》2011年第1期。

张明楷:《避免将行政违法认定为刑事犯罪:理念、方法与路径》,载《中国法学》2017年第4期。

孙国祥:《骗取贷款罪司法认定的误识与匡正》,载《法商研究》2016年第5期。

梁根林:《〈刑法〉第133条之一第2款的法教义学分析——兼与张明楷教授、冯军教授商榷》,载《法学》2015年第3期。

刘宪权:《贪污贿赂犯罪最新定罪量刑标准体系化评析》,载《法学》2016年第5期。

李少平:《行贿罪执法困境及其对策》,载《中国法学》2015年第1期。

周光权:《法条竞合的特别关系研究——兼与张明楷教授商榷》,载《中国法学》2010年第3期。

周光权:《论禁止重复评价:以刑满后发现同种余罪的处理为切入点》,载《人民检察》2012年第9期。

周光权:《积极刑法立法观在中国的确立》,载《法学研究》2016年第4期。

周光权:《凡刑辩艰难处,皆为刑法学痛点》,载《中国法律评论》2020年第1期。

于改之:《法域冲突的排除:立场、规则与适用》,载《中国法学》2018年第4期。

劳东燕:《防卫过当的认定与结果无价值论的不足》,载《中外法学》

2015 年第 5 期。

劳东燕:《能动司法与功能主义的刑法解释论》,载《法学家》2016 年第 6 期。

车浩:《"扒窃"入刑:贴身禁忌与行为人刑法》,载《中国法学》2013 年第 1 期。

车浩:《谁应为互联网时代的中立行为买单?》,载《中国法律评论》2015 年第 1 期。

车浩:《理解当代中国刑法教义学》,载《中外法学》2017 年第 6 期。

车浩:《刑事政策的精准化:通过犯罪学抵达刑法适用——以疫期犯罪的刑法应对为中心》,载《法学》2020 年第 3 期。

何庆仁:《特别认知者的刑法归责》,载《中外法学》2015 年第 4 期。

付立庆:《交叉式法条竞合关系下的职务侵占罪与盗窃罪——基于刑事实体法与程序法一体化视角的思考》,载《政治与法律》2016 年第 2 期。

蔡桂生:《违法性认识不宜作为故意的要素——兼对"故意是责任要素说"反思》,载《政治与法律》2020 年第 6 期。

柏浪涛:《破坏生产经营罪问题辨析》,载《中国刑事法杂志》2010 年第 3 期。

阎二鹏:《帮助犯因果关系:反思性检讨与教义学重塑》,载《政治与法律》2019 年第 2 期。

陈璇:《结果无价值论与二元论之争的共识、误区与发展方向》,载《中外法学》2016 年第 3 期。

陈璇:《责任原则、预防政策与违法性认识》,载《清华法学》2018 年第 5 期。

孙运梁:《客观归责论在我国的本土化:立场选择与规则适用》,载《法学》2019 年第 5 期。

丁胜明:《刑法教义学研究的中国主体性》,载《法学研究》2015 年第 2 期。

叶良芳:《刷单炒信行为的规范分析及其治理路径》,载《法学》2018 年第 3 期。

王华伟:《刷单炒信的刑法适用与解释理念》,载《中国刑事法杂志》2018 年第 6 期。

姚万勤:《中立的帮助行为与客观归责理论》,载《法学家》2017 年第 6 期。

蒋太珂:《因果力比较在结果归责中的功能》,载《比较法研究》2020 年第 3 期。

〔德〕乌尔斯·金德霍伊泽尔:《论犯罪构造的逻辑》,徐凌波、蔡桂生译,载《中外法学》2014 年第 1 期。

〔德〕米夏埃尔·库比策尔:《德国刑法典修正视野下的刑事政策与刑法科学关系研究》,谭淦译,载《中国应用法学》2019 年第 6 期。

〔日〕山口厚:《承继的共犯理论之新发展》,王昭武译,载《法学》2017 年第 3 期。

〔日〕松宫孝明:《结果反(无)价值论》,张小宁译,载《法学》2013 年第 7 期。

〔日〕桥爪隆:《论诈骗罪的欺骗行为》,王昭武译,载《法治现代化研究》2020 年第 1 期。

〔日〕安达光治:《日本刑法中客观归属论的意义》,孙文译,载《国家检察官学院学报》2017 年第 1 期。

〔日〕丰田兼彦:《论共犯的一般成立要件》,王昭武译,载《法治现代化研究》2018 年第 6 期。

(二)外文论文

〔日〕小岛秀夫:《中立的行为による帮助——故意归属の观点から》,载《刑法杂志》(特集·客观的归属论と共犯)2010 年第 50 卷。

〔日〕川口浩一:《客观的归属论と共犯の处罚根据论》,载《刑法杂志》(特集·客观的归属论と共犯)2010 年第 50 卷。

关键词索引

刑法教义学

承继的共犯　21,28-30

打击错误　38,39

法益概念　13,14

共同犯罪　5,6,21,27,30-33

结果无价值论　3,4,11,14,16-20,37,40,42-44

实质解释　15

事后判断　17,18

事前判断　17,18

行为无价值论　3,4,11,14,18,42,43

形式解释　15

学派之争　4,14

现代刑法的理念、方法与防止错案

常识判断　67,70

调包诈骗　59,60

规范判断　57,65,67,70

阶层思考　57,59

结果加重犯　54,55

体系思考　55,57,62

显性错案　48

刑法客观主义　49-51,53,55-58,60

刑法软性解释与罪刑法定原则

恶意刷单　71,73,75,77,78,89

非法经营　72-75,85-87,90-92

扩张解释　68,77,78,88,93

类推解释　68,78,83,88-90,93

破坏计算机信息系统罪　73-75,80-84,90,91

破坏生产经营罪　71,73-79,90-93

软性解释　71-73,75,78,83,88-93

同类解释　76,79,82

罪刑法定原则　73,75,77,79,81-85,88-91,93

面向司法改革的刑法学

累犯　100,106

量刑　94,96,101,104-111

陪审员制度　95-97,108,109
求刑　101,108
认罪认罚从宽　95,97-100,102,106-111
危险犯　98,99

疫情防控与刑法适用

编造虚假恐怖信息罪　120
妨害公务罪　113,121-123
宽严相济刑事政策　130,132
销售不符合标准的医用器材罪　128-130
以危险方法危害公共安全罪　112,114-117,128
罪刑法定原则　114,116

裁判中的因果关系论及其射程

法律因果关系　139,142,145
共犯的脱离、中止　155
客观归责论　137,145,147,148,153
事实因果关系　139,142
相当性　142,145,148,149
行为贡献度　145,148
罪数论　136,158

客观归责论与刑法规范判断

风险实现　169,170,173,180
风险制造　169,173,176
规范保护目的　173,178,183,184,187
规范思考　169,170,172,173,175-178,187
正当防卫　186
政策考量　175

中性业务活动与帮助犯的限定

帮助犯　188-213
共犯处罚根据　193,201
故意杀人罪　205,208
客观归责论　194,198-205,208
敲诈勒索罪　188,211
特别认知　204-210,213
诈骗罪　188,193,198,211,212
中立行为　189,191,194,197,198,200,204,208,212

法条竞合"重法优先"之否定

大竞合论　218,219,221
法条竞合　214-235
法益同一性　223,224,230
普通法条　221,224,226,227,229-233,235
特别法条绝对优先说　229,233,235
特别关系　216,217,221,224-226,228-231,235
想象竞合　214,217-224,226,229-231

违法性认识与定罪

法定犯　240,241,256-258,260
规范责任论　250,251,253
禁止错误　241,243,251-256,258,259
事实故意　241,244,248
违法性认识不要说　238-240
限制故意说　242,243,259
严格故意说　240,241,243,259

量刑何以更精准
顶格判刑 269,278,279
发现漏罪 282
禁止重复评价 281-283
量刑失衡 265,267-272,285
量刑指南 275,276
认罪认罚从宽制度 266,284
特殊减轻 284,285

"刑民交叉"案件的分析思路
财产损失 295,297-300,309,312
法益保护主义 295
法秩序统一性原理 288,290,293
交易规则 305,306
侵犯商业秘密罪 291,297
刑法谦抑性 312

经济犯罪认定的共性问题
单位犯罪 314,322,325-329
犯罪客观构成要件 314,318
非法占有目的 320,321,329
骗取贷款罪 317,319,320
实质解释 316,317
违反国家规定 315
想象竞合犯 329

危险驾驶罪的认定
抽象危险犯 338-340,344,345,350
道路的含义 334
电动自行车 333,342,343

过失陷于危险驾驶 346
机车 333-348,350-354,357
紧急避险 333,347-349
醉酒驾车 334,335,338,339,357

过失致人死亡罪的关键问题
故意伤害致死 373-376
过失致人死亡 358-361,363-365,367-369,371,373-377,379-384
过于自信过失 364,367-370,372,373,383,384
实现法所不允许的风险 363
疏忽大意过失 364-368,379,384
制造法所不允许的风险 360,363
重大安全事故罪 381-384

黑社会性质组织的非法控制(危害性)特征
恶势力团伙 387,390-392
非法控制 385-405
联营体 386,404,405
一定区域 386-395,401,403,404
一定行业 388-390,394-396,404
支配 392,393,395
组织、领导、参加黑社会性质组织罪 385,386,393,402

受贿罪的情节
定罪情节 421,422,424-429,432
多次索贿 407-410,424

禁止重复评价 406,421,423,425-428,
　430-432
滥用职权罪 406,411,423,427-432
谋取不正当利益 407,410-412,421,
　423,424,428,429,431

受贿罪 406-409,411,413-423,
　425-432
行贿罪 406,419-422,429
徇私枉法 432